国富论（下）

The Wealth of Nations

［英］亚当·斯密◎著　王　乐◎译

天津出版传媒集团
天津人民出版社

目录 Contents

（下）

序　论

被看作政治家或立法家的一门科学的政治经济学，提出两个不同的目标：第一，给人民提供充足的收入或生计，或者更确切地说，使人民能给自己提供这样的收入或生计；第二，给国家或社会提供充分的收入，使公务得以进行。总之，其目的在于富国裕民。

不同时代不同国民的不同富裕程度，曾产生两种不同的关于富国裕民的政治经济学体系。其一，可称为重商主义；其二，可称为重农主义。关于这两个主义，我将尽我所能，作详细明了的说明，而且将从重商主义开始。这是近世的学说，在我国今日又最为人所理解。

卷四　两种政治经济学体系

第一章　商业主义或重商主义的原理

财富由货币或者金银组成，这一个流行概念是由货币——既是商业的媒介，又是价值的尺度的双重性自然而然产生的。因为它是商业的媒介，所以当我们有货币的时候，我们就能够比用其他任何商品更加方便地获得我们所需要的任何东西。我们常常感到弄到货币是头等大事。而当货币弄到了手，之后购买什么东西也就不困难了。因为它是价值的尺度，我们就用各种商品所能交换的货币量来估算其他所有的商品。我们谈到占有许多货币的人，也就说他是富人；而谈及并没有什么货币的人，就说他就是穷人。一个节俭的人，或者一个迫切想当富人的人，人们总说他是个非常爱货币的人；而一个粗心大意，慷慨大方，或者铺张浪费的人，人们老是说他是个对于货币漠不关心的人。发财就是设法搞到货币，简言之，财富以及货币在普通语言的各个方面都被看作了同义词。

一个富有的国家，就像一个富人一样，常常被认为是一个占有充足的货币的国家。任何一个国家都把积累金银视作是通往富裕的便捷途径。在美洲发现后有一段时间，当西班牙人到达任何的一个陌生的海岸的时候，他们问的第一句话常常就是附近地区发现了什么金子或者银子没有？依据他们所获得的信息他们再作出判断：是否值得在那儿定居，抑或是这个国家是否值得征服。

洛克先生曾经给货币以及其他各种可以移动货物做出了一个严

格的区分。他说，所有的其他的可移动货物本性都十分容易消费掉，因此不可能过分地依赖它们组成的财富，并且一个国家即便在一年里有非常多的可移动货物，同时也没有出口，仅仅是因为他们自身的浪费以及奢侈，到第二年这些货物就可能变为非常大的短缺。反之，货币是一个稳固的朋友，它即使可能从一个人的手里被转移到另外一个人的手里，但假如能使它保持在国内不流出国外，就不太可能被浪费以及消费掉。所以，依据洛克先生的意见，金银是一个国家可移动财富中最为坚固以及最实际的一部分。他觉得由于这个原因增加这一些金属就应该是一国的政治经济学的伟大目的。

因为这些流行的观念，欧洲各国对于他们各自国家内每种可能的积累金银的方法都进行了研究，即使并没有取得什么成效。西班牙以及葡萄牙是向欧洲提供金银的主要矿山的所有者，他们曾经以最严厉的惩罚禁止金银出口，或者对于出口征收非常重的关税。类似的禁止好像在古代曾经作为绝大多数其他欧洲国家的政策的一个部分。甚至在某一些古苏格兰议会的法案里我们根本并没有指望会发现它的地方，也发现了相似的禁令：对于携带金银去王国外地者课以重罚。法国以及英国古代都采用了类似的政策。

当这些国家变成了商业王国之后，商人便发现在许多场合这种禁止非常不便。他们用金银常常要比用其他任何商品能够更为便利地购买他们所需要的外国商品以输入国内或者运往其他国家。所以，他们抗议这样的禁止，责备它不利于贸易。

第一，他们提出出口金银来购买外国商品并不老是会减少王国内金银的数量。反之，它经常还会增加王国的金银数量。因为假如外国商品的消费在国内并没有因此而增加，那些商品能够再出口到国外，谋取非常大的利润，这样就可带回比以前送往国外购买它们的时候的金银要多得多的财富。托马斯·孟先生把对外贸易的这种运作来比作农业的播种以及收获。他说，“假如我们仅仅看到农夫在播种的时期的活动，当他把许多好的谷物投到地里的时候，我们将认为他并不是一个农夫，却是一个疯子。不过当我们考虑到他在收获的时候的劳动是他努力的结果，我们将会发现他的活动的价值以及巨大的增值。”

第二，他们提出这样的禁止并不可以妨碍金银的出口。因为金银的体积和它们的价值相比非常小，非常容易走私国外。与此同时他们提出这种出口只能通过一种适当的关注才可以阻止，这就是所谓的贸易差额。当王国出口价值多于进口价值的时候，外国就欠了它一个差额，而这一差额外国必须用金银向它支付，如此一来也就增加了王国的金银数量。不过当国家进口价值大于其出口价值的时候，反之王国就欠外国一个差额，这个差额也需要以同样的方式偿还，所以也就减少了王国的金银量。在这种情况之下禁止金银的出口无法阻止金银量的减少，只会使其变得更为危险，使其变得更为昂贵。汇兑因而将变得要比原先更不利于有逆差的国家，购买外国汇票的商人对于出售外国汇票的银行不仅仅要承担把货币送到国外的天然风险、麻烦以及费用，还要承担由于禁止出口而产生的意外风险。不过汇兑对于一个国家越是不利，贸易的差额肯定也对于它越不利。和具有贸易顺差的国家相比较，具有逆差的国家的货币肯定会变得更为不值钱。比如说，假如英格兰和荷兰之间的汇兑有5%不利于英格兰，则英格兰就将需要105盎司的白银才可以购得荷兰100盎司白银的汇票。所以，英格兰105盎司白银才会值荷兰100盎司白银，与此同时也才能购买到相应的数量的荷兰货物；反之，荷兰100盎司的白银，将会价值英格兰105盎司的白银，与此同时将能购得相应数量的英国货物。出售给荷兰的英国货物也将依据汇兑的差价相应地便宜那样多，而卖出给英格兰的荷兰货物则将相应地贵那样多。前者将让英格兰依照那个差价从荷兰少获得一些荷兰货币，而后者又将让荷兰按照那个差价多获得一些英国货币。因此，贸易差额肯定在相应的程度上不利于英格兰而要求向荷兰出口更加多的金银。

这些议论一部分是有根据的，一部分则是诡辩的。它们之所以是有依据的，是由于它们断言贸易当中的金银出口常常是对于国家有利的。他们断言当私人发现出口金银有利可图的时候，并没有什么禁令可以阻止金银出口。不过认为不论是为了保持或者增加本国的金银量都要求政府要比对于保护或者增加其他任何有用商品给予更多的关注，在这一方面上它们就是诡辩的了。因为对于其他任何有用的商品，无需任何这种关注贸易也总会保证这一些商品的适量的供应。它们断言高汇价肯定增加他们所谓的贸易逆差，或者引起金银更大量的出口，这一点或许也是诡辩的。确实，高汇价对于必须向外国支付货币的商人非常不利，他们对于银行给他们开出的外国的汇票所支付的价格是要昂贵了很多。即使由于禁令而产生的风险或许使银行要付出某一些意外的开支，却不一定要把更加多的货币带出国外。这一些费用通常都是在走私货币出国的时候在国内支付的，绝对不会超出汇出的数量半个铜子。高汇价也自然而然会让商人竭力使他们的出口以及进口差不多平衡，以让他们为这个高汇价所付的尽可能的少。除此之外，高汇价肯定会起到一个税收的作用，抬高外国货物的价格，从而减少外国货物的消费。所以，高汇价将不至于增加，而只会减少他们所谓的贸易逆差。然后也减少金银的出口。

但是，即使如此，那些议论还是让它们的听众深信不疑。这些议论是商人们向国会、王公会议、贵族以及乡绅们讲述的；是由那些被认为懂得贸易的人向那些自认为对于贸易一无所知的人讲述的。经验向贵族、乡绅以及商人表明外贸能够使国家富裕。不过怎样或者用什么方法，他们谁也不了解。但是，商人们非常清楚外贸是以什么方法让他们自己富裕的，了解这一个道理也是他们的事情。不过弄清外贸以什么方法让国家富裕则全然不是他们的事情了。只是在他们向政府申请对外贸易法做某一些变更的时候，这个题目才引发他们从未有过的思考。这个时候他们必须对于外贸的好处说出一点名堂来了，与此同时指出现行的法律又是如何破坏着这些好处。应当就此事做出判决的裁判被告知对外贸易给国家带来了货币，不过现行有关法律却阻挡着它给国家带来应有的那样多的货币的时候，他们觉得这个说明十分令人满意。所以，这一些议论产生了预想的效果。法国以及英国把对禁止金银出口的禁令局限在各个国家的铸币上。外国铸币以及金条、银条仍可自由出口。在荷兰还有其他某些地方，这种出口的自由甚至放宽到本国的铸币。政府的注意力就从监视金银的出口而转移到注视贸易的差额，把它看作能引起金银任何增加或者减少的唯一原因。所以从一种徒劳无益的关注转向到另外一种更为复杂、更为麻烦以及同样徒劳无益的关注。托马斯·孟的书名《英格兰的财富在外贸当中》成为不仅仅是英国，也是其他的商业国家当中政治经济学的一个基本信条。内陆或者国内贸易，能够给相等的资金提供最大的收入，创造国内最大部分人民就业的机会——这一最为重要贸易都被看作了外贸的一种辅助。听说，这种贸易既没有给国家从外面带来货币，也没把任何的货币带出国外。因此，国家从来既不会因有它而变得更加富，也不会因没有它而变得更加穷，它的繁荣或者衰落最多只可能对于外贸状况产生一点间接的影响。

一个没有自己矿山的国家毫无疑问需要从外国进口金银，就像一个没有葡萄园的国家需要从国外进口葡萄酒一样。但是，政府好像并不必要比关注后一目标更为关注前一个目标。一个国家有钱购买葡萄酒，在它需要葡萄酒的时候，它总会买得到葡萄酒。同理，一个国家有钱购买金银，绝对不会缺少金银。金银就像所有其他商品一样是能够用一定的价格购买获得的，并且宛如它们是所有的其他商店的价格那样，所有的其他商品也是它们的价格。我们完全有理由相信，没有政府的任何的关注自由贸易将总是可以供应我们所需要的葡萄酒；我们能够完全放心自由贸易将会总是能供应我们在商品流通或者其他用途中所需购买或者运用的金银。

人的勤劳能够购买或者生产的每一种商品的数量，在每个国家中自然地是根据对于它的有效需求或者根据愿意支付生产它以及把它送往市场所需支付的全部地租、劳动以及利润的人的需求而调节着自己。不过并没有其他任何商品能比金银更为容易或者更为准确地依照这个有效需求来调节自己。这是因为，这一些金属的体积小而价值大，并没有任何的其他商品要比它们能更为容易从一个地方输送到另外一个地方，从便宜的地方运送到昂贵的地方，从多于有效需求的地方输送到有效需求不足的地方。比如说，假如英格兰对于黄金的有效需求超过了本地所有，则邮船就会从里斯本或者其他有黄金的地方运来能够铸造500多万几尼的50吨黄金。不过假如有效需求是同等价值的谷物，则进口谷物5几尼1吨，将会需要100万吨的航运，或者载重1000吨的船只1030艘。英格兰的所有的海军舰船会都不够。

由任何的一个国家进口的金银超过有效需求，政府的任何警惕都无法阻止其出口。动辄处死的西班牙以及葡萄牙的法律都将无法使金银保留在国内。从秘鲁以及巴西不断进口的金银，超过了上述的两个国家的有效需求，使这两个国家的金银价格要低于相邻各国。相反，假如任何一个国家金银的数量无法满足其有效需求，导致金银价格上扬得高于相邻各国的价格，则政府并不需要劳神去进口金银。假如政府阻止进口，也无法奏效。当斯巴达人有财力购买金银的时候，金银就冲破了革克尔加斯法律反对金银进入内斯得蒙的所有的障碍。所有严峻的海关法都无法阻止荷兰以及戈登堡东印度公司的茶叶进入英格兰，由于它们要比不列颠印度公司的茶叶更便宜一些。但是，1磅茶叶的最高价格用白银支付常常是16先令，而1磅茶叶的体积大概是16先令的体积的100倍，是同一个价格的黄金的体积的2000多倍，所以走私茶叶要比走私金银困难多倍。

部分是因为金银从富足的地方运到稀缺的地方容易，金银的价格不像其他大多数商品的价格那样不断地波动，其他大多数商品在市场出现过剩或者短缺的时候，因为它们的体积大阻止了他们的流动。当然，金银的价格也并不是全都没有波动，只是它的变化常常是缓慢、逐渐并且是统一的。比如，在欧洲有人觉得（这种看法或许是并没有多少根据的），在本世纪还有上世纪的过程中，因为从西属印度不断进口金银，使得其价值一直在不断地贬值。

不过，为了使所有的其他商品的价格立刻能够感觉到明显的提高或者降低，对于金银的价格做出任何的突然的变动，就会需要在商业当中进行一场像发现美洲的时候所引起的革命。

即使如此，假如在一个有财力购买金银的国家什么时候出现了短缺，则要比起其他的任何商品的短缺而言，能够有更多的应急措施保证金银的供应。假如制造业的原料短缺，产业就必须停产。假如食品短缺，人民就肯定会挨饿。但假如货币短缺，以货易货可以填补其空缺，即使会有非常多的不便。通过赊账进行买卖，商人们一月一次或者一年一次清偿彼此的债务来弥补货币的短缺，也较为方便。假如采用一种调节得当的纸币来填补这个短缺，不仅仅不会有任何的不便，并且在某些情况下，还会有某些好处。因而，任何的一个政府把注意力投放在保持或者增加国内的货币的数量上从来都不是非常必要的。

但是，并没有什么抱怨要比对于货币的短缺的抱怨更普遍的了。货币就像葡萄酒一样，对于那一些既无财力购买它，又无信用可以借到它的人来说肯定总是短缺的。对于那一些具有两者的人来说在他们需要货币或者葡萄酒的时候，都绝不会感到短缺。但是，抱怨货币短缺的人并不总是仅仅限于只顾眼前，不顾将来的挥霍者。有的时候在整个商业城市及其邻近农村都有这样的抱怨。过度的贸易是造成这种抱怨的共同原因。头脑清醒的人假如他们的经营计划不和其资本相称，他们就会像那一些开支和收入不相称的挥霍者一样，同样或许会既无财力购买货币，又无信用去借到货币。在他们的计划可以完成之前，他们的资金就用罄了，他们的信用也同归于尽了。他们四处奔走借钱，而每一个人告诉他们的都是无钱可借。即便是这种常见的对于货币短缺的抱怨，也无法总是证明国内并没有惯常数量的金银币在流通，而仅仅证明想买这一些金银币却没钱去购买。当商业的利润出现多于平常的利润的时候，过度的贸易就成了大小商人一个经常犯的错误。他们即使不总是把超过寻常数目的货币送到国外，不过他们用赊账的方式在国内以及国外购买多于寻常数量的货物，他们把它们送往某一个远方的市场，希冀在支付货款之前能收回本利。假如在收回本利之前，付款时期就到了，那他们手头就没有什么东西可以用去购买货币或者为借款做出可靠的担保。因此并不是什么金银短缺，而是这一些人感到借贷的困难还有他们的债权人感觉收回债款的困难引起了对于货币短缺的普遍的抱怨。

假如再去严肃地证实财富并不是由货币，或者由金银构成，而是由货币所购买的东西组成，并且货币只是用于购买才有价值，就将是非常荒谬可笑的了。货币无疑总是组成国家资金的一部分，不过我们早已表明它仅仅构成一小部分，并且总是其中最为无利可图的一部分。

并不是由于财富主要地是由货币（和货物相比）构成，商人才感到一般用货币购买货物要比用货物购买货币容易，而是由于货币是已知的确立了的交易媒介，任何的东西都容易与之交换，不过在与任何东西的交换中得到货币却并不总是同样的容易。除此之外，绝大多数的货物都要比货币更易腐烂，并且保存它们货主经常可能要遭受更加大的损失。当商品作为货物在手中的时候，他更可能遇到一些他无法满足的对于货币的需求，而他将货物变成了它们的价格放在他的钱柜里的时候，他就不会有这些现象。在所有一切之外，他的利润更直接的是来自于出售货物，而不是购买货物。基于所有的这些原因，常常他是更迫切地需要把货物换成货币，而不是把货币换成货物。不过即使某一个商人库房里装满了货物，有的时候他可能因为没能及时出售这一些货物而破产，不过一个国家或者一个民族则不会发生同类事件。一个商人的所有的资本常常是由预定用以换取货币的容易腐烂的货物构成的。不过一个国家的土地以及劳动年产物，其中只有非常小的一部分能够预定为从邻国购买金银之用，其中绝大多数是用以在国民中流通以及消费。即便是送往国外的剩余部分，其中的大多数通常也是预用来购买外国货物。所以，即便一个国家并没有用来交换预定购买它们货物的金银，一个国家也不致破产。当然，它或许遭受某一些损失以及不便，被迫采取某一些填补货币空缺所必需的应急措施。即使其土地以及劳动的年产物不变或十分接近，不过这相同的或几乎相同的可消费资本仍将用于维持那个国家。即使货物招引货币并不总是像货币招引货物那么容易，但是从长远来讲，以货物招引货币甚至要比以货币招引货物更为必要。货物除去可购买货币之外，还可用作许多用途，而货币除去购买货物外，别无其他用途。因此，货币肯定追逐货物，但是货物并不总是必须追逐货币。买货物的人并不总是想再次出售出去，经常是为了使用它或者消费它。而卖出货物的人则总是卖出了又要再次买进。前者购买货物经常可能就完成了他的所有的工作，而后者出售货物最多只完成了他的工作的一半。人们需要货币并不是为了货币本身，而是为他们能够用货币进行购买。

人们说，可以消费的商品坏损得快，而金银则具有比较大的耐久性。假如并不是由于不断地出口，能够长期积累在一起，让国家的真实财富增加到让人难以置信的程度。所以，有人认为对于任何一个国家最为不利的莫过于用这种耐久的商品交换那一些容易腐烂的商品的贸易了。但是，我们并不认为用英国的铁器交换法国的葡萄酒是对于我国不利的贸易。的确铁器是一种非常耐用的商品，假如不是因为不断地出口这一些铁器，长时间积累在一起，我国的锅盘的数量将会增加到让人难以置信的程度。但是平常的情况是：每一个国家这类用具的数量肯定要为该国使用的需求所限制，锅盘的数量超过用以烹调当地常常所消费的食物的需要也将会成为荒唐可笑的事。假如需要烹调的食物量增多了，锅盘的数量肯定将自然随之增加，即将一部分增加的食物用以购买它们，或者用以维持增加的制作锅盘的工人的生活。一样常见的情况是：每一个国家的金银量是受到这一些金属的用途的限制的。它们的用途包括用作流通商品的铸币，作为一种特殊的家具的餐具；而每一个国家的铸币的数量是受到通过它而进行流通的商品的价值所控制的；流通的商品的价值增加了，其中的一部分立刻就会被送往国外到有铸币的地方去购买商品流通所需要的新增数量的铸币。金银餐具的数量则是受沉溺于这种豪华气派的家庭数量以及财富所调控的；这种家庭的数量以及财富的增加还有一部分这种增加了的财富非常可能用于购买他们所能寻找到的新增数量的金银餐具。所以凡是力图通过引进或者扣留不必要的数量的金银于国内来增加财富均是荒谬的，其荒谬的程度就像力图通过迫使私人家庭保留没必要的数量的厨具来增加家庭的欢乐一样，就像购买那一些不必要的厨具的费用只会减少或者降低而不会增加或者提高家庭食物的数量以及质量一样。每一个国家购买不必要数量的金银的费用肯定会减少用于吃穿住方面的财力，用于维持人民生活以及雇佣人民的财富。必须记住，金银不管是作为铸币抑或是作为餐具都是和厨房用具一样的用具。增加金银的用途，通过它们来增多消费商品的流通、经营以及制造，你就肯定会增加它们的数量。不过，假如你想用异乎寻常的方法来增加其数量，你就一定会反而减少其用途，甚至减少其数量，由于这些金属的数量绝对不可能大于其用途的要求。假如它们积累得超过了那一个数量，因为它们的运输是这样容易，任其闲置而不用的损失又是这样巨大，以至于并没有什么法律可以阻止它们立即被运往国外。

并不总是需要积累金银才能使一个国家在远方进行战争以及维持在遥远的国度的海陆军的生活。海陆军是依赖于消费品维持生活，而不是依赖于金银维持生活。一个国家从他的国内工业的年产物当中，从其土地、劳动以及消费资本的年收入当中拿出一部分，就有财力在遥远的国度购买这些消费品，就可以维持那里的战争。

一个国家从下面的三个不同途径能够在远方国家购买到军队的薪饷以及食品：（一）把一部分积累的金银送往外国；（二）把其制造业的一部分年产物送往国外；（三）把它的年原生产物部分送到国外。

在任何的一个国家能够被正当地视作积累或者贮存的金银可以分为三个部分：（一）流通的货币；（二）私人家庭的金银器具；（三）君主多年节俭积累起来存放在国库里的货币。

从一个国家的流通货币中极少能节余出非常多东西，由于在流通货币中极少能有许多过剩。一个国家年生产以及销售的货物的价值要求一定数量的货币进行流通以及把它们分配到适当的消费者的手中。除此之外，它也无法使用更多的货币。流通的渠道肯定要吸引足够数目的货币来填充它，与此同时它也绝不要求过多的。但是，在对外进行战争的时候，有一些东西常常就要从这个渠道撤走。因为国外要维持大量的人员，国内维持的就少了一些。国内流通的货物也相应地少一些，需要用以流通它们的货币也将变少。在这样的场合常常发行大量的额外纸币，这种或者那种证券，比如财政部债券、海军债券、英格兰银行债券等就可以填补流通当中金银的空缺，并且为更大量的金银送到国外提供一个机会。但是，所有这一切对于维持耗资巨大历时经年的对外战争也只能提供一点可怜的资源。

在每次这种场合都发生的熔化私人家庭的金银餐具那就更加显得无足轻重了。在上次的战争开始的时候法国从这种措施中所得到的好处还不足以补偿这一风尚所造成的损失。

过去的年代，君主积累的财宝曾经提供了更大的以及更持久的资源。在现在的年代，假如把普鲁士王除外，积累财宝好像已不再成为欧洲君主政策的任何的部分了。

维持本世纪对外战争或许是历史所记载的花费最大的战争的基金看来已对出口流通货币，或者出口私人家庭的餐具，或者君主的国库的依赖极少。上次对法战争耗去了不列颠9000万镑以上，不仅仅包含新签订的债7500万镑，并且还有附加的1镑2先令的土地税，还有每年从偿债基金当中的借款。这个费用的2/3以上是用在了远方的国家——法国、葡萄牙、美洲还有地中海的各港口以及东西印度。英格兰国王并没有积累财宝，我们也从没有听说过熔化了任何大量的金银餐具。据推测那个时候英国流通的金银不超过800万镑。但是，听说自从上次金币重新铸造以来这一个数字是大大地低估了。所以，根据我记得、我看到过或者听说过的最夸大了的计算，我们能够推测金银总共一起达到了3000万镑。假如那个战争是通过我们的货币进行的，则依据这个计算，在六七年的时间中全部货币必须是先送出然后又重新返回了最起码两次以上。假如这个推测是能够成立的，它就可以给我们提供最有决定性意义的论据证明政府完全没必要去监视货币的保存，由于根据这个推测国家的全部货币肯定从国内流出去而后又流回来，并且在这么短的一段时间中就往返了两次。但是在这段时间中流通渠道从没有显得要比平常更为空虚。有财力买货币的人，极少有人短缺货币。确实，外贸的利润在整个战争期间要比平常大，尤其是在战争接近结束的时候。这个引起了（也是它常常引起的）不列颠的所有的港口的普遍的过度贸易，与此同时这个过度贸易又再次引起了对于货币短缺的抱怨，这种抱怨总是紧随着过度的贸易而出现。这个时候，许多人需要货币，但是他们既无财力去购买货币，又无信用可借到货币。与此同时债务人感到难以借贷，而债权人感觉难以收回债款。但是，拥有能够换取金银的价值的人，常常都应能以他们的价值交换金银。

所以，上次战争的巨大费用肯定主要是由出口不列颠的这种或者那种商品所支付的，而不是用出口金银所支付的。当政府，或者政府领导之下的官员同商人签约将款汇往某一国家的时候，那个商人当然将竭力向接受期票的外国代理人输送商品，而不是输送金银。假如那个国家不需要不列颠的商品，他将会竭力将商品送往另外的某一个他能购买到所需要款项的国家。当输送的商品刚好适合市场的需要的时候，便总是可以获得非常可观的利润，而输送金银则非常少有获得什么利润的。当金银送到国外以购买外国商品的时候，商人的利润则并不是来自于购买外国商品，而是来自于回收，来自于出售在外国购回的外国商品。不过假如金银的出口仅仅为了支付债务，那么他无法得到任何回收，自然也就得不到利润。所以，他自然会努力去寻找一种通过出口商品，而不是出口金银的方式来支付他的外债。《国家的现实》的作者指出，上次的战争期间大宗不列颠货物的出口并没有带回任何的回收。

除了以上所提到的三种金银之外，在所有的大的商业国家当中还有大量的金锭以及银锭不断地进行外贸。这一些金锭银锭就像国家铸币在每一个国家内流通一样在不同的商业国家中流通，它们能够视作大商业共和国中的货币。国家铸币的运动和流向受每一个国家不同地区所流通的商品的支配，而这个商业共和国的货币则受到不同国家间所流通的商品的支配。两者都是用来方便交易。前者用于同一个国家的不同的个人之间，后者用于不同国家之间。这个大的商业共和国中这一部分货币，其中的部分可以用来，说不定已用于进行上次的战争。在一次全面的战争中，人们自然会认为受到战争的影响货币的流动以及流向会不同于平时，它们应当更多的是在战争地段的周边流通，并且更多地用于在那里还有在邻近国家购买不同军队的薪饷以及食品。但是这个大商业共和国的这部分货币中有多大一部分是不列颠每年可能这样使用了呢，它肯定是每年或者用不列颠的商品，或者用不列颠商品购买来的某一些东西购买的。它们依然把我们带回到商品上，带回到英国的土地以及劳动的年产物上，这是让我们可以把战争进行下去的最后资源。确实，它自然地使我们觉得每年如此大的一个开支肯定要由巨大的年产物支付。比如，1761年的费用达到了1 900万镑以上。并没有任何的积累可以支持每年如此巨大的挥霍。甚至也没有什么金银的年产量能够支持这样一个挥霍。依据最准确的统计，从西班牙以及葡萄牙两国每年进口的全部金银常常也不超过600万英镑，这个数字在有一些年里还不足够支付上次战争中4个月的费用。

看来最适合于运往远方国家的商品，为了在远方国家购买军队的薪饷以及食品，或者购买该商业共和国的部分货币以用于购买军队的薪饷以及食品是较为精细、较为先进的制造品；它们体积小包涵的价值大，因而费用不多就可出口到遥远的地方。一个国家的工业每一年能生产大量这种剩余产品出口外国，它就有能力将这样一种花费巨大的战争进行好几年，而不需要出口非常可观数量的金银，或者无需有这么一个数量的金银出口。但是在这种场合，其制造品当中每年剩余的非常可观部分必须出口，而无法给国家带回任何的回报，也不是给商人无法带来任何的回报。由于政府要购买商人的外国期票，以便在那儿购买军队的薪饷以及食品。但是这种剩余的某一些部分依然可以继续带回一些回报。在战争期间制造商对于制造业将有双重的要求，第一要求生产送往国外的商品，以偿还为支付军队的薪饷以及食品而对于外国开出的期票；第二，生产为购买国内已经消费了的外国的商品。所以，在最具破坏性的对外战争中，大多数的制造业经常可以获得相当大的繁荣；反之，在回到和平后，它们反可能走向衰败。在国家处在毁灭的时候它们繁荣，而在国家走回繁荣的时候，它们开始衰败。不列颠制造业的许多部门在上次战争期间以及在和平恢复后的某些时间所处的状况就可对于上述作一例证。

并没有什么耗资巨大以及旷日持久的对外战争可以通过出口土地的原生产物而方便地进行下去的。把足够购买军队薪饷以及食品这样大数量的原生产物送到国外的费用将太过大了。也并没有什么国家所产的原生产物可以这样大大地超过维持它的本国居民生活的需要。所以，将大量的原生产物送到国外，肯定会把维持国内人民生活所需要的部分也送到了国外。出口制造品却不是这样。用于维持国内人民生活的那部分依然留在了国内，仅仅出口了它们产品中的剩余的部分。休谟先生就常常注意到英格兰古代君主：并没有能力进行不间断的长期的对外战争。在那些时候，英格兰并没有财力去买他们在国外的军队的薪饷以及食品，土地的原生产物除了国内的消费也剩余不出非常可观的数量，少数的粗糙的制造业的产品就像原生产物一样，运费太过昂贵。这种无能并不是产生于缺乏货币，而是因为缺少精细的以及较为先进的制造品。那个时候已像现今一样，在英格兰买卖已经是借助于货币进行的了。货币的流通量必须和那个时候日常进行的买卖的次数以及价值保持同一比例。它现在也是这样做的。甚至其比例还要更大一些，因为那个时候并没有货币，货币在现在代替了金银的大多数用途。在对于商业以及制造业还一无所知的国家里，君主在特殊的场合极少能从他的臣民那里得到任何重大的援助，其原因在之后的章节我将会有所说明。所以，正是在这样的一些国家，君主常常竭力积累财宝，作为应对这类紧急事件的唯一资源。因为有这种需要，君主在这样的一种情况下当然倾向于积累所要求的节俭。在那样的简朴的状况下，甚至君主的费用也并不是用于取乐于宫廷的豪华的虚荣，而是用于赏赐佃户，来款待他的侍从。不过赏赐以及款待通常不会导致挥霍，而虚荣则几乎总是导致挥霍。听说查理十二世的著名的盟友乌克兰哥萨克的头人马杰巴依的财宝就非常巨大。法国梅罗文加王朝的国王非常富有。当他们把王国分割给他们的子女的时候，他们也分配了他们的财宝。撒克逊的王子们，还有征服后的头几位国王好像同样也积累了财宝。每一个新的王朝所做的第一件大事就是掠夺前一位国王的财宝，作为保证王位继承的最为重要的措施。文明以及商业国家的君主并没有那种必要去积累财宝，由于在特殊场合他们常常可以从臣民那里得到特殊的援助。他们同样也不太倾向于积累。他们自然而然地或许是必须跟着时代的潮流走。他们的费用结果要受到他们领地之内所有大地主的崇尚浪费的虚荣心的左右。他们宫廷内毫无意义的装饰品一天比一天更为光彩夺目，在这上面的费用不仅仅妨碍了积累，并且经常蚕食了预定用于更为必要的开支的基金。德西利达斯对于波斯宫廷的评论能够适用于许多欧洲国王的宫廷。他在那儿看到的是豪华多威力少，看到的是仆人多战士少。

输入金银并不是一个国家从对外贸易中得到的主要的，也远远不是唯一的好处。无论在什么地方之间进行对外贸易，所有各方从对外贸易中都可获得两种明显的好处。它将那个地方并没有需要的过剩的土地以及劳动的生产物送出去，而作为回报带回某一些该地所需要的东西。通过把它们和某一些东西的交换而让他们的剩余的产物得到了价值，而换取来的那一些东西又可以满足他们部分的需要，增加了其享受。通过外贸让狭窄的国内市场不至于阻碍任何的一部门的技术或者制造业的劳动分工达到最为完善的境地。通过为他们多于国内的消费部分的任何的劳动产物开辟一个更为广阔的市场，鼓励了他们提高它的生产力并把其年产量提高到最高的限度，然后增加社会的实际收入以及财富。对外贸易一直就是对于所有进行贸易的不相同国家从事着这一些伟大而重要的服务。所有的不同国家都从对外贸易中得到了巨大的好处，即使其中商人所在国常常获取了最大的好处。这是因为，对于其他某国而言，他常常更多的是从事于供应他的本国的需要，把其本国的剩余的产物输送出去，因为没有金银矿的国家进口他们或许需要的金银，无疑是对于外商业务的一部分。但是，只是其最为无关紧要的一部分。一个国家假如仅仅为了这一原因而进行对外贸易，100年里或许也还用不着一船的金银。

绝对并不是通过输入金银，美洲的发现让欧洲富裕了起来。因为美洲矿山的富有反而使金银变得更加便宜。现在购买一套银餐具的价格只需要15世纪所值的谷物的1/3，或者所需劳动的1/3。今天欧洲用相同的年劳动以及商品支出就能够购买到那里所能够购买到的3倍之多的金银餐具。但是，当一种商品的售价仅仅为其原有价格的1/3的时候，不仅仅之前购买的人现在能够购买到他们之前的3倍的商品，并且会使购买者的人数大增，甚而超过过去的10倍、20倍。假如从来就没有发现美洲的矿山，在现在这个进步状态下欧洲能够拥有的金银餐具不仅仅会是从前的3倍，并且可能是它曾经拥有的20倍或者30倍。毫无疑问，到现在为止，欧洲得到了真实的方便，即使肯定是一种非常微不足道的方便。金银的便宜让它们不再像先前那样适合于作货币的用途。为了购买同样的东西，我们就需要随身携带更多的金银，之前只需要携带4便士的地方，现在就要在口袋里带上1先令。非常难说哪一样是最微不足道，是这样的不方便，还是相反的那样的方便。

不论是前者抑或是后者都无法使欧洲的状态发生任何根本的变革。但是，美洲的发现必定造成了一个巨大的变革。通过对于欧洲的所有商品开辟一个崭新的无限广阔的市场，它引起了对于劳动的新的分工以及技术的进步，而这一些在古代狭窄的商业圈子里，因为缺乏一个能吸收它们大多数产品的市场是永远不会发生的。欧洲各个国家的劳动生产力的改进，产品的增多，还有居民的实际收入以及财富也随之一起增加。欧洲的商品对于美洲来说几乎都是新的，而美洲的许多产物对于欧洲也是新的。所以，一系列新的交易就产生了，它们是之前并没有想到过的，并且它们证明就像对于旧大陆有利一样，对于新大陆同样有利。欧洲人的野蛮不公正的行为使得本来应对所有各方都是有利的事件变得对于几个不幸的国家造成了毁灭性的以及破坏性的后果。

几乎同一时候发生的经由好望角通往东印度的航道的发现，或许要比美洲的发现为国外贸易打开了一个更为广阔的领域。但是，欧洲迄今为止从和东印度的商业来往中所得到的利益要比和美洲商业来往中所得到的利益少得多。葡萄牙人垄断东印度贸易大约一个世纪，欧洲其他的国家只是间接地通过他才能向东印度输送或者从东印度获得任何货物。在上世纪初期，当荷兰人开始蚕食东印度的时候，他们将所有的东印度商业授予一个独占性公司进行。英国人、法国人、瑞士人以及丹麦人后来都效仿荷兰人的做法，以至于欧洲没有一个大国获得了和东印度自由贸易的好处。为什么和东印度的贸易从来没有和美洲贸易那么大的好处，这里不用指出任何的别的理由，因为几乎欧洲的每一个国家和其殖民地间的贸易对于其所有臣民都是开放的。所以那些东印度公司的排他性的特权，他们的巨大的财富，他们从各自的政府所获得的恩宠以及保护激起了对他们的许多嫉妒。因为东印度公司的贸易每一年要从和他们进行贸易的国家出口非常多的白银，这个嫉妒就常常把这个贸易描述成全然有害的贸易。有关方面则回答说，因为不断地出口白银，他们的贸易的确可能会使欧洲普遍地变穷，但是并不是使与之进行贸易的某个国家变穷。由于通过把一部分带回的货物输出到其他的欧洲国家，它每一年给本国带回的白银要比带出的多得多。无论是反对的意见，还是对于反对的答复都是建立在我刚刚研究的那种流行看法的基础上的。所以，并没有必要再对于它们加以评论了。

因为每年向东印度出口白银，银餐具在欧洲或许要比它原来的价格多少昂贵一些。银币或许能购买到更多的劳动以及商品。这两个影响中的前一个是非常小的损失，后一个则是非常大的好处。两者都微不足道以至于也没有引起任何的部分公众的关注。通过为欧洲商品开辟市场和东印度的贸易，或者也几乎是同一回事，通过为用商品所购买的金银开辟了市场肯定会导致欧洲商品的年产量增加，导致了欧洲的实际财富以及收入的增加。到现在为止，它之所以增加得这样少，很可能是因为它在各地所受的限制的原因。

即使有一些冗长，我觉得有必要对于财富由货币，或者金银构成这个流行观念作一详尽的研究。就好像我已经指出过的在通俗的语言里，货币经常表示财富。并且这个说法的模棱两可让这个流行的观念在我们听来非常熟悉，甚至那些深信这个观念的荒谬的人也非常容易地忘记了他们自己的原则，并且在他们的推理过程当中把它当作一条无法否认的真理。英国某一些关于商业问题的最好的作家一开头就指出一个国家的财富不仅仅由其所拥有的金银组成，并且包括它的土地、房屋还有各种消费品。不过，在他们的推理过程当中土地、房屋以及各种消费品似乎从记忆中又全部都溜走了，所以他们议论的白银便常常觉得所有财富系由金银组成，所以繁殖这一些金属就成为国家工业以及商业的伟大目标。

但是，这两个原则——财富由金银组成，没有矿山的国家只好通过贸易差额（也就是出口价值大于进口价值）才可以进口这一些金属，一经确立，政治经济学的伟大目标肯定就是尽可能减少供国内消费的外国商品的进口，尽力增加国内工业品的出口。所以，促使国家富裕的两大引擎过去就是限制进口以及鼓励出口。

限制进口有两种类型：

一、限制进口国内可以生产的供国内消费的外国的货物，无论这一些货物来自何国，都要禁止。

二、限制进口和本国有贸易逆差国家的所有的货物。

这一些不同的限制有的时候构成了高关税，有的时候则是绝对禁止。

对于出口的鼓励有的时候是靠退税，有的时候是靠奖励金，有的时候依靠和外国签订有利的商业条约，有的时候是靠在遥远的国家建立殖民地。

在下述两种不同情况之下可给予退税。当已交纳关税或者国产税的国内制造品出口的时候往往将所征收税款的全部或者部分退还；当已经征收关税的外国商品重新出口的时候将所征关税的全部或者部分退还。

对于某一些新兴的制造业或者某种值得特别关注的工业颁发奖励金以资鼓励。

通过有利的商业条约为本国的货物以及商人除了其他国家的货物以及商人所享有的权利之外在某一外国得到某一些特权。

通过在遥远的国家建立起殖民地，为本国的货物或者商人不仅仅得到某一些特权，并且常常是垄断权。

上述两项对于进口的限制，加上四项对于出口的鼓励组成了商业体系通过使贸易差额有益于自己而增加本国金银的六项主要方法。我在以后的每一章中将对于每一方法进行详细的研究，不再过多地注意它们假设的能把货币带回本国的形势。我将会重点研讨它们中的每一方法能对于国家的工业年产量所能够产生的影响。依据它们是否趋向于增加或者减少这个年产量，它们显然肯定就会趋向于增加或者减少本国的实际财富以及收入。

第二章　论限制进口国内能生产的商品

通过高关税或者绝对禁止对于国内能够生产的外国的货物的进口，这样就多少保证国内生产这一些产品的工业对于国内市场的垄断。所以禁止从国外进口活牲畜或者腌制食品也就保证了不列颠畜牧户对于国内肉类市场的垄断。在中等收成的年份，对于谷物进口所征收的高得相当于禁止的关税给予谷物种植人以一样的好处。对于外国毛纺织品进口的禁止一样有利于毛纺织业。丝织业即使完全依赖外国原料，近年来也获得了一样的好处。麻织业暂且还没有获得这种好处，但是，也正在大步地朝它迈进。非常多的其他制造业也以一样的方式在不列颠获得了完全或者几乎完全的对于他们同胞的垄断权。遭到绝对于禁止或者在一定条件下禁止进口的商品种类之多大大地超过了不太熟悉海关法的人的想象。

毫无疑问，这种对于国内市场的垄断经常是极大地鼓励了享有这种垄断权的产业，同时常常使原本不会流向它的较大多数的社会劳动以及资金也转向了它。不过，它到底是倾向于增加社会的总劳动，还是把它指向最为有利的方向，这点或许并不完全明显。

社会的总劳动从来就不会超过社会资金所能够雇佣的数量。如任何人所能雇佣的工人的人数必须和其资金保持一定的比例那样，大社会所有成员可以不断雇佣的工人的人数也必须和那个社会的总资金保持一定的比例，并且从来不会超过那一个比例。任何商业规章所能够增加的劳动量都无法超过任何一个社会的资金所能够承担的限度。它只能够使部分社会劳动流向它原来不可能流向的方向。并且谁也无法肯定这种人为的导向能比其自然的流向对于社会更为有利。

每一个人都在不断努力为他的资金寻找最有利的投资途径。当然，那仅仅是他自己的利益，而不是社会的利益。不过他在研究自己的利益的时候，自然而然的，或者可以说也是肯定地会研究导致他去选择对社会最有利的途径。

第一，每一个人尽力把自己的资金投入到了尽可能离家近的地方，从而他也就尽力支持了本地的劳力，只要他总是可以从中获得普通的、或者说不太低于资金的普通利益。

这样，在利润相等或者几乎相等的情况下，每一个批发商自然宁愿从事国内贸易，而不愿意从事对外消费贸易；宁愿从事对外消费贸易，而不愿意从事贩运贸易。在国内贸易当中他的资金绝不会像在对外消费贸易中的那样长期在他的视野之外。他可以更好地了解他所托付的人的品德以及处境，并且假如他被骗的话，他能更好地知道他必须向之寻求补偿的国家的法律。而在贩运贸易当中商人的资金好似被分割在两个外国之间，并且没有一部分是肯定会带回本国，或者置于他的直接视线之内以及支配之下。一个从事从康尼斯堡到里斯本贩卖谷物以及从里斯本到康尼斯堡贩运水果、葡萄酒的阿姆斯特丹商人常常必须将其资金的一半留在康尼斯堡，另外一半留在里斯本。其中并没有任何的部分曾经需要回归到阿姆斯特丹。这样一个商人当然应居住在康尼斯堡或者里斯本，只有个别非常特殊的情况能够使他宁愿居住在阿姆斯特丹。但是他所感到的和自己的资金分隔得这样遥远的那种不安常常会使他决定把原定运往里斯本市场的部分康尼斯堡的货物还有原定运往康尼斯堡的部分里斯本的货物运到阿姆斯特丹。即使这样做使得他必须支付双倍的装货以及卸货的费用，还有支付某一些关税，但是为了使其部分资金可以总是在自己的眼皮子底下，让自己支配，他宁愿付出这种特殊的费用，并且每一个对于贩运贸易拥有相当份额的国家正是用这种方式成为进行贸易的所有不同的国家的货物的商业中心或者共同市场。为了节省第二次的装卸费用，这种商人总是尽力在国内市场尽可能多地销售所有的不同国家的货物，然后尽可能地把其贩运贸易转化成为对于外消费品贸易。一个从事对于外消费品贸易的商人以相同的方式，当他为外国市场采购货物的时候，他总是乐意在相等或者几乎相等的利润的条件下在国内市场出售尽可能更多的货物。当他以此把他的对外消费品贸易转变成了国内贸易的时候（只要他可能的话），他就能够为自己省去出口的冒险以及麻烦。假如我能够这样说的话，本国就以这样的方式成为中心，每一个国家的居民的资金就是如此不断地环绕这个中心而周转，并且它们总是向这一中心靠拢，即使由于某一些特殊的原因，它们有的时候可能被从这个中心赶开或者驱走，而走向更远的用途。

但是，如前所述，用于国内贸易的资金比用于对外贸易的同等资金肯定会把国内更加多的劳动力投入运转，让国内更多的居民获得收入以及工作。而一个用于对外消费品贸易的资金要比用于贩运贸易的相等的资金具有相同的优越性。所以，在利润相等或者几乎相等的情况下，每一个人自然乐意把自己的资金用于这种方式，它能够为国内劳力提供最大的支持，给本国最大多数的民众带来收入以及工作。

第二，把自己的资金用于支持国内劳力的每一个人肯定会竭力去引导劳动使其产物能拥有尽可能最大的价值。

劳动的产物是劳动在其投入的对象或者原料上所附加的价值。雇佣劳动的人的利润同样和这个产物的价值的大小互成比例。但是也只是为了利润任何人才会把资金用于支持劳动。所以，他将总是尽力把资金用于支持可以生产价值最大的产物的劳动，或者能够交换最大量的货币和货物的产物的劳动。

不过，每一个社会的年收入总是完全等同于该社会的整个年产物的交换价值，或者明白地说和那个交换价值相同的东西。所以，每一个人竭力尽其所能地把他的资金用于支持国内劳动，并且竭力指引那个劳动去生产拥有最大价值的产物，每一个人肯定会尽力使社会的年收入尽可能地增加。当然，他平常并无意去促进公众的利益。他宁愿支持国内劳动，而不会支持国外劳动，他想要的只是他自己的保险；他指导劳动去生产能有最大价值的产品，他图的仅仅是个人的所得，而他在这一点上就好像在许多其他的场合一样，他总是被一只隐形的手推动着去达到一个他无意追逐的目的。即使他并没有任何的这种意图，但是他对于社会并不总是更坏。在追求他个人的利益的时候，他常常要比他真实地有意促进社会利益还更为有效地促进了社会的利益。我从来没有听说过那些伪装为了公共利益而做生意的人做了多少好事。当然，那种装模作样，在商人当中并不普遍存在，因此无须说什么去劝阻他们。

他的资金可以投入国内什么劳动，并且其产物又会具有最大的价值，非常显然每一个人根据自己的当地环境可以比任何政治家或者立法家更好地为他作出判断。一个政治家，假如他企图去指导私人应当以什么方式去运用他们的资金，这将会不仅仅给他加上最没有必要的负担，并且他采取了一种既不会放心地委托给任何的个人，甚至也不可能放心委托给任何委员会或者参议院的权力，并且再也没有比把这样一个权力交付到一个愚蠢傲慢以及妄以为自己适合于行使这样的权力的人的手中更加危险的了。

把对于国内市场的垄断权给予本国劳动的产品（无论是哪一种工艺或者制造业的产品），在某种程度上就是指导私人应当以什么方式去运用他们的资金，而这种做法几乎在所有的场合肯定是一种无益或者有害的调控。假如国内劳动的产品可以像外国劳动的产品一样便宜地投入市场，则这个调控显然是无益的。假如它无法同样的便宜，这个调控常常就肯定是有害的。每一个会精打细算的户主的信条就是：绝对不要试图自家制作其花费要比购买还贵的任何的东西。裁缝绝对不会试图制作自己穿的鞋子，他会到鞋匠那儿去买。鞋匠也绝对不会试图去缝制自己穿的衣服，而是雇佣裁缝来做。农场主既不试着自己做鞋子，也不试着自己缝制衣服，而是雇佣不同的匠人。他们全都会发现把他们的所有劳动投入到他们对于其邻人有某种优势的方面，并且用部分自己的产品，或者用部分自己的产品价值去购买他们随时需要的东西对于自己最为有利。

持家中的精打细算运用在操持一个大的王国中也不会是愚蠢。假如某一国家给我们提供的商品可以比我们自己制造的还要便宜，那我们宁愿用自己部分劳动（用于我们有某一些优势方面的劳动）生产的产品来购买它们。国家的总劳动量总是和雇佣它的资金互成比例的，所以它们也不会减少，不会减少到多于上面所提到的各种工匠的劳动量。不过是要寻找出一条可以获取最大好处的运用途径。当劳动被引领去生产一种购买比制造还便宜的商品的时候，肯定那并不是最有利的运用途径。当劳动被以如此的方式从生产明显地更加有价值的商品而转向生产被指定的产品的时候，劳动年产物的价值必定多少会减少。假如购买外国的相同商品能够比自己国内生产便宜一些，那么能够只用部分商品，或者用那一些商品的部分价值（即用同等的资金雇佣的劳动在国内所能够生产的产品，假如是听任劳动自然的流向的话）去购买它。所以，当一国的劳动就这样从一个利益比较大的用途被转入到一个利益较小的用途的时候，国家的年产物的交换价值就不会依据立法者的意图而增加，而是肯定由于每次的这种调控而减少。

当然，通过这样的调控某一制造业有的时候可能要比没有这种调控更早一些建立起来，并且经过一段时期以后其在国内生产的产品可能和国外的同样便宜或者更为便宜。社会的劳动即使通过这种方式要比没有这种调控有利地更快地进入某种渠道。但是社会的总劳动或者社会的总收入量绝对不会因这种调控而增加。社会的总劳动量只能够随社会资金的增加而成比例地增长。而社会的资金也只可以随社会收入的节余的逐渐增多而成比例地增加。不过每一次这种调控的直接效果就是让社会收入减少，而减少社会收入的做法必定不会把社会资金增长得要比任其自然发展增加得更快，假如社会的资金以及社会的劳动都听任它们自己去寻找天然用途的话。

即使并没有这样一些调控，社会将会永远也建立不起某种制造业，不过无法根据这一点就说社会在其存在的某一时期就肯定会较为贫困。在社会存在的每一个时期社会的全部资金以及全部劳动量仍然会以那个时候最有利的方式获得运用，尽管是用在不同的项目上。在每一个时期社会的收入也可能是那个时候社会资金所能够提供的最大的收入，从而资金以及收入都可能用最快的速度进行扩张。

在某些特殊商品的生产中一个国家对于另外一个国家所具有的天然优势有的时候是极其巨大的，而要和这些天然优势进行挑战，全世界都认为是徒劳无益的。通过玻璃、温床以及温墙在苏格兰也能够培植出非常好的葡萄，用它们也可酿造出十分好的葡萄酒，只是其费用大约是从国外进口最起码同样好的葡萄酒的价格的30倍。仅仅只是为了鼓励在苏格兰制造法国波尔多以及勃艮地的红葡萄酒，而禁止所有的外国的葡萄酒进口会是合理的法律吗？假如说把要比从外国购买相同数量所需商品的费用高出30倍的资金以及劳动去从事生产本国的那种商品是荒谬的话，那么用多出1/30，甚至1/300的资金以及劳动去从事任何这种生产也肯定是荒谬的，其荒谬的程度即使并不是那么耀眼，但是其性质完全相同。至于一国对于另一国所具有的优势是天然的，抑或是建立起来的，在这一点中无关紧要。只要一个国家占有那些优势，而另外一个国家缺乏那些优势，那么向前者购买就总是要比自己制造对于后者更加有利。一个工匠对于从事另外一行当的邻人建立了某种优势，不过他们双方仍然发现互相购买彼此的东西要比自己去制作不属于自己行当的东西更加有利。

商人以及制造业者则从对于国内市场的垄断中获得了最大的好处。对于外国牲畜以及腌制食品的进口的禁止，连同对于外国谷物所征收的高关税（在中等收成的年岁它也高到了禁止的地步）对于不列颠的畜牧业者以及农场主的好处也远远没有像其他同类性质的规章给商人以及制造业者所带来的好处那样大。特别是那一些高级的制造品从一国运往另外一国要比牲畜容易得多。所以，对外贸易主要是从事采购以及输送制造品。在制造品当中只要有一点微小的优势就能让外国人出售要比我们自己的工人出售得还便宜。甚至在国内市场上也是这样。而在土地的原生产物方面则将需要有一种非常大的优势才能使外国人做到这一点。假如容许外国制造品自由进口，有一些国内制造业或许要遭受挫折，有一些制造业或许就会走向彻底的毁灭，而现今用于那些制造业的资金以及劳力将被迫寻找其他的出路。然而对于土地原生产的最自由的进口对于本国的农业也不会有这么大的影响。

比如说，假如对于外国牲畜的进口也是这样的自由，自由到并没有什么再可以进口，则不列颠的畜牧业或许就不会受到它的什么影响。或许活牲畜是唯一的一种，海上运费要比陆路运费昂贵的商品。在陆地上它们自己将自己运送到市场上去。在海路上不仅仅牲畜，就连它们吃的食物以及水都必须花费不小的价钱进行运输，并且还有许多不便。当然，爱尔兰以及不列颠之间的海路非常短，它使得从爱尔兰进口牲畜较为容易。但是，即便近来批准的在一定限期内的牲畜自由进口获得了永久化，它对于不列颠的畜牧业者的利益也不会有非常大的影响。不列颠和爱尔兰海邻近的地带都是牧草丛生的村庄。爱尔兰的牲畜需要穿过那些辽阔的乡村，花费不小的费用，经历不少的不便才可以到达正式的市场，不然爱尔兰牲畜就不会输入。膘肥的牲畜无法赶这么远。所以，只有精瘦的牲畜才能够输入。而这种输入不会影响饲养以及催肥乡村的利益。精瘦牲畜的价格降低对于它们来说只会更为有利；相反，只会影响繁殖牲畜的村庄的利益。自从容许进口以后，从爱尔兰进口的少量的牲畜，连同精瘦牲畜依然能够卖到一个好价钱，它好像在表明即便是不列颠繁殖牲畜的乡村也从来没有受到自由进口爱尔兰牲畜的非常大影响。尽管听说爱尔兰的老百姓有的时候用暴力反对他们的牲畜出口。但是，假如出口商发现继续经营这种出口有非常大的好处的话，当法律站在他们一边的时候，他们能够非常容易地战胜这种群众的反对。

除此之外，饲养以及催肥的乡村必须不断地改良，由于繁殖牲畜的乡村常常都是并没有非常好开垦过的地方。因为并没有开垦过的土地的价值的高涨，使得精瘦牲畜的价钱也居高不下，它就像是对于反对改良的一种奖励金。对于任何一个所有土地都高度改良了的国家，进口它的瘦牲畜要比自己繁殖还更加有利。所以，听说荷兰现在就是遵循着这个信条。当然，苏格兰、威尔士以及诺森伯兰的山地都是一些不会有非常多改良的乡村，就好像是天生注定是不列颠的牲畜繁殖基地。对于外国牲畜的最为自由的进口除了阻碍那些繁殖乡村从王国其余的地区的不断增长的人口以及改良，从将他们的价格提高到最高的限度，从对于全国所有较为进步以及开垦过的地区课以现实的税中得到好处外，并不会有什么其他的影响。

对于腌制食品的最大进口自由对于不列颠的牲畜业者的利益所能产生的影响同对于活牲畜的利益所能产生的影响一样小得几乎等于零。腌制食品不仅仅是体积大，并且和鲜肉相比、质量比较差，价格高，并且运输需要花费非常多的劳动以及费用。所以它们从来无法和鲜肉进行竞争，即使可以和国内的腌制食品进行竞争。它们可以用于为远航船只供应储备食物；但是这类用途，从来也不可能构成食物中的任何的重要部分。自从腌制食品准许自由进口以来，从爱尔兰进口的小量腌制食品即是一个试验的证据。证明我们的畜牧业者对于进口自由并没有什么好担心的。看来鲜肉的价格并没有遭受到它的明显的影响。

甚至外国谷物的自由进口对于不列颠的农场主的利益也不会有什么影响。谷物是一个要比鲜肉更加笨重的商品。1便士1磅的小麦就和14便士1磅的鲜肉一样昂贵。即便在最大的荒年从国外进口的小量的谷物也足够向我们的农场主证明他们并没有必要害怕最大自由的进口。根据对于谷物贸易有深刻了解的一位小册子的作者的估算，逐年进口的各种谷物的平均量达到了23728夸脱，并没有达到年消费量的1/571。不过由于对于谷物出口的奖励金在丰年导致了谷物大量的出口，多于实际耕作状态所能提供的数量，所以在歉收之年也就必须进口要比实际耕作状态所要求的更多的谷物。因为依靠奖励金并无法使一年的丰收补偿另外一年的歉收。并且由于出口的平均量肯定的增大，进口的平均量肯定也超过耕作的实际状态增大。假如并没有奖励金，谷物就会出口少一些，那么谷物的进口也可能逐年会要比目前要少一些。谷物商人、不列颠以及外国之间的谷物采购商、贩运商也就肯定会少了许多事情，而遭受相当可观的损失，但乡绅以及农场主则将遭受不到什么损失。所以，谷物商人要比乡绅、农场主对于恢复以及保持奖励金制具有更大要求。

乡绅以及农场主是所有人民中最少受制于让人讨厌的垄断的，这是他们的非常大的光荣。一家大的制造厂的经营者假如发现在他的周围20里之内建立起了另外一家同类性质的工厂有的时候会感到惊慌。在阿布维尔一个荷兰毛纺业经营者就规定在这个城的30里格（1里格大约30英里）以内不得建立同类性质的工厂。反之，农场主以及乡绅们则常常都是乐于促进他们邻近的农场、庄园进行开垦以及改良，而不愿意阻碍其发展。他们并没有大部分制造业者所拥有的那一些秘密，通常愿意和他们的邻人交往，并尽可能推广任何的他们觉得有利的新举措。老卡托说："Plus Questus stabilissimusque，minimeque invidiosus；minineque male cogitanst sunt，qui ineo studio occupati sunt"（这是最受人尊重的职业，从事这样职业的人，生活最为稳定，最不为人所忌讳，并没有不满之念）。乡绅以及农场主分散在全国的不同角落，不可能像聚居城镇以及具有垄断性的同业公会精神的商人以及制造业者那样容易联合起来。他们自然竭力反对他们所有的同胞——反对他们通常所拥有的针对各城镇居民的垄断性特权。所以，他们看来是对于外国商品进口施加各种限制的最初的发明人。由于这些限制能够确保他们对于国内市场的垄断。或许是出于仿效他们，让他们自己能和喜欢压迫他们的人处在同等的地位，不列颠的乡绅以及农场主忘记了属于他们的地位的天然所具有的慷慨，而要求为他们的同胞提供谷物以及鲜肉的垄断性的特权。他们或许并没有花时间去思考自由贸易对于他们的利益的影响要比对于他们所效仿的那一些人的利益的影响更小。

通过一个永久性法律禁止外国谷物以及牲畜的进口实际上是在通过立法规定国家的人口以及劳动力在任何的时候无法超过本国土地原生产物所能够维持的限度。

看来对于外国商品施加某一些负担一般来说将会是有利的，为了鼓励国家的劳动力有两种情况。

第一种情况是当某一种劳动是国防所必需的时候。比如，不列颠的国防就非常大地依赖于海员以及船只的数量。所以，航海法就非常恰当地竭力使不列颠的海员以及船舶具有对于他们本国贸易的垄断权；在有一些场合是通过绝对禁止，而在有一些场合又通过对外国船只征收沉重的关税。以下是这个法令的主要的规定。

一、所有船只的船主、船长以及3／4的水手不是不列颠居民者，禁止往不列颠居留地以及殖民地进行贸易，或者禁止被雇佣来从事于不列颠沿海地区的贸易，严重者没收船只以及货物。

二、很多种最笨重的进口货物只可以通过下列方式运进不列颠：或者是通过上述的船只，或者是通过那一些货物的生产国的船只，并且其船主、船长以及3／4的水手同时也是属于那个国家；并且当由后一类船只进口的时候，需要征收双倍的外国人税。假如装运进口的船只属于其他的任何国家，则罚以没收船只以及货物。当这个法令制定的时候，荷兰正好是欧洲的大运输者，他们现在依然是，而依据这个规定他们就完全被排斥在去不列颠的运输队伍之外，或者完全被剥夺向我们进口其他的欧洲国家的货物的权力。

三、很多种最笨重的货物甚至用不列颠船只亦禁止从生产国家之外的国家进口；违者没收船只以及货物。这条规定或许是针对荷兰的。那个时候的荷兰像现今一样是欧洲各个国家货物的一个大中心市场，依据这条规定不列颠船只就不可以在荷兰装载其他的任何欧洲国家的货物。

四、但凡不是由不列颠船只捕获并且在不列颠船只上加工的各种腌鱼、鲸须、鲸骨、鲸鱼油等进入不列颠的时候，要征收双倍外国人税。荷兰人像现在一样依然是主要的捕鱼者，是那个时候欧洲唯一的力图供应各个国家鱼类的捕鱼者。依据这一条法规就对于他们供应不列颠的鱼类增加了沉重的负担。

当航海法制定的时候，尽管英格兰以及荷兰实际上并没有交战，但是这两国之间却存在着最为强烈的敌意。这种敌意开始于长期议会的时期，是长期议会形成了这一个个法律。这个敌意在护国公以及查理二世时期的荷兰战争后不久就爆发了出来。所以，这个著名法律的某一些规定或许就是来源于民族的敌意。但是，它们十分明智，就像它们是由最谨慎的智慧所授意的一样。在那个时候国家的敌意所指向的目标和最谨慎的智慧要建议的完全的相同，那就是减弱荷兰的海军力量，唯一能够对于英格兰安全形成威胁的一个海军的力量。

这个航海法对外贸，或者说对于通过外贸可以形成的富裕是不利的。一个国家的利益在它和外国的商业关系中就好像一个商人的利益和同他做买卖的各种人们的关系那样，是买进要尽量的便宜，出售要尽量的昂贵。不过最可能买得便宜的时候，是在贸易享有完全自由的时候，因为贸易的完全自由鼓励各个国家把它所要购买的货物都运送到市场上去。相同的理由最可能卖得贵的时候，是当市场中充满了最大多数的要买的人的时候。那一点是对的，航海法并没有加重前来出口不列颠劳动产物的外国船只的负担。甚至古代过去一贯对于出口以及进口所有货物征收的外国人税也被之后的几个法令从大多数的货物出口中取消了。不过，假如由于禁止或者高关税的原因，外国人受阻无法前来出售，那么他们也不会前来购买。这是因为不带货物来，他们肯定要遭受从本国到不列颠来空船的损失。因此，减少了卖主的数量，我们肯定也减少了买主的人数。如此一来，和有完全自由的贸易相比较，我们不仅仅购买外国货物要贵一些，并且出售我们自己的货物也要便宜一些。但是，由于国防要比富裕更为重要，或许航海法要算是英国所有商业法规中最为明智的了。

第二种情况是，为鼓励本国的劳动而对外国商品加以某一种负担一般说来将会是有利的，那就是在国内对于本国劳动的产品征收某种税收。在这样的场合对于外国劳动的同样产物征收同等的税收看来是合情合理的。这样就不会给国内劳动对于国内市场的垄断权，也不会让国家的资金以及劳动流向某一用途大于顺其自然的可能流入量。它仅仅会阻止由于征税而本当自然流入的资金以及劳动中途转入非自然流向，并且只会使在征税以后外国以及本国的劳动之间的竞争像征税之前一样尽可能几乎站在同一立足点上。在不列颠当任何的这种税附加在国内劳动的产物上的时候，通常就在同一时候，为了制止我国商人以及制造业者的大声抱怨他们的商品将只得廉价出售的时候，又要对于进口同类的外国货物征收重得多的进口税。

依据有一些人的意见对自由贸易的第二项限制在某一些场合应当扩张到能够和国内已经课税的商品进行竞争的外国商品之外。当生活必需品在各国都已经课税的时候，他们认为不但对于国外进口的生活必需品课税是合适的，并且对于能够和国内劳动生产的任何东西进行竞争的各种的外国货物课税也是适宜的。他们说，生活必需品因为这些征税肯定变得昂贵，劳动的价格肯定总是随着劳动者生活必需品的价格增长。所以，国内劳动生产的每种商品，即使本身并没有直接课税，但是由于这些税收也变得更加昂贵了，生产它的劳动变得更加昂贵了。所以，他们说，这些税事实上是等于对国内生产的每一种商品征税。为了使国内劳动和国外劳动处于同一个立足点上，因此他们认为必须对于每一种外国商品课税，其税额相当于使国内商品能和外国商品进行竞争而提高了的价格。

不列颠对于肥皂、盐、皮革、蜡烛等生活必需品征税是否肯定提高劳动的价格，还有相继提高所有其他商品的价格，我在之后探讨各种税收的时候，将再作论述。但是，与此同时，假如它们有这种影响，并且它们无疑会有这种影响，则因为劳动价格的提高，所有的商品价格普遍上扬的这种情况就正好和某类商品因直接课税而产生的价格上扬有下面两个方面的不同。

第一，人们总是能够极准确地知道因为这种征税这样一种商品的价格会上扬多少；而劳动价格的普遍上扬能对于雇佣该劳动所生产的各种的不同商品的价格有多大影响则从来就不会相当准确地知道了。所以就不可能相当准确地来对每一种外国商品定税使其和每种国产商品的价格的这种增长互成比例。

第二，对生活必需品课税对于人民生活条件的影响和贫瘠的土壤以及恶劣的气候的影响相同。所以食品会变得贵一些，好像需要特别的劳动以及费用去培植它们一样。就如同在由于土壤以及气候所造成的天然匮乏中去指导人们应该用什么方式去运用他们的资金以及劳力是荒谬的一样，在因为征税而造成的人为匮乏中如此做同样是荒谬的。他们只有尽量地使自己的劳动去适应他们的处境（即使他们的条件不好），寻找那些他们可能在国内市场或者国外市场有某种优势的用途。这才是在这两种情况之下显然最为符合他们的利益的。为了让他们为其他大多数商品同样付出过于昂贵的价格，而对于它们征收新税肯定是最为荒谬的赔偿方法。由于它们的税已然是不堪重负了，并且它们为生活必需品所付出的已是太过昂贵了。

这一类税收，当它们提高到一定高度的时候，是一种和土地的贫瘠以及气候的险恶相等的灾祸；但是在最富裕以及最勤劳的国家它们常常是普遍征收的。其他国家都无力承受如此大的混乱。就好像只有最强壮的身体才能够在不健康的摄生法下生存以及保持健康一样，也只有在每种产业都具有天然的以及取得了优势的国家才能够在这类税收下生存与繁荣。荷兰是欧洲这样的赋税最多的国家，它因为其自身的独特环境而继续繁荣，但是并不是像那种最为荒谬的设想那样借助一些赋税而繁荣的，而是不顾它们而继续地繁荣的。为了鼓励本国的产业有两种情况常常有利于对于外国商品征收某种税收。同样还有两种情况征税则有可能是值得考虑的事。一个就是继续允许某些外国货物自由进口，到何种程度才适宜；另外一个是在自由进口被中断一段时间后恢复到什么程度或者以什么方式恢复可能算作是合适。

当某一个国家通过高关税限制或者禁止我们的某一些制造品进入他们国家的时候，我们继续允许某些外国货物自由进口，自由到何种程度才适宜这种情况有的时候可能是一件值得考虑的事情。在这种情况之下复仇自然会要求我们报复，我们应当对于他们某一些或者所有制造品的进口征收同样的税收或者同样实行禁止。各国极少有不以这种方式进行报复的。法国一直特别偏爱对能进入和他们本国商品进行竞争的这种外国商品的进口进行限制。正是这一些组成了科尔伯特先生政策的大多数。科尔伯特先生即使有非常大的才能，看来在这件事件当中是深为那些一贯要求对于他们本国同胞实行垄断的商人以及制造业者们的诡辩所迷惑了。现在法国最明智的人的看法是他在这个方面所采取的行动对于其本国一直是有优势的。这位大臣通过1667年的关税法对于许多外国制造品的进口征收了非常高的关税。在他拒绝对于荷兰减轻关税之后，荷兰在1671年禁止了法国的葡萄酒以及白兰地的进口。1672年的战争好像部分就是因为这个商业纠纷引起的。尼麦根以及约在 1678年结束了那一次战争，通过减轻某一些对于荷兰商品的关税，荷兰人随之也取消了禁令。几乎是在同一时期法国人以及英国人通过同样的关税以及禁止又开始相互压迫对方的产业。但是这种情况似乎是法国人率先做出榜样的。从那之后存在于两国之间的敌对情绪一直妨碍着双方缓和。1697年英国人禁止弗兰德人建造的花边进口。那个时候弗兰德的政府是在西班牙的管辖之下，当作回报，他们宣布要禁止进口英国毛纺织品。1700年英国就取消了花边进口的禁令，其条件是英国的毛纺织品要像之前一样进入弗兰德。

假如有这种可能：因为报复而使得对方取消所抱怨的高关税或者撤销所抱怨的禁令，则这类报复可能是一个好政策。一个广大的国外市场的恢复常常所带来的好处远远超过在一个短时期内对于某种货物所付出的比较高的价格的暂时不便的补偿。要判断这样的报复是否可能产生这种效果也许与其说是属于立法家的科学（由于他们的思考应当是受永远不变的普通原则所支配的），不如说是应当属于俗称为政治家或者政客的那种阴险狡猾的动物的技巧（由于他们的委员会是受到事物的顷刻波动所指导的）。假如没有任何这种取消的可能性，则为了补偿对于我国人民某一些阶层所造成的伤害，而对于我们自己，不仅仅对于那一些阶层，并且对于几乎所有其他阶层进行另外一次伤害，看起来并不是一种办法；当我们的邻邦阻止我们某些制造品进口的时候，我们常常不仅仅禁止同类的制造品进口，并且还要禁止他们的某些其他商品进口。由于单单只禁止了同类的那二点不足以对于他们产生重大影响。这无疑会给予我们的某种工人以鼓励，并且通过排除了他们的某些竞争者使他们可以在国内市场提高他们的价格。但是，那一些受邻邦禁令残害的工人并不会从我们对于外国商品进口的禁令中获得受益。反之，他们以及我们公民中几乎所有其他阶层都因此而必须为某一些货物支付要比之前更高的价格。所以，每一道这类法令都是对于整个国家征收了一种事实上的税，它不利于受到我们邻邦的禁令伤害的那个阶层工人，而是有利于其他的某一阶层的工人。

一种有的时候可能是值得考虑的情况，那就是在经过一段时间的禁止后，对于外国货物的自由进口恢复到什么程度或者以什么方式恢复才是合适。当某一些制造品由于对于能够和国内某一些制造品进行竞争的外国货物征收高关税或者禁止进口的时候，它们已然大大地发展了，发展到要雇佣大批量的人手。这个时候，人道主义或许要求在这种情况下慢慢地逐步地恢复贸易自由，但是要有非常大的保留以及慎重。假如那一些高关税以及禁令一下子立即取消，较为便宜的外国同类货物就会洪水般涌入国内市场，如此一下子就会剥夺我国成千上万人的日常工作以及生存手段。它所引发的混乱无疑将是非常巨大的。但是，因为下述两个原因，这种混乱非常可能要比我们通常想象的要小。

第一，所有的不享受奖励金而常常有一部分向其他欧洲国家出口的那些制造品不会受到对于外国货物最自由的进口的多少影响。这类制造品在国外的销售价必须和任何外国同类产品相同质量的商品同样便宜，而在国内售价还需要更便宜。从而，它们才可以继续占有国内市场。即使喜欢时髦的人有的时候宁可买外国货，而不愿购买本国生产的价格较为便宜并且质地也较好的同类货物，这种愚蠢的行为从事物的本性出发是不会影响到非常多人的，对于人民的一般就业也不会产生多么大的影响。不过我国毛纺织业、制革业以及五金业的所有不同部门有非常大一部分产品每年都要出口欧洲其他的国家，它们并没有享受奖励金，而这一些制造业却雇佣了最大数目的人。或许，丝织业是自由贸易的最大的受害者，其次是麻织业，即使后者要比前者所受的害小非常多。

第二，即使有非常大数目的人会因为贸易自由的恢复而被一下子从日常的工作岗位上抛了出来，而失去了普通的生存手段，但是决无法因而得出结论他们将会从此永远被剥夺了工作或者生存的手段。在上次战争结束之后由于裁减陆军以及海军，100000以上的士兵以及水兵（其数目相当于所有最大制造业当中所雇佣的工人的人数），都一下子被从他们的平常岗上抛了出来。但是，他们即使无疑遭遇到了某些不便，他们并没有因此而就被剥夺了所有的就业机会以及生存手段。可能大多数只要有机会就逐渐地转入了商船界；与此同时水兵以及陆军士兵也都被融入了人民大众之中，而受雇于各个行业。100000以上习惯于使用武器，并且其中非常多还已习惯于抢劫以及掠夺的军人所处地位的巨大的变化并未引发什么大的骚动与混乱。就我所了解到的，并没有任何地方的流民的人数因此而增加，甚至任何职业的劳动工资除去商船界的水手之外也并未因此而有所减少。不过假如我们拿一个士兵的全部生活习惯和任何的一类制造业的工人的所有的生活习惯相比较，就可以发现后者的习惯并不比前者的生活习惯让他们更加难以适应一种新的行业。由于制造业者一直习惯于凭借自己的劳动并且仅仅是自己的劳动而生活；而士兵是靠着薪饷生活。一个惯于运用以及劳动、一个惯于懒散以及放荡。不过把勤劳从一种劳动转向另外一种劳动肯定要比把懒散以及放荡转向任何的劳动要容易得多。除此之外，对于绝大多数制造业来说，如前面已经指出过的，还有非常多属于性质非常相近的附属制造业，工人能够较为容易地把自己的劳动从它们当中的一个转向另外一个。大多数的这类工人偶尔也从事农村劳动。之前某一制造业雇佣他们的资金将会仍然留在国内以另外某种方式去雇佣同样数量的工人。国家的资金依然未变，对于劳动的需要同样也将未变，或者几乎未变，尽管它可能是用在了不同的地方以及不同的职业上。当然，士兵以及水兵从皇家服役退役之后，他们可以自由地在不列颠或者爱尔兰的任何城镇从事任何职业。假如要让国王陛下的所有的臣民都能恢复享有士兵以及水兵的那种喜欢从事哪种劳动就可以从事哪种劳动的天然自由，则就只有打破行业公会的排他性特权，废止学徒法。这是因为这两者都是对于天赋自由的实际蚕食，除此之外还应废除居留权法，让穷苦工人被从一个行业或者一个地方解雇后，能够到另外一个行业或者另外一个地方去寻找工作，而没必要担心受到控告或者遣返，那样无论是公众还是个人就不会因为遭到某一类制造业的偶尔遣散而受到要比士兵遭到遣散还大的伤害。我们的制造业者无疑对于我们的国家有非常大的功绩，不过他们的功绩仍然不会大于用自己的鲜血保卫了我们国家的人的功劳，当然也就不应当受到更大的照顾。

确实，指望贸易自由能够在不列颠完全恢复是同指望在不列颠建立“理想”岛或者乌托邦一样的荒谬。那样不仅仅会遭到公众的偏见，并且会遭到更为难以战胜得多的非常多的人的个人利益的坚决反对。假如军队的军官用制造业主反对可能增加其国内市场竞争对手的任何法律同样的热情以及敌意反对裁减军队的数量；假如前者以后者煽动工人的相同方式鼓励士兵用暴力以及暴行对付任何这类法规的提议人，则企图裁军就将同现在企图在任何方面削减我国制造业者们所获得的垄断一样的危险。这个垄断已经大大地增加了某一些制造业的人数，它已经像一支成长得过于大的常备军，对于政府已形成威胁，并且在许多场合可以恐吓立法机构。议员当中支持每一份加强这个垄断的提案的人不仅仅必然可以获得懂得贸易的美好名声，并且还会在人数以及财富都具有非常大重要性的那个阶层中得到极大的欢迎与影响力。相反，假如他反对他们，尤有甚者，假如他有权威，其权威足够挫败他们，则无论是公认的最正直还是最高的地位，抑或是最大的功绩都将无法保护他使他免受由愤怒而失落的垄断者的疯狂报复所发出的最不名誉的谩骂以及诽谤、人身攻击，有的时候甚至是实实在在的危险。

一个大的制造业主因为国内市场的突然对外国竞争者的开放被逼放弃了他的行业，无疑会受到非常大的损失。他过去一直用于购买原料以及支付工人工资的那部分资金或许并没有多大困难就能够找到另外的用途。不过在处置被固定在厂房以及生产工具上的那部分资金的时候，就不可能没有非常大的损失了。所以，对于他的利益给予公平的关怀就要求这类变化在任何时候都不要来得突然，而应是慢慢的、逐渐的，并且要在发出警告后的一个非常长的时间之后。假如可能立法机构的思考不应该总是受局部利益的纠缠不休高声叫嚷所支配，而应当受共同利益的广阔的视野所调控，根据这一点或许立法机构就应该特别小心地不去建立任何的新的这类垄断，与此同时对于已经建立起来的不予进一步扩大。由于每一种这类法规都会引发国家内部机构某种程度的混乱，要克服这种混乱就难以不引起其他新的一种混乱。

并不是为了阻碍进口，而是要提升政府的收入，对于外国货物进口征收关税应当走多远才能算是适当，当我探讨各种税收的时候我将在以后予以考虑。为阻止或者减少进口而征税显然对于海关的收入的破坏就同对于自由贸易的破坏一样。

第三章　论通商条约及其对铸币业的影响

第一节　论即便根据商业体系的原则，那些限制的不合理性

商业体系为了增加本国的金银量所提出的第二个应急措施是对来自它的贸易差额被认为并不利于我国的国家的几乎所有货物的进口施加特殊的限制。所以，在大不列颠只要上缴一定的关税，西里西亚的细竹布就能够进口供国内消费。不过法国的上等麻纱以及细竹布则被禁止进口，它们只能够进入伦敦港口存入仓库以待出口。对于法国葡萄酒所征收的关税也要比对于葡萄牙的葡萄酒，甚至要比其他的任何国家的葡萄酒征收的关税都高。依据1692年的所谓进口法，对于所有的法国货物要征收其价值25%的关税；而对于其他国家绝大多数的货物所征的关税要更轻，极少超过5%。而法国的葡萄酒、白兰地、盐以及醋是例外，它们依据其他法律或者同一法律的某一些特殊条款要交纳其他的税务。除白兰地之外，对于所有法国货物加征25%的关税，由于认为第一次所征收的25%还不足以起到抑制的作用。与此同时还对法国葡萄酒每吨加征25镑，对于法国醋每吨附加征15镑的新税。法国货物从没有从税率表中所有或者绝大多数列举货物所征收一般的补助税，或者5%

的税则减免过。假如我们将1/3以及2/3补助税也视作是它们中间的一个，则这些一般补助税就有5种。所以，在这次战争开始之前，75%可看做是最低的关税，法国的绝大多数农产品以及制造品都必须交纳。不过对绝大多数货物来说，征收这一些税实际上是相当于禁止进口。我相信法国人对于待我们的货物以及制造品也是同样的苛刻，尽管我不非常了解他们对于我国货物以及制造品到底施加了一些什么关卡。这一些相互的限制几乎使这两国间的公平贸易不复存在，现在走私犯变成了大不列颠货物进入法国或者法国货物进入大不列颠的主要的进口商。我在前一章所探讨的那些原则都植根于个人利益以及垄断精神；我在这一章当中所将探讨的那一些原则则是植根于民族偏见以及敌视。所以，可以想象获得它们会更为不合理。即便是根据商业体系的原则，它们也是这样。

第一，即便在法国以及英格兰之间的贸易是自由的，贸易差额将会有利于法国，也绝对无法就此得出结论说这个贸易将不利于英格兰，或者说英格兰的全部贸易的总差额将因此更为不利于英格兰。假如法国的葡萄酒要比葡萄牙的葡萄酒好并且便宜，或者说法国的亚麻布要比德国的亚麻布好而便宜，则大不列颠从法国购买它所需要的葡萄酒以及亚麻布要比从葡萄牙以及德国购买更为有利。即使从法国的年进口总额的价值将会因之而大大增大，依照同一质量的法国货物要比其他两个国家的便宜，则年进口总额的价值将会相应减少。即便说全部从法国进口的货物都将会是为大不列颠所消费，情况也会是如此。

第二，货物中的大多数可能向其他国家出口，在那里因为它们能够卖得一个更好的价钱，或许可以带回一个和全部进口的法国货物的原始成本完完全全相等的回报。人们关于东印度贸易的一些讲法经常可能就正适合于法国的贸易。即使绝大多数的东印度的货物是用金银购买的，但是将其中一部分再出口其他的国家能够给进行这个贸易的国家带回比原始成本更多的金银。现在，荷兰贸易中最重要的部门之一就是将法国货物贩运到其他的欧洲国家。甚至而在大不列颠饮用的法国葡萄酒的一部分，都是暗中从荷兰以及西兰岛进口的。假如在法国以及英格兰间存在自由贸易，或者法国货物在进口的时候只需交纳和其他欧洲国家货物同等的关税，并且在出口的时候可以退税，那么英格兰就能够分享对于荷兰如此有利的贸易。

第三，我们并没有一个确定的标准可以判断任何两国间的所谓的贸易差额究竟是在哪一边，或者说其中的哪一国出口达到了最大的价值。

个别的商人的私利激起的民族偏见以及敌意就是通常指导我们对于所有这些有关问题做出判断的原则。但是，在这种场合常常有两个标准是常被用作依据的，那就是海关登记册以及汇兑情况。我觉得海关登记册现在是一个已经被公认的非常不可靠的标准，因为登记册对于绝大多数货物的评价均不准确。汇兑情况或许同它差不多。

当两地间，如伦敦以及巴黎之间的汇兑是按平价进行的时候，听说这就表明伦敦欠巴黎的债务是由巴黎欠伦敦的债务来偿还。反之，当对于巴黎的汇票在伦敦贴水的时候，听说这就表明伦敦欠巴黎的债务并没有被巴黎欠伦敦的债务所偿还，那么就需要从伦敦送出货币以弥补差额。由于出口货币既有风险，也有麻烦，还须花费费用，因此代汇者要求贴水，汇兑人也需要贴水。不过两市之间的债务以及债权的日常状况，听说，必须由它们互相之间的日常交易状况所调整。当从另外一地的进口不大于它向另一地的出口的时候，各自的债务债权能够相互补偿。不过当其中一方从另一方的进口大于它向另一方的出口的时候，前者对于后者的负债肯定要比后者对于前者的负债更大。各自的债务以及债权无法相互补偿，于是债务超过债权的一方就必须向对方送出货币。所以，汇兑的日常状况作为两地之间债务以及债权的日常状况的标志肯定同时也是它们出口以及进口的日常状况的标志，因为出口以及进口肯定调整着那个状况。

不过即使汇兑的日常状况应该可以算作任何的两个地方间的债

务以及债权的日常状况的标志，不应就此得出结论认为债务以及债权的日常状况对于有利的地方就是贸易的差额对于其有利的地方。任何两地之间的债务以及债权日常状况并不总是完全由它们互相之间的交易的日常状况所调控，而经常是要受到其中任何一方和其他地方的交易的影响。比如说，英国商人通常要用对于荷兰开出的汇票去支付他们购买的汉堡、但泽和里加等地的货物。英格兰以及荷兰之间的债务以及债权日常状况并不完全由这两个国家相互之间的贸易的日常状况所调控。英格兰可能每年只好送货币到荷兰去，即使英格兰对于那个国家的年出口可能大大地超过从那里的进口的年价值；即使所谓的贸易差额可能大大地有益于英格兰。

除此之外，按照迄今对于汇兑平价的计算方法，汇兑的日常状况就无法对于那个似乎会有利或者假定会有利的国家的日常债务以及债权状况提供充分的证据。或者换句话说，真实的汇兑或许事实上常常十分不同于计算的那一个。从后者的状况在许多情况下不可能得出有关对于前者状况的肯定的结论。

当你在英格兰所付的一定数额的货币，与英国铸币厂的标准它包含有一定数量的纯银，你可获得一张在法国支付一定数量的货币的汇票，依据法国铸币厂的标准它包含有同等数量的纯银，这就是人们所谓的英国以及法国之间的平价汇兑。假如你支付的多一些，你就被认为是付出了贴水，所以人们就会说这个汇兑对英国不利，而对法国有利。假如你支付的少一些，你就会被认为是获得了贴水，所以人们就会说这个汇兑对法国不利，而对于英国有利。

不过，首先我们无法总是用个别国家的铸币厂的标准来判断不同的国家通货的价值。这是因为，在有的国家通货磨损，剪削得多一些，在有些国家通货磨损或者剪削得少一些，再加上其他一些原因让它们低于铸币厂的标准。不过每一个国家通用铸币的价值和其他任何一个国家的通用铸币的价值相比并不是和它应含的纯银的数量成比例，而是和它实际所含纯银成比例。在威廉王时代的银币改铸之前，英国以及荷兰之间的汇兑通常按照各自的铸币厂的标准计算，英格兰要贴水25%。不过我们从郎兹先生的研究中得知，英国通用铸币的价值当时低于其标准价值的25%。所以，即便是在当时其真实汇兑也可能是有利于英国，即使计算的汇兑对于它是如此不利；在英国实际支付的较少数量的纯银能够购买在荷兰应支付较大数量的纯银的汇票。所以被认为要付出贴水的人或许在实际上获得了贴水。在英国金币最近改铸之前，法国的铸币要比英国的铸币磨损得少得多，其接近标准的程度或许要高出2%或者3%。反之，假如和法国的被计算的汇兑对于英国的不利不超过2%或者3%，那么真实汇兑则可能是对英国有利。自从金币改铸以来，汇兑一直有益于英国，而不利于法国。

其次，有一些国家铸币的费用是由政府支付的；有一些国家，铸币的费用则是由把金锭送到铸币厂的私人支付的，政府甚至从铸币中还可获得某些收入。在英格兰它是由政府支付的，假如你送一磅标准银到铸币厂去，金额换回包含一磅标准银的62先令。在法国从铸币当中要扣除8%的税，这个8%不仅仅支付了其费用，并且给政府提供了小小的收入。在英国因为铸币是免费的，通用铸币的价值从来不会高于其实际所包含的金银量的价值。在法国你如果支付了工匠钱，工匠增加了铸币的价值，就好像工匠钱增加了金银餐具的价值那样。所以，含有一定量纯银的法国货币要比含有相同纯银的英国货币值钱，必须用更多的金锭或者其他商品才可以购买到它。所以，尽管两国的通用铸币一样接近于其铸币厂的标准，含有相同数量纯银的英国货币不会购买到同等数量的法国货币，也不会购买到向法国开出的同一数额的汇票。假如对于这样一张汇票所加付的货币仅仅足以补偿法国铸币的费用，则两国之间的实际汇兑就会是平价汇兑。他们的债务以及债权就能够相互抵偿，而计算汇兑则大大有利于法国。假如所加付的低于这个数，实际汇兑就有可能有利于英国，而计算汇兑有益于法国。

第三也就是最后，在有些地方，如在阿姆斯特丹、汉堡、威尼斯等地，外国汇票都是用银行货币支付的；而在有些地方，比如伦敦、里斯本、安特卫普、莱戈恩等地则用本国的通用货币支付。所谓的银行货币总是要比同一名义金额的通用货币的价值更大。比如，阿姆斯特丹银行的1000盾要比阿姆斯特丹的通用货币1000盾的价值大。两者之间的差额被称作银行的扣头，这在阿姆斯特丹常常是5%。假如两国通用货币接近其自身铸币厂的标准，一个用这种通用货币支付外国汇票，而另外一个用银行货币支付，那么非常明显计算汇兑可能有利于用银行货币支付的那一方，即使实际汇兑应该是有利于用通用货币支付的一方。基于相同的原因，计算汇兑会有利于用较好的货币，即用更接近于其标准的货币支付的那一方，即使实际汇兑应该是有利于用劣币支付的那一方。在最近的这次金币改铸之前，计算汇兑在伦敦和阿姆斯特丹、汉堡、威尼斯还有我相信和所有其他用所谓银行货币支付的地方，常常都是不利于伦敦。但是，这绝对并不是说实际汇兑对于伦敦不利。自从金币改铸以后，即便是和这一些地方进行汇兑也都是一直有利于伦敦。假如你把法国除外，计算汇兑在伦敦和里斯本、安特卫普、莱戈恩，我相信和欧洲其他大多数以通用通货支付的地方也都是有利于伦敦，而实际汇兑也非常可能都是这样。

关于存款银行，特别是关于阿姆斯特丹的存款银行的一些离题话。

像法国或者英国这样的大国的通货通常几乎全由其本国的铸币构成。所以，假如这个通货在什么时候磨损、削减或者由于其他原因而低于其自身标准的价值，国家可通过对于它们的改铸而有效地恢复其通货。不过像热那亚或者汉堡这样的小国的通货就无法完全由其自己的铸币构成，而在很大程度上必须由和其居民有经常性来往的邻国的铸币构成所以，这样的国家并不是总能通过改铸其铸币来改革它的通货。假如外国汇票是用这种通货支付的，因为其本身性质的不确定性，任何的数目的不确定的价值肯定让汇兑总是对于这种国家不利，由于它的通货在所有外国肯定被评价得低于它的实际的价值。

为了补救这样不利的汇兑肯定给商人们带来的不便，这种小国在开始注意到贸易利益的时候，常常就会通过立法，规定一定价值的外国汇票无法用通用货币支付，而必须由某一个根据其信誉并获得国家保护的特定银行的票据或者通过它的转账来支付。由于这个银行总是必须依据国家的标准用良好的以及真正的货币来支付。威尼斯、热那亚、阿姆斯特丹、汉堡以及纽伦堡银行似乎原先就一直是依据这种观点建立的，即使其中有一些银行后来还有了其他的目的。既然这样一些银行的货币要比本国的通用货币好，它肯定带有一种扣头，而扣头的大小则取决于通货被认为低于国家标准的程度。比如，汉堡银行的扣头听说通常为14%左右，这就是这个国家良好的标准货币和从邻国流入的被剪削、磨损以及被贬值了的货币的假定差额。

1609年之前，由于阿姆斯特丹广泛的贸易从欧洲各个地方带回的大量被削减以及磨损的外国铸币，使其货币的价值下降了约9%，也就是低于新从铸币厂出来的良币的9%。这种新币一在市场中出现，像在这种情况之下经常发生的那样，立刻被熔化或者带走。拥有大量的通货的商人并不是经常能够找到足够的良币去支付他们的外国汇票，所以这些汇票的价值变得非常不确定，即使为了防止这种现象制定了几种规定。

为了解决这一些不便，1609年一家银行在市政府的担保下成立了起来。这家银行既接受外国的硬币，也以本国良好的货币标准的真实的内在价值接受较轻的以及被磨损的铸币，只是需要扣除铸币所必需的费用以及其他管理的必须费用。在扣除这种小小的费用后，所剩余的价值计入银行账房作为信用。这种信用被称为银行货币，由于它代表和铸币厂标准完全相符合的货币，因此总是具有与其同等的真实价值，并且其内在价值要比通用货币的价值更高。与此同时也正是在这个时候公布了法令，所有向阿姆斯特丹银行开出的或者商定的价值600盾及以上的汇票都应用银行货币支付，于是顿时消除了那些汇票所有不确定性。由于这一规定，每一个商人必须在银行开立一个账户来付其外国汇票，这样肯定就造成对于银行货币的一定的需求。

银行货币除去其内在的对于通货的优越性还有上述需求肯定给予它的附加价值以外，同时还具有某一些优点：它不可能受到火灾，抢劫以及其他意外事件的影响，阿姆斯特丹市政府对于银行负完全的责任；它只需要一个转账就可以支付干净，并没有计算的麻烦，或者从一地运往另外一地的风险。由于这些优点，它好像从一开始就拥有一个扣头，并且一般都相信所有原先就存在这一银行的钱都能够继续留在那里，并没有人想要收回那一笔在市场上能够卖得贴水的债务。并且要求银行支付，银行信用的所有者就将会失去这个贴水。因为从铸币厂新出来的一个先令，在市场上所能够购得的货物并不比一个我们常用的被磨损了的先令多，所以从银行金柜里拿出来送入私人手中的良好的以及真正的货币和国内通用的货币混在了一起，无法辨认也就不会比国内通用货币价值更大。而当它继续留在银行里的金柜里的时候，它的优越性则是众所周知并且确定的了。当它进入私人的金柜的时候，不经过一番麻烦将会非常难确定他的优越性，而这个麻烦所费或许还要大于其差额所值。除此之外，从银行的金柜一取出来，它就失去了银行货币的所有的其他优点：它的安全、它的容易并且安全的转移、它的支付外国的汇兑的作用。此外，不预先支付保管费它就不会从银行的金柜当中取出来，这一点之后就会渐渐显露出来。

这一些铸币存款，抑或说银行必须用铸币，归还的存款就组成了银行的最原始的资本，抑或说所谓的银行货币所代表的所有价值。目前，它们被认为仅仅组成其中的一小部分。为了方便使用金锭进行交易，银行这些年来也开始接受金银锭存款，在账簿之中给予信用。这种信用常常比这类金锭的铸币厂价格大约低5%。在此同时，银行给存放人或者持有者发一张所谓的收据。存放人或者持有者在交还银行账簿上所给信用的同等银行货币还有支付了25%的白银保管费和50%的黄金保管费用之后，在六个月之内就能够随时取回所存放金锭。同时声明在限期终止之前，如果不做出这种支付，存款就即将会作价归银行所有。其价格则或者按照当时存入的价格，或者按转账簿上给予信用时的价格。作为存款保管费所支付的一切能够视作是一种仓库租金；为什么对于黄金的仓库租金要如此大大高过白银的仓库租金，这里提出了几种不同的理由。在前面已经说过的黄金的纯度要比白银的纯度更加难以确定。黄金更加容易造假，在比较贵重的金属之中会造成更加大的损失。除此之外，白银作为标准金属，与黄金相比国家更愿意鼓励更多地使用白银存款。

金银锭的存款最多的时候是在它的价格略微低于普通价格时，当价格上涨的时候，它们就会被取出。在荷兰金银锭的市场价格常常高于铸币厂价格，由于同一个原因在最近一次金币改铸之前英格兰的情况也是这样。据说差额平常为每马克大概6至16斯泰弗，或8盎司白银（11分纯银、1分合金）。银行的价格，或者银行对这种白银存款（当用外国铸币存入时，它的纯度为公认的和已然确定的，比如墨西哥银圆）所给予的信用为每马克22盾；铸币厂价格大约为23盾，而市场价格则是23盾6斯泰弗至23盾16斯泰弗，或者高于铸币厂价格2%至3%。金锭的银行的价格、铸币厂价格和市场价格间的比例几乎相同。一个人通常能够为了获取金锭的铸币厂价格和市场价格之间的差价而售出他的收据。一张金银锭的收据多少总能值些钱。所以，极少发生有什么人的收据过期的现象，抑或让他的金锭按照银行接收时的价格落进银行之手。他既不会在4个月的时期届满之前还没有取走，也不会忽略交付25%或50%的保管费以再次换取一张为期6个月的新收据。但是，即使这种现象很少发生，并且据说也发生过，并且发生在金锭身上的要比在银锭身上的还多些。这是由于保管更贵重的金属所需要的仓库租金要高一些的缘故。

一个在银行里储存了金锭而得到了一笔银行信用和收据的人，在他的汇票到期的时候可以用他的银行信用去垫付。这时他能够根据金锭价格会涨或者会跌的判断来出售或者保留其收据。收据以及银行信用极少被长期保留，并且也没有这个必要。一个拥有收据而又需要取走金锭的人总是可以找到许多的银行信用或者用普遍价格购买得到银行货币。一个具有银行货币而需要取走金锭的人总是可以找到同样多的收据。

银行信用的所有者以及收据的持有人组成了银行的两种不同的债权人。收据的持有者不重新拨一笔和银行接收金锭时相等价格的银行货币就无法取回它的金锭。假如他自己没有银行货币，就需要向有银行货币的人买。银行货币的所有者不提出和他所要的相等数量的银行收据，就无法取走金锭。假如他自己没有银行收据，就需要向有银行收据的人购买。收据的持有者在购买银行货币的时候，就是在购买在银行取回一定量金锭的权利。这些金锭的铸币厂价格要比银行价格多出5%。所以，他常常为它所付出的5%的扣头，就不再是为了一个想象的价格，而是为了一个真实的价值所支付得了。当银行货币的拥有者购买一张收据时，他是在购买从银行取走一定量的金锭的权利，而这个定量金锭的市场价格常常要比铸币厂价格高出2%到3%。因之，他为它所付出的价格同样是为了一个真实的价值。收据的价格还有银行货币的价格合在一起组成了金锭的完全价值或者全部价格。

用自己国家的通用铸币存款时，银行以及给银行信用一样，同理也给收据；不过那些收据往往是没有价值的，因此在市场上也并没有什么价格。比如，在流通中可以兑换3盾3斯泰弗的一个达克存入银行，银行仅仅给予3盾的银行信用，那就是说低于其流通价值的5%。银行一样给持有者一张收据，持有者在支付了25%的保管费之后在6个月之内可以随时提取所存数目的达克。这一收据在市场上常常卖不到什么价格。3盾银行货币常常在市场上只可以卖到3盾3斯泰弗，也就是在从银行提取出来时可以得到的一个达克的全部价值；并且在它们可以被取走之前，收据持有者必须预先支付50%的保管费，这将会成为持有者的净损失。但是，假如银行的扣头在什么时候跌到3%，这类收据就能够在市场上以1.75%的价钱售出并且值一些钱。但是银行的扣头现在一般都在5%左右，因此这类收据往往是任凭它过期，抑或像他们所说的那样，被银行没收。对金达克存款的收据任凭银行没收的更加多，因为在它们比从银行取走以前所需要交付的仓库租金还要高一些。当铸币或者金锭存款归银行所有的时候，银行所得的5%能够被看作是永久保存这种存款的仓库租金。

收据过期的银行货币数目肯定是相当大的。它肯定包含了银行的全部原始资本。通常会认为这个原始资本从它最初被存入之日起就一直被留在了银行当中，没有人想要去更新收据或者取出存款，好比由于前面所说过的那些理由，无论是采取前一种方法，还是采取后一种方法都不可能没有损失。但是无论这个数目是什么样的，它同整个银行货币的比例应当是很小的。阿姆斯特丹银行这些年来一直都是欧洲金锭的一个大仓库，它的收据很少过期的，抑或照他们的说法，任凭银行没收的。人们认为该银行绝大部分的货币和账簿上的信用就是这些年来通过金锭买卖人不断地存入和取出的存款所创建起来的。

没有收据就不可能向银行提出任何的要求。过期收据的少量银行货币与依然有效的收据的较大量的银行货币混杂在了一起，没有收据的银行货币数量虽然非常可观，但是凭收据取款的某个特定银行货币是没有具体的数量的。银行不可能为同一件事情作为两个人的债务人。没有收据的银行货币的持有者只有在购买了银行收据之后才可以要求银行兑付。在平常时期，他不难以市场价格购买到一张收据，这个价格常常同他能从银行取出的铸币或者金锭的价格相对应。

但在社会发生灾难的时期，情形就可能完全不同了。例如像1672年的法国入侵这样的灾难。银行货币的持有者都渴望从银行提走货币保留在自己的身边，在这个时候对收据的需求可能把收据的价格提高到令人吃惊的程度。收据的持有者可能会对它们持有一种过高的奢望，他们要求的不是银行对存款所发收据授予的信用即银行的货币的2%或者3%，而是5%。了解银行组织的敌人为了防止人们把财富带走，甚至有可能把收据全部收购起来。在这种紧急的时刻，银行会打破它只对收据持有者支付的常规。没有银行货币的收据持有者一定只能够得到收据所载存款价值的百分之二三。因此，据说在这种情况之下银行会毫不犹豫地对不能够取得收据的银行货币所有人付给他银行账簿所载的给予他的信用的全部价值，并且用货币或者金锭支付。同时对没有银行货币的收据持有者支付2%或者3%。这就是在这种事态之下认为是正当的属于他们的全部价值。

为了用便宜得多的价格买进银行货币（从而对应地用低价买进金锭，也就是他的收据使他能从银行取走的金锭），抑或用贵得多的价格把他的收据销售给那些有银行货币并且要取走金锭的人，收据的价格常常等于货币的市场价格与曾经据以给予收据的铸币或者金锭的市场价格之间的差额。因此，甚至在平常时候收据持有者的利益就是压低扣头。反之，为了把他们的银行货币出售得贵得多或者便宜得多的价格买进收据，提高扣头就是银行货币所有者的利益。为了避免这些相敌对的利益在有的时候可能导致的资金买卖，银行近些年做出了一个决定：在任何时候想要换取通货，出售银行货币时需要收5%的扣头，买回的时候收4%的扣头。由于这个决定，扣头在任何时期不能够高过5%，或者低于4%，于是银行的市场价格和通货的市场价格之间的比例就会随时保持十分接近于它们的内在价值之间的比例。在采取这个决定以前，因为敌对双方的利益对市场的影响，银行货币的市场价格通常高到9%的扣头，有时又低于平常的价格。

阿姆斯特丹银行承诺不将存款的任何部分贷出；它在账簿上授予了信用的每个盾，都在金库里保存有一盾所值的货币或者金锭。银行在金库里保存着所有的有效收据，所有随时可能需要提取的，还有实际上是不间断地流出同时流进而必备的货币或者金锭。这一点是毋庸置疑的。但是关于那些收据早就已经过期，在平常时期不可能提取的，还有实际上只要联邦还存有很可能永远存放在那里的那一部分资本是否也是这样，这就很难确定了。但是，在阿姆斯特丹最好的诚信莫过于作为银行货币所流通的每一个盾牌在银行的金库中都储存着一个相对应的金盾或者银盾所建立起来的诚信。市区政府是银行需要这样做的担保人。银行是在四位市长的领导之下的，这四位市长每年更换一次。每一任的新市长们都需要查看金库，核对账目。在接受金库的时候要宣誓，移交给下一届的时候也要同样的隆重。在那个虔诚并且信教的国家中，誓言是必须要遵守的。仅仅是这类手续的回转就足以保证不会再发生任何不正当行为了。

党派之间的斗争，在阿姆斯特丹政府所引起的所有革命之中，获得胜利的政党从来没有指控过他们的前任在银行管理过程之中有过任何的不忠诚。并且对于失败的政党的名誉以及命运来讲，则没有比这样的指控更为可怕的了。并且假如这样的指控可以成立，我们能够肯定人们会提出来。

1672年，当法国国王在乌得勒支的时候，阿姆斯特丹银行付款之迅速，让人根本无法怀疑银行在履行诺言时的忠诚。有一些从金库之中提取出来的货币还带有银行建立后不久，市政大厅起火烧焦的痕迹。因此，这些货币一定是从那个时候起一直存放在那里的。

银行的财富究竟能够达到一个什么样的数目，是好奇的人们长久以来一直猜测的一个问题。不过关于这个问题也只能是猜测。一般认为大约有2000人在银行开通了账户，假设平均每户在银行存款是l500镑（这是一笔很大的数目），银行的货币总量，也就是银行的财富的总量就将达到300万镑左右，或按照每磅11盾计算共计3300万盾。这是一笔很大的数目，足以用来进行特别广泛的流通；不过大大小于某些人所认为的数量。

阿姆斯特丹市从这个银行获得了很大的一笔收入。除了上述能够称之为仓库的租金之外，每个人在银行第一次开通账户的时候需要支付10盾的开户费用，之后的每一笔新账又需要交纳3盾3斯泰弗的手续费，而每一次转账又是2斯泰弗。为了防止过多的小额交易，如果转账数目在300盾之下，则需要交纳6斯泰弗。一年之中账户有两次平衡的人要罚款25盾。但凡请求转账的数目超过账户存款的人应当为超支的部分支付3%，并且他的请求单将会被搁置到一边。人们觉得，银行还从出售因为数据到期而被银行没收，以及常常有意保存以待有利可图的时候再行抛售的外国铸币或者金锭的买卖之中能够获取特别大的利润。

同样，银行通过用5%的扣头卖出用4%的扣头买入的银行货币也可赚得利润。这些各式各样的报酬加在一起远远地超过了银行支付职员薪金一级管理费用所必要的支出。单单从保存金锭的收据这一项上所得到的纯年收入据说就已经达到了15万到20万盾。不过，这个机构建立的最初目的是为了有益于公众，而不是收入。它的目的是把商人们从不利的汇兑不便之中解放出来。因此，从它里面所产生出来的收入是事先不曾预料到的。完全可以把它视作一个意外。

我在努力阐明用所谓银行货币支付以及那些用通用货币支付的国家之间的汇兑，为何一般都显出对于前者有利而对后者不利的原因的时候，这个题外话不知不觉地被引入了。不过现在是从这个冗长的题外话之中转回来的时候了。究其原因就是前者支付的是一种其内在价值总是相同的，并且同他们铸币厂的标准完全相同的货币，后者支付的是一种内在价值不间断变化的货币，并且总是多多少少低于那个标准。

第二节　根据其他原则，论这种特殊限制的非合理性

在本章第一节里，我试图说明即使按照商业体系的原理，对于那些和我国在贸易交往中有可能出现逆差的国家的货物的进口，也没有必要加以特殊的限制。并且，没有什么东西比赖以建立这些限制还有商业条例的整个贸易差额论的东西更加荒诞不过了。

当两地之间进行贸易活动的时候，按照这种理论，假使贸易额持平，那么两地都没有得失；假使贸易额稍有偏倚，就一定有一方受损，而另一方得利。得失程度和偏倚程度相对应。

但是这两种假设都是错误的。如同我接下来就要讲到的那样，尽管奖励和垄断权的设立，是从自己国家的利益出发的，但凭借奖

励金与垄断权所促成的贸易，却有可能对自己国家不利，而且大多数时候情况也就是这样。反过来，不受任何限制而自然地、常规地进行两地之间的贸易，虽不一定对双方获得同样利益，但必然对双方都有利。

所谓的利益，依照我的理解，不是指金银量的增加，而是指一个国家的土地和劳动年产品交换价值的增加，也可以说是整个国家居民年收益的增加。

假使两地贸易额持同样水平，同时两地间的贸易都是由两国本地商品的交换构成，那么在大部分情况下，它们不仅都会获得利益，而且它们所获得利益将全部相等或几乎相等。如此而来，每一方将为对方的一部分剩余生产品提供一个市场；并用来偿还为生产与制造这一部分剩余生产品而投下的资本和作为收益或生计而分发给一部分居民的资本。如此而来，两国都有一部分居民要间接地从另一个国家那里取得他们的收入并维持生计。因为两国之间所交换的商品的价值被假设是相等的，所以在大部分情况下，两国投入到这种贸易上的资本也一定相等或几乎是相等的；不仅这样，因为都是用来生产两国的本地商品的资本，因此两国居民从中获得的收益和生计也一定相等或几乎相等。双方提供的这种收益和生计将和贸易额的大小成比例。假使这个交易额每年双方的数字是10万镑或100万镑，那么彼此给对方居民所提供的年收益，在前一种条件下为10万镑或是100万镑。

如果甲乙两国之间的贸易活动是属于这样的一种性质，也就是一方向另一方只出口本国产商品，然而另一方的回程货却是外国商品。那么，在这种条件下双方都用商品来偿付，两国的贸易额仍然可以被认为是持平的。在这样的情况下，双方仍然可以获得利益，只是获得利益的程度不同；从这样的贸易中取得最多收益的一方将是仅仅出口国产商品的那一国居民。打个比方说，英国从法国进口国产商品，可是英国却没有法国所需要的商品，所以每年不得不通过大量的外国货物例如烟草还有东印度的货物来偿付。这样的贸易尽管可以给两国的居民带来一定的收益，可是给法国居民所带来的收益必然要多于给英国居民所带来的收益。法国每年投在这样的贸易上的所有资本将在法国人民中间分配。可是英国资本，只有有限的一部分，也就是用来生产和外国货物交换的英国货物的那一部分资本会每年在英国居民中间分配。其中绝大多数的资本将用来偿还弗吉尼亚、印度和中国的资本，并且向这些遥远国家的居民提供一种收益和生计。

所以，即便两国所投资本相等或者差不多相等，可是利用法国资本给法国人民所增加的收益比利用英国资本可以给英国人民增加的收益大得多。因为在这样的情况下，法国经营的是它直接向英国提供消费品；然而英国所经营的却是向法国通过间接的方式提供消费品。这两种国外贸易所带来的不同结果在之前已经详细地解释过了。

然而，任何两国之间的贸易活动也许不会出现双方提供的所有货物都是国产货，或者一方所有的货物是国产货，另一方所有的货物都是外国货。如此而来，差不多所有国家之间所交换的都是一部分是国产货，一部分是外国货。然而，在交换商品中国产商品占大多数，外国商品占少部分的国家将一直是主要的获益人。

假使英国偿还法国每年的进口货物用的不是烟草和来自东印度的货物，而是黄金和白银，在这样的情况下，那么贸易会被认为是不平衡的；因为不是以商品却是以金银支付商品。其实，在这样的情况下，也和前面提到的情况一样，贸易将给两国人民带来一定的收益，只不过给法国人民带来的收益要比给英国人民带来的收入多一些，可是它还是将给英国人民带来一定的收益。用来生产能够购买金银的英国商品的资本，也就是分配给英国某些居民并用来给他们带来收益的资本将从中得到补偿，如此而来该行业才能延续下去。

输出一定数量的金银并不会使英国资本总量减少，就像输出等价的其他货物并不能使英国资本总量减少一样。反过来，在大部分情况下，英国资本的整体数量还将增加。只有那些国外需求大于它的国内需求，而且其回程货在国内的价值又要超出输出品在国外的价值的那些货物才有可能会出口到国外去。假使烟草在英国仅仅出售10万镑，可是输往法国之后购回的葡萄酒在英国却可出售11万镑，那么这样的交换就可以使英国资本增加10000镑。假使英国以同样的方式用10万镑黄金所购买的法国葡萄酒在英国可以获得11万镑，那么这样的交换将同样可以让英国资本增加10000镑。一个在酒库中储藏着价值11万镑葡萄酒的商人要比在仓库中储藏价值10万镑烟草的商人变得更富裕。与此相同，也比在金柜中存有10万镑金钱的商人更富裕。和另外两个人比较，他能够拉动更大的劳动需求量，并给更多的人带来收益、生计和职业。

一个国家的资本和他所有人民的资本相等，然而一个国家每一年所能维持的劳动量又等于这一切资本所能维持的劳动量。从而，一国资本还有他每一年所能维持的劳动量大部分时候都一定因这样的交换而增加。诚然，英国通过它自己的铁器与宽幅厚呢来购买法国葡萄酒要比通过弗吉尼亚烟草或用巴西、秘鲁的金银购买可以获得更多利益。直接用自己的消费品所进行的对外贸易一直是比间接地用他人带来的消费品所进行的对外贸易可以获得更多利益。可是以金银进行的间接对外贸易并不比以其他货物进行的间接由他人带来的消费品的对外贸易显得更为不利。没有矿产的国家不可能因为每一年出口金银而变得金银匮乏，就像一个不生产烟草的国家不可能因为每一年出口烟草而变得烟草匮乏。一个有财力购买烟草的国家，他市场绝不可能长久缺乏烟草；与此相同，一个有足够的钱购买金银的国家也绝不可能长久缺乏金银。

据说，工人和麦酒店做交易永远是一种亏本的交易。一个制造业国家和一个盛产葡萄酒的国家之间所进行的贸易也能够看成具有与此相同的性质。但是我的回答是，工人和麦酒店之间的交易，并不一定是亏本的买卖。就此种贸易本身的性质来说，它和其他任何贸易与此相同是有利可图的，然而，也许比较容易被滥用。酿酒人的职业还有发酵酒的零售商的职业和其他职业一样都是必要的分工。假使工人需要喝酒，他从酿酒人那里购买比自己亲自酿造“要有利得多”，不仅这样，假使他是一个贫穷的工人，那么他从零售商那里一点儿一点儿地购买麦酒要比从酿酒人那里大批量地购买有利得多。假使他是一个贪食者，他可以在靠近的任何一个商人那里购买大量的麦酒，肉或呢绒布匹，要是他希望在自己的同伙中装扮成富有的公子的话。这里值得提出来的是，依照经验，一个地方酒的价钱便宜不是由于这里的人酗酒却是由于这里的人清醒。生活在产酒的国家的人们一般来说是欧洲最清醒的人民。西班牙人、意大利人还有法国南部各省的居民就是很好的例子。人们很少因为他们的日常饮酒过度而导致犯罪。没有人会狂饮和啤酒一样便宜的白酒来假装慷慨和善意。相反，在那些因为太热或太冷不适宜栽植葡萄的地方，葡萄酒极其稀少和昂贵。我常常听人们说当法国某一个兵团从葡萄酒昂贵区域开至葡萄酒低廉区域的时候，起初士兵们看到葡萄酒如此价廉物美便沉溺之中。可是驻留数月之后，其中大部分士兵便如同当地居民一样开始戒酒了。与此相同，假使我们把外国葡萄酒税、麦酒税、麦芽税、啤酒税全部取消，那么在英国的中下层人民中也完完全全有可能引发醉酒的风气，可是用不了多长时间就将会出现一个永恒、普遍的清醒。现在，醉酒已经不是那些热衷于赶时髦的人的恶习，也不是上流社会有足够的钱消费最贵饮料的人中的恶习。在我们中间很少可以看到由于喝麦酒然后烂醉如泥的绅士。除此之外，大不列颠对葡萄酒贸易的限制，与其说是为了防止老百姓走入酒店，还不如说是为了防止老百姓买到最价廉物美的烈酒。那种所谓的限制有利于葡萄牙的葡萄酒贸易，却不利于法国与他国的葡萄酒贸易。据说，葡萄牙人是购买我国所生产的制造品很好的顾客，然而法国人不是。从而，我们对葡萄牙人要给予一定优待，加以奖励。他们在生意上帮助了我们，我们也应当帮助他们。

如此而来，小商人的卑鄙策略，居然就成为一个大帝国政治的座右铭。然而，只有最小的小商人才会把这样的策略看作是对待顾客的准则。一个大商人不可能去注意这些小节，一直是到价值最便宜、货物质量最好的地方去购买他的货物。

依据这样的原则，各国都觉得他们的利益就在于要让周边的国家都变得贫穷。各国都用忌妒的眼光看待和他们通商国家的繁荣，并把这些国家获得的利益看作是他们的损失。国际的贸易交往大部分时候如同个人通商一样，原本应该是团结和友谊的保证。如今，却成为矛盾和仇恨的最大源泉。在本世纪与上世纪中，王公大臣们之间反复无常的野心对欧洲和平所造成的危害并不比商人和制造业者们不恰当的忌妒心所造成的危害大多少。人类统治者的暴力和非正义从古至今就是一种邪恶。我担忧人这样的本性将无法得到医治。至于那些既不是也不应该成为人类统治者的商人和制造商们的无耻的贪婪和垄断的精神，虽没有办法改变，让他们不要去打扰别人的安宁却是非常容易做到的。

最开始产生并传播这样的学说的无疑是垄断精神；最先倡导这样的学说的人绝不可能如同后来信奉它的人那么愚蠢。在任何国家，大部分人民的利益一直是不仅在于这样，还一定在于从要价最低的人手中购买他们所需要的各种物品。这个命题是这样清楚；假使我们还要花费心思去证明它的正确与否倒真是一种滑稽可笑的事情了。假使没有这班商人和制造商出于自私自利的想法，用诡辩混淆了人们的视听，它也不可能成为什么问题。在这一点上，这班商人和制造商的利益和大部分人民的利益正好是直接对立的。就像同一行业组织中的自由人的利益在于阻止国内居民去雇佣其他人来取代自己的位置一样，这班商人和制造商的利益在于保住他对国内市场的垄断权。

从而，在大不列颠还有在欧洲大部分的其他国家，差不多对所有由外国商人进口的商品都课以极其沉重的关税。对那些有可能和自己国家制造品发生竞争的所有外国制造品更是大都课以特殊的关税，或禁止进口。针对那些觉得不利于我国的贸易差额，也就是说，针对那些对自己国家具有强烈民族仇恨的国家的所有货物的进口差不多都加以特殊的限制。

邻国的财富尽管对我国构成战争或政治上的威胁；可是在贸易上，却必然对我国有利。在处于敌对状态的时候，他的财富可以让敌国维持比我国更强大的舰队和陆军；可是在和平通商的时候，他的财富可让他们和我们进行更大限度的交易，为我国工业的直接生产物或用这样的生产物购买物品带来一个更好的市场。就像一个富人对于他勤劳的邻居来说要比一个穷人好得多一样，一个富裕的国家对于他的邻国来说也与此相同，是一个较好的顾客。

经营同一种制造业的富人、固然对附近各同业者构成威胁，可是他的花费可给附近的别的很多人带来很好的市场，绝大部分邻居能够从中获得利益。不仅如此，他们还可以因为富人为了和实力较差的经营者进行竞争不惜低价抛售他的货物然后从中获得利益。与此相同，富有国家的制造商无疑有可能成为邻国同种制造商极具威胁的竞争者，可是这样的竞争却有利于大部分人民。除此之外，他们可从富国在其他方面的巨大花费为他们带来良好的市场而获得利益。想发财的人从来不可能想到要到穷乡僻壤去居住，然而会想方设法住在首都或其他的大商业都市里。他们明白没有财富流通的地方，也不可能得到财富；在财富大量流通的地方，他们也许能够分得一些财富。这个以这样的方式指导着1个人、10个人或20个人的日常箴言应该与此相同指导着100万人、1000万人或2000万人的判断。应该让全国的百姓都把邻国的财富看成是自己国家获得财富的契机。

一个想通过对外贸易致富的国家，假使他邻国都是富裕、勤勉和商业化的国家，那么就必然会这么来做。一个大国的四周，假使都是一些游牧的、没有开发的民族还有贫穷的野蛮人，那么它只有通过耕作自己国家土地还有经营国内的商业才可让国家致富，却不能通过国际贸易。古代的埃及人和近代的中国人似乎就是以这样的方式致富的。据说，古代埃及人极不注重对外贸易，大家明白，近代中国人非常轻视国际贸易，不给予国际贸易任何正规的法律保护。近代的对外贸易的原则是以所有邻国陷于贫困作为目的的，假使它真正能够达到所期望的目标，便会对贸易不屑一顾。

法国和英国之间的贸易活动之所以会在两国里面都受到那么多

的阻碍和限制，就是这些原则所导致的。假使这两国能放弃商业上的妒忌和国民的仇恨来审视他的真实利害关系，那么对大不列颠来说，和法国的贸易将比和欧洲任何其他国家的贸易更有利。与此相同，对法国来说，和大不列颠的贸易亦将比和欧洲其他国家的贸易更有利。

法国是大不列颠最近的邻国，英格兰南部沿海各地和法国北部与西北部沿海各地的贸易活动。就像国内贸易一样，一年能够回收4次、5次乃至6次。两个国家投在这样的贸易上的资本和投在其他国际贸易部门的同样多资本相比，能够拉动5倍乃至6倍的劳动量，能够雇佣和养活4倍、5倍乃至6倍的工人。两国双方相隔最远的各地之间的贸易也至少可望每一年回收一次。从而，这样的贸易也和我国对欧洲其他大部分的国外贸易一样有利。若和夸大了的我国对北美殖民地的贸易（一般情况下需要3年，乃至4年、5年以上，才能回一次）比较，至少也要有利3倍。此外，据说法国有居民2300万，我国北美殖民地居民据说300万。不仅这样法国又比北美洲富饶得多，尽管因为法国财富分配不均，法国的贫民乞丐要比北美多得多。从而，和我国北美殖民地比较，法国所能带来的市场，至少要大8倍；再加上往返更为频繁，那么利益要大 24倍。和大不列颠的贸易与此相同也有利于法国。

假使从两国财富、人口和靠近的程度来看，他的有利程度远远超过法国和他殖民地间进行的贸易。这就是两国智者觉得的适合加以阻止的贸易和最应受到偏爱的贸易之间的巨大差异。可是，本来可让两国间开放的自由贸易并成为使双方互利的这些条件却成为这样的贸易的主要障碍。因此邻国，它们一定是仇敌，不仅这样，基于这个原因一方的富强让对方感到更加恐惧，本来能够增进国民友谊的有利因素，却变成了助长激烈的仇恨的因素。它们都是富裕勤劳的民族，可是双方的商人和制造商却都担忧会在技术和商业活动中遇到来自另外一个国家的商人和制造商的竞争。

商业上的妒忌引起了激烈的民族仇恨，然而激烈的民族仇恨又助长了商业上的妒忌，两者互相助长。两个国家的商人都煞有介事地宣称没有限制的国际贸易一定会产生不利的贸易差额；然而不利的贸易差额又必定会导致国家的灭亡。

在欧洲的众多商业国内，这个系统的自以为是的医生常常发出警告，贸易逆差正在让国家走向灭亡。这引起了很多国家的忧虑，差不多各国都想要改变贸易差额，让他对自己国家有利而对邻国不利。可是在这所有忧虑过去之后，在这所有无效的尝试以后，似乎没有一个欧洲国家曾因上面所说的原因在任何方面变得贫穷。和商业体系者的预料相反，实行门户开放并允许自由贸易的都市和国家，不可能就像商业体系的原本所告诉我们的那样因为这样的自由贸易灭亡，反而富强了起来。

欧洲今日从某些方面来说可以称得上自由港的都市虽然有几个，可是能称得上自由港的国家还没有。尽管离这个标准还很远，可是接近于此的国家荷兰，大家承认，不仅他的国民财富所有的来自对外贸易，就是他的大部分必需生活资料也都来自对外贸易。

此外的确还有一种差额，我在前面已经讲到过，它和贸易差额很不相同。不仅这样，因为它对一国的是否有利有可能引起一国的盛衰。这就是年生产物和年消费的平衡。前面提到过，年生产物的交换价值假使超过了年消费的交换价值，社会的资本每一年就必定会依照该超出额的比例增加。在这样的情况下，社会在它的收益内维持它的生存。每一年从他的收入当中省下来的部分自然会增加到社会资本上去，并用来进一步增加年生产物的产量。反过来，假使年生产物的交换价值，少于年消费的交换价值，社会的资本每一年就必定会按比例减少。这种情况下，社会的支出超过了社会的收益，它必定侵蚀社会的资本。从而资本必定会减少。随着资本的逐渐减少，他的产业年产品的交换价值也会减少。

生产和消费的差额和所谓的贸易差额完完全全不同。在没有对外贸易和世界完完全全隔绝的国家内也能够产生这样的差额。它也能够出现在财富、人口和改良不断增长与不断衰退的整个世界上。

即便所谓的贸易差额总是不利于一个国家，生产和消费的差额仍然能够不断地有利于这个国家。即便半个世纪以来，这个国家进口的价值都超过出口的价值，在这期间所有进口的金银很快又被输出；即便流通铸币渐渐减少，它们被以各种纸币所替代；甚至它对各主要通商国家所负的债务，也在渐渐增加。可是它的真实财富，它拥有的土地和劳动年产物的交换价值，仍然能够在这期间内依照比这之前大得多的比例连续增加。我们北美殖民地的状态，还有他们这次的骚乱，以及和大不列颠的贸易状态都能够证明这并不是一个没有可能的如果。

第四章　退税

商人和制造业者对于国内市场的垄断都不满足，渴望让他们的货物在国外得到最大限度的销售。他们的国家在国外没有司法权，所以也就不能为他们在那里谋取到垄断。如此，他们大部分时候不得不满足于申请对出口的某种鼓励。在所有的这些鼓励措施中，所谓的"退税"看上去是最合理的一个了。允许商人在出口时退还所有或部分对国内产品所征收的货物税或内地税，绝不可能造成比不课税时更大数量的货物的出口。如此而来的鼓励并不是要让国家投入到某一用途的资本超过依照自然趋势将流入该用途的资本，而是防止课税把那一部分资本驱赶到其他用途。

它们并不想去推翻社会一切不同用途之间自然建立起来的平衡，只是要阻止它被关税所推翻。它们并不想去破坏而是要去保持在绝大部分情况下有利于保持的东西——社会劳动的自然分工和分配。

与此相同，这一点也适用于对进口货物的再出口的退税；在大不列颠退税占据了进口税的绝大部分。依照现行的对征收所谓过去的补助税的议会法令的第二条附加条款，任何一个商人，无论是英国人还是外国人都能够在出口时退还那个税的一半；只不过英国商人必须在12个月以内出口，外国商人需在9个月以内出口。葡萄酒、葡萄干、精丝织品是为数不多的不受此项条款限制的货物，它们有

额外的可以获得更多利益的津贴。

这个议会法令所征的税在当时是对进口货物征收的唯一关税。这一种还有其他一切各种退税的申请期限后来（依照乔治一世7年第21号法令第10条款）延长到了3年。

从过去的补助税开始实施以来，所征收的各种税收中的绝大部分都在出口时全数退还了。然而，这个总则允许有许多例外，同时退税的准则也就变得远不如最开始建立时那么简单了。

有些外国货物本来指望他的进口将大大超过国内消费所必需，因此在出口退还一切税款时，甚至连过去的补助税的一半也不保留下来。在北美殖民地发生叛乱以前，我们垄断了马里兰和弗吉尼亚的烟草生意。我们进口大概96000大桶，然而国内消费据推测不多于14000大桶。为了方便一些必要的出口，同样为了摆脱剩余部分给我们造成的负担，所交税款允许在3年内退还所有。

我们垄断了西印度的砂糖出口，尽管没有完完全全垄断，可是也接近完完全全垄断。因此，假使砂糖在1年以内出口，一切进口税都退还，在3年内出口，不仅过去的补助税的一半要退还，一切进口税也都要退还。然而那一半就继续对绝大部分的货物出口进行征收。尽管砂糖的进口数量大大多于了国内消费所需，可是他超过部分和烟草大部分时候的超过量相比却是无足轻重的。有些货物，特别是我国制造业者所妒忌的东西被禁止进口供国内消费。然而，在交付必要的税收后，它们能够进口和在库房存放起来以备出口。只不过，对于这样的出口不予任何退税。

看上去，我们的制造业者甚至对这样的有限制的进口都不愿给予鼓励。然而唯恐部分这些货物会被从仓库中偷运出来，然后进入和他们自己的货物的竞争。正是在这样一些规章制度下，我们只可以进口丝织品、法国麻纱、上等细麻布和各种印花染色棉布等。我们甚至都不情愿做法国货物的贩运人。我们宁愿放弃自己的利润，而不能容忍我们看成敌人的人通过我们来谋取一丝利润。在出口一切法国货物时，不仅保留一半过去的补助税，而且附加的25%的税都保留了。

依照附加在过去的补助税上的第4条规定，对于葡萄酒出口的退税能够多于当时进口时所交纳的关税的一半以上；看上去当时立法机构的目的是要给予葡萄酒转口贸易比通常的还要更多一点的鼓励。

还有其他几种当时所征收的，或者是在过去的补助税后征收的所谓的附加税、新的补助税、进口税、1/3和2/3补助税、葡萄酒铸币税都允许在出口时一切退还。然而，上面所说的各种税，除了附加税和1692年的进口税之外，在进口时都是通过现金交付的，这么大一个数目的利息造成了一笔不菲的开支，它让指望在葡萄酒的转口贸易中获取任何利润成为不明智的了。因此，只有称作葡萄酒进口税3的一部分能够退还，法国葡萄酒每桶所征收的25磅进口税，或者1745年的、1763的年还有1778年，所征收的各税那么全部在出口时不予退回。在1779和1781两年中对通过前的海关关税加征的两个5%在全部其他货物出口时允许全部退还，甚至加在葡萄酒上的与此相同允许一切退还。1780年专门对葡萄酒征收的最后一个税也允许一切退还，当如此之多的重税仍然保留时，这个特惠也极有可能不引起一桶葡萄酒出口。除大不列颠美洲殖民地之外，这些规定适用于一切地方的合法出口。

查理二世第15年为了所谓的鼓励贸易，用第7号法令赋予了大不列颠供应殖民地欧洲生长和制造的一切商品的垄断权。其中当然也包括葡萄酒。在一个拥有如此广阔海岸线的北美和西印度殖民地，我们在那里的权威又时常是那么脆弱，不仅这样那里的居民又被允许用他们自己的船只把未被列入名单的商品最开始是运往欧洲各地，随后又运往菲尼斯泰尔以南的欧洲一切地区，在如此而来一个国家很有可能这样的垄断不能受到很好的尊重。不仅这样，他们随时都有可能找到各种理由允许他们前往运货的国家带回一些货物。然而，他们试图从葡萄酒出产的地方进口欧洲的葡萄酒却仿佛有某些困难，他们不能迅速地从大不列颠进口，因为在那里葡萄酒被征收许多重税，而且有相当大一部分在出口时是不退还的。马德拉葡萄酒并不是一种欧洲商品，美洲和西印度能够直接进口。然而这两个地方享有对一切他们未列入名单的商品和马德拉岛进行贸易的自由。这一情况可能会造成了一种对马德拉葡萄酒的广泛嗜好。

自从1755年的那场战争开始以后，一切在我国的殖民地的军官就都养成了这样的嗜好，不仅这样他们还把嗜好带回了祖国。在那里这样的酒通过前并不怎么流行。那次战争结束后，在1763年（依照乔治三世4年第15号法令第12条），除法国葡萄酒外，一切葡萄酒在向各殖民地出口的时候，除了3镑10先令的那种税以外，所征的其他各税一律退还。法国葡萄酒可以例外是因为民族偏见不允许鼓励这样的贸易和消费。从而颁发这样的特惠到我国北美殖民地的背叛，这段时期也许是太短暂了，还不足通过这些造成某些地方的习俗的重大改变。

不仅对法国葡萄酒，允许对其他一切葡萄酒进行退税的同一法令使殖民地得到的好处要比其他国家多得多，在所有这些国家里，对其他大部分商品的退税对它们的好处少之又少。在对向其他国家出口的大多数商品上只退还过去的补助税的一半。可是这项法律规定对于殖民地出口的任何商品，无论是欧洲或东印度所生产的或制造的，除了葡萄酒、白棉布还有细棉布以外，所支付的过去的补助税一点也不会退还。

也许，最开始给予退税是为了鼓励转口贸易，因为船舶的运费经常是由外国人通过货币支付的，从而通常觉得这个贸易特别适宜于把金银带回国内。尽管转口贸易并不值得什么特别的鼓励，尽管这个制度的动机也许是极端愚蠢的。可是，这个制度本身看上去是相当合理的。这样的退税并不能强迫国家的资本比顺其自然要更多地流入这个贸易，假使本来就不征收进口税的话。它们只可通过防止因为征收进口税而把资本全然排斥出去。转口贸易尽管不值得特别照顾，可是应让它像其他一切贸易一样自由不应排除。它对于那些既在国家的农业上又在制造业、国内贸易、对外消费品贸易上没办法找到用途的资本仍是一个十分必要的出路。从这样的退税中，关税的收益通过仍然保留的那一部分税收不仅没有受到损失，而且得到利润。假使一切关税都保留了下来，征收过进口税的外国货物就没办法出口，同时因为没有市场也不可能进口。如此而来，能够保留的一部分进口税也就不可能有人再交纳了。这些理由看上去足够充分说明退税的正确，不仅这样将证明无论是对国内工业的产品还是对外国货物所征收的一切税款在出口时都给予退税是正确的。

诚然，在这样的情况下国内货物税的收益要受到一点损失，然而关税的收益受到的损失还要更多；是产业的自然平衡、劳动的自然分工和分配（它总是要被这些税收所干扰），将通过这样一个调整从大体上重新建立起来。

这些理由只可以通过说明对外国和独立国家出口货物进行退税是明智的；然而没办法说明对我国的商人、制造业者和享有垄断权的国家进行退税是正确的。例如，对把欧洲货物向我国美洲殖民地出口进行退税并不总是能引起比没有退税更多的出口额。通过我国商人和制造业者在那里享有的垄断即便保留一切交税额，与此相同数量的货物经常也会送往那里去。所以，退税对于国内货物税和海关税经常有可能是一种纯粹的损失，并没办法改变贸易的现状，或者让贸易在某一方面更加扩大。退税在很大程度上可以被证明对我国殖民地产业是一种恰当的鼓励，或者说免去殖民地交纳一切其他臣民所应交纳的税，在很大程度上是对母国有利，我在探讨殖民地问题时将会进行专门的论述。

然而，一定要时刻认识到退税只在下列情况下是有利的，那就是得到退税的出口货物是真正地向某一外国出口，不是暗地里又进入我国。有些退税，特别是对烟草的退税就经常被通过这样的方式所滥用，并引起了很多既有害于税收，又对正直商人不利的欺诈行为。这已是人尽皆知的事实。

第五章　论奖金

在大不列颠，经常有人请求对某一种产业的产品发给出口奖金，政府有时也给予这样的出口奖金。人们觉得，有了出口奖金，我国的商人和制造商在国外市场上出售货物就可以和竞争者一样价格低廉或者更低廉些。据说这样就能够让出口的数量比较大些，从而让贸易差额变得对我们自己的国家更加有利。在外国，我们没办法给予我们的工人垄断权，就像我们在国内市场上所做的那样。我们没办法强迫外国人购买我国工人的货物，就像我们对自己的同胞所做的那样。从而，他们觉得，差一点的办法，就是付钱给外国人，让外国人购买。重商主义体系正是如此提议，用贸易差额的办法来让整个国家致富，将钱放在我们任何人的口袋中。

他们觉得，只应当对没有奖金就没有办法进行的那些贸易部门发给。可是，商人出售货物的价格可以补偿在生产和上市中所用的资本并带来普通利润的，任何一个贸易部门都是没有奖金就可以进行的。任何一个如此而来的部门显然和一切其他没有奖金也在进行的贸易部门处在同一水平上，从而没办法要求比它们多出一个奖金。只有商人不得不通过不足补偿他的资本还有普通利润的价格出售货物的那些贸易，或他只得通过少于将商品送入市场的实际成本卖出货物的那些贸易，才需要得到奖金。

奖金是为弥补这样的亏损而发给的，是为了鼓励他继续或开始从事这样一种贸易：它的每一笔交易都亏损在里面所用到的资本的一部分，它的性质是，假使其他的贸易都像它，不久就没有什么办法给国家留下任何资本。

应当指出的是，靠奖金进行的贸易是在两国之间可以长期经营下去然而老是亏本或通过低于上市成本的价格卖出货物的贸易。可是假使不用奖金去补偿商人在货物价格上的损失，他自己的利益不久就会迫使他去用此外的方式运用他的资本，或找到一种货物价格可以补偿他送货物上市使用的资本并带来普通利润的贸易。

奖金的效果，也就像重商主义体系一切其他办法的效果一样，只不过迫使一国贸易进入如此而来一种渠道，它不与贸易自行进入的渠道可以得到更多利益。

谷物贸易论文的睿智的消息灵通的作者十分清楚地表明，自从谷物出口奖金第一次建立通过以来，谷物出口价格（估价颇为适中）大大多于了谷物进口价格（估价十分高），它超过的数额比在此期间支付的一切奖金数额大得多。他觉得，依照重商主义体系的正确原理，就清晰地证明，这样的强迫的谷物贸易对国家有利；出口的价值多于进口的价值，他的数目比国家为让谷物出口所作为一切特别开支要大得多。他没有思考到，这样的特别开支或奖金，只不过是社会为让谷物出口实际所作开支的一个非常小的部分。农场主在谷物生产中用到的资本也应当计算在内。除非谷物在外国市场上卖出的价格不仅可以补偿奖金而且可以补偿农场主的资本还有他的普通利润，否则社会就会损失这个差额，或者说国家资本减少了那么多。可是觉得一定要发给奖金的理由，正是如果价格不足够办到这一点。

据了解，自从奖金设置以来，谷物的平均价格已经大为下滑。我想要表明，自上世纪末以来，谷物平均价格开始稍有下滑，本世纪头64年中继续下滑。可是这个事件，假定它就像我相信的那样是真实的，必定是没有奖金也会发生的，不可能是因为奖金才产生的结果。它在法国也就像在英格兰那样发生，尽管在法国不仅没有奖金，而且直到1764年以前，谷物出口通常被禁止。从而，这样的谷物平均价格的渐渐下降，既不是因为这种规定，也不是因为那种规定，而是因为白银价值的渐渐的悄无声息的上升，这一点我在本书第一编已经表明在本世纪中在欧洲的通常市场上已经发生。说奖金可以有助于降低谷物价格，那仿佛是完完全全不可能的。

已经指出的是，在丰收年份，奖金造成极其不寻常的出口，必定让国内市场上的谷物价格维持在它自然会落到的水平以上。这就是奖金制度公开宣布的目的。在歉收年份尽管经常停止发给奖金，可是它在丰收年份造成的大量出口，必定经常阻碍用一年的多余去弥补另一年的不足。所以，无论在丰收年份还是在歉收年份，奖金必定让国内市场上谷物货币价格略为高出应有的水平。

在实际的耕作状态下奖金必定有这样的趋势，我觉得任何有理性的人是不可能有异议的。可是有很多人觉得，奖金通过两种不同的方式鼓励耕作：第一，奖金为农场主的谷物开辟更为广泛的外国市场，他们觉得这会增加对谷物的需求，从而增加谷物的生产；第二，保证他得到比在实际耕作状态下所可以预期的更好的价格，他们觉得这会鼓励耕作。他们如果得到这样的双重鼓励，在长时期内必定增加谷物的生产。

我的回答是，不管奖金可以让外国市场多么扩大，它在任何一个具体年份，必定是靠放弃国内市场来达成的，由于每一蒲式耳靠奖金来出口而没有奖金就不可能出口的谷物，会留在国内市场上来增加消费，同时降低谷物的价格。一定要指出，谷物奖金，还有每一种其他的出口奖金，会对人民征收两种税收：第一，为了支付奖金他们只得缴纳的税收；第二，因为国内市场上谷物价格上涨而产生的税收负担。因为所有人民都是谷物的购买者，所以所有人民一定要缴纳这样的税收。在这样的商品上，第二种税比第一种税要征收的更多。让我们这样假设，各个年份平均每夸脱小麦出口奖金为5先令，让国内市场上每蒲式耳小麦价格比自然收成状况的实际价格只提高6便士，或每夸脱提高4先令。

即便是依照这个十分适中的假设，人们除了要缴纳为支付每夸脱出口小麦5先令奖金的税收之外，还需要缴纳自己所消费的每夸脱小麦4先令的税收。可是，依照这位消息十分灵通的谷物贸易论文的作者的说法，出口谷物和国内消费谷物的比例是1：31。所以，他们第一种税就要支付5先令，第二种税就一定要支付 6镑4先令。

对于这样一种第一生活必需品支付如此沉重的税收，必定会减少贫苦人民的生活资料，或者说必定会稍微增加他们的货币工资，二者均和他们的生活资料货币价格的提高成比例。就它在前一场合所起的作用来说，它必定会降低贫苦人民的教育和抚养子女的能力，从而必定会限制国家人口的增长。就他在后一场合所起的作用来说，它必定会让雇佣的工人人数比应有的少，因此必定会限制国家产业的发展。所以，由奖金造成的谷物不寻常出口，不仅在第一年使国内市场和消费的缩小和国外市场和消费的扩大相等，而且，因为限制了国家的人口增长和产业发展，它的最终趋势是阻碍和限制国内市场的扩大，所以在长时期内不是扩大而是缩小整个的谷物市场和消费。

他们觉得，这样的谷物货币价格的提高，因为让这样的商品对农场主可通过得到更多利益，必定会鼓励谷物的生产。我的回答是，假使奖金的效果是提高谷物的真实价格，或者说可以让农场主通过同样多谷物按附近地区普通维持其他劳动者的方式——无论为大方的、适中的或节俭的——维持更多的劳动者，情形有可能是那样。可是很明显，无论是奖金，还是任何其他的人为制度，都不可能产生这样的效果。能够在很大程度上受到奖金影响的，不是谷物的真实价格，而是它的名义价格。尽管奖金制度所征收的税收对纳税人是沉重的负担，对于接受奖金的人来说却没有多大好处。

奖金的真正效果，与其说是提高谷物的真正价格，不如说是降低白银的真正价值；或让同样多白银交换到的谷物数量还有一切其他国产商品的数量都比较少，因为谷物的货币价格支配一切其他国产商品的货币价格。

谷物的货币价格调节劳动的货币价格，后者一定要让劳动者可以购买足够数量的谷物，依照社会的进步、停滞或衰落状态强迫雇工所采用的维持工人的奢侈的、适中的或节俭的方式，去维持他自己和他的家人的生活。

谷物的货币价格也支配一切其他的土地天然产物的货币价格，后者在任何一个改良时期必定和谷物的货币价格保持相应的比例，尽管这样的比例在不同的时期有所差别。例如，它支配牧草和干草、肉类、马、马的饲料、内陆运输还有全国大多数国内商业的货币价格。

因为支配一切其他的土地天然产物的货币价格，谷物的货币价格也调节差不多一切制成品的原料的货币价格。因为调节劳动的货币价格，它也调节制造工艺和技巧的货币价格。因为调节两者，它也就调节整个制造品的货币价格。劳动的货币价格，还有作为劳动和土地产品的每一样东西的货币价格，必定随着谷物价格升降的比例而升降。

所以，尽管因为有了奖金，农场主可以将每蒲式耳谷物卖得4先令而不是3先令6便士，付给地主的地租也随着产物货币价格的上升成比例地增加，可是4先令可以购买的其他国产货物并不比以前多，农场主的情况和地主的情况均不可能因为这样的变化而有所改善。农场主没办法耕种得更好一些，地主没办法生活得更好一点。在购买外国商品方面，这样的谷物价格提高可能给他们带来一点小小的好处。在国产商品方面，却没办法给他们带来任何好处。然而农场主的差不多一切支出、甚至地主的大多数支出，都是用在国产商品上。

白银价值的下跌是矿山富饶导致的结果，在商业世界大多数地区与此相同地或差不多是与此相同地起作用，它对任何特定国家的影响十分小。它所造成的一切货币价格的上升尽管没办法让接受者在实际上更富一点，却也没办法让他们在实际上更穷一点。一套银器变得实际上更贱一点，可是每一样其他东西的真正价值依然和从前相同。可是白银价值的下落假使是因为特殊情况或政治制度的影响然而仅限于一个国家，那就是一件关系重大的事情，它远远不可能让任何一个人真正更富，然而只会让任何一个人更穷。

一切商品的货币价格的上调是这个国家特有的现象，这会多多少少地阻碍在该国进行的每一种产业，让外国可以通过比该国自己的工人所索取的更小量的白银供应差不多一切的货物，也就是说，不仅在外国市场上、国内市场上是这样，甚至比自己国家工人的售价更低。

西班牙和葡萄牙作为一座大矿山，所有人的特殊处境，让它们成为向一切其他欧洲国家分配金银的人。所以，这些金属在西班牙和葡萄牙自然也就应该比在欧洲其他地方价格较低。可是，差额不可能比运费和保险费数量更大；因为这些金属价值大而体积小，运费不多，保险费也和其他同等价值的货物一样。所以，西班牙和葡萄牙因为它们的特殊处境而遭受的损失很小，假使它们的政治制度不让这样的不利加剧的话。

西班牙对金银出口课税，葡萄牙却禁止金银出口，让这样的出口承担了偷运的费用，让这些金属在其他国家的价格比在它们自己国内高出了这样的支出的一切数额。假如水流建筑堤坝，坝内水满了以后，多余的水就会从坝顶流出，好像根本没有堤坝一样。禁止出口没办法让西班牙和葡萄牙保存更多的金银，可以保存的只是它们所可以利用的为限，也就是说，它们的土地和劳动年产物允许它们可以利用的，或是铸币，或是器皿，或作镀金还有其他金银装饰品。当它们得到这个数量以后，堤坝就灌满了，以后注入的一切水流必定会溢出。所以，每一年从西班牙和葡萄牙出口的金银，依照一切的记录，大体上等于一切进口的金银。

尽管有了这些限制，可是，就像堤坝内的水必定比外面的水更深一样，这些限制使保留在西班牙和葡萄牙的金银数量，相比于它们的土地和劳动年产物来说，必定会比其他国家的金银数量更多。堤坝越高才能越坚固，坝内坝外水深的差别也就越大。税收越高，保证禁令的惩罚越严重，执行监督法令的警察越警惕越严厉，金银和西班牙、葡萄牙的土地和劳动年产物，和其他国家土地和劳动年产物的比例之差也就越大。所以据了解这样的差别非常大，以至于你经常会发现那里屋中的金银器皿极多，却看不到在别国觉得和这样的豪华相适宜或相配称的其他东西。

金银的低廉或其他一切商品的昂贵（二者实际上是一回事），两者是这样的金属必定大量的结果，妨碍了两国的农业和制造业，让外国可以通过比在两国之内生产或制造所花费的较少量的金银供应它们通过很多天然产物和差不多一切制造品。税收和禁令通过两种方式起作用。它们不仅让两国贵金属的价值降低很多，而且因为在国内保留了一定数量的原本会流入他国的金银，让他国的金银价值比应有的略高，从而让这些国家在和两国通商时能够享有双倍的好处。

打开闸门，坝内的水迅速就会比大坝外少，不久就会让两者处于同一水平。一旦取消关税和禁令，两国的金银数量就会急剧减少，他国的金银数量就会稍有增加，金银对土地和劳动年产物的比例在各国用不了多久就会处于同一水平或接近同一水平。西班牙和葡萄牙因为这样的金银输出所遭受的损失完完全全是名义上的和虚构的。它们的货物、它们的土地和劳动年产物的名义价值会下降，会用比以前较小量的白银去表示或代表，可是这些东西的真正价值还是和以前一样，会足够维持、调节和雇佣同一数量的劳动。因为它们货物的名义价值会下降，它们的剩下来的金银的真正价值就会上调，较小量的金银会达到以前利用较大量金银来达到的同一商业和流通目的。

送往国外的金银不是毫无意义的，而是会带回同等价值的各种货物。这些货物也不可能全都只是奢侈消耗的东西，专供懒惰的人利用，他们只有消费，不生产什么东西作为回报。因为懒惰者的真正财富和收益不可能因金银的这样的特别输出而增加，他消费也不可能所以而大大增加。这些货物或许有一大多数、必然有一些部分是原料、工具和食物，用来雇佣和维持勤劳人民，他们会再生产出自己所消费的东西的一切价值，并带来利润。如此而来社会的一部分固定资财就会变成活资财，会比以前推动更大数量的劳动。两国的土地和劳动的年产物会很快稍有增加，几年之内或许会大为增加，如此而来它们的产业就会从现在承受的沉重负担中解脱出来。

谷物输出奖金也必定完完全全和西班牙、葡萄牙的这样的荒谬政策一样起作用。不管实际的耕作状态如何，它会让我们的谷物在国内市场上比在实际耕作状态下原本的价格稍微贵些，然而在外国市场上那么稍微便宜些；因为谷物的平均货币价格或多或少调节一切其他商品的平均货币价格，所以它让白银在国内市场上的价格大为降低，在国外市场上的价值稍有提高。它使得外国人特别是荷兰人不仅可以比在无奖金的情况下更为低廉地食用我们的谷物，而且有时甚至可以比我们自己的人民在同一情况下可以更为低廉地食用我们的谷物，这是一位卓越的权威，马修·德克尔爵士告诉我们的。它阻止我们自己的工人在无奖金时那样去通过小量的白银供应自己的货物，却让荷兰人可以通过较小量的白银供应他们的货物。它使得我们的制造品在每个市场上都比在无奖金时略微贵一点，使得他们的制造品比在无奖金时稍微便宜一点，从而让他们的产业得到双倍于我们产业的好处。

奖金在国内市场上提高我们的谷物的名义价格而不是提高它的真正价格，不是增加了定量谷物所可以维持和雇佣的劳动数量然而只不过增加了它所可以交换的白银的数量，所以它阻抑我们的制造业，然而又没办法给我们的农场主或乡绅带来任何重大好处。诚然，它在两者的口袋中放进了稍为多一点的钱，或许难以说服他们大多数的人，让之相信这没有给他们带来什么重大好处。可是假使这样的钱的价值下滑，它的数目尽管增加，它所可以购买的劳动、食物和国产商品的数量却相应地减少，那么这样的好处就只不过名义上的和虚构的。 或许只不过对整个国家中的一部分人，奖金曾经可能是有重大好处的。这就是谷物商，也就是谷物的输出者和输入者。

在丰收年份，奖金必定让谷物出口比没有奖金时大，因为阻止一年的富余去弥补另一年的短缺，它在歉收年份让谷物进口多于必要的数量。它增加了谷物商人在两种不同年份中的营业；在歉收年份，它不仅让谷物商人的进口数量更大一点，而且售价更高一点，假使丰收年份没有或多或少地被阻止去弥补歉收年份，情形就不可能是如此而来。正是在这样的人身上，我看到了要求继续并更新奖金的热情。

乡绅在安排对外国谷物进口的高关税（这在普通丰收年份等于禁止进口）时，在安排奖金时，仿佛是在模仿我们的制造商的行为。通过前一种制度，他们保证自己享有对国内市场的垄断权；用后一种制度，他们想要防止国内市场上自己的货物存量过量。他们想要通过这两种办法来提高谷物的真正价值，就像制造商用与此相同的办法提高了很多种制造品的真正价值那样。

他们或许不曾注意到自然赋予谷物的和差不多一切其他货物之间的本质差异。当你用垄断自己国家市场或发给出口奖金的办法，让我们的麻织造商可以通过比原本能够得到的价格较好的价格卖出货物时，你不仅使这些货物的名义价格提高了，而且也提高了它们的真正价格。你让这些货物的价格等于较大数量的劳动和生活资料，你不仅增加了货物名义利润，而且也增加了真正利润。也就是说，这些制造商的真正财富和收益，你让他们自己生活得更好一点，或在这些特定的制造业中雇佣更大数量的劳动。你真正的作用是鼓励了这些制造业，引导了比自行进入的数量更多的国家劳动进入这些制造业。可是当你用与此相同的办法提高谷物的名义价格或者是货币价格时，你并没有提高它的真正价值。你没有增加我们对农场主或者是乡绅的真正财富、真正收益。你没有鼓励谷物增加产量，因为你没有让他们可以维持和雇佣更多的劳动者去生产谷物。

依照事物的性质，谷物有它的真正的价值，只改变它的货币价格是没办法改变真正价值的。出口奖金和国内市场垄断都没办法提高这样的价值。最自由的竞争也没办法降低它。从整个世界范围来说，这样的价值等于它所可以维持的劳动数量；就某个地方来说，它可以等于在该地用普通维持劳动的慷慨的、适中的或节约的方式所可以维持的劳动数量。呢绒或麻布不是最终在衡量和决定一切其他商品的真正价值中起调节作用的商品，谷物却是。

每一种其他商品的真正价值，最终都按照它的平均货币价格和谷物的平均货币价格的比例来比较和决定。谷物的平均货币价格有时在一个世纪和另一个世纪不同，然而它的真正价值不随这样的变化而改变。然而白银的真正价值随着这样的变化而改变。

鼓励任何国产商品出口的奖金，第一，都能够用对重商主义体系一切不同办法的反对理由去反对，也就是说，强迫国家的某些部分劳动进入不与它自行进入的渠道有利的渠道；第二，还有一个反对理由，也就是说，它不仅强迫这部分劳动进入不那么有利的渠道，而且在实际上强迫它进入不利的渠道，没有奖金就没有办法进行的行业必定是一种亏损的行业。谷物出口奖金就能够用这样的理由去进一步反对，它丝毫没办法促进谷物的生产，奖金的用意却在鼓励这样的生产。所以，当我们的乡绅要求安排这样的奖金时，他们并不完完全全理解自己的利益，然而商人和制造商的行为那么普通是由对自己利益的完完全全理解所引导的。乡绅们让国家收益负担一笔十分大的开支，向一切人民征收了一种十分沉重的税收，可是他们自己的商品的真正价值却没有任何显著的增加；而且因为稍微降低了白银的真正价值，他们在某种程度上阻抑了国家的通常产业，不是促进了他们自己土地的改良，而是或多或少阻碍了这样的改良，因为土地改良必定是依存于国家的通常产业的。

如果人们能够，为了鼓励任何商品的生产，生产奖金会比出口奖金起更直接的作用。除此之外，它只对人民征收一种税收，也就是说，为支付奖金所一定要缴纳的税收。它不可能提高反而只会降低国内市场上商品的价格；然而它不可能向人民征收第二种税收，反而可能是补偿人民缴纳的第一种税收，至少可以是它的一部分。然而生产奖金很少发放。

重商主义体系设立的偏见，教导我们相信，国民财富更直接的方式是由出口产生而不是由生产引起的。所以更加重视出口，觉得出口是把货币带进国内的比较直接的手段。还听说，依照经验，生产奖金比起出口奖金来，更容易弄虚作假。我不明白这在多大程度上是真正的。然而出口奖金被滥用于很多虚假的目的，却是众所周知的。可是商人和制造商是这一切办法的伟大发明家，生产奖金是不合乎他们的利益的，因为它有时会让他们的货物在国内市场上大量存积。然而出口奖金能够让他们将多余的货物送往国外，保证留在国内市场上的货物的价格，有效地防止大量存货。所以，在重商主义体系的一切办法中，他们喜欢的就是这个办法。我明白有一点工程的经营者，他们私下里同意，自己掏腰包设立奖金，奖励他们所经营的货物的必定部分出口。这样的办法十分成功，尽管产量确实增加很大，然而国内市场上他们的货物的价格却提高了一倍以上。谷物奖金假使真正降低了谷物的货币价格，那它的作用必定是大不相同。

然而，在某些特殊场合，已经发给了类似生产奖金的东西。向白鲱渔业和鲸渔业所发的渔船吨位奖金，或许能够看作具有这样的性质。据了解，这样的奖金直接让这些货物在国内市场上的价格比没有奖金时低廉。一定要承认，在其他方面，这样的奖金的效果和出口奖金相同。

因为有了吨位奖金，国内的一部分资本被用来把货物送往市场，然而它的价格没办法补偿成本还有资本的普通利润。尽管对这些渔业的船舶吨位奖金没办法增加国家的富裕，却因为增加了海员和船只，或许能够有助于国防。也许能够说，比起就像维持一支庞大的常备陆军那样维持一支庞大的常备海军（假使我能够这样说的话）来，有时能够利用奖金，用较小的支出来达到国防的目的。

尽管有这些有利的说法，然而通过以下的思考让我相信，至少在给予这样的奖金之一时，立法机关受到了很大程度的欺骗。

第一，鲱渔业大渔船的奖金有些过大。从1771年冬季开始捕鱼，到1781年冬季结束捕鱼，鲱渔业大渔船的吨位奖金每吨30先令。在这11年中苏格兰鲱渔业捕鱼产量共计378347桶。捕获后也就是说，在海上腌制的鲱鱼称为海条。为了让之成为所谓的商业鲱鱼，一定要额外用盐将它重新包装；在这样的场合，依照计算，3桶海条大多数时候再包装为两桶商业鲱鱼。所以，依照这样的计算，在这11年中捕获的商业鲱鱼，只有252231桶。在这11年中，所发给他们的吨位奖金共计155463镑11先令，或者说每桶海条的奖金是8先令2便士，每桶商业鲱鱼的奖金是12先令3便士。

腌制这些鲱鱼用到的盐有时候是苏格兰的盐，有时候是外国的盐，两者在发给腌鱼人时均免征一切货物税。现时对苏格兰的盐征收的货物税为每蒲式耳1先令6便士，对外国的盐征收10先令。一桶鲱鱼被要求用外国盐大概1蒲式耳。平均要用苏格兰盐2蒲式耳。假使鲱鱼用来出口，不付这样的税；假使作为国内消费，无论是用苏格兰盐或外国盐腌制，每桶只付1先令。这是对每蒲式耳盐征收的过去的苏格兰税，据最保守估计，腌制一桶鲱鱼需要用1蒲式耳盐。

在苏格兰这样的国家，外国盐除了用来腌鱼之外，很少作其他用途。然而从1771年4月5日开始到1782年4月5日，进口外国盐共936974蒲式耳，每蒲式耳大概重量是84磅；从工厂中发给腌鱼人的苏格兰盐是168226蒲式耳，每蒲式耳只有56磅。很显然，用在渔业方面的，主要是外国盐。除此之外，每桶出口的鲱鱼还有2先令8便士奖金，2/3以上由大渔船捕获的鲱鱼全部用来出口。

把所有这一切加在一起，你就不难发现，在这11年中，由大渔船捕获的每桶鲱鱼，用苏格兰盐腌制的，出口时要花费掉政府17先令11便士，供国内消费的要花费掉政府14先令3便士；而用外国盐腌制的，出口时要花费掉政府1镑7先令5便士，供给国内消费的1镑3先令9便士。上等商业鲱鱼的价格为每桶17和18先令到24和25先令，平均大概为1基尼。

第二，发放给白鲱渔业的奖金是渔船吨位奖金，与渔船的载重量成比例，而不是和渔船在捕鱼中的勤劳与懒惰或成败成比例；最普遍的情况是，渔船出海的唯一目的并不是捕鱼，而是捞取奖金。1759年，当奖金是每吨50先令时，苏格兰整个的大渔船渔业只捕获了4桶海条。那一年每桶海条单是奖金就要花费掉了政府113镑15先令，每桶商业鲱鱼要花费掉了政府159镑7先令 6便士。

第三，白鲱渔业中那种发给吨位奖金的捕鱼方式（使用载重 20至80吨的大渔船或双桅渔船），是很不适宜苏格兰的实际情况的，它只适宜荷兰的情况，这样的方式仿佛是从荷兰学来的。荷兰距离鲱鱼主要游息的大海很远，因而只可通过大渔船捕鱼，大渔船能够装载充分的水和食物，以便供远海航行之用。然而赫布里底群岛或西部群岛，设得兰群岛，还有苏格兰的北部和西北部的海岸，都是从事捕捞鲱鱼的主要地区，到处都被海湾隔断，伸入陆地很远，俗话叫作海闸。在鲱鱼游入这些海域的季节，它们主要是游向这些海闸地带；鲱鱼，我听说还有其他各种鱼类游入这样的海闸的时期很不固定。可见，小船捕鱼仿佛是最适宜苏格兰的特殊情况的渔业方式。

渔夫一旦捕得鲱鱼就可以马上送往岸上，进行腌制或食用。然而，给予大船渔业每吨30先令的重大奖励，必定是对小船渔业的阻碍；小船渔业没有这样的奖金，没办法按照大船渔业的条件把腌鱼送往市场。所以，在设立大船奖金以前，十分可观的小船渔业，据了解，雇佣的水手数量并不少于现在大船渔业所雇佣的水手，现在却差不多完完全全衰落了。我一定要承认，若于这样的现今已毁灭和放弃的渔业的旧规模，我没有办法准确叙述。因为对小船渔业的装备不发奖金，所以海关或盐税官员对它均无记载。

第四，在苏格兰很多地区，在一年中的某些季节里，鲱鱼是很多普通居民食物的主要部分。用意在让国内市场上鲱鱼价格降低的奖金，对于救济我国很多处境并不富裕的同胞可以做出重大的贡献。然而鲱鱼大船奖金却没有起到这样的作用。它摧毁了小船渔业，额外的每桶2先令8便士的出口奖金，又让大船渔业产品的大多数，也就是2／3以上送往国外。在大约三十至四十年以前，还没有设立大船奖金的时候，我听说通常白鲱鱼的价格是每桶 16先令。

10至15年以前，当小船渔业尚未被完完全全毁灭的时候，据了解价格为每桶17至20先令。在最近的五年中，平均每桶鲱鱼的价格已达25先令。然而，这样的高价可能是因为苏格兰海岸鲱鱼的稀少。我还一定要指出的是，装鲱鱼的桶大多数时候是同鲱鱼一道售出的，它价格也包括在上面所说的各种价格在内，自从美洲战争开始以来，桶的价格大概比从前高出一倍，也就是说，从大概3先令涨至大概6先令。我也一定要指出，我所收到的关于以前价格的记录，绝不是非常统一和一致的；一位非常精明和有经验的老人告诉我，五十多年以前，一桶上等商业鲱鱼的普通价格是1基尼；我想，这在现今仍然能够被看作是平均价格。然而，我觉得一切的记录均一致表明，国内市场上鲱鱼的价格并没有因为大船奖金而降低。

当渔业经营者在得到这样的丰厚奖金后继续就像从前习惯所做的那样通过同一价格甚至较高价格卖出他商品时，人们会预期他们的利润可能很高，有些个别的人情况也很可能是如此而来。然而，我有一切理由相信，通常说来，他们并非如此。这样的奖金的大多数时候效果是，鼓励草率的经营者去冒险从事一种他们并不十分了解的营业，他们因为自己的疏忽和无知所遭受的损失，远远多于从政府的极端慷慨所得到的一切。

1750年，依照为鼓励白鲱渔业第一次给予每吨30先令奖金的同一法律（乔治二世第 23年24号），有人设立了一家股份公司，资本为50万镑，认股人（在一切其他鼓励——也就是说，刚才提到吨位奖金、每桶2先令8便士的出口奖金、所用不列颠盐和外国盐免税之外），在14年内，就他认购和缴纳的每100镑股本每一年有权得到3镑，由海关总督每半年支付一半。这家大公司的总裁和董事们应该住在伦敦，除此以外，还宣布在王国一切其他港口设立渔业公司是合法的，然而每家公司认购的股本不得少于1万镑，自主独立经营，自负盈亏。给予大公司的年金和一切各种奖励，与此相同也给予这些小公司行业。大公司的认股不久就已经满额，在王国的各个港口设立了好几家小渔业公司。尽管有一切奖励，差不多所有这些公司，无论大小，损失了大多数资本；现在它们任何一家都没有留下什么痕迹，白鲱渔业一切或者差不多一切均由私人企业家经营。

诚然，假使任何一种制造品都是保卫社会所必需的，完全依靠我们的邻国来供应可能是不明智的；假使这样的制造业没有奖励，也就是说，没办法在国内自行建立，那么用一切其他产业部门课税去支持它，也不一定是不合理的。对于不列颠制造帆布和不列颠制造火药发给出口奖金，或许能够依照这个原则为之辩护。

然而，利用人民大众的产业课税去支持少数种类的制造商的产业显然就很难说是合理的，在极度繁荣的奢侈状态下，公众享有较大的收益而又不知如何利用，为发给自己喜欢的制造业一点奖金，也就像做出任何其他无益的开支一样，可能是很自然的。在公共支出中也就像在私人支出中一样，大财富或许经常能够作为大蠢事的辩解。然而处在通常困难和紧迫的时候仍然继续从事这样的浪费，那必然就是异乎寻常的荒谬了。

所谓奖金有时只不过是退税，因而没办法用反对真正奖金的理由去加以反对。举例来说，对出口糖的奖金，只不过是用来退还对作为原料的赤砂糖和黑砂糖的进口关税，对于出口丝制品的奖金，只不过是退还对进口生丝和捻丝征收的关税。对于出口火药的奖金，只不过是退还进口硫黄和硝石征收的关税。用海关的语言来说，对于出口货物如果和进口时保持同一形态时给予的津贴才可以称为退税。当因为制造而改变了形态以至有新的名称时，发给的津贴就称为奖金。

国家对于在自己的行业中有过出色成就的技术人员和制造商发给的奖励金，不可能遭到相同对奖金的反对。通过鼓励某种特殊的熟练和技巧，这些奖励金的作用只在维持在这些行业中实际雇佣的工人的竞争心，不可能大到让国家资本有比没有奖金时更大的份额转入之中任何一种行业。奖励金的趋势并不是用来推翻各种行业之间的自然平衡，而只在于让每种行业中所做的工作尽可能地完善和完完全全。除此之外，这类奖励金的支出很小，然而奖金的支出却非常大。单是谷物奖金一项，一年就耗费国家30万镑以上。

奖金有时也被称为奖励金，就像退税有时也称为奖金一样。然而我们在一切的场合都一定要注意事物的本质，而不去思考名称。

关于谷物贸易和谷物法的离题论述

我在结束有关奖金论述的本章以前，一定要谈一谈，对于安排谷物出口奖金的法律还有和它有关的规章制度的赞赏都是没有道理的。对谷物贸易的性质还有和它有关的主要不列颠法律的具体考察，就足够证明我的这样的说法并非妄自菲薄。这个题目的非常大的重要性，表明这一离题论述不妨长一点。

谷物商人的贸易主要由四个不同部门组成，尽管有时全部都由同一个人来进行，然而依照它们的性质，有四种截然分离的不同贸易。第一种是完全国内商人的贸易；第二种是供国内消费的进口商人的贸易；第三种是供给外国消费的自己国家产品出口商人的贸易；第四种是贩运商人，也就是说，专供再出口的谷物进口商的贸易。

一、国内商人的利益，和人民大众的利益，不管乍一看是多么敌对，然而即便是在最大的荒年，也是完完全全一致的。国内商人的利益在于将他的谷价提到年成的实际荒歉所要求的高度，让谷价再高也绝不可能合乎他的利益。假使把谷价提得太高，他就会过于阻碍消费，使得季节的供应可能多于季节的消费，在下届收获开始上市以后还可以维持一些时候，他不仅有因为自然的原因而让自己的很大一部分谷物遭受损失的危险，而且有时只得通过比几个月前更低的价格卖出剩余谷物。假使不将价格提到应有的高度，季节的供给就可能少于季节的消费，他不会损失一部分他原本能够得到的利润，却会让人民在季节终了以前遭受痛苦，不仅是遭受稀少的困难，而且是遭受饥饿的恐怖。

人民的利益在于，让每日、每星期、每月的消费尽可能地和季节的供给保持十分准确的比例。国内谷物商人的利益也是如此。就他所可以判断的按这样的比例向人民供应谷物，他就可能将自己的一切谷物卖得最高的价钱，得到最大限度的利润；凭他对谷物状况的了解，和他的对每日、每星期和每月的销售量的了解，他可以或多或少地准确判断，人民在很大程度上得到了这样的方式的供应。不用思考人民的利益，他只思考自己的利益，也就是说，在荒歉的年份，也会被引导到就像有智虑的船主有时只得那样对待他的船员一样去对待人民。当船主预见到食物逐渐缺乏的时候，他会减少船员的食物供给量。尽管因为过分小心，他有时的行为多于实际的需要，然而比起有时因为没有远虑的行为而让他们遭受的危险、困苦和毁灭来说，船员们因这样的不便而遭受的痛苦实在算不了什么。

与此相同，国内谷物商人有时因为过分贪婪而让自己的谷物价格稍微高于季节的荒歉所要求的，人民因为这样的行为造成的不便（这样的行为实际上让他们免于季节终了时的饥饿）所遭受的痛苦，比起在季节之初因为比较大方的处理方式可能遭受的痛苦来，也算不了什么。谷物商人自己是因为这样的过分贪婪而受害最大的；他不仅要面对通常由此引起的对他的愤怒，并且就算他可以逃脱这样的愤怒的后果，他在季节终了时手头还留下一定数量的谷物，假使下个季节丰收，他也只得低价卖出。

诚然，假使一大群商人拥有一个大国的一切谷物，他们的利益或许就像人们所说的荷兰人对待马鲁加斯群岛的香料那样，毁灭或抛弃它的大多数，通过维持剩余香料的价格。然而，也就是说，哪怕是通过法律的暴力行为，也不可能对谷物建立广泛的垄断；在法律听凭这样的贸易自由进行的地方，谷物在一切商品中是最不容易为少数大资本买光它的大多数，通过进行囤积或垄断的。不仅它的价值远远多于了少数私人的资本的可以购买的范围，也就是说，即使他们能够购买，谷物的生产方式也使得这样的购买完完全全没有办法实现。因为在任何一个文明国家谷物是每一年消费额最大的商品，所以每一年用来生产谷物的劳动量也比用来生产任何其他商品的劳动量更大。当它第一次从地上收获时，它也必定比任何其他商品分散在更多的人中；这一切绝没办法就像少数制造商那样聚居在一个地方，然而必定是分散在全国一切的不同角落。

这些最开始的人们或是在近地直接供应消费者，或者是供应其他的内地商人，由他们去供应消费者。所以，内地的谷物商人，包括农场主和面包师在内，必定比经营任何其他商品的商人人数更多，他们的分散状况让他们完完全全不可能进行任何广泛的联合。所以，假使在歉收年份他们之中有人发现自己手头的谷物大大多于在季节终了以前按时价所售出的，他绝不可能想到要维持这个价格，让自己遭受损失，让竞争者得到一切好处，也就是说，降低价格，便在新谷物开始上市以前将自己的谷物脱手。如此而来调节任何一个商人行动的动机和利益，与此相同会调节任何一个其他商人的行动，让他们全都依照如此而来一种价格卖出谷物：也就是说，依照他们的最佳判断，最适宜于季节丰歉程度的价格。

凡是认真研究过本世纪或是上两个世纪欧洲任何地方所受到的粮食不足或饥荒的历史的人（之中有几次我们有非常准确的记录），我相信都可以发现，粮食不足从来不是因为内地谷物商人的任何联合或任何其他原因造成的，而是因为真正的稀少，这样的真正稀少在某些地方有时或许是因为战争的浪费，然而在绝大多数场合乃是因为天时不利；饥荒绝不是因为任何其他原因，而是因为政府的暴力，它想要用不恰当的手段，补救粮食不足所造成的困难。

在不同地区能够自由通商和交通便利的谷类生产大国，因为最不利的年成所造成的谷类稀少也绝不可能大到足够造成饥荒；收成最差的年成，假使俭省节约加通过管理，在一年中也可以维持同通常丰收年份普通用比较宽松的方式所可以维持的相同人数。对作物最不利的季节，莫过于大旱或是大雨。然而谷物长在高地和低地，在过于潮湿和过于干燥的地方同样都可以种植，所以对一个地区有害的干旱或大雨对另一个地区可能有利；尽管在潮湿或干旱的季节的收成比在气候适宜的季节要少很多，一个地区的损失仍然能够在某种程度上从另一地区的收入得到补偿。

在盛产大米的国家，作物不仅要求有非常湿润的土壤，而且在它的必定生长时期内一定要浸在水中，所以干旱的影响更加可怕。然而，也就是说，即便在如此而来的国家，假使政府允许自由贸易，干旱或许也不可能那样广泛，以至必定造成饥荒。几年以前在孟加拉发生的干旱，或许一定程度上造成了严重的粮食短缺。东印度公司职员们所设订的某些不合理的规章制度所带来的某些不明智的限制，或许不免让这次粮食短缺变成了饥荒。

当政府为了补救粮食缺少带来的困难，命令一切商人按照它觉得的合理的价格卖出他们的谷物时，它在一定程度上阻止了商人将谷物送入市场，这有时或许在季节开始就造成了饥荒；或是在商人将谷物送达市场时，它又使得人民能够并鼓励他们迅速消费谷物，以至于在季节结束以前必定造成饥荒。没有限制的毫无拘束的谷物贸易自由是防止饥荒灾难的唯一的有效方法，也是缓解粮食不足困难的最佳方法；因为真正短缺的困难是没有方法消除的，只可能给予缓解。没有任何一种贸易比谷物贸易更应该受到法律的充分保护，也没有任何一种贸易比谷物贸易更需要有法律的充分保护，因为没有哪一种贸易比谷物贸易更加容易引起人民的反感情绪。

在谷物歉收的年份里，下层人民把自己的困难归于谷物商人的贪婪，商人变成了他们憎恨和愤怒的对象。所以在这样的场合，他非但得不到利润，还经常面临破产的危险，他的谷仓有可能受到群众暴力的抢劫和破坏。然而，正是在谷物稀少的年份，谷物价格高昂，谷物商人期望获取他的大部分利润。他通常和某些农场主签订合同，让农场主在若干年内按照一定的价格向他供应必定数量的谷物。合同价格是依照觉得是适中的或是合理的价格来商订的，也就是说，普通的或平均的价格，在最近的各个歉收年份以前，普通价格大概为小麦每夸脱28先令，其他谷物的价格依照这样的比例。所以，在歉收年份，谷物商人按普通价格购入大多数谷物，却通过高出很多的价格售出。

然而，这样的特别利润仅足够让他的行业和其他行业处于公平的水平上，仅够补偿他在其他场合受到的很多损失，谷物本身有非常容易腐烂的性质，谷物价格经常有没有方法预见的波动；单是这样的情况，似乎就足够说明，谷物贸易很少有像在任何其他行业那样发大财的。只有歉收的年份才可能非常有利，然而在那样的年份又受到群众厌恶，这就让有品格、有财产的人不情愿从事这样的行业。这个行业就由一些次等商人来经营：磨坊主、制粉人、面包师、售粉商人还有若干可怜的小贩，他们差不多是国内市场上生产者和消费者间的唯一中介人。

欧洲的古代政策对于不利于这样对公众有利的行业的群众厌恶不设法消除，而仿佛给予认可和鼓励。

爱德华六世在第5、6年的第14号法律规定，凡是购买小麦或谷物然后有意再卖出的人，应被视为不合法的囤积者，初犯判处监禁两个月，没收他的谷物；再犯判处监禁六个月，罚款双倍于他的谷物的价值；第三次犯判处戴枷，监禁期限由国王随意决定，没收他一切货物和牲畜。欧洲大多数其他地区的古代政策，不比英格兰的古代政策更胜一筹。

我们的祖先仿佛觉得，人民从农场主那里购买谷物会比从谷物商人那里购买谷物更便宜，他们担忧谷物商人在付给农场主的价格之外，还索取格外高的利润。所以，他们想要完完全全取消他的行业。他们甚至想要阻止任何一种中间人从事到生产者和消费者中间来，这就是他们对自己所称的谷物贩运商行业施加很多限制的用意，凡是没有获取特许状，无法证明他是诚实公平的人，一律不准从事这样的行业。依照爱德华六世的法律，一定要经过三个治安推事核准，才可以发给这样的特许证。然而，即便有了这样的限制以后仍然觉得不够，还有一项伊丽莎白的法律规定，只有一年开庭四次的法庭才有发给特许证的权力。

欧洲古代的政策，是想要用这样的规则来管理农业——乡村最大的行业：这样的规则和所建立的关于制造业——城市最大的行业的规则完全不同。它让农场主除了消费者与他的直接代理人——谷物贩运商之外没有其他的顾客，想要强迫农场主不仅从事农场主的行业，还要从事谷物批发商或谷物零售商的行业。反过来，它在很多场合禁止制造商从事商店老板的行业，也就是说，制造商不得零售自己的货物。它的用意是，用前一种法律来促进国家的通常利益，让谷物价廉，然而或许并不非常理解怎样才可以做到这一点。它想要用后一种法律来促进某一部分人——商店老板的利益，觉得假使让制造商从事零售，售价就会比店铺老板低廉得多，从而毁灭零售商的行业。

然而，即便让制造商自己开店，零售他的货物，他也没方法比普通的商店老板售价更低。他投入到自己店铺中的资本，必定是从他的制造业中抽调出来的。为了和他人的营业保持在同一水平上经营自己的营业，他的一部分资本一定要获取制造商的利润，然而另一部分资本却一定要获取商店老板的利润。举例来说，假定在他居住的城市，制造资本和商店资本的普通利润都是10%，这样而来，他在自己店铺中卖出的每一样货物都应收取20%的利润。当他把货物从自己的工厂送到自己的店铺时，他一定要按可以把它售予一个商人或店主的价格计值，后者会依照批发来购买。假使他估值太低，就会损失掉他的制造资本当中的一部分利润。当他从自己的店铺再把货物售出时，除非他得到和一个店主卖出时相同的价格，要不他就会丧失掉他的店铺资本的一部分利润。

可见，他尽管看起来好像在同一样货物上得到了双倍的利润，然而因为这些货物先后为两种不同资本的一部分，他在所利用的一切资本上只得到了单一的利润，假使他所得的利润较此少，那么他就是一个亏损者，或者说他所运用的一切资本不与他的大多数邻人那样有利。

不允许制造商去做的事情，却在某种程度上强迫农场主去做：把他的资本分散在两种不同的用途上；把一部分资本投入到仓库和干草场，通过供应市场的不时需求；把另一部分资本投入土地耕种。然而他既没方法通过少于农业资本的普通利润来利用后者，与此相同也没方法通过少于商业资本的普通利润来利用前者。不管在谷物商人营业中实际利用的资本是属于叫作农场主的人还是属于叫作谷物商的人，在两种场合都要求有同等的利润，去补偿它的一切人这样来运用资本，通过让他的营业和其他行业处在同一水平上，并阻止他有兴趣很快地改变自己的行业。可见，这样一来，被强迫去从事谷物商人行业的农场主，没方法通过比在自由竞争场合其他谷物商人的售价更低的价格卖出自己的谷物。

可以把自己的一切资本用在单独一种营业中的商人，和可以把自己的一切劳动用在单独一种操作上的工人一样，有同样的好处。后者可以达到一种熟练程度，用同样的双手，可以完成数量大得多的工作；前者可以得到从事营业，买卖货物的简单的、方便的方法，用同样的资本可以完成数量大得多的营业。一个普通人可以通过低廉得多的价格带来他的制品，另那么一个人一般可以通过比把资本和注意力用在各种不同目的上时稍为低廉的价格带来自己的货物。大多数的制造商没方法就像一个精明的活跃的商店老板那样低廉地卖出自己的货物，后者的唯一工作是先用批发购进，再通过零售卖出。大多数的农场主更没方法像一个活跃的精明的谷物商人那样廉价地向一个城市的或许是相距四五英里的大多数居民零售谷物，这样商人的唯一工作是通过批发购进谷物，汇总在一个大谷仓中，然后把它零售。

不允许制造商从事店主行业的法律，这样想要迫使资本用途的划分比原本进行得更快。强迫农场主从事谷物商人行业的法律却想要阻止它进行得那么快。两种法律显然都违反了天然的自由，所以是不公正的；两者既是不公正的，又都是没有道理的。任何一个社会的利益在于：这样的事情既不应给予强制，亦不应加通过阻挠。一个人通过比他的处境所必要的之外的方式来利用他的劳动或资本，绝不可能因为比他的邻人售价更低而伤害邻人。他可能伤害他自己，通常说来他总是伤害自己。俗话说，样样都通的人绝不可能致富。然而法律应该让人民去关心他们自己的利益，因为在他们自己当地的情况下他们通常比立法者可以更好地判断什么是他们自己真正的利益。

然而，强迫农场主从事谷物商人行业的法律，是两者中危害最大的。它不仅阻碍对任何一个社会这样有利的那种资本用途的划分，与此同时阻挠了土地的改良和耕种。因为让农场主只得从事两种不同的行业而不是一种，也就强迫他把自己的资本分成两部分，只有一部分可以用在耕种上。然而，假使准许他可以把自己的一切谷物一经收获马上售予谷物商人，那么他的一切资本就能够马上回到土地上，然后用来购买更多的耕畜，雇佣更多的工人，从而更好地改良和耕种土地。因为没办法不零售谷物，他就没办法不在全年中把大多数资本保留在谷仓和干草场上，因而没方法把一切资本用来耕种土地。可见，这样的法律必定阻碍土地的改良，而没方法让谷物售价更廉价，并且因为让谷物变得更少，必定让它的售价更贵。

除了农场主的业务之外，谷物商人的营业假使受到恰当的保护和鼓励，实际上他们是对谷物生产做出最大贡献的行业。这样的行业可以支持农场主的行业，就像批发商的行业可以支持制造商的行业一样。

批发商为制造商带来现成的市场，让他的货物一经造出很快就可以脱手，有时甚至在货物没有造出以前，就可以为他垫支价格，这就让他可以把自己的一切资本、有时甚至是比这更多的资本时常用于制造，因而比把自己的货物直接出售给消费者甚至零售商时制造出更多的货物。

因为批发商的资本通常也足够替代很多制造商的资本，批发商和很多制造商之间的这样的联系就使得大资本所有人有兴趣去支持大量小资本的众多的一切人，在可能让他们遭到毁灭的那些损失和不幸中帮助他们。在农场主和谷物商人之间广泛建立的同一种联系，也会产生与此同样有利于农场主的效果。他们会把自己的一切资本，甚至比这更多的资本时常用于耕种。

万一遇到他们的行业比任何其他行业更容易受到的那些意外事故，他们会在自己的寻常顾客中找到富裕的谷物商人，一个既有兴趣又有能力帮助他们的人，然而没有必要就像现在这样一来完完全全依靠自己地主的宽容或是他的管家的怜悯。假如有可能（或许是没有这样的可能的）广泛、迅速地建立这样的联系，假如有可能马上把王国的一切农业资本从现今可能流入的每一种其他用途中抽回来，用在它原本的业务，也就是说，耕种土地上，假如有可能很快带来另一笔差不多与此同样大的资本去支持并有时帮助这笔巨大的农业资本的运转，那么单是这样的环境的改变就会给全国土地造成多么巨大、多么突然、多么广泛的改进，或许是很难想象的。

所以，爱德华六世的法律，就是通过尽可能地不允许任何中间人进入生产者和消费者之间，想要消灭这样而来的一种行业：它的自由运作不仅能够最好地缓解谷物短缺的困难，而且能够最好地防止这样的灾难的产生，在农场主的行业之外，没有一种行业可以比谷物商人行业更有助于谷物的生产。

这项法律的严厉程度被后来的几项法律给予了一定缓和，这些法律先后允许，当小麦价格不多于每夸脱20先令、24先令、32先令和40先令时，可以囤积谷物。最终，查理二世第 15年的第7号法律通过，只要小麦价格不多于每夸脱48先令，其他谷物的价格依照这个比例，囤积或是再卖出，购买谷物对一切不是垄断者的人都是合法的，也就是说，不是在同一市场上在三个月之内再卖出的人。内地谷物商人从来没有享受过的一切自由，都是由这项法律所赋予的。当今国王（乔治三世）第12年的法律取消了差不多一切其他古代的取缔所有囤积者和垄断者的法律，然而没有取消查理二世第15年第7号的法律的限制，所以它至今仍然有效。

然而，这项法律在某种程度上承认了两种非常荒谬的世俗偏见：

第一，它觉得当小麦价格高到每夸脱48先令，与其他谷物的价成比例时，谷物就有可能这样被人囤积，从而伤害人民。然而从上面已经提到过的话，仿佛已经非常明显，谷物在任何价格都不可能被内地商人囤积到伤害人民；除此之外，每夸脱48先令尽管能够被看作是很高的价格，然而在歉收年份这经常是在收获之后很快被叫出的价格，此时新的谷物很少有售出的，也就是说，就算是因为无知，也没方法觉得新谷物可以被这样囤积，导致伤害人民。

第二，它觉得有一个固定的价格，达到这个价格时谷物就会被人垄断，也就是说，把他完完全全购入，以便很快在同一市场上售出，从而会伤害人民。然而，假使一个商人在去到某一市场时或者在某一市场上购买谷物时，为了随后不久再在同一市场售出，那一定是因为他判断，在那种特殊的场合，市场在整个季节中没有方法得到这样充分的供应，因而价格不久就会上涨。假使他判断错误，假使价格并不上涨，他不仅会损失这样利用资本的一切利润，而且还会损失一部分资本，也就是储藏和保管谷物的费用和损耗。所以，他对自己造成的伤害比对别人也大得多，也就是说，即便是对在那个市场他可能妨害了他们购进谷物的人们来说也是这样，因为这些人能够随后在另一个市场通过与此同样低廉的价格购买谷物。假使他判断正确，他不但没有伤害人民大众，而且为他们带来了一项最重要的服务。

假使谷价低廉从而鼓励他们消费得比季节真正荒歉所要求的更迅速，那么，让他们稍微提早一点感觉到粮食短缺的困难，那就能够防止他们随后感受到粮食短缺的痛苦（他们必然要感受这样的痛苦的）。当荒歉真正到来的时候，可以为人民做得最好的事情就是把这样的困难在一年的每个月、每个星期、每天之间尽可能平均地分摊。

谷物商人的利益促使他去研究准确地依照他所可以做的做到这一点；因为没有其他的人能够得到和他同样的利益，同样的知识和同样的能力去做得就像他那样准确，所以这项重要的商业业务应该完完全全委托给他，换句话说，谷物贸易，至少它牵扯到的国内市场的供应，应该任它完完全全自由。

通常人对囤积和垄断的恐怕，能够和通常人们对巫术的恐怖和怀疑相比。被控犯了后一种罪行的可怜的不幸的人，也和被控犯了前一种罪行的人一样，都是无辜的，他们并没有犯下归罪于他们的灾祸。取消对巫术的一切控告的法律，使得任何人都没有力量去控告他的邻人犯有这样的虚构的罪行通过满足他自己的恶意，仿佛有效地消除了这样的恐惧和怀疑，因为消除了鼓励和支持这样的恐惧和怀疑的巨大原因。支持恢复谷物内地贸易自由的法律，或许也能够与此同样有效地消除人们通常对囤积和垄断的恐惧。然而，查理二世第15年第7号法律尽管存在各种缺陷，或许要比记载在法律书中的任何其他法律对于国内市场的充足供应，对于耕作的增加，做出了更加多的贡献。

正是通过这项法律，内地谷物贸易得到了它从未享有过的一切自由和保护；不管对于国内市场的供应，还是对于耕作的增加，内地贸易所起到的促进作用都比进口贸易更为有效。大不列颠输入的一切各类谷物的平均数量和国内消费 的一切各类谷物的平均数量的比例，依照那位谷物论文作者的计算，不多于1：570。显然，为了供应国内市场，内地贸易的重要性和进口贸易的重要性之比必定是570：1。

从大不列颠输出的各种谷物的平均数量，依照同一作者计算，不多于年产量的1/30。显然，为了给国内产物带来市场通过鼓励耕作，国内贸易的重要性和出口贸易的重要性之比应为30：1。

我对政治算术没有太大信心，我不想保证这两种计算的准确性。我提到它们只不过为了表明，依照最明智、最有经验的人士的看法，内地谷物贸易和对外谷物贸易相比，后者是多么无足轻重。设立奖金，以前的几年中谷物价格非常低廉，或许有理由在某种程度上归因于查理二世的这项法律产生的效果，它是在大概25年前通过的，所以有充分的时间能够起这样的作用。

寥寥数语就足够表明关于其他三种谷物贸易我所要说的话。

供给国内消费的外国谷物进口商的贸易，明显有助于国内市场的直接供应，所以直接有利于人民大众。它的确会稍微降低谷物的平均货币价格，然而不可能减少谷物的真正价值，或它所可以维持的劳动量。假使谷物可以随时自由进口，我们的农场主和乡绅可以从自己的谷物得到的货币收益在每个年份平均或许要比现在少，现在谷物进口在大多数时间里实际上是不被允许的；然而他们所得到的货币会有更大的价值，可以用来购买更多的丰富货物和雇佣更多的劳动。所以，他们的真正财富，他们的真正收益，都会同现在一样，用较小量的白银来代表；他们还会和现在一样能够并且被鼓励去种植与此同样多的谷物。

反过来，因为谷物货币价格降低而造成的白银实际价值的上调，会稍微降低一切其他商品的货币价格，它给予发生这样的事情的国家的产业在一切国外市场上一点好处，从而鼓励和增加这样的产业。然而国内谷物市场的大小，必定和生产谷物国家的普通产业保持必定的比例，也就是说，和生产某种其他东西因而有这些东西或它的价格（二者实际上是一回事）能够去和谷物交换的那些人的数量成比例。然而在任何一个国家，国内市场是距离最近的和最方便的，所以它也是谷物的最大的和最重要的市场。因为谷物平均货币价格降低会产生的白银实际价值的上调，会使这个最大的和最重要的谷物市场扩大，从而会鼓励而不是抑止谷物的生产。

依照查理二世某颁布的第13号法律，小麦的进口，当国内市场价格不多于每夸脱53先令4便士时，每夸脱征收课税16先令；价格不多于4镑时，征收课税8先令。前一种价格在过去的一个多世纪中只有在严重的歉收年份才会出现；后一种价格，据我所知，根本就不曾出现过。然而，当小麦上涨到多于后一价格时，这项法律将征收非常高的关税；当他涨到前一价格以上时，关税高到不被允许的程度：其他各种谷物的进口，依照谷物的价值来说，关税税率差不多是与此同样高。嗣后的法律把这样的关税提得更高。

这些各种各样的税，一部分是依照查理二世第某年的法律征收来替代过去的补助税的，一部分是按新补助税、1/3和1/3补助税、1747年补助税征收的本注中的课税表完完全全抄自《查尔斯·史密斯/谷物贸易的三篇论文》，第二版，1766年，第81页。那位作者坦白，这些数字依照“萨克斯贝先生，见他的税率表”（也就是说，亨利·萨克斯贝，《不列颠关税，包含这项收益每个部门的历史和实际记录》，1757年：第111～114页），然而除了用不一致不精确的方式把萨克斯贝的便士分数化为整数之外，又抄错了大麦的

第一种税，豌豆的第二种税和小麦的第三种税。——坎南）

这些法律的严格执行在收成不好的年份里给人民带来的痛苦或许是非常大的。然而在这样的场合，通常由临时法律叫停这些法律的执行，这样的临时法律准许在有限时间内进口外国谷物。这些临时法律的制定，足够表明这样的通常法律是不恰当的。这些对进口的限制虽是在设立奖金以前规定的，却是受嗣后建立奖金制度的同一精神和同一原则的调节。

不管这些还有某些其他的限制是多么有害，然而有了奖金制度以后，限制进口就是必要的。假使小麦每夸脱价格在48先令以下或超过不多时外国谷物能够免税或是只缴纳小额税的进口，那么，为了得到奖金，有人就可能把外国谷物再行输出，这就让国家收益受到巨大损失，以推广自己国家产品的市场为目的而不是以推广外国产品的市场为目的的制度整个打乱了。

供外国消费的出口商的谷物贸易，必然没方法对国内市场的丰富供应做出直接贡献。然而可以做出间接的贡献。不管这样的供应的来源大多数时候是怎样，是来自自己国家生产还是来自外国进口，除非大多数时候生产或大多数时候进口的谷物比国内大多数时候消费的多，那么国内市场的供应绝不可能丰富。然而在一切寻常的场合，除非可以把剩余谷物出口，那么生产者会小心不让生产的谷物多于国内市场消费所需要的数量，进口商也会小心不进口比这更多的谷物。

市场很少会大量存货，它通常会存货不足，因为通过供应市场为职业的人们通常担忧他们手头的货物卖不出去。不允许出口会把国家的耕种和改良限制在供应它自己居民的需要的范围之内。出口自由让它可以扩大耕种，来供应外国。

依照查理二世第12年的第4号法律，在小麦价格不多于每夸脱40先令时允许谷物出口，其他谷物的价格依照这个比例。查理二世第15年的法律把这样的自由推广到小麦价格每夸脱不多于48先令；依照法律推广到一切更高的价格。诚然，这样的出口须向国王缴纳港税。然而一切的谷物在税率表中评价很低，这项港税仅仅是每夸脱小麦1先令、燕麦4便士、一切其他谷物6便士。依照威廉和玛丽第1年的法律，也就是设立奖金的法律，当小麦价格每夸脱不多于48先令时，这项小税实际上已经被取消；依照威廉三世第11、12年第 20号法律，清晰地把它取消，无论价格多高。

这样一来，出口商的贸易活动不仅受到奖金的鼓励，而且，变得比内地商人的贸易更为自由。依照上面所说的最终一项法律，谷物能够在任何价格时囤积出口，然而没方法为在内地卖出而囤积，除非谷物价格不多于每夸脱48先令。已经提到过，内地商人的利益绝不可能和人民大众的利益背道而驰。然而出口商的利益却可能，不仅这样，有时在事实上和人民大众的利益相互违背。假使，当他自己的国家正在粮食短缺的境遇下挣扎时，一个邻国却在受饥荒，他的利益可能把大量谷物运往这个国家，从而大大加重了自己国家粮食短缺的困难。

国内市场充足的丰富供应不是这些法律想要达到的直接目的，它们的直接目的是，在鼓励农业的名义下，尽可能地提高谷物的货币价格，从而尽可能地造成国内市场上时常的粮食短缺。通过抑制进口，国内市场的供应哪怕在收成十分不好年份，也只仅仅限于国内产品；通过鼓励出口政策，当价格上调到每夸脱48先令时，国内市场即使在粮食非常短缺的时候，也不允许享受一切国内产物。各种临时法律在有限的时间内不允许谷物出口，在限定时间内取消对谷物进口征收的课税，这是大不列颠所不得不经常采取的方法，足够表明它的通常制度是十分不合适的。假如这样的制度是良好的话，它就不可能经常落到一定要被放弃的地步。

当一切国家全都奉行自由输出和自由输入的自由主义制度时，一个大洲中所划分的不同国家就会像一个大帝国的各个不同省份一样。在一个大帝国的不同省份之间，依照理性和经验，内地贸易自由不但是粮食短缺的最佳缓解方法，还是防止饥荒的最有效的方法；在从一个大洲中所划分的不同国家之间，进出口贸易自由也起到同样的作用。洲越大，它的不同地区之间的海陆交通越方便，任何一个国家受到这两种灾害的可能性就越小，任何一个国家的收成不好就越有可能由某个其他国家的丰收所解救。然而很少有国家完完全全采用这样的自由主义的制度。

谷物贸易的自由差不多在各个地方都或多或少地受到限制，在很多国家还受到这类荒谬规章的约束：它们经常加剧粮食短缺所带来的不可避免的不幸，让它变成饥荒的可怕灾难。这样的国家对谷物的需求经常变得这样巨大和紧迫，让当时也在粮食短缺的情况下挣扎的靠近的小国不敢冒险去供应它们，否则自己也会陷入与此同样的可怕灾难。这样一来，一个大国的十分不好的政策，可能让另一个国家觉得，采取原本是最好的政策在某种程度上会成为不谨慎甚至危险的事情。

然而，出口的无限自由对于大国的危险性要小得多，在这样的国家，生产量要大得多，他的供应很少会受到可能出口的任何很大数量的影响。在瑞士的一个州，或在意大利的部分小国，或许有时一定要限制谷物出口。然而在法国或英格兰这样的大国，很少可能有这样的必要。除此之外，阻止农场主把他的货物随时送往最好的市场，明显是为了一个公共功利的观念，为了某一个国家的理由，放弃寻常的正义法律；只在最紧迫的场合，立法当局才可以采取这样的行为，也只有在这样的场合它才可以得到宽恕。不允许出口谷物的价格（假使非不允许不可的话），应该总是非常高的价格。

有关谷物的法律在各个地方都可以和有关宗教的法律相比。人民觉得自己对于有关自己今世生活或来生幸福的事情感到有多大兴趣，所以政府一定要屈从他们的偏见，并且为了保证公共安宁，建立一种他们所支持的制度。或许正是这个缘故，我们很少能够看到在这两个巨大目的方面建立了一个十分合理的制度。

贩运商人，或是进口外国谷物来提供再出口的人，他的贸易有助于国内市场充足的丰富的供应。诚然，他的贸易的直接目的不是在国内市场上卖出谷物。然而他通常愿意这样做，甚至通过比在外国市场上可能期望的价格更低得多的价格；因为这样而来他就省去了再一次装卸、运输和保险的费用。一个国家因为贩运贸易而变成了供应他储存谷物的谷仓和仓库，他的居民自己是很少会缺乏粮食的。尽管贩运贸易可能这样来促使国内市场上谷物的平均货币价格一定程度上有所下降，然而绝不可能降低谷物的真正价值。它只会稍微提高白银的真正价值。

谷物贩运贸易在大不列颠事实上是不被允许的：在一切寻常场合，对外国谷物进口征收重税，他大多数时候并不退税；在特殊场合，当收成不好有必要用临时法律停止征税时，总是不允许出口。很明显，依照这样的法律制度，贩运贸易事实上在一切的场合都是不被允许的。

很明显，和设立奖金有关的法律制度，仿佛丝毫不值得人们给予它赞赏。大不列颠的改良和繁荣，人们经常归功于这些法律，其实能够很容易地用其他原因去解释。大不列颠的法律赋予任何一个人通过享有他自己的劳动果实的安全，单是这一点就足够让任何国家繁荣，尽管这些还有二十种其他的荒谬商业规章；这样的安全又因为革命而臻于完善，这大体是在和安排同样奖金的时候。

每个人为了改善他自己的状况而自然而然地做出的努力，当他具有可以施展的自由和安全时，就是一个非常强有力的原则，单单是它，不借助任何帮助，不仅可以给社会带来财富和繁荣，还可以克服人类法律的愚昧对它的运作所强加的数不清的无礼阻挠，尽管这些阻挠的效果总是会或多或少地侵犯它的自由或是降低它的安全。在大不列颠，产业是完完全全安全的；尽管它远远不是完完全全自由的，却也和欧洲任何其他地区一样自由，或者更自由些。

大不列颠最大的繁荣和改良时期是在那些和奖金有关的法律制度建立以后，我们却不应该把这个时期归功于这些法律。它也在举借国债以后。然而国债必然不是繁荣和改良的原因。

尽管和奖金有关的法律制度对于西班牙和葡萄牙的政策具有完全同样的趋向，也就是说，在采用这样的制度的国家让贵金属的价值稍微降低，大不列颠必然是欧洲最富的国家之一，然而西班牙和葡萄牙或许要属于欧洲最穷的国家。这样的不同的情况很容易用两个不同的原因来解释。第一，对于从事金银出口的西班牙课税，葡萄牙不允许，两国对于法律的执行监督非常严格，在这两个很穷的国家，每一年进口的金银600万英镑以上，必定会比谷物法在大不列颠更加直接并且更加有力地降低这些金属在那里的价值。第二，这些不好的政策在这两个国家没有被人民的广泛自由和安全所抵消。那里的产业既不是自由的，也不是安全的，西班牙和葡萄牙的民事政府和宗教政府是这样不好，单是它们就足够让两国的贫穷状况长久地继续下去，尽管它们的商业规章大多数荒谬和愚蠢，却也有一些贤明的地方。

现任国王（乔治三世）第13年第43号法律仿佛是对谷物法建立了一种新制度，在很多方面比过去的制度要好，然而在一两个方面或许不是那么好。

依照这项法律，供国内消费的外国谷物进口在以下情况下免征高关税：中等小麦价格每夸脱达到48先令时，中等黑麦、豌豆或蚕豆价格达到32先令时，大麦价格达到24先令时，燕麦价格达到16先令时；替代高关税的，是每夸脱小麦只征收6便士的小税，其他谷物的课税按比例计算。这样一来，就一切各种谷物特别是小麦来说，国内市场对外国谷物实行开放，价格大大低于过往。依照同一项法律，5先令的小麦出口过去的奖金在每夸脱价格高达44先令时不再发放，过去要高达48先令时才不再发放；大麦出口的2先令6便士奖金在价格高达22先令时不再发放，过去要高达24先令时才不再发放；燕麦片的2先令6便士奖金在价格高达14先令时不再发放，过去要高达15先令时才不再发放。黑麦奖金从3先令6便士降至3先令，价格高达28先令也就是说，不再发放，然而过去要高达32先令时才不再发放。假使奖金就像我所想要证明的那样是不恰当的，那么不再发放越早越好，奖金越低越好。

同一项法律允许在最低的价格时免税输入谷物方便再行输出，然而一定要存放在货仓中，由国王和进口人一起加锁。诚然，这项自由只赋予了大不列颠的25个港口。然而这些都是主要的港口，其他大多数港口或许没有供这样用途的货仓。

从以上看，这项法律仿佛明显是对过去的制度的改进。

然而同一项法律对燕麦出口当价格不多于14先令时给予每夸脱2先令的奖金。对于这样的谷物的出口，过去从来没有给过奖金，就像对豌豆和蚕豆的出口那样。

依照同一项法律，不允许谷物出口所定的价格是：小麦高达每夸脱44先令时，黑麦高达28先令时，大麦高达22先令时，燕麦高达14先令时。这几种价格仿佛全都太低。除此之外，就通过强迫输出为目的而发的奖金来说，在它停止发放的那些价格上完完全全不允许出口，亦仿佛不当。停止发放奖金的价格，应该要低得多；或者说应该在高得多的价格上允许出口。

在这些方面，此项法律仿佛劣于过去的制度。然而，尽管它有诸如此类的不足之处，我们或许能够，用对梭伦的法律所说的话来解释它：它尽管本身不是最好的，却是当时的利益、倾向和偏见所可以做到的最好的。它也许会为未来的更好的法律铺平道路。

第六章 论通商条约

一国通过条约来束缚自己，允许某些货物从一个外国进口然而不允许从其他国家进口，或免除一个外国的货物进口关税然而对一切其他外国的货物进口征收关税，那么这样而来，那些在商业上受惠的国家，至少是这个国家的商人或是制造商，必定从这样的条约得到巨大的好处。这些商人和制造商在对他们这样优遇的国家享受一种垄断权。那个国家变成了他们货物的更有利更广泛的市场：更有利，是因为受惠国的商人在那里享受一种垄断权，卖出货物能够比在其他各国自由竞争的情况下得到较好的价钱；更广泛，是因为其他国家的货物要么被排除在外，要么必须缴纳较重的税，那个国家接纳了他们的大量货物。

然而，这样的条约尽管对于受惠国的商人和制造商可能有利，对于施惠国的商人和制造商却是必定不利的。这样而来赋予了一个外国对于他们不利的垄断权，他们就没办法不通过比在允许其他外国自由竞争的情况下较高的价格去购买自己需要的外国货物。

这个国家用来购买外国货物的那一部分自己国家产品因而没办法不通过较低的价格卖出，因为当两件东西互相作为交换时，一件东西的低廉必定是另一个东西昂贵的结果。所以，一国年产物的交换价值全因为每一项这样的条约而减少。然而，这样的减少不可能造成任何绝对的损失，只不过减少原本能够到手的利益。

尽管它卖出货物比在没有的情况要便宜一点，然而也许没有低于货物的成本；也不可能就像在没有奖金的情况下，卖出的价格不足够补偿送货物上市所利用资本，还有资本的寻常利润。如其不然，贸易就不可能继续进行。很明显，即便是施惠国也仍然能够通过贸易得到好处，尽管好处不与在自由竞争的情况下变化那么大。

然而，有些通商条约觉得有利，是依照和这些原则非常不同的准则：一个商业国有时会对某些外国货物给予对自己不利的垄断权，因为它希望在两国之间的一切贸易中它所售出的比它所购入的多，每一年会有金银差额流入自己国家。英格兰和葡萄牙在1703年由梅休因先生翻译的通商条约之所以这样受到称赞，正是依照这个准则。下面是该条约的直译，一共只有三条：

第一条

尊敬的葡萄牙国王陛下通过他自己和他的继承人的名义，从今以后永远允许不列颠呢绒和其他毛织品就像过往一样进入葡萄牙，直至被用法律不允许为止；然而有下面几个条件。

第二条

也就是尊敬的大不列颠国王陛下，通过他自己和他的继承人的名义，自今以后永远允许葡萄牙生产的葡萄酒进入不列颠，无论何时，不论不列颠和法兰西两个王国之间一直是处于和平或战争状态，无论这样的葡萄酒是用105英加仑桶或52.5英加仑桶或其他的桶输入不列颠，不得通过关税或税收或任何其他名目，直接或间接地要求缴纳比法国同样多葡萄酒更多的税，并且要扣除或减少关税或税收的1/3。然而假使在任何时候上面所说的关税的扣除或减少都有可能受到各种方式的破坏或侵害，尊敬的葡萄牙国王陛下再一次不允许不列颠制造的呢绒和毛织品进口就是正当的和合法的。

第三条

两国特命全权大使阁下答应负责请各自的国王陛下批准本条约；批准的条约在两个月之内互换。

依照这项条约，葡萄牙国王有义务允许英格兰毛织物按照不允许以前的同一条件进口，也就是说，没方法把关税提到高于以前的水平。然而他没有义务让英格兰毛织物通过比任何其他国家的毛织物（举例来说法国的或荷兰的）更优越的条件进口。然而大不列颠国王却允许葡萄牙的葡萄酒只付法国葡萄酒所付税收的2/3进口，后者是最有可能和前者竞争的。明显，这项条约有利于葡萄牙，不利于大不列颠。

然而，这项条约却被称为英格兰商业政策的杰作。葡萄牙每一年从巴西得到的黄金数量，多于他国内商业——无论通过铸币或器皿的形式所可以利用的。剩余的黄金价值太高了，没方法让它锁在金柜中闲置，然而在自己国家又没方法找到有利的市场，所以尽管有禁令也一定要送出国外，通过交换在国内比较有利的市场的东西。之中一大多数每一年流入英格兰，被用来交换英格兰货物或是为交换英格兰货物，从而运入英格兰的其他欧洲国家货物。巴勒特先生听说，每周来自里斯本的邮船运往英格兰的黄金每星期平均在5万镑以上。这个数量也许有些夸大。果真这样，它可能达到每一年260万镑以上，高出人们觉得巴西每一年可能带来的。

我们的商人在几年以前失去了葡萄牙国王的好感。过去曾经给予他们的一点特权被侵犯或取消了，这些特权不是依照条约而是由葡萄牙国王任意赐给的，也许的确是由我们的商人请求，用来回报大不列颠国王更大的恩赐、防卫和保护。因此，对赞美葡萄牙贸易最感兴趣的人们转而把它说成是不与大多数时候所想象的那么有利。他们觉得，每一年输入黄金的绝大多数，差不多是全部，并不是为了大不列颠的利益，而是为了其他欧洲国家的利益；每一年输入大不列颠的葡萄牙水果和葡萄酒，差不多完全足够补偿送往该国的英格兰货物的价值。

然而，让我们设想，一切黄金都是为了大不列颠的利益，他的数额比加勒特先生想象之中的还要大，这样的贸易也不可能因此就比任何其他的这样的贸易得到更多利益：对我们送出的同样价值，我们得到同等价值的消费品作回报。

能够假定，这样的进口只有很小一部分用作王国器皿或铸币的增加额。剩余的一切必定要送往国外，用来交换各种消费品。然而，假使这样的消费品直接用英格兰的自己国家产品去交换，而不是先用英格兰产品去交换葡萄牙黄金，然后用黄金去购买，那就于英格兰可通过得到更多利益。

直接的对外消费贸易总是比迂回的对外消费贸易有更多利益；把同样价值的外国货物运入自己国家市场，前者比后者要求的资本要小得多。所以，假使通过较小一部分英格兰产业去生产适宜葡萄牙市场的货物，通过较大一部分产业去生产适宜其他市场的产物，从后者得到大不列颠所需要的消费品，那就于英格兰可以得到更多利益。这样一来，为了得到自己所需要的黄金和消费品，所利用的资本会比现在小得多。所以，会有多余的资本可用作其他用途，从而用来推动更多的产业和生产更多的年产物。

即便英格兰完全被排除在葡萄牙的贸易之外，它也能够没有多大困难地得到自己每一年所需要的一切黄金供应，或者用于制造器皿，或者用于铸造货币，或者用于对外贸易。黄金也和其他商品一样，凡是有价值能够用来交换它的价值的人，总是能够在某个地方得到它。除此之外，葡萄牙每一年多余的黄金仍然送往国外，不是被不列颠运走，就是由别的国家运走，那个国家也会乐于把他自行出售得到它的价格，就像大不列颠现在所做的一样。诚然，购买葡萄牙黄金我们是第一手购买，从西班牙之外的其他国家购买就是第二手的购买，可能出价略高。然而这样的差别可能太小，不值得政府去注意。

据了解，我们的黄金一切来自葡萄牙。同其他国家的贸易差额，要么于我国不利，要么于我国有利不大。然而我们一定要记住，从一国进口的黄金越多，一定要从一切其他国家进口的黄金就会越少。对黄金有效需求，也就像对一切其他商品一样，在任何一个国家都限于一定的数额。假使这个数额的9/10从一个国家进口，其余需要从一切其他国家进口。除此之外，每一年从某些国家进口的黄金多于器皿和铸币所需要的越多，必需输出到其他国家的黄金也就越多；现代政策中那个无关紧要的目的——贸易差额，就某些国家来说对我们越有利，就其他国家来说就对我们越不利。

然而，正是因为英格兰没有葡萄牙贸易就没方法生存这样的愚蠢的想法，在最近这次战争结束时，法国和西班牙没有理由受到侮辱或挑衅，就要求葡萄牙国王把一切的不列颠船只驱逐出他的港口；为了保证这样的驱逐的成功，要求他允许法国或西班牙守备队进入这些港口。假如葡萄牙国王接受了他的姻兄西班牙国王提出的这样的屈辱的条件，不列颠就会摆脱一种比丧失葡萄牙贸易大得多的困难，也就是说，支持一个非常脆弱的盟国的负担，它自己的国防在每一件事情上都是毫无准备，英格兰也就是把自己的一切力量用在这个单一目的上，也许也没方法保卫他度过另一次战役。丧失葡萄牙贸易无疑地会给当时从事这样的贸易的商人造成重大困难，他们也许在一两年内找不到任何与此同样有利的利用自己资本的方法，然而英格兰从这一项著名的商业政策所受到的一切困难也许就在于此。

每一年大量输入金银，既不是为了制作器皿，也不是为了铸造货币，而是为了对外贸易，迂回的对外消费贸易用这样的金属比用差不多任何其他货物可以有更多利益地进行。因为金银是广泛的商业工具，它们可以比任何其他货物被更加容易地被接受通过交换一切其他商品；因为他体积小而价值大，在各地之间来往运输的费用差不多比任何其他商品都要小，在运输途中价值受到的损失也比较少。所以，在一切从一个外国购入然而只不过为了在另一个外国售出或用来交换其他货物的商品中，没有比金银更方便的东西。葡萄牙贸易的主要好处，在于促进大不列颠进行的一切各种迂回的对外消费贸易，尽管这不是一种最重要的利益，然而它无疑是一种相当大的利益。

能够有理由假定，每一年为增加国内的器皿和铸币只需要输入小量的金银，这仿佛是极为明显的；我们和西班牙尽管没有直接贸易，这小量的金银总是很容易从他处得到的。

尽管金匠行业在大不列颠是很大的行业，然而他们每一年卖出的大多数新的器皿都是从其他过去的器皿熔化铸成的，所以国内一切器皿的增加额不可能很大，每一年只需要输入很小量的黄金。

铸币的情况也是如此。我相信，没有人会想到，铸造的货币——在最近一次金币改铸以前，十年之中，每一年铸造的金币可以达到80万镑，其中大多数是用来增加在国内流通的货币。在一个铸币费用完全由政府负担的国家，铸币的价值，也就是当它包含了充分的标准金银量时，也绝不可能多于这些金属没有铸成货币以前每一年的数量；因为任何数量的还没有铸成货币的金银，只需要把它们送到铸币厂去，也许等待几个星期，就可以得到同样多的用这样的金属铸成的货币。

然而在每一国家，大多数的流通铸币总是多少有些磨损，或因为其他原因而低于它的标准。在大不列颠，在最近改铸以前，特别是这样而来，金币低于它的标准重量的2%以上，银币的8%以上。然而假使44.5基尼金币包含十足的标准重量（也就是说，1镑黄金）只可通过购买1磅重的未铸成货币的黄金，那么重量稍差一些的44.5基尼的铸币就没办法买到1磅重的未铸成货币的黄金，一定要找一点来弥补这个差额。所以，市场上的金块时价，不是与造币厂价格46镑14先令6便士一样，而是大概47镑14先令，有时大概是48镑。然而当大多数铸币处于这样的低于标准的状态时，新铸的44.5基尼的金币在市场上不可能比寻常的基尼购到更多的货物；因为当它们在商人金柜中和寻常货币混在一起时，以后要加以区分，所费就不值了。

就像别的基尼一样，它们只值46镑14先令6便士。然而，假使把他投入熔炉中，它们就可以没有明显损失地生产出1磅重的标准金，在任何时候都可以卖出47镑14先令至48镑的金银币，就像被熔化的铸币一样适于用作铸币的各种用途。所以，熔化新铸成的货币有显而易见的利润，这也是人们很快就会这样去做的，政府的任何防范都没有方法制止。因为这个原因，造币厂的经营运作就有些像彭尼洛佩之网，白天做的工作在夜间就给予拆除。造币厂的作用就在于，与其说是使铸币每天有所增加，不如说是补充每天熔化的大多数铸币。

假使私人把金银送往铸币厂需要自己支付铸币费用，这就会使这些金属的价值增加，就像加工会增加金银器皿的价值一样。铸成货币的金银会比没有铸成货币的金银价值更高。铸币税假使不是太重，会让金银块增加和铸币税同等的价值；因为，政府在任何一个地方都有铸造货币的垄断权，进入市场的铸币不可能比他们觉得可以带来的更便宜。诚然，假使这样的税收太重，也就是说，多于铸造所需劳动和开销的实际价值太多，国内和国外的伪造货币的人就会受到很大程度的鼓励，因为金块的价值和铸币的价值相差太大，他们会把大量伪币卖到国内，可能降低政府货币的价值。然而在法国，尽管铸币税为8%，也没有发现因此产生了这样的明显的扰乱。伪造铸币的人各个地方都会遇到的危险——假使他住在自己国家时他自己会遇到的危险，假使他住在外国时他的代理人或通信人会遇到的危险——相比之下太大了，不值得为了7%或6%的利润去冒这样的危险。

法国的铸币税使铸币的价值在比例上超过它所含的纯金量。这样而来，依照1726年1月的敕令，24克拉纯金的铸币厂价格被定为是740利弗9苏1迪尼厄，折合巴黎8盎司的1马克。法国金币，扣除了造币广公差费，包含21号克拉纯金和2言克拉合金。很明显，标准金1马克只值大概671利弗零10迪尼厄。然而在法国，1马克标准金被铸成30金路易，每一块金属等于24利弗，铸成共计720

利弗。很明显，铸造让1马克标准金块的价值增加了671利弗零10迪尼厄和720利弗之间的差额，也就是说，增加了48利弗19苏2迪尼厄。

铸币税在很多场合会完完全全消除从熔化新铸币获取的利润，在一切的场合会减少这样的利润。这样的利润总是从寻常货币应含的金块数量和实际包含的金块数量之差产生的。假使这样的差额小于铸币税，熔化新铸币就只有损失而没有利润。假使差额等于铸币税，那就既无损失，亦无利润。假使差额多于铸币税，的确含有一点利润，而利润少于在没有铸币税的时候。举例来说，假使在最近一次金币改铸以前，对铸造征收5%的铸币税，熔解金币就会受到3%的损失。假使铸币税为2%，那就没有利润或损失。假使铸币税为1%，那就有1%的利润，然而只不过1%而不是2%。所以，当货币是按枚数而不是按重量接受时，铸币税是防止铸币被熔解的最有效的方法，依照同一理由，也是最有效防止它出口的方法。寻常熔化或出口的是最好的也是最重的那些铸币，因为从它们能够得到最大的利润。

通过免税来鼓励铸造货币的法律，是在查理二世当政时第一次制定的，只限于必定的时间；以后继续延长不同的期限，直到1769年成为永久性的。英格兰银行为了能够用货币补充它的金柜，没办法不时常把金块送往铸币厂；他们也许以为，由政府来支付造币费用而不用自己支付，更合乎他们的利益。也许为了满足这家大公司的要求，政府同意让这项法律永久化。然而，假使废止秤量黄金的习惯（因为秤量不方便，这是很可能的），假使英格兰金币按照枚数接受（就像最近一次改铸以前那样），这家大公司也许会发现，在这样的场合，也就像在其他场合一样，他们大大错估了自己的利益。

在最近改铸以前，英格兰金币低于它的标准重量2%，因为没有铸币税，它的价值低于它所应该含有的标准金块量价值的 2%。所以，当这家大公司购入金块作为铸币之用时，必须比铸造以后的金币所值多付2%。然而假使对铸造征收2%的铸币税，那么寻常金币虽比它的标准重量低2%，它在价值上也会相等于它所应含的标准金量；在这样的场合，铸造的价值也就补偿了重量的减少。诚然他们一定要支付这2%的铸造税，在整个业务中他们的损失也就是这2%，并不比实际的损失大多少。

假使铸币税为5%，然而金币仅仅低于它的标准重量2%，在这种情况下银行在金块价格上会得到利益3%；因为他们在铸造上须付5%的铸币税，所以他们在整个业务中与此同样要损失刚好2%。

假使铸币税仅为1%，然而金币仅仅低于它的标准重量2%，在此场合银行在金块价格上只是损失1%；因为他们在铸造上须付1%的铸币税，所以他们在整个业务中损失的与此同样恰好是2%。

假使铸币税合理，同时铸币包含十足的标准重量——就像它在最近改铸以来接近做到的——那么，不论银行在铸币税上损失多少，它在金块价格上同样会得到多少；不论它在金块价格上得到多少，它在铸币税上就会损失多少。所以，他们在整个业务中既不可能损失，也不可能得到利益，他们会就像在上面所说的各种场合一样，恰好处于同一状况，就好像没有铸币税一样。

当对一种商品征收的税收适度因而不会导致私运时，经营这样的商品的商人尽管垫支了这样的税收，却并不真正付税，而是从商品的价格上找回。税收最终由购买人或消费人付出。然而货币是这样一种商品，就它来说，任何一个人都是商人。一切购入它的人都是为了把它再售出；在寻常场合没有谁是最终购买人或消费人。所以，当征收在铸造上的税收适度而不诱致私铸时，尽管任何一个人都垫支这样的税收，却没有人最终支付它，因为任何一个人都从提高了的铸币价值上找了回来。

很明显，适度的铸币税绝不可能增加银行的开支，也不可能增加把金块送往铸币厂去铸造货币的任何一项私人的开支；不征收适度的铸币税也绝不可能减少这样的开支。不论有没有铸币税，假使通货包含十足的标准重量，铸造对任何人来说都不费分文；假使不与这样的标准重量相等，铸造的成本总是等于货币应含金块量和实际所含金块量之差。

很明显，当政府支付铸造货币的费用时，不但负担了一笔小小的开支，还损失了一笔小小的收益，通过合适的课税使它原本能够得到这笔收益；无论银行还是任何其他私人，都没有从政府的这样的无谓的慷慨中得到丝毫好处。

然而，银行董事们也许不情愿依照这样一种推断就同意征收铸币税：这样的推断不答应他们可以得到利益，只不过保证他们不受到损失。依照金币现在的状况，只要它继续按秤量来流通，他们必然不可能通过这样的改变得到任何好处。然而，假使称量金币的习惯一旦废止不用（它是很可能停止不用的），假使金币又落到最近改铸以前的恶化状况，那么，通过征收铸币税，银行的利润——或者更准确地说，银行的节约会是很大的。英格兰银行是把大量金块送往铸币厂的唯一的一家公司，每一年铸造货币的责任一切或者差不多一切落在它身上。

假使这样的每一年的铸造只不过是为了补偿不可避免的损失和一些必要的磨损，它不大可能多于5万镑，或至多是10万镑。然而，假使铸币降到标准重量以下，每一年的铸造除了上面所说的之外，还须填补输出和熔解在流通铸币中连续地造成的空缺。正是因为这个缘故，在最近金币改铸之前的十年到十二年中，每一年铸造的金币平均可以达 85万镑以上。然而，假使当时对金币征收4%或5%的铸币税，也就是说，即使在那种状态下，也会有效地制止熔解和输出两种行为。银行每一年不可能在用来铸造850万镑以上金币的金块上损失大概2.5%，或者说不可能损失21250镑以上；它也许不可能损失那个数量的1/10。

国会分配的用来支付铸造费的收益每一年只有14000镑，然而政府的实际开支，或造币厂官员的费用，在寻常场合，我相信不多于这个数量的一半。为了节省这样小的一个数量，甚至是为了得到一笔比这不可能大出很多的收益，可能有人觉得，这个目的太小了，不值得政府如此密切注意。然而在一件事情上——这件事情不是不可能发生的，它在过去经常发生，很可能再发生——每一年节省18000镑或20000镑，也就是说，即便是对英格兰银行这样大的一家公司来说，那就必然是很值得注意的目的了。

以上的论证和看法，有一点也许放在第一编各章比较合适一点，那是讨论货币的起源和用途还有商品的真正价格和名义价格的差别的。然而，因为鼓励铸造货币的法律起源于重商主义体系倡导的那些俗不可耐的偏见，所以我觉得把它保留在本章更为合适。没有什么东西可以比对生产货币给予一种奖金更符合那种体系精神的了，这样的体系觉得货币是构成各国财富的东西。它是这样体系的很多值得惊奇的让国家富裕的策略之一。

第七章　论殖民地

第一节　建立新殖民地的动机

欧洲人最开始在美洲与西印度建立殖民地的动机并不是像古希腊罗马建立殖民地的目的那么明显。

古希腊各个邦国，仅占有非常小块的领土；任何一个国家，当他的人数达到本邦领土没有方法维持的时候，便会把一部分人民遣送到世界上极其边远的地方，去寻找新的住处。该国家周围好战的邻人，让他们很难在国内扩大他的地盘。多里安人大多数都是到意大利与西西里去殖民。

这两个地方，在罗马建立以前都是野蛮未开化的人民所居住的地方。伊沃尼亚人与伊沃利亚人（希腊此外两大部落）大都到小亚细亚与爱琴海各岛去殖民。这两地居民在当时和意大利与西西里的情况大致同样。母市尽管把殖民地看成是自己的孩子，经常给以恩惠和援助，并接受他们的感恩，摆出一副不想对他进行直接统治的样子。殖民地自行决定政体、自定法律、自选官吏，不仅这样还能够不必得到母市的承认或同意通过独立国的资格向邻国宣战、媾和。没有任何其他事情可以比建立这样的殖民地的动机显而易见。

古罗马和其他大多数古代共和国一样，原本是依照一种土地分配法来建立的，也就是说，按一定比例，把一切的公有领地，分配给构成该国成员的市民。然而因为人事的变迁如婚姻、承宗、割让等，必定会把原本的分配制度搞乱，常让原本分配给很多家庭用于维持生计的土地，最后落入到少数人的手中。为纠正这样的混乱，人们也觉得这也是一种混乱，他们颁布了新的法律，限制各市民能够拥有的土地数量，不得多于500朱格拉，大概合350英亩。然而这样的法律，据我所知，尽管前后推行过一两次，但是大都被人忽视或回避，不仅这样，财产分配越来越不均匀。大多数市民没有土地；然而依照当时的风俗情况，没有土地就非常难维持自由人的独立身份。

今天，尽管贫民也没有土地，若稍有资本，他就可租耕别人的土地，或是经营某种零售业；即便根本就没有资本，他也可担任农村的劳动者或技工。然而在古罗马，富豪人家的土地，全部都由奴隶耕种；奴隶在监工的监督下劳作，监工本身也是奴隶；所以，贫穷的自由人，很难有机会成为农民或农村劳动者。一切商业、制造业、甚至零售业，都由富人的奴隶经营，一切利润属于主人。主人们的财富、权威和得到的保护让一个贫穷的自由人没有方法和他们竞争。

所以，没有土地的市民，除了在每一年选举的时候，能够得到候选人的赠金之外，差不多没有其他的生计可谋了。当由人民推选出来的保民官试图鼓动人民起来反抗富豪时，他们就会刻意提醒人民祖先是怎样分配土地的，并指出限制这样的私有财产的法律是共和国的基本法。人民因此吵吵闹闹地要求分给土地，然而可想而知，富豪们是绝对不可能愿意把一丝一毫的土地分给他们的，为了要稍微满足他们的要求，富豪们通常提议到外面建立新的殖民地。

然而作为征服者的罗马，即便在这个时候，也没有必要遣送他的市民到世界各地去谋求财富，因为它不了解市民究竟会在什么地方定居。它通常会把意大利被征服的土地划分给他们。这里也是共和国的管辖范围之内，所以没方法建立任何形式的独立的国家，至多只可形成一种自治团体。这样的自治团体，虽有制定地方法律的权力，然而必须受到母市的统治和管理，并遵守它制定的法律。

这样的殖民地的建立，还在于一个地方刚刚被征服，当地人民是否已经被驯服还无从确定，常可借此缘由在当地建立一种留守部队。所以，罗马殖民地，无论从它的性质或它的建立的动机来说，都和希腊殖民地完完全全不同。所以，原本用以表示这样的建制的字眼，也有不同样的含义。拉丁语Colonia表示殖民；反过来，希腊语aπoikia就表示离家、离乡、出门。尽管罗马殖民地和希腊殖民地有很多不同之处，然而建立殖民地的动机都是与此同样显而易见的。这两种制度，都可以追溯到无可奈何的必要性或明显的功利性。

欧洲人在美洲与西印度建立殖民地并不是起因于它的必要性；尽管建立殖民地的结果，确实是带来了很大的利益，然而它的功利性并不那么明显。在殖民地最初建立起来的时候，谁都不明了建立这样的殖民地的好处在哪里，甚至人们对于建立殖民地的动机和发现美洲的意义是什么都没有弄清晰；不仅这样，直到今日，人们对这样的利益的性质、范围还有局限，也不是非常清晰。

在14世纪到15世纪之间的一段时间，威尼斯人经营一种非常有优势的贸易，也就是说把香料与其他东印度货物贩卖给欧洲其他各国。这些货物大多数购于当时由高加索军人统治的埃及。高加索军人是土耳其人的敌人，威尼斯人也是土耳其人的敌人。这样的利害关系的一致，再加上威尼斯货币的支持，让他们能够得以联手，同时给威尼斯人带来贸易上的垄断。

威尼斯人所得到的巨大利润，引起了葡萄牙人的贪欲。在15世纪，他们努力想要在海上开辟一条通道能够抵达摩尔人跨越沙漠给他们送来象牙和金砂的那个地方。他们发现了马德拉群岛、亚速尔群岛、卡内里群岛、几内亚海岸、佛德角群岛、卢安果、安哥拉、刚果、本格拉格海岸，最终发现了好望角。他们很早以前就希望分享威尼斯人占有优势的贸易利润；最终发现的那一个地方让他们的梦想又可能成为现实。1497年，瓦斯戈·德·加马，从里斯本港起程，带领着由四艘船组成的队伍，历经1个月的航行，终于到达了印度海岸。一个世纪以来，他们持之以恒，坚韧不拔，几乎没有间断过努力，终于完成了计划。

在以前的若干年里，在欧洲人对葡萄牙不确定能够实现的计划，还心存疑惑的时候，有一位来自热那亚的水手，提出了一个更为大胆的计划，他要一直向西航行然后抵达东印度。在当时的欧洲，对于东印度各国的情况，人们还了解甚少。一少部分欧洲旅行家，曾夸大到这些地方的距离，这也许是因为纯朴无知，对那些没方法计量距离的人来说，原本确实是很远的距离，那么就会显得更加没有止境的遥远。这些旅行家也许是想要借此夸耀他们自己冒险访问远离欧洲的地方是个奇迹。哥伦布很有道理地说过，如果从东面走的距离越远，那么从西面走的距离就应该越近。所以他建议走西边这一条路线，因为这条路最近又最稳当。幸好他说服了克斯梯的伊萨伯拉，让之相信他的计划是切实可行的。因此，他在1492年8月，比瓦斯戈·德·加马从葡萄牙出发的时候大概早五年，从帕罗斯港出发，经过两三个月的航程，先发现了小巴哈马群岛，也就是说，庐克圆群岛中的若干个小岛，然后又发现了圣多明哥大岛。

然而哥伦布在这次航行还有以后几次航行过程中所发现的地方，都不是他原本计划中想要寻找的地方。他没有找到期待中的中国和印度的财富、庄稼和稠密的人口，却在圣多明哥还有其他他所发现的新世界找到了尚未开垦的、长满了植被、仅有裸体穷苦的野蛮人在那里居住的土地。然而他极不情愿地接受这么一个事实，也就是自己所发现的地方，不是马可·波罗所描述的那些地方。在欧洲人中，马可·波罗是第一个到过中国和东印度的欧洲人，至少能够说，他是第一个把有关中国和印度的情况记载下来并流传下来的欧洲人。因此，哥伦布在发现了圣多明哥一座叫作西巴奥的山和马可·波罗所提到的西潘哥的名字有些相像，便认为那就是他早就铭记在心里的那个地方了，尽管有明显的证据能够证明那并不是同一个地方。他在给裴迪南与伊萨伯拉的信中，把他所发现的那些地方称为印度。他相信那是马可·波罗所描写的地方的最边缘地带，且和恒河相距不远，或者和亚历山大所征服的地方相距不远。也就是说，即使在后来有人证明完完全全是两个不同的地方以后，他仍然觉得，那些富庶的国家离这里不远。所以，他在后来的一次航行中还沿着火地岛海岸，一直向达里安海峡航行，企图找到那些国家。

因为哥伦布的这一错误，那些不幸的国家，从那以后，总是被叫作印度。最终发现了新印度和老印度完完全全不同，才把前者叫作西印度，后者叫作东印度，来作为区别。

然而，无论所发现的是什么样的地方，哥伦布觉得最重要的是要让西班牙宫廷觉得他所发现的地方是一个非常重要的地方。假使用各国的财富还有动物、土产品来衡量，那里没有什么东西能够证明他的发现是非常重要的。

科里（cori）是介于老鼠和兔子之间的一种动物，布丰先生觉得，它和巴西的阿帕里亚（Aperea）是同类的动物。在当时它是圣多明哥最大的胎生四足兽，这样的动物的数量仿佛从来就不是很大，据了解西班牙人的犬和猫，老早差不多吃掉了这样的动物还有躯体比这还要小的其他动物。然而，这些动物还有被叫作伊文诺（ivano）或伊关诺（iguana）的那一类大蜥蜴，便是当地所可以带来的最主要的能够作为食物的动物了。

居民用来当作食物的植物，尽管因为他们不够勤劳而不够丰饶，也不是非常稀少。这里的植物主要有玉米、薯、芋和香蕉等，全部是欧洲人听都没有听到过的东西，也不被欧洲人所重视。这些植物和欧洲生产的通常种类的谷类和豆类一样能够给人们带来维持生命的食物。

诚然，棉花是一种十分重要的制造业材料，然而在当时欧洲人看上去，这要算是那些岛上最有价值的经济植物了。尽管在15世纪末，欧洲各地都极重视东印度的软棉布与其他棉织品，然而欧洲各地都没有棉织业，所以，连这样的生产物，在当时欧洲人的眼睛里，也不是特别重要的。

哥伦布看到这些新发现的地方上所生长的动物和植物，都不足够证明这些地方的重要性，因此他把注意力转移到矿产上来。他暗自庆幸，尽管在前面两个领域的发现显得非常无足轻重，然而在矿产这第三个领域里他可总算得到了补偿。他看到那里居民的服装上都佩戴着用金子做成的小片饰物，而且听他们说，那些小金片经常能够从山上流下来的溪流或急流里拣到，因此他坚信，那里的大山中必定藏有最丰饶的金矿。这样而来，圣多明哥就被说成是金矿丰饶的国家，而且因为这个缘故（依照现在的讹传而且依照当时的讹传），被说成为西班牙国王与他国家取之不尽的真正财富的源泉。

哥伦布第一次航海回国时，受到克斯梯与亚拉冈国王的接见，举行了隆重的凯旋仪式。当时所发现的各国主要的生产物都由仪仗队隆重地抬着，走在他的前面。然而真正有价值的东西只不过一点饰带、金手镯与其他金制饰品和几捆棉花。剩下的都是俗气猎奇物品，如几株无比硕大的芦苇、几只羽毛华丽的禽鸟、几张用填充物支撑起来的大鳄鱼皮和大海牛皮。然而走在游行队伍最前面的是六七位皮肤颜色和相貌都很奇怪的土著人，这在很大程度上增加了这次游行奇特的效果。

在看完哥伦布的展示表演以后，克斯梯的枢密院，决定占领这些没有防卫力量的国家。要让这里的居民全部归依基督教，这个意图使这项非正义的计划变成了神圣的事业。该计划的唯一动机就是试图找到这些地方的金银财宝。不仅这样，为了要突出该动机，哥伦布提议凡是在那里找到的金子要把之中的一半上缴给国王。该提议也被枢密院采纳。

最开始冒险家输入欧洲的黄金，一切或大多数都是采取非常容易的方法来得到的，也就是向毫无抵抗力量的土著人掠夺，所以，要缴纳这样沉重的赋税，也不可能有特别大的困难。然而土著人的一切，一旦被剥夺殆尽。事实上，在圣多明哥与哥伦布所发现的一切其他地方，在不到6年或8年的时间里，就完完全全被掠夺殆尽——要找到更多的金子，就一定要从矿井中取得，所以就没方法再像过去一样缴纳这样重的赋税。据了解，严格的征收赋税，曾让圣多明哥的矿山，从那时起，完完全全停工。所以不久金税就减至金矿是生产额的1/3，继而减至1/5，再减至1/10，最终减至1/20。银税在长期间内为总生产额的1/5。直到本世纪，才减至1/10。然而最开始的冒险家，对银子仿佛不大感兴趣，他们觉得，比金便宜的东西都不值得引起他们的注意。

继哥伦布之后的探索新世纪的西班牙冒险家，仿佛都具有同一动机。让尼克萨、奥伊达、瓦斯科·努格尼斯·德·巴尔博到达里安海峡，让科特兹到墨西哥，让亚尔马格罗和皮查罗到智利和秘鲁的人，都有着对黄金的强烈欲望。当这班冒险家到达一个从没有被发现的海岸时，首先想明白的就是那里是否能够找到金矿。他们就依此来决定自己的去留。

在一切这些前途未卜、耗资巨大、经常让投资者破产的计划中，也许再没有什么比探索新的金银矿山更容易让人破产的了。这也许会是世界上中奖率最低的彩票，中彩者的奖励，没方法补偿失彩者的损失。因为，中奖的彩票特别少，没有奖的彩票特别多，然而每一张彩票的寻常价格，却相当于一个极有钱财的人的一切财产。开矿的计划，不仅没方法补偿由于开矿的资本带来资本的寻常利润，而且大都把资本和利润给吞掉。所以，凡是希望增加自己国家资本的精明的立法者最不情愿鼓励人们去实行这样的计划，或通过人为的方法让大多数资本违反自然规律加入到这样的开采计划。

其实，有些人对自己的运气抱有一种毫无理性的自信，觉得只要有丝毫成功的可能，他们就会主动把特别大一部分资本投入这个领域。

假如我们依照理智和经验来判断，都会觉得这样的计划是绝对不能够实行的，然而假如我们依照由人类的贪欲来做出的判断，那么会得出相反的结论。曾经让特别多人相信点石成金那种荒唐观念的狂热情绪，又让特别多其他人对无限丰饶的金银矿山产生遐想。他们没有思考到，对一切时代和一切国民来说，这样的金属的价值，主要在于它的稀少性，然而它的稀少性，又因为自然藏量特别少，而且那少量金属，包含着坚硬和难于处理的物质，通过挖掘而且获取这样的金属所需要的劳动和费用，非常浩大。他们认为，这样的金屑的矿脉，在特别多地方，简直就像铅、铜、锡、铁的矿脉那样，粗大又丰富。华尔特，罗利夫爵士所做的有关黄金国的美梦，充分证明了这一点，即便是有智之士，也不免会产生有这样的奇异的幻想，而且不见得就会对自己的使命非常的虔诚。

在西班牙人最开始发现的那些国家里，现在看上去，没有一个值得开采的金银矿山。最开始各个冒险家所发现的金属数量，还有第一次发现以后人们所采掘的各矿山的出产量，都被大大夸大了。然而有关冒险家发现的报道，足够唤起他们自己国家人的贪欲。任何一个航行到美洲的西班牙人，都希望发现一个黄金国。

命运女神在这个时候，就像在其他时候一样，让虔信者的疯狂希望在一定程度上得到实现，不仅这样在墨西哥和秘鲁被发现和被征服的时候（前者发生在哥伦布第一次航行大概30年之后，后者发生在大概40年之后）；命运女神赐给他们所寻找的丰饶的贵金属。

和东印度通商的计划，导致了西印度的第一次发现，征服东印度的计划，又让西班牙人在新大陆建立起一切设施。然而征服的动机，却是寻找金银矿山。该计划，又因为一系列预料之外的偶然因素，居然超乎策划者的预料，得到特别大的成功。

欧洲其他各国最开始企图到美洲去殖民的冒险家，也是受到与此同样动机的驱使，然而他们没有得到同等效果的成功。巴西自第一次殖民以来，经过一百多年，才发现金、银和金刚石矿山。在英国、荷兰、法国和丹麦等国的殖民地中，却至今也没有发现过任何蕴藏贵金属的矿山，至少也没有发现在今天看上去有开采价值的矿山。然而英国最开始在北美殖民的人，为诱导国王给他们发许可证，都曾经许诺把所发现的金银中的1/5献给国王。华尔特·罗利夫爵士的许可证，伦敦公司与普里木斯公司的许可证，普里木斯参议会的许可证等，均用把所得金银的1/5献给国王作为条件。这些最早的殖民者，一方面希望找到金银矿山，一方面又希望找到到东印度去的西北通道，然而均未达到目的。

第二节　新殖民地繁荣的原因

一个文明国家的殖民地，假如它的人口稀少、土地荒芜、土著人容易屈服于新来的殖民者，那么它往往会比任何其他人类社会富裕得更快。

这些殖民者所带来的有关农业和实用技术方面的科学知识，自然会比未开化野蛮民族数百年来自然而然地演化发展的知识要高明。同时，这些殖民者，还带来了统治的方法、政府的管理模式、支持政府的法制还有司法制度。他们自然会在新殖民地建立起和他们国家相像的那些制度。然而在未开化的野蛮民族中，在保护自身所必需的法律和政府已经确立之后，法律和政府的自然进步要比技术的自然进步速度慢很多。

每个殖民者所得的土地，多于他所可以耕作的能力。他不需要支付地租，更不需要纳税。没有地主会来分享他们的收成，君王收去的赋税大多数时候也特别少。他会尽力提高它的产量，因为一切的生产物差不多全都属于他自己。然而他占有的土地往往是那么大，以至他一个人的劳动，还有他所可以雇佣的人的劳动，都没方法让土地发挥它的1/10的潜力。所以，他极想从各地召集劳力，而且付给最优厚的工资。这样而来优厚的工资待遇，再加上土地的富饶与他低廉的价格，不久就让那些雇工离他而去，另立门户，自己做地主，而且与此同样通过优厚的工资去雇佣其他劳动者。就像他们离开他们的主人的原因一样，这些其他劳动者不久也离他们而去。优厚的报酬很大程度上奖励人们去结婚，生儿育女。儿童们，在幼年期吃得特别好，受到特别好的照顾，到长大时，他的劳动的价值，大大多于了抚养费。到成年时，劳动的高价格和土地的低价格，又让他们能够就像他们的祖先那样自立。

在其他国家，地租和利润吃掉了工资的部分，两个上层阶级压迫着下层阶级。然而在新殖民地，两个上层阶级的利害关系，让他们没办法不更宽宏地、更人道地对待下层阶级；至少，在那里，下层阶级没有处在被奴役的地位。十分肥沃的荒地，只需付出特别小的代价就可得到。身兼企业家之职的地主，希望通过改善耕作增加他收益，这样增加的收益，便是他的利润。在这样的情况下，利润通常十分丰厚。然而这样的丰厚的利润，除非雇佣他人的劳动来开垦土地和耕作土地，否则没有方法获取。在新殖民地上，土地面积之大和人口之少，之间的不相对应现象让他特别难获取这样的劳动。所以，他不计较工资，愿意在任何价格下雇佣劳动力。劳动出资的昂贵，鼓励了人口的繁殖。良好土地的丰饶和低廉，又鼓励了耕作的改善，让地主可以支付这样而来高的工资。土地的一切价格，差不多由这样的工资构成。作为劳动的工资，尽管人们觉得有些高，然而作为有那么大价值的东西的价格，那么又觉得它有些低。刺激人口增长和土地改良的因素，在同时也刺激了实际财富的增长和国力的增强。

特别多古希腊殖民地，之所以仿佛非常迅速地变得富强起来。在一个世纪或两个世纪的时间里，就出现了一点可以和母市抗衡，甚至多于母市的殖民地。西西里的塞拉库西与阿格里琴托、意大利的塔伦图与洛克里、小亚细亚的埃弗塞斯与密理图斯，无论从哪一点来说，也至少可以和古希腊的任一都市相抗衡。尽管在时间上建立得晚一点，然而它们在技术、哲学、诗学与修辞学方面的起步好像和母国同样早，水平一样高。值得指出的是，两个最古老的希腊学派，也就是说，达理士学派与毕太哥拉学派，而且不是建立在古希腊，然而是一个建立在亚细亚的殖民地，此外一个建立在意大利的殖民地。在那里，新殖民者容易获取他们的居地。新殖民者有特别多良好的土地，不仅这样因为他们对母市保持独立，他们还可以依照他们觉得最有利于自己的方式，自由地处理自己的事务。

罗马殖民地的历史，仿佛没有这样的辉煌。确实，之中有些，举例来说，佛罗伦萨，经过特别多年代，在母市崩溃之后，逐渐发展成为大的国家，然而他的进步，却没有一个是非常迅速的。那些殖民地，都建立在那些被征服的地方，那里的人口十之八九已经非常稠密。分给新殖民者的土地，大都不特别大。不仅这样因为殖民地没方法独立，而且他们不能时常依照最有利于自己的方式，自由地处理他们自己的事务。

在拥有肥沃土地方面，欧洲人在美洲与西印度所建立的殖民地同古希腊殖民地相似，甚至多于古希腊殖民地。就附属于母国这一点说，它们虽然和古罗马殖民地相似，然而因为它们离欧洲特别远，就在一定程度上减低了这样的依附的程度。他们的位置，让它们较少受到母国的监视和调节。在它们依照自己的方式来追求自己的利益的时候，它们所做的一切，或因为欧洲不明白，或因为欧洲不了解，往往容易被忽视。有时，欧洲没办法只好忍气吞声，因为山高皇帝远，实在管不着。所以就连像西班牙那样强暴专横的政府，也往往会因为害怕造反，经常把已经颁发给所属殖民地政府的命令撤回来或通过修改来缓和他的口气。这样一来，欧洲一切的殖民地，在财富、人口、土地改良方面，都有非常大的进步。

西班牙国王，因为能够依照比例分得金银，所以殖民地一旦建立，他便可从殖民地获取一定的收益。这样的收益只会引发人的贪欲，让人得陇望蜀。所以，西班牙殖民地，从最初起，就引起母国特别大的关注，然而当时欧洲其他国家，却在很长期间内不大受人注意。而且前者不因为受到这样的关注而变得更加繁荣，后者也不因为没有受到这样的关注而变得不繁荣。

不仅这样，按土地面积比例来说，西班牙殖民地的人口和繁荣状况，比不过欧洲任何其他国家的殖民地。然而西班牙殖民地在人口和土地改良方面的进步，却是非常迅速、非常巨大的。征服后建立的利玛市，据乌罗阿所说，在也许30年之前，有5万居民。基多仅为印第安一个小得可怜的村落，然而依照同一作者的说法，在他那个时代，和利玛市有同样数量的人口。克麦利·卡勒里，尽管据了解是个冒牌的旅行家，然而他的著作，却是依照极可靠的报告来写的——他说墨西哥城有10万居民。所以，无论西班牙的作家是如何夸大其词，该数量，也比蒙特祖玛时代的居民数大5倍以上；它大大多于了英国殖民地三大城市纽约、波士顿和费城的居民总数。

在墨西哥或秘鲁没有被西班牙人征服以前，那里没有适宜在旱地生长的牛。骆马是唯一的驮畜，它力气好像比一匹通常的驴子小得多。根本没有听提到过什么叫作耕犁。他们不明白铁有什么用途。他们没有铸币，也没有任何能够确定的通商媒介。他们的贸易是易物贸易。一种木制铲就是他们农业上的主要用具。石头作为他们切割的刀斧。鱼骨或其他动物的腱作为他们缝补衣物的针。这一切的一切仿佛就是他们的主要工具了。在这样的状态下，两个帝国，当然没方法像今天这样来把田地改良或者耕种得那么好。现在，那里已经有了各种欧洲牲畜，已经利用铁器和耕犁，而且采用特别多的欧洲技术。然而一切国家的人口数量，必定和它的土地改良与耕作程度相对应。所以，土著人尽管被残酷地消灭掉，但是这两个帝国现在的人口也许比从前还要多。它的人种，自然也大大改变了。我认为，我们一定要承认，西班牙种的西印度人，在特别多方面，都比古印第安的人种要强。

除西班牙人的殖民地以外，葡萄牙人在巴西的一些殖民地，要算是欧洲人在美洲最早的殖民地了。然而因为在巴西发现后特别长一段时间里，那里还没有找到金银矿，所以对国王的进贡也特别少，甚至进贡差不多等于零。因此有特别长一段时期，美洲很少受到人们的注意。然而，就在这样的不受人注意的情况下，它发展成为一个十分强大的殖民地。在葡萄牙还受到西班牙统治的时期，巴西遭到了荷兰人的侵略。巴西原本被分为14个省，之中7个被荷兰人占领。荷兰人原本要夺取其他7个省，然而不久葡萄牙恢复了独立，布拉甘萨王朝执政。当时作为西班牙敌人的荷兰人变成了葡萄牙人的朋友，因而葡萄牙人也就变成了西班牙的敌人。所以，荷兰人就同意把巴西剩余的没有被征服的那7个省，留给葡萄牙国王；葡萄牙人也愿意把在巴西已被征服的7个省，留给荷兰人。当时，两国已经结为同盟，这样的事情仿佛不值得争吵。然而荷兰政府不久就开始压迫葡萄牙的移民。这些葡萄牙移民，没有发牢骚，而是拿起武器来对付他们的新主人。他们尽管没有得到母国公开的援助，然而在母国默许之下，凭着自己的勇气和决心，硬是把荷兰人赶出了巴西。鉴于自己没方法保有巴西的任何一块土地，荷兰人也就心甘情愿地把巴西一切归还给葡萄牙国王。在这个殖民地内，据了解有60多万居民，其中有葡萄牙人与他的后裔、有黑白混血种人、有西印度人、有葡萄牙和巴西混血种人。在美洲我们没办法找到第二个拥有这样多具有欧洲血统人种的殖民地。

在15世纪末和16世纪的大多数时间里，西班牙和葡萄牙是海上两大并立的军事强国。威尼斯尽管和欧洲各地通商，然而他的舰队差不多没有出过地中海。因为是西班牙人最早发现的美洲，所以他们觉得整个美洲都是他们的，尽管他们也没有方法阻止海上军事强国葡萄牙到巴西殖民。当时只要一提起这两个国家的名字，大家就好像有谈虎色变的感觉，所以其他大多数欧洲国家，都不敢在该大陆建立殖民地。试图在佛罗里达州殖民的法国人，全都被西班牙人杀掉。然而自己所说的无敌舰队在16世纪末被打败以后，西班牙的海军力量开始衰亡，再没有能力阻止其他欧洲国家在那里殖民。所以，在17世纪，英国、荷兰、法国、瑞典、丹麦，总之一切有港口的大国，都想在新大陆上建立自己的殖民地。

瑞典人开始在新泽西殖民。在那里，今天仍然能够找到不少瑞典家族，那充分证明了这个殖民地，假如可以得到母国的保护，特别可能繁荣起来。然而瑞典不重视该殖民地，所以不久就被荷兰人的纽约殖民地吞并。荷兰人的纽约殖民地，在1674年被英国人吞并。

丹麦人在新大陆上只是占有圣托马斯和圣克罗斯两个小岛国。这两个小殖民地，都被一个垄断公司统治着，也只有这家公司，才可以有权购买殖民者的剩余生产物，而且供给他们所需的外国货物。所以，在买卖上，这家公司不仅有足够的能力压迫他们，还有压迫他们的最强烈的诱惑力。专营商业公司的统治，无论在任何地方，都是最糟糕的政府形式，尽管它没方法阻止这些殖民地的进步和发展，然而它能够减缓它发展的速度。当丹麦前国王发出命令解散这家公司后，这两个殖民地就迅速繁荣了起来。

荷兰人在东印度和西印度的殖民地，原本都受一家垄断公司的统治。所以，这些殖民地中，和过去的殖民地比较，虽有一点较大的进步，然而和一部分新殖民地比较，他进步就特别缓慢。苏里南殖民地，尽管进步特别可观，然而还比不过其他欧洲国家的大多数蔗田殖民地。今天已经分解成纽约和新泽西两个州的诺瓦，伯尔基亚殖民地，也就是说，在荷兰统治下，他进步不久也可能特别可观。肥沃土地的丰饶和低廉，是促使繁荣的有利因素，所以，即使是最糟糕的政府，也没方法完完全全阻止这样的因素的有效作用。不仅这样，因为离母国的距离特别远，这里的人通过走私，多少能够回避这些公司对他们的垄断。现在，这家公司允许一切荷兰船只只要缴纳相当于货物价值2.5%的税，便可领得和苏里南通商的许可证，然而非洲和美洲之间的直接贸易差不多全是奴隶买卖——依然为他所垄断。公司专营特权的逐渐减少，也许是这些殖民地今天能够那么迅速繁荣起来的重要原因。库拉索亚和尤斯特沙——属于荷兰的两个大岛——是自由港，各国船舶都可以出入。主要就是因为有了这样的自由，所以这两个岛尽管为不毛之地，也能够那么繁荣，然而在他周围那些比较发达的殖民地的海港，只是允许一国的船舶自由出入。

法国在加拿大的殖民地，在前世纪大多数时间和本世纪的一部分时间内，也被一个垄断公司所统治。在这样糟糕的政府管理下，他的进步，和其他的殖民地相比较，必定是特别缓慢的；然而在所谓密西西比计划失败后，这家公司破产了，该殖民地的发展速度迅速加快了。当这个殖民地后来被英国所占领的时候，它的人口数，比神父查理瓦二三十年前所提到的人口数，差不多增加了一倍。这位耶稣教会会员曾经游遍加拿大，没必要少报它的实际人数。

法国在圣多明哥的殖民地是通过海盗建立起来的。他们在非常长的一段时期内，既不需要得到法国的保护，也不承认法国的政权。后来，这批盗匪被政府招安，变成了法国的公民，而且承认法国的政权。他们在特别长一段时期内仍受着非常宽大的待遇。在这个时期内，该殖民地的人口繁殖和技术进步的速度都非常快。那里尽管有一个时期受一个垄断公司的压迫，这样的压迫无疑曾经延缓他进步，然而进步并没因此而停止。这样的压迫一旦解除，他繁荣的速度，又和从前一样十分迅速。现在，那里是西印度举足轻重的蔗田殖民地。他产量，据了解比一切英国领地蔗田殖民地的总产量还要大。法国其他蔗田殖民地也大都非常繁荣。

然而进步最迅速的要算英国在北美洲的殖民地了。

一切新殖民地繁荣的原因归纳起来仿佛都是两点：肥沃的土地特别多，而且殖民地的人民能够依照自己的方式来自由处理自己的事务。就前一点来说，英国的北美洲殖民地，尽管有特别多的肥沃土地，比不过西班牙人和葡萄牙人的殖民地，也比不过上次战争前法国人的一些殖民地。然而英国殖民地的政治制度，和其他三国的殖民地的政治制度相比，更有利于土地的改良和耕作。

第一，在英国殖民地上，对未开垦地的占有尽管没有可以完完全全杜绝，然而比任何其他殖民地更受限制。按照殖民地法的规定，每个地主都有义务在有限时间内改良而且耕作一切土地的必定部分，假如没有可以履行该义务，那么没有开垦的土地把交给他人耕种。这样的法律尽管实施得不特别严格，然而还是起到了相当的效果。

第二，在宾夕法尼亚，由于没有实行长子继承权，土地就像动产一样，平均地分配给家中一切儿女。新英格兰只有三个州的法律与摩西法律一样，允许长子得到双份。在这几个州，尽管有时有个别人占有大量的土地，然而只要经过一两代，土地又可能被充分分割了。在其他英领殖民地，尽管就像英国法律一样，长子的继承权依然存在，然而在一切英领殖民地上，依照自由借地法保有的土地的借用权，让土地易于割让，大片土地的领受人，大部分都觉得，为自己利益计划，比不过尽快割让一部分土地，只保留小额免役地租。在西班牙与葡萄牙殖民地上，凡是附有勋爵称号的大地产，它的继承都实行所谓长子继承权。这样的大地产，全由一个人继承，事实上都是限定继承的，都是不能够割让的。法国殖民地都根据巴黎风俗习惯，在土地继承方面，英国法律对于年纪小的孩子更有利。然而在法国殖民地中，有骑士尊号和领地称号的贵族拥有土地，若有任何部分被割让，那么在有限期间内，依照赎买权，得由领地继承人或家族继承人花钱赎回。国内最大的地产，全部属于这些贵族，那必定妨碍割让。

然而在新殖民地上，没有开垦的大地产通过割让似乎比通过继承分割的快得多。我们提到过，肥沃土地的丰饶和低廉，是殖民地飞速繁荣的主要原因。土地的垄断，事实上破坏了这样的丰饶和低廉。除此之外，对未开垦地的占有，又是土地改良的最大障碍。对社会带来最多和最大价值的生产物的就是用来改良土地和耕作土地的劳动。在这样的情况下，劳动的生产物，不仅需要支付它自己的工资和雇佣劳动力的资本的利润，还支付劳动所耕土地的地租。所以，英国殖民地所雇佣于改良土地和耕作土地的劳动力，比其他三国中任何一个国家都要多，所以所带来的生产物，就他的数量和价值而言，也要大一点。其他三国的殖民地，都实行土地垄断，这样一来就在一定程度上地让劳动流入其他领域。

第三，英国移民的劳动，不仅可带来较多和较有价值的生产物，而且因为赋税适中，这些生产物的大多数，属于他们自己，他们能够储蓄起来，用来雇佣更多的劳动力。英国移民，对于母国的国防和行政费用，从来没有做出过什么贡献。反过来，迄今为止保护他们所需的费用，差不多一切由母国支付。海陆军费用，大大多于必要的行政费用，所以行政费用，总是是很少，通常只包括总督、裁判官与他若干警察官吏的恰当的薪俸，还有对最有用的公共设施的维护费。

在最近发生在美洲的骚乱事件开始以前，马萨诸塞每一年的行政设施费，大概为18000镑。新汉普郡与罗得岛的行政设施费，各为3500镑；康涅狄格4000镑；纽约与宾夕法尼亚各4500镑；新泽西1200镑；弗吉尼亚与南卡罗来纳各8000镑。诺瓦斯科夏与佐治亚的行政费，一部分由议会每一年拨款支付。然而诺瓦斯科夏每一年仅出殖民地行政费大概7000镑；佐治亚每一年仅有大概2500镑。总而言之，北美一切的行政设施费，除了马里兰与北卡罗来纳这两州无正确记载可查外，在目前发生在美洲的骚乱事件开始以前，所费侨民的，每一年64700镑；这样少的费用开支居然能够统治300万人，而且统治得这么好，真的给我们留下了特别深的印象。

政府开支的最主要部分是国防开支，一切都由母国承担。在欢迎新总督与新议会开幕之际，殖民地政府的仪式，虽非常隆重，却不铺张浪费。他们的教会，也是与此同样勤俭节约。他们没有什一税。他们为数不多的牧师，都是靠微薄的薪俸或人民的捐款，维持生活。反过来，西班牙与葡萄牙政权，在某种程度上却从殖民地那里收取一定量的赋税。法国尽管不曾从他的殖民地提取可观的收益，从殖民地征得的税也是取之于民。用之于民，然而他行政开支，却和其他两国一样，是非常巨大的，在仪式方面的开支更大。举例来说，欢迎一个秘鲁新总督的开支往往高得吓人。这样的仪式不仅让富裕的移民要为这样然而来的场合纳税，还这样让他们在一切其他场合养成一种虚荣浪费的习惯。那不仅是暂时的非常苛刻的税，还是永久而更苛刻的税，也就是说，养成可以让私人倾家荡产的奢侈浪费。除此之外，在这三国的殖民地中，教会也施行苛政。这些地方都收什一税；在西班牙与葡萄牙两国殖民地中，更是雷厉风行。这些殖民地都有特别多托钵和尚的募化，没有经政府认可，然而被宗教所崇拜，这对贫民是个特别大的负担，他们都受到教导，觉得布施和尚是义务，拒绝布施是非常大的罪恶。而且，在这三国殖民地内，僧侣都是最大的土地占有者。

第四，英国殖民地，在处置他的剩余生产物或者说自己消费不了的生产物时，比任何其他欧洲国家的殖民地，会受到更多的照顾，会拥有更广阔的市场。各个欧洲国家，多少都试图垄断他所属殖民地的贸易，而且因为这个缘故，不允许外国船舶和它们通商，不允许它们从任何其他国家输入欧洲货物。然而各国采用垄断方式，有所差别。有些国家，把他的殖民地一切贸易，委托给一家垄断公司去经营。殖民地人民一定要向这个公司购买他们所需要的一切欧洲货物，而且一定要把他们一切剩余产品卖给这个公司。所以，这家公司的利益，不仅在于通过尽可能提高前者的销售价格，降低后者的购买价格，而且，即便后一种货物价格处在特别低的水平，他购入数量也应该控制在它能够在欧洲市场上通过极高价格脱手的范围内。它的利益，除了在任何时候它都要贬低殖民地剩余生产物的价值，不仅这样，还在于在特别多场合阻抑他的产量的自然增长。假如想要阻碍新殖民地的自然发展，最有效的方法莫过于建立垄断公司。这就是荷兰所奉行的政策，尽管荷兰的公司在本世纪中有特别多方面已不让他垄断。丹麦的政策，也是这样，直到前一任国王即位，才放弃这样的政策。法国的政策，有时这样。自1755年以来，欧洲其他一切国家都觉得这样的政策不合理，相继把它放弃了，然而葡萄牙却仍奉行这样的政策，至少在巴西两大省，伯南布哥、马拉尼翁仍在推行这样的政策。

其他国家，尽管没有设立这样的垄断公司，然而它们把殖民地的一切贸易都限定在母国的一个港口进出，除非是在规定的时间范围内船队，或者是持有许可证（大都是付出特别大代价才可以得到的）的个别船只能够出海，其他船舶统统都不允许从该港出航。诚然，这样的政策，让母国一切居民都能够从事殖民地的贸易，只要他们是在恰当的港口，在恰当的时间范围，而且利用恰当的船只来进行。然而投资装备这些船只而且领取这样的许可证的商人，为着自身的利益联合起来，所以这样来经营的贸易，必定是依照大体上类似于垄断公司的经营原则经营的。这样的商人的利润和垄断公司的利润差不多是一样高得离谱。殖民地绝不可能得到良好的供给；它们没办法不通过极高的价格购入，然而通过极低的价格售出。这总是是西班牙奉行的政策，直到前几年才给予放弃；一切欧产货物的价格，据了解，在西属西印度都非常昂贵。乌罗阿告诉我们，在基多，一磅铁卖价大概为4先令6便士，一磅钢售价大概为6先令9便士。然而殖民地售卖自己的产品，主要是为了换取欧洲的产品。所以，为一种产品支付得越多，那么此外一种产品那么购买得越少。后者的高价和前者的低价是1：2、2：1的。就这一点说，葡萄牙对于伯南布哥、马拉尼翁二省外的殖民地所采取的政策，和西班牙过去的政策，完完全全一样，然而对于那两个省，近来却更是变本加厉。

有些其他国家，允许他的人民自由经营殖民地贸易。他们能够从母国任何港口和殖民地通商。除了在海关索取通常的证件外，他们不需要带来任何其他的许可证。在这样的情况下，经商者人数众多，不仅这样散居各地，互相没有方法结合，他们双方间的竞争让他们没方法获取特别高的利润。在这样来宽松的政策下，殖民地能够通过合理的价格售卖他们自己的产品，而且购买欧洲的货物。自从普里矛斯公司解散以来（那时我国殖民地还处在摇篮时期），这已经是英国总是奉行的政策了。事实上，这也是法国推行的政策，并且自从被英国人大多数时候称为的密西西比的公司解散以来，法国的政策，就总是这样。所以，英法两国经营殖民地贸易的利润而且不是特别高，然而要是允许其他各国自由竞争，利润也许还能够降低一点。这两国大多数殖民地的欧洲产品的价格，所以不算太高。

在英国殖民地剩余产品出口方面，也只有固定种类的商品，限定要运到母国市场。这些商品，因被列入在航海法与此后颁布的其他法令中，故名为列举商品，余下的称为非列举商品，可直接出口到其他国家，然而运输的船一定要为英国的船只或殖民地的船只。这样的船必须为英国人，他船员中英国人所占的比例不得少于3/4。

美洲与西印度有几种极重要的产品，它们属于非列举商品，如各种粮食、木材、腌制食品、鱼类、砂糖与甜酒。

粮食自然是一切新殖民地最开始和最主要的生产对象。法律允许殖民地有极广阔的粮食市场，这样而来等于奖励他们扩大生产，让他的产品大大多于该地区稀少人口的消费需求，从而预先为连续增加的人口储存着丰富的生活资料。

这个国家各个地方长满了树木，木材所以价值低廉，甚至差不多没有什么价值，因此开拓土地的费用，就成为改良土地的主要障碍了。所以，为了推动土地改良工作的进行，法律规定允许殖民地拥有十分广阔的木材市场，人为地把原本一文不值的产品价格提了上来，让它们能够从中获取一定的利润，然而不再是纯粹的支出。

在这个国家，一半的地方还无人居住，还没有得到开发，那么牲畜的繁殖自然会超出当地居民的消费需求，所以牲畜往往价格低廉，乃至没有价值。然而我们已经证明，牲畜的价格和谷物的价格一定要保持一定的比例，这样一来一国的大多数土地才能够得到改良。根据法律规定允许美洲的死牲畜和活牲畜都可以有最广阔的市场，想借此来提高该商品的价值。因为这样的商品价格的上涨，对于土地改良是极其重要的。乔治三世第4年第15号法令，把皮革和毛皮定为列举商品之内，减低了美洲牲畜的价值。上面所说的宽松政策的良好效果，必定在某种程度上受到这个法令的影响。

大力发展殖民地渔业，并以此来增加我国航运业和海军的力量，仿佛是我国议会总是抱定的一个目的。所以，这样的渔业便获取了自由制度可以给予的一切奖励，而且在这样的背景下大大繁荣起来。尤其是新英格兰的渔业，在最近的骚乱发生以前，也要算是世界上举足轻重的渔业之一。捕鲸业，在英国尽管有不寻常的奖励金，然而成绩不大，在通常人看上去（然而我不想作这样的看法的证人），它的总产量，比每一年所付奖励金的价值，也多不了多少。然而在新英格兰，虽然没有奖励金，却在大规模经营。鱼是北美洲和西班牙、葡萄牙与地中海沿岸各国通商的主要商品之一。

砂糖原本也属于只允许运往英国的列举商品。1731年，在甘蔗种植者的要求下，砂糖能够出口到世界各地。然而在允许这样的自由贸易的同时，还附有各种限制条件，此外砂糖价格在英国又特别高，所以这样放宽了的政策等于没有用。英国与他的殖民地，依然差不多是英国蔗糖殖民地所产砂糖的唯一市场。它们的消费量增加得迅速，尽管牙买加和被割让各岛的土地改良一天天加快，砂糖的输入在这20年内仍大有增加，然而输到外国去的，据了解而且不见得比从前多了特别多。

甜酒是美洲和非洲沿岸通商的十分重要的商品，从那里他们能够购回黑奴。

假如美洲各种粮食、腌制食品和鱼类的一切剩余产品，都定为列举商品，强迫进入英国市场，那就会和我们自己国家人民的劳动产品发生冲突。所以这样的重要商品不但不曾定为列举商品，而且除了稻米、一切粮食与腌制食品，在通常情况下都被法律不允许输入英国，那也许并非为了关心美洲的利益，然而是为了防止这样的过大的冲突。

非列举商品，原本可输往世界的一切地方。木材与稻米，曾一度被定为列举商品，此后很快定为非列举商品，然而允许输往的欧洲市场，仍限于菲尼斯特雷角通过南的欧洲各国。依照乔治三世第6年第52号法令，一切非列举商品，都受到与此同样的限制。菲尼斯特雷角南的欧洲各国，都不是制造业国。所以我们不太担忧殖民地的船只会从它们那里把那些可以妨碍我国制造品的商品带过来。

列举商品可以分为两类。第一类，是美洲特有的产品，或者是母国没法生产的产品，至少是母国所不能够生产的产品。属于这一类的产品有蜜糖、椰子果、咖啡、红胡椒、烟草、鲸须、生姜、棉花、生丝、海猩皮和美洲其他各种毛皮、青、黄佛提树与其他各种染色树木。第二类，非美洲所特有的产品，母国也能够生产，然而其产量没方法满足其需求，大多数要依赖外国进口。属于这一类的有海军用品，如船桅、帆桁、牙樯、松脂、柏油、松香油、生铁、铜矿、生皮、皮革、锅罐、珍珠粉。第一类商品也就是说，便是最大量地输入，也不可能妨碍母国任何生产物的生产和销售。我们的商人，不仅想通过限制这样的商品，让这些商品仅可以销往自己国家市场，而且通过这样的限制，让他们能够在殖民地那里通过低价购买，然后在国内通过高价卖出，不仅这样想要在殖民地和外国之间，建立一个对自己有利的转口贸易，那就是一定要通过英国为中心，也就是说，这些商品输入欧洲之前，一定要先运到英国。第二类商品的输入，据了解，也要妥善安排，避免妨碍自己国家同种产品的销售还有进口商品的销售。因为，通过征收恰当的税，那种商品总是会比前者稍微昂贵，然而比后者低廉得多。把这些商品限制在自己国家市场的目的，并非是要妨碍英国的产品，而是那些贸易差额觉得不利于英国的国家的产品。

不允许殖民地把船桅、牙樯、松脂、帆桁、柏油出口到英国之外的任何国家，自然会降低殖民地木材的价格，因而会增加开拓殖民地土地的花费，然而这恰恰是土地改良的主要障碍之一。在本世纪初，也就是说，1703年，瑞典松脂柏油公司想要抬高他卖给英国的商品的价格，而且规定它的商品一定要用它自己的船只装运，按它自定的价格，而且按它觉得恰当的数量出口。为了对抗这个引人注目的商业政策，而且让英国尽可能不仅不依赖瑞典，而且无须依赖北方任何其他强国，英国对从美洲进口的海军用品，发放奖励金。这样的奖励金，让美洲木材价格抬高的程度大大多于因为限定木材可通过输入国内市场然而被压低的程度。这两个规定是同一时间颁布的，他的综合的作用，与其说是妨碍，还不如说是鼓励美洲土地的开发。

生铁和铁条，尽管在列举商品之列，然而从美洲进口，可免纳重税，然而从其他各国进口，该税一定要缴纳。所以该规定中的一部分内容起到了鼓励在美洲建设制铁厂的作用，尽管之中此外有一部分内容起了妨碍的作用，然而鼓励的作用比妨碍的作用大，没有一种制造业可以就像熔铁炉那样消费大量的木材，或可以就像熔铁炉那么促进遍地都是树木的国家的开发。

在这些规定中，有些能够提高美洲木材的价值，继而促进土地的开拓。然而这一点，既不是立法机关的目的，也不为立法机关所理解。他所产生的有利效果，尽管是偶然的，然而不会因此不真实。

英属美洲殖民地与西印度间的贸易，不管是列举商品还是非列举商品，都得到了最完完全全的自由。这些殖民地，现在变得人丁兴旺、繁荣昌盛。所以它们都可以为对方带来广泛的市场。假如把它们看成是一个整体，那么它们对于双方的产品，就形成了一个巨大的国内市场。

英国对他的殖民地贸易所采用的宽大政策，大体上局限于原料或粗制品的贸易。然而对于殖民地更高级更精致一些的制造品，英国商人和制造者想把这一块蛋糕留给自己，而且请求国会，通过高关税阻止或绝对不允许殖民地制造品的贸易。

举例来说，从英领殖民地进口粗制砂糖，每英担（相当于50公斤）仅需要纳税6先令4便士，白糖需要纳税1镑1先令1便士，单制或复制的精制糖块，需要纳税4镑2先令5便士又8/20便士。在课税这样重时，英国是英领殖民地进行砂糖输出的唯一市场，至今仍然是主要市场。这样高的关税，起初所产生的作用等于不允许白糖或精制砂糖，让其没方法供应外国市场，现在又等于不允许制造白糖或精制砂糖，让其没方法供应那也许占其的全部产量9/10以上的市场了。所以，法国蔗糖殖民地有特别发达的砂糖精制造业，然而在英国殖民地上，除供应殖民地本地市场的精制业外，简直没有其他砂糖精制业。

当格伦纳达被法国人占领时，其他各蔗园，至少也有砂糖漂白厂。然而一经英国人占领，这一类制造厂就差不多全部遭到放弃。现在（1773年10月）我相信，这岛上至多有两三家工厂。然而，现今因为海关宽纵，白糖或精制糖，若可以从块状研成粉末，大多数时候可作为粗砂糖输入。

英国，一方面可以允许生铁和铁条从美洲不纳税输入（由他国输入，那没方法免税），通过奖励美洲这样的制造业，另一方面却又绝对不允许在任何英属殖民地上建立制钢厂与铁工厂。它基本不允许他的殖民地人民为自身消费而制作这样的精制品，却要他们向其他的商人和制造者购买他们所需要的这一类物品。

它又不允许由水路，甚至不允许通过车马等陆运工具，把来自美洲的帽子、羊毛和毛织物，从一州运往另一个州。这样的条例，特别有效地阻止该殖民地建立这一类商品的制造业，从而制止他远距离的贩运，这样一来就让殖民地人民只可通过停留在经营大多数时候仅供自己使用或本州邻人利用的那些粗糙物品的家庭制造业的水平上。

不允许人民大众制造他们所可以制造的一切物品，没方法依照自己的判断，把自己的资财和劳动投在自己觉得最有利的领域里，这明显是侵犯了最神圣的人权。然而，这样的禁令，尽管是那么不公正，却没在特别大程度上伤害殖民地。土地还是那么低廉，劳动力还是那么昂贵，以致他们仍可以通过比自己制造更低廉的价格从母国输入差不多一切种类的精制品。

所以，即便不允许他们建立这一类制造业，然而在他们现有的改良情况下，他们一思考到自身的利益，也许就会让他们不情愿经营这样的事业。在他们目前的改良情况下，这些禁令，也许没有能力拘束他们的劳动，没有他们的劳动没方法投在按自然趋势要投的领域。然而这是母国商人和制造者，因为无依照的嫉妒毫无理由地加在他们身上的无理的奴役的标记。然而在比较进步的情况下，这样的禁令，特别可能成为没方法容忍的真正的压迫。

英国规定把殖民地几种非常重要的产品，只允许流入到它的市场，同时作为补偿，它使殖民地这几种产品在该市场中占有一定程度的优势，他所采用的方法就是对由其他国家进口的同种产品课以高关税，然而对由殖民地进口的却给予奖励金。以前的一种方法，它在国内市场里殖民地的砂糖、烟草和铁占有很大优势，以后一种方法，它使殖民地的生丝、亚麻、靛青、大麻、海军用品和建筑木材占有优势。通过奖励金鼓励进口殖民地产物的第二种方法，据我了解，只有英国在这么做。第一种方法不是英国独家的做法。葡萄牙不满足于仅通过高关税限制使殖民地之外任何其他地方进口烟草，干脆采取重罚手段严格不允许这一行为。

在关于从欧洲进口货物的问题上，英国对于殖民地的政策要比对任何其他国家更为宽松。

英国允许把外国货物进口时所纳的税，在它的再出口时，退还一部分。退税的数量差不多总是一半，有时是大多数，有时也能够是一切。假如外国货物进入英国时需收极重的税，然而在再出口时又不许退税，那就没有一个独立的国家会承受这样的再出口的商品了。所以，除非在出口时退还部分的税，那么商业体系提倡的转口贸易就根本做不下去了。

我们的殖民地，而且不是独立的国家，然而英国又获取向殖民地供给一切欧洲商品的垄断权利，英国就可像其他国家对付殖民地一样，强制他所属的殖民地，承受这样的在进入母国时已被征收重税的商品。在1763年以前，大多数外国货物，在输送到我国殖民地时和输送到任何独立国家时一样要退税。然而，1763年乔治三世第4年第15号法令，在特别大程度上取消了这样的宽松政策，它这样规定："欧洲或东印度的农产品、制造品，从本王国输送到任何英国美洲殖民地时，称为过去的补助税的那一种赋税的任意部分不得退还，然而葡萄酒、白洋布、细洋布除外。"在该法律颁布之前，有特别多种外国货，在殖民地购买比在母国购买要便宜；现在，有些货物仍然这样。

这里一定要指出来，在制定关于殖民地贸易的大多数条例时，充当顾问的人大部分都是经营殖民地贸易的商人。所以，这些条例，对这些商人的有利程度自然要多于殖民地或者母国，这一点也没什么好奇怪的。他们有向殖民地供应欧洲货物的垄断权，这样不仅能够购买殖民地不妨害他们国内贸易的那部分剩余产品。这样的垄断权，明显是把放弃殖民地的利益作为代价来保护这些商人的利益的。他们在把欧洲与东印度大多数货物再出口到殖民地去的时候，就又像再出口到其他国家去一样，享有退税。这样的退税，也就是说，依照重商主义的利益观念，也是通过放弃母国的利益来保护商人的利益，商人的利益在于，对运送到殖民地去的外国货物，尽可能少纳税，对输入英国的外国货物，尽可能收回所垫付的税。

这样一来他们就可以在殖民地售卖同样多货物，得到较多的利润，或售卖较大数量货物，得到与此同样多的利润，因而可以从两方面都得到利益。

殖民地的利益与此同样，通过尽可能低的价格，获取尽可能多的这一切货物。而且这样做不必总是思考了母国的利益。退还这些货物输入时所纳税的大多数，会影响母国的收益；因为有了这样的退税，外国制造品更方便地运到殖民地，使得母国制造品在殖民地市场降价售卖，这就会影响到母国的制造业。人们常说，如果德国亚麻布再输到美洲殖民地的退税，大大阻碍了英国亚麻布制造业的进步。

关于殖民地贸易，英国的政策，尽管和其他各国一样，受着商业体系精神的调节，然而总的说来，就不像任何其他国家那么狭隘、那么令人窒息。

除了对外贸易，英国殖民地的人民，在其他每一方面，都有完完全全的自由，依照他们自己的方法，来处理他们自己的事务。在一切方面，他们的自由，都和他们国内同胞的自由同等，不仅这样，与此同时，有个人民代表议会来保证这自由。人民代表议会，只有他们才有权力决定是否能够课税通过维持殖民地政府。这样的议会的权力，超越了行政权力，也就是说，最底层或最可憎恶的殖民者，只要遵守法律，就用不着害怕总督或省内文武官吏对他们的愤怒。殖民地议会，也和英国众议院一样，尽管不必完完全全代表人民。行政机关也许无力收买议会，不仅这样行政机关经费由母国支付，亦无收买议会的必要。所以，通常地说，这样的议会也许更受选举人意志的影响。殖民地参议院和英国贵族院相当，然而不是由世袭的贵族构成。

在有些殖民地，举例来说，在新英格兰的三个殖民地，这些所谓的参议院议员，并不是由政府指派的，而是由人民的代表推选出来的。没有一个英属殖民地有世袭的贵族。在一切殖民地，就像在其他自由国家一样，老殖民家族的后裔，虽比有同等功绩同等财产的暴发户受到人们更大的尊敬，然而亦只更受人们尊敬，没有烦扰邻人的特权。在目前骚乱发生以前，殖民地议会不仅有立法权，还有一部分行政权。在康涅狄克与罗得岛，总督也由议会选举。在其他殖民地，议会规定的赋税，由议会直接派专门的人员出动征收，征收员对议会直接负责。所以，人民在英属殖民地，就会比在母国更为平等。他们更有民主共和的精神，他的政府，特别是新英格兰那三个政府，通常更有民主共和的精神。

反过来，西班牙、葡萄牙和法国，在各自的殖民地上建立起来的国家。政府形式是他们国内政府的翻版。这样的政治，独断地把权力授给一切下级官吏，因为相隔遥远，这样一来的独断权的执行，很容易比平常还要强暴。我们明白，在一切专制政治之下，首都总是比其他的城市有自由。君主自己，并不想破坏正义的制度，更不想压迫人民大众。首都就是君主所在地。他们的存在多少让他周围的官吏要收敛一点。然而接下来的官吏可为所欲为，无所顾忌，因为老百姓的抱怨无论如何也传不到君主的耳朵里。欧洲人在美洲的殖民地总是比以前人们所明白的最大帝国的最远省份还要远得多。自从有了世界以来，只有英属殖民地政府，可以给那么遥远的省区人民通过完完全全的安全保障。法国殖民地的行政和西班牙葡萄牙两国殖民地行政相比，总是较为宽宏温和。这样的较好的政治和法国民族的性格相对应，也和一切民族的性格相对应，他们政府的性质，和英国相比，尽管要专横一点，然而和西班牙、葡萄牙相比，显得比较合法、自由。

英国殖民地政策的好处，主要体现在北美殖民地的进步上面。法国蔗糖殖民地的进步，和英国大多数蔗糖殖民地的进步，至少是同等的，或者是更胜一筹，然而英国蔗糖殖民地，却和英属北美殖民地差不多享受与此同样的政治自由。然而，法国不像英国那样阻碍殖民地自产精制的砂糖；更为重要的是，他们政府的过人之处在于，他们对于黑奴，可以有更好的管理方法。

在一切欧洲殖民地内，一切甘蔗都由黑奴栽种。生活在温带的欧洲人，据了解，不适应在西印度的炎炎烈日下从事耕种劳动。依照现在的情况，栽种甘蔗，完全是手工劳动。许多人觉得，利用锥犁会有许多的好处。然而犁耕的利润和成效，在很大程度上取决于对牛马的管理水平，奴隶耕作的利润和成效，与此同样也取决于对奴隶的管理水平。我想，通常都承认，法国种植者比英国种植者更擅长管理奴隶。关于给予奴隶一定的法律保护，让他们不受主人欺凌的这样的做法，仿佛在政治非常专制的殖民地比在政治完完全全自由的殖民地更容易施行一点。

在设有不幸的奴隶法规的国家，地方长官在保护奴隶时，就在一定程度上势必会干扰主人的私有财产管理。在自由主义国家，主人要么是殖民地的议会代表，要么是代表的选举人，所以地方长官，除非经过全面的思考，否则不敢轻举妄动。他没办法不充分尊重他们，这样一来他要保护奴隶自然难度要大一点。然而在比较专制的国家里，地方长官干涉私人财产是常有的事情，要是有人不依照他的看法办事，他能够发出传票逮捕他们，所以假如他要保护奴隶，工作要容易做得多；只要他有一颗寻常人的善良的心，他都会这样来做的。地方长官的保护，让主人不敢虐待奴隶，因而没办法不给予相当的和比较温和的待遇。温和的待遇让奴隶不仅诚实，不仅这样，还会更睿智，所以变得更有用。他的境遇更接近于自由佣人的境遇，因此而在必定程度上对主人忠实，而且照顾主人的利益。自由佣人常有的这样的德行，奴隶绝不可能有。在主人有完完全全自由而且不受他人干涉的国家，奴隶通常受着奴隶的待遇。

我相信，各个时代和各个国家的历史都能够证明，与在自由的国家里相比，奴隶在专制的国家里情况要好。在古罗马史上，第一个保护奴隶让他不受主人欺凌的长官，就是生活在由皇帝统治的国家。当维迪阿·波利奥在奥古斯丁皇帝面前，要把他的一位只是犯了一点小过失的奴隶的身体切成小块，然后投入池中去喂鱼的时候，皇帝十分愤怒地命令他马上把该奴隶释放，而且把他其他的奴隶同时也释放。在共和政治下，长官没法有充足的权力来保护奴隶，那就更谈不上处罚奴隶主人了。

应该指出，通过改良法从殖民地特别是圣多明哥大殖民地的资本，差不多都是来自这些殖民地渐渐的改良和开垦。那差不多全是土地和殖民地人民的劳动的产物，换句话说，是由良好经营而渐渐蓄积，而且用来生产更多产物的那部分产物的价格。然而英国蔗糖殖民地改良与开垦的资本，之中有大多数来自英国，而且不一定是土地和殖民地人民劳动的生产物。英国蔗糖殖民地繁荣发展的主要原因，是英国的财富充溢，一部分流到（假如我可这样来说）这些殖民地。然而法国蔗糖殖民地繁荣的一切原因，却是殖民地人民自己良好经营的结果。在这一点上，法国移民，比英国移民要强。在奴隶的管理上，这个优点表现最明显。

以上所述，是欧洲各国对他所属的殖民地的政策的基本形式。

所以，关于美洲殖民地最开始的建立与后来的繁荣（仅就内政方面说），欧洲政策差不多没有什么值得夸耀的。

最开始调节计划建立这些殖民地的准则和动机，仿佛是非常的愚蠢和不道义。寻求金银矿山，足见他的愚蠢性；觊觎从没有损害过欧洲人，不仅这样亲切殷勤地对待欧洲最早的冒险家的善良人民居住的家园，足见他的不道义。

后来建立殖民地的那些冒险家，仿佛除了想找金银矿山外，还有其他比较合理比较可称赞的动机，然而就是这些动机，也没方法为欧洲的政策增添光彩。

英国的清教徒由于在国内受到限制，所以逃往美洲通过寻求自由，他们在新英格兰先后建立了四个政府。英国的天主教徒所受待遇更好不到哪去，他们也逃往美洲，而且在马里兰建立了政府，教友派教徒却在宾夕法尼亚建立政府。葡萄牙的犹太人，由于受宗教法庭的迫害，他们的财产被剥夺，流亡巴西。他们以身作则地在原本是为流窜犯和娼妇居住的殖民地，带去了某种秩序和产业，而且教他们栽种甘蔗。所以，在这些情况下，让人民侨居美洲而且从事耕作的，并不是欧洲各国政府的智慧和精明，而是它们的乱政和不义。

欧洲各国政府，对于建立这样的殖民地的一点举足轻重的计划和计划的实施，都没有丝毫功劳。征服墨西哥，不是西班牙枢密院的计划，而是古巴总督的计划。然而实现此计划的，乃是勇敢的冒险家的精神。总督把这项任务交给一个冒险家，不久他就懊悔，遇事加以掣肘，而没有让该计划失败。智利与秘鲁的征服者，甚至美洲大陆上西班牙一切其他殖民地的征服者，在征服这些地方时，除了得到西班牙国王允许而且通过他的名义建设殖民地和加以征服外，不曾受到国家的任何奖励。这些冒险家，都是自己冒险出资。西班牙政府，没对他们有什么帮助。至于英国政府，对他所属一点举足轻重的北美殖民地的开拓，也与此同样没有贡献。

然而这些殖民地已经建立起来，而且已初具规模，这时母国政府开始注意它们，母国最开始对它们颁布的一点条例，他的目的总在于保证它能够垄断这些殖民地的贸易，限制它们的市场，通过放弃它们的利益为代价来扩大自己的市场，所以，与其说促进它们的繁荣，不如说是施加压力。然而欧洲各国流行这样的垄断的方法，而且不同样，这就是欧洲各国殖民政策互相各异的一个原因。之中，最好的是英国的方法，然而英国的殖民政策，也只在一定程度上，不像其他国家的殖民政策那么狭隘、那么苛刻罢了。

这样一来，欧洲政策，究竟在哪些方面对美洲各殖民地最开始的建立与现在的繁荣做出了贡献呢？在一个方面，也只是在一个方面，做出了特别大的贡献。它哺育、造就了能够完成这样伟大事业、建立这样伟大帝国的人才。在世界上，没有任何其他国家能够造就这样的人才，事实上也不曾造就这样的人才。这些殖民地应该把它们富有积极进取心的建设者所受的教育和他们所具有伟大眼光归功于欧洲政策。一个最举足轻重的殖民地，就它内政来说，亦就只有这一点，应归功于欧洲的政策，其他的就谈不上了。

第三节　各种发现给欧洲带来的利益

美洲殖民地从欧洲政策所得的利益，已经在前面叙述过。那么欧洲从发现和开拓美洲中又得到了什么利益呢？

这些利益大体上可分为两类。第一类，欧洲作为一个大国，从大的事件中能够得到的通常利益；第二类，各殖民国所属殖民地所得到的特殊利益，它们对于所属殖民地所享有的统治权。

欧洲作为一个大国，从美洲的发现和开拓中获取了下面的利益：（一）该国的享乐用品增加了；（二）该国的工业得到了发展。

从美洲输入欧洲剩余生产品，给欧洲大陆居民带来了特别多种类的商品，要不是因为美洲的发现和开拓，它们是不可能有这些商品的，之中有的是便利品和实用物品，有的是装饰品，所以增加了他们的享乐用品。

显而易见的是，美洲的发现和开拓，促进了下面各国的产业：（一）和美洲直接通商的国家，比如葡萄牙、西班牙、法国、英国；（二）不直接和美洲通商，然而通过他国为媒介，把大量麻布与其他货物送到美洲的国家，如奥属法兰德斯和德国的几个地区。所有这些国家，明显都拥有比较广阔的市场，以便来销售他们的剩余生产品，因而必定受到鼓励来增加剩余生产物的数量。

这类重大事件，对于那些从未把自己的生产品出口到美洲去的国家，比如匈牙利和波兰，是否也产生了一定的促进作用，这一点尽管没有那么明显，然而这类大事件可以起到这个作用，却是无需怀疑的。美洲的生产品，其中有一部分是供匈牙利和波兰人消费。在那里，人们对于新世界生产的巧克力、砂糖、烟草，也有一定的需求。这类商品，一定要用匈牙利和波兰工业品或用这些工业品交换的产品来购买。

美洲的这些商品，都是具有新价值的新的等价物；它们通过被输出到匈牙利和波兰来交换那里的剩余产品。这类商品运到哪里去，就会给那里的剩余产品开辟了一个崭新的广阔的市场，提高了它们的价值，从而促进它们产量的增加。所以，那里的剩余产品，尽管可能没有任何部分出口到美洲，然而它们能够运往其他的国家，由其他国家用一部分美洲剩余产品来购买。这样的贸易原本是由美洲剩余产品引发的，通过这样的贸易，匈牙利和波兰的剩余产品才能够找到市场。

这类大事件，对于那些从来没有把产品输送到美洲，也没从美洲收到任何物品的国家，也可能起到享乐用品还有增进其他产业的作用。那些和美洲通商而让他剩余产品增加的国家有可能给这些国家带来更多的其他商品。这些商品，必定会增加它们的享乐用品，也必定会增进其他产业。有更多新的等价物呈现在它们面前，来交换它们产业的剩余产品了。这样然以来就给这些剩余产品创造了更广阔的市场，提高它们的价值，从而促进它们的数量上的增加。

每一年投入到欧洲商业系统，而且通过周转，每一年分配给欧洲各国的商品总量，必定会因为美洲一切剩余产品的出现而增加。这个总量增加了，那么分归各国的数量也会相应加大，这样一来就会增加它们的享乐用品，从而促进它们产业的发展。

母国的垄断贸易，多少会减少母国尤其是美洲殖民地的享乐用品和产业，至少起到一定的抑制作用，让他没方法照常发展。这是能够让人类非常大一部分商务运动起来的大发条上施放一个巨大的重物。这样的垄断贸易使殖民地产品在一切其他国家昂贵起来，这样以来就降低了对殖民地产品的消费需求，从而限制了殖民地的产业技术，减少了一切其他国家的享乐用品和产业的消费。因为享乐用品的价格越高，人们对于这方面的消费就越少，同时，生产所能够得到的回报越少，生产量也就越小。

这样的垄断贸易，同样让一切其他国家产品在殖民地昂贵起来，这样一来也就缩减了一切其他国家的产业，而且缩减殖民地的享乐用品和产业。这是一个很大的障碍物，某些国家，为了想象中的利益，妨碍了一切其他国家的享乐用品和产业，殖民地所受的妨碍尤大。它不仅竭力排斥一切其他国家，让他没方法进入某一市场，同时尽量把殖民地限制在某一个市场范围内贸易。封闭某一市场而开放其他一切市场，开放某一市场而封闭其他一切市场，这两者之间的差别是非常大的。然而殖民地剩余产品是欧洲人在发现和开拓美洲后能够增进他享乐用品和产业的源泉，然而母国的专营垄断贸易却可以大大损害这个富足的源泉。

各个殖民国家从所属殖民地得到的特殊利益，也有两种：（一）各帝国从所属殖民地得到的通常利益；（二）那些由欧洲就像美洲这样一来具有特殊性质的殖民地那里得到的特殊利益。

各个帝国从所属领地得到的通常利益有下面两种：

（一）各领地所带来的保卫帝国的兵力；

（二）各领地带来了维持帝国政府的费用。罗马殖民地，有时同时带来了这两种利益。希腊殖民地，有时带来兵力，然而差不多从来没有带来任何收益。它们基本上承认隶属于母市。在战时，它们大多数时候是母市的同盟，然而在和平时期，它们不是母市的属民。

欧洲在美洲的殖民地，从来没有带来任何兵力来保卫母国。它们的兵力，不足够保卫它们自己；在母国加入战争时，它们没方法通过兵力帮助，而且往往让母国要大大分散他的兵力，来保护所属殖民地。所以，在这一点上，一切欧属殖民地，和他说的让母国强大，无一例外，不仅没有增强母国的军事实力，反而削弱了他的实力。

只有西班牙和葡萄牙殖民地，带来了必定的收益，用来防卫母国或是维持母国民政。至于欧洲其他各国，特别是英国，对殖民地所课的税，可以和平时所付的费用同等，已属罕见，若要支付战时殖民地所增加的费用，无论如何是不够的。所以，这样的殖民地，对他的母国，只不过是负担，而不是财源。

所以，各母国从这些殖民地所得的利益，就只有从像美洲这样的具有特殊性质的殖民地所带来的了。大家又觉得，这一切特殊利益的唯一泉源就是垄断贸易。

这样的垄断贸易让那一部分被称为列举商品的英属殖民地剩余产品，只可通过运往英国，却没方法运往任何其他国家。这样一来，其他国家，没办法不向英国购买。这类物品在英国必然比在任何其他国家的价格要低廉，所以和其他国家相比较，必定在更大程度上促进英国享乐用品的增加，也必定在更大程度上促进英国产业的发展。和其他国家相比较，英国在通过自己国家剩余产品交换这些列举商品时，必定得到更好的价格。举例来说，英国的制造品，和其他国家同种制造品相比，能够从它所属殖民地换得更多的砂糖和烟草。所以，当英国制造品还有它国制造品都用通过交换英属殖民地的砂糖和烟草的时候，这样的优越的价格，让英国制造业等于得到了一种补贴，然而其他各国，在与此同样情况下，没方法得到这样的补贴。因为殖民地垄断贸易减少，至少能够说受到阻抑，没方法经营这样的贸易的国家的享乐用品和产业，所以可以经营这样的贸易的国家，明显比其他国家占有优势。

然而这样的优势，与他说是绝对的优势，不如说是相对的优势；实施这样的垄断贸易的国家，与他说是因为奖励自己国家的产业和生产，让他发展速度多于自由贸易下自然会有的发展速度，倒不如说是因为阻抑其他各国的产业和生产来获取这样的优势。

举例来说，马里兰和弗吉尼亚的烟草，就因为在英国享有垄断权，所以可以通过较低廉的价格输入英国。至于法国，所需烟草的大多数，大多数时候从英国转运，所以这些烟草在法国的价格比较高。假如法国与欧洲其他国家，都可以随时和马里兰、弗吉尼亚自由通商，那么该殖民地的烟草，就不但可以通过比现在实际价格低廉的价格送往其他国家，而且可以通过更低的价格进入英国。烟草产品因为从来没有遇到这么大的市场，那么这个时候他产量也许会大大增加，使栽种烟草的利润降到常规的水平，和栽种谷物的利润基本同样，据了解还稍稍高一点。烟草价格可降到略低于目前的价格。因此，和今日比较，英国与任何其他国家，都可以通过同量商品，在马里兰和弗吉尼亚，购买更大数量的烟草，因此可以在那里，通过更好的价格销售它们的商品。这样的烟草，假如因为丰富低廉，可以增进英国或任何其他国家的享乐用品或产业，那么在贸易自由的情况下，就必定会在这两方面比今日获取更大的效果。在这个时候，英国对他国而言就没有任何优势。它也许要通过比今日略低的价格购买他殖民地的烟草，因此而通过比今日略高的价格，售卖它自己国家的商品，然而和别国比较，它既没方法通过较低的价格购买前一种产品，也没方法通过较高的价格售卖后一种产品。它这时也许会得到一种绝对的优势，然而必定会失去相对的优势。

然而，我们有充分理由相信，为了要获取殖民地贸易上这样的相对的优势，为了要实施尽量排斥他国分享殖民地贸易那一种遭人恶感的害人计划，英国不仅放弃了它和一切其他国家原本可以从这样的贸易中获取的部分绝对优势，而且让它自己差不多在一切其他贸易部门受到一种绝对的劣势和一种相对的劣势。

在英国依据航海条例而垄断殖民地贸易时，原本投在这样的贸易上的外国资本没办法不撤出。以前经营该贸易的一部分英国资本，现在要经营整个贸易。以前只要把殖民地所需的部分欧洲产品供给殖民地的英国资本，现在要把殖民地所需的一切欧洲产品供给殖民地。然而英国的资本没方法完完全全满足一切需求，因此由英国资本供给的商品，必定通过极其高的价格在殖民地卖出。不仅这样，原先只购买殖民地部分剩余产品的资本，现在要用来购买一切产品。

这样而来的资本，绝不可能依照和原价差不了多少的价格，把一切货物买去，所以它所买的物品，又必定是通过非常低廉的价格买。然而在资本的利用方面，商人通过高价售出，通过低价购入，他利润必定不薄，大大多于其他贸易部门寻常利润的标准。殖民地贸易利润上的优势，必定把其他贸易部门部分的资本吸引过来。资本这样的转移，必定渐渐增加殖民地贸易中资本的竞争，因此而渐渐减少其他贸易部门中资本的竞争；必定渐渐减低前者的利润，因此而必定渐渐提高后者的利润，让一切的利润，不同于或者超出原本的水平。

这样的双重的效果，也就是说，把一切其他贸易的资本吸引过来还有提高一切贸易的利润率，不仅是这样的垄断权初设时所产生的效果，而且是有这样的垄断权以来所继续产生的效果。

第一，这样的垄断权，连续把其他的贸易领域里的资本吸引到殖民地贸易。

自航海条例制订以来，英国财富尽管增加了很多，然而他增加的比例比不过殖民地的比例。一个国家的对外贸易，自然按他的财富增加的比例而增加，他剩余产品又自然按他一切产品增加的比例而增加。英国吞并了差不多一切的殖民地对外贸易，然而他的资本，却没法依照殖民地对外贸易的比例增加，所以假如没法从其他贸易部门连续地吸取一部分原先投在那里的资本，而且吸取比原先投在那里的更大的资本，这个游戏就没有方法再继续玩下去了。所以，自从航海条例签订以来，殖民地贸易连续增加，而其他非常多对外贸易部门，特别是对欧洲其他各国的对外贸易，却连续萎缩。

我国以外销为目的的制造品，不就像航海法没有签订以前那样，适宜于靠近的欧洲市场，或适宜于较远的地中海周围各国的市场，然而却有较大多数适宜于更远的殖民地市场，换句话说，不适宜于有尤其多竞争者的市场，然而适宜于享有垄断权的市场。德克尔爵士与其他作者，研究了其他国家外贸部门衰落的原因，说是赋税过重、课税方法不当、劳动价格昂贵、奢侈增加等，殖民地贸易的过度膨大，能够说是一切的原因。英国的商业，资本尽管尤其大，然而不是无限的；自航海条例签订以来，英国资本大大增加，然而没有能够和殖民地贸易通过同一的比例增加；所以假如没法从其他贸易部门连续地吸取一部分资本，其他贸易部门不衰落，那就无论如何也不可能继续经营这样的贸易。

应该指出的是，不仅在航海条例让殖民地贸易的垄断地位得到巩固以前，而且在殖民地贸易尚没有形成规模以前，英国就已经是个非常大的贸易国，他的商业资本已经非常大，而且，每天都在增加。在克伦威尔当政时期，在对荷兰的战争中，他的海军比荷兰海军强大。

在查理二世即位之初爆发的战争中，英国海军的实力至少与荷法二国海军联合起来的实力同等，也许还要强大。这样的海军力量优势，就像现在我们都还没有超过的，至少是在荷兰海军假如能够和他现在商业规模保持同样的比例的情况下是这样的。然而在这两次战争中，这支强大的海军力量的产生，而且没法归功于航海条例。第一次战争中，这个条例还只是刚刚拟订；第二次战争爆发以前，这个条例虽已经制定完成，然而执行时间不长，还不可能产生非常大的效果，条例中建立殖民地垄断贸易的部分，效果就更小。和今日比较，那时的殖民地与殖民地贸易，都是无足轻重的。牙买加岛还是一个不适宜居住的荒岛，没有什么居民，更谈不上什么耕作。

纽约和新泽西被荷兰占领；圣克里斯托弗有一半被法国所占领。安提瓜岛、宾夕法尼亚、佐治亚、南北卡罗来纳、诺瓦斯科夏还没有殖民，马里兰、弗吉尼亚、新英格兰已经殖民，它们虽然是非常繁荣的殖民地，然而在当时，欧洲或美洲也许有一个人可以料到，那里的财富、人口和改良后来会发展如此迅速。在英国各殖民地中，当时的情形和今日情形相类似的只有巴巴多斯岛一个。

殖民地贸易，也就是航海条例签订后一段时间内，英国仅占有这样的贸易的一部分（由于航海条例在制订几年以后，才被严格执行），绝不是由于英国当时贸易繁荣的原因，也不是由于海军力量强大的原因。当时支持英国强大的海军力量的贸易，是欧洲与地中海沿岸各国的贸易。然而英国今日所享有的这样的贸易，在当时恐怕还不足以支持这样强大的海军力量。假如殖民地日益增长的贸易，任由一切国家自由经营，那么英国所得而占有的部分，可能有非常大的一部分归于英国——必定是它原本拥有的大贸易的附加部分。垄断导致的结果是，殖民地贸易增加了，然而与其说增加了它原本垄断的贸易，还不如说引起了贸易方向完完全全的改变。

第二，这样的垄断权必定会提高英国各种贸易部门的利润率，让他多于一切国家都可自由和英属殖民地通商时的自然利润率。

因为殖民地贸易被垄断，必定会有大多数英国资本违反自然趋势，流入殖民地贸易，所以对一切外国资本的排斥必定减少投在这样的贸易上的资本总量，让他少于自由贸易下很容易会有的资本量。然而因为垄断会减少该贸易部门中资本的竞争，所以必定会提高该贸易部门的利润率。因为它减少了一切其他贸易部门和英国资本的竞争，所以必定提高一切其他贸易部门的利润率。自航海条例签订以来，英国商业资本，在任何一个时期的状况和范围，不论是怎样，在这状况延续的期间，殖民地贸易的垄断必定提高英国寻常利润率，让英国这一贸易部门与一切其他贸易部门的利润率超过没有这样的垄断的场合。假如英国寻常利润率从航海条例签订以来，已大大下降——确实已大大下降——那么，要是没有这个条例所建立的垄断权促使他提高，它就必定会降得更低。

然而，让一个国家违反自然趋势来提高他寻常利润率的因素，必定也会给它的各种无垄断权的贸易一定程度上带来绝对的和相对的不利。

让它蒙受绝对的不利，因为在这样的贸易部门，它的商人假如不通过比原本更高的价格售卖外国输入品与自己国家输出品，就没法获取这较大的利润。它们的国家一定要贵买贵卖，一定要少买少卖，然而它的享受和生产必定比它原本所可以享受和生产的少。

这就让它处在一种相对的劣势，因为在这些贸易部门当中，那些还不处在绝对劣势的其他国家，将会变得比它更强或者缩短和它之间的距离。因此，其他的国家，可以依照他们消费和生产的比例享受更多同时生产更多。也就是说，他们能够继续扩大它们的优势，或减小它们的劣势。因为提高了他的产品的价格，其他的国家的商人，可以在国外市场上通过比它更低廉的价格卖出，所以在它没有垄断权的那一点贸易部门的商品，在国外的市场上给挤了出去。

我国商人经常埋怨道，英国的劳动工资给得太高，这让他们的制造品在外国市场上只能通过便宜价卖出。然而关于丰厚的资本利润，他们却闭口不谈。他们经常埋怨他人得到利益太多，却从来不谈自己的利润。英国得到丰厚的资本利润，在提高英国制造品价格上和英国的高工资起到了与此同样的作用，在有些时候，前者的作用还多于后者。

我们能够这样来说：英国一部分资本，就是通过这样的方式，从没有垄断权的贸易部门，特别是欧洲贸易和地中海沿岸各国的贸易中，被抽了出去或者被挤了出去。殖民地贸易持续增大，人们一年一年总是是感到经营殖民地贸易的资金的不足，所以殖民地贸易得到的高利润，把这些贸易部门的一部分资金吸引了过去。英国建立的这样的高利润率使其他各国，在英国不享有垄断权的贸易部门中，拥有优势。这样的优势，把英国的资本从这些贸易部门给挤了出去。

殖民地实行贸易的垄断，把一部分原本要投在其他贸易部门的英国资本吸引了过去，把那些从殖民地贸易中被挤出来的部分；那些原本不可能投在这些部门的外国资本吸引到这些部门。于是英国资本在这些贸易部门的竞争减少了，因而让英国的利润增高，多于应有水平。与此相反，外国资本的竞争变得激烈起来，因而让外国的利润率低于平时。这两种作用，明显让英国在其他贸易部门处在相对的劣势地位。

也许有人这样说，殖民地贸易对英国比对任何其他国家有利，然而垄断迫使他的更大比例的资本投入这样的贸易，从而让这样的资本的应用对英国有更多利益。

对于资本所属的国家来说，最有利的资本用途就是在该国维持尽可能多的生产力，把该国的土地和劳动的产量提高到最大限度。本书第二篇曾经指出过，投在消费品国外贸易上的资本，所可以维持的自己国家生产性劳动量，和他往返的次数形成比例。举例来说，1000镑资本，投在一年时常往返一次的消费品国外贸易中，等于1000镑每一年所可以维持的自己国家生产性劳动量。假如一年往返二次或三次，那么所可以持续雇佣的自己国家生产性劳动量，相当于每一年2000~3000磅的自己国家生产性劳动量。所以，通常地说，对邻国进行的消费品国外贸易，比对遥远国家进行的这样的贸易有更多利益。因为同一理由，通常来说，直接的消费品国外贸易，比间接的消费品国外贸易更容易获利，这一点我们也在第二篇中指出。

然而殖民地贸易的垄断性，就他对英国资本用途产生的影响来说，却在一切的时候，强迫部分资本，从和邻国的消费品对外贸易，流入和遥远国家的消费品对外贸易，而且在许多情况下，强迫部分资本，从直接的消费品对外贸易中流入到间接的消费品对外贸易。

第一，在一切时候，殖民地贸易的垄断性，迫使部分英国资本，从和邻国的消费品对外贸易流入和遥远国家的消费品对外贸易。

殖民地贸易的垄断性，在所有时候，都强迫部分资本，从欧洲贸易与地中海沿岸各国的贸易转入到更远的美洲贸易与西印度贸易。美洲贸易与西印度贸易，不仅由于距离较远，往返的次数较少，而且，因为这些地方情况特殊。我们提到过，新殖民地总是感到资本不足。

新殖民地的资本，总是满足不了用来改良土地和耕作土地的资本，然而在这方面的投入回报非常可观。所以，它们总是连续需要自己资本之外的资本。为弥补自己的不足，它们尽可能设法向母国借债，所以它们对于母国总是负有债务。然而殖民地人民借款的最常见的方法，不是立据向母国富人借贷（尽管他们有时也这样来做），却是尽可能拖欠来往商人的贷款，也就是说，通过欧洲货物供给他们的商人的贷款。他们每一年的还款，往往只达欠款的1/3，有时还不到1/3。因此，他们的来往商人，垫付给他们的一切资本，非常少能够在3年内归还英国，有时甚至还要拖到4至5年。然而，假如5年才往返一次的1000镑英国资本，他可以时常雇佣的英国劳动也只与一年往返一次的1000镑英国资本的1/5。这样一来，这1000镑资本一年内所可以持续雇佣的劳动量，仅等于200镑资本一年内所可以持续雇佣的劳动量了。

美洲移民，通过高价购买欧洲的货物，通过高利息购买远期的期票，通过高佣金调换短期的期票，尽管能够弥补他的来往商人因延期付款而蒙受的损失，甚至能够弥补该损失而有余，然而这只可以通过弥补他的来往商人的损失，没法弥补英国的损失。在往返期间相距非常远的贸易中，商人的利润可能和在往返期间相距非常近，不仅与这样往返次数非常多的贸易中一样大，甚至会更大；然而他居住国的利益，他居住国所可以持续维持的生产性劳动量，他居住国的土地和劳动地年产物总量，却必定因此而少得多。和欧洲贸易相比较，甚至和地中海沿岸各国贸易相比较，美洲贸易的往返期的时间会更长一些，不仅这样，在更不确定、更不规范上，西印度贸易尤甚；我想凡在这些贸易部门稍有经验的人，都会毫不犹豫地承认这一点。

第二，在非常多情况下，殖民地贸易的垄断，强迫部分英国资本，从直接的消费品对外贸易转入到间接的消费品对外贸易。

那些被英国垄断而没法运送到其他任何国家去的列举商品，有几种商品的数量大大多于英国自身的消费需求，所以没办法不把其中一部分转运到其他国家。然而，要是这样做，就必须得把一部分英国资本投入到间接的消费品对外贸易当中，否则就没有方法办到。举例来说，马里兰和弗吉尼亚每一年运往英国的烟草，在96000桶以上，然而英国消费量，据了解却不多于14000桶。因此，82000桶以上的烟草，一定要转运到法国、荷兰与波罗的海和地中海沿岸的国家。那么用来贩运82000桶烟草到英国，再把它转运到其他国家，而且从其他国家换回货物或货币的那部分英国资本，就是用来投在间接的消费品对外贸易上。假如要把剩余的烟草脱手，这部分资本就一定要这么用。假如计算这些资本，要多少年才可以全都回到英国，我们一定要在和美洲贸易的往返期上，再加上和其他各国贸易的往返期。

假如我国投在和美洲的直接消费品对外贸易上的资本，非3年或4年没法回到英国，那么投在该间接消费品对外贸易上的一切资本，没有4年到5年是不可能收回来的。和一年往返一次的资本比较，假如前者能够持续雇佣1/3或1/4的自己国家劳动量，那么后者就只可通过持续雇佣1/4或1/5的自己国家劳动量了。在有些输出港，从事进口烟草的外商，往往可以赊欠。在伦敦港，大多数时候通过现钱售卖。这里的规矩是：一手交钱，一手交货。所以，在伦敦港，一切间接贸易的最终往返期，比美洲贸易的往返期，多了堆栈待售的时间；然而这些在这里有时要放非常长的时间。倘若殖民地烟草不只是售给英国市场，输入我国的烟草，也许不可能超过我国国内所需之数。

在这样的情况下，我国现在把大量剩余烟草转售到其他国家然后再购回供自己国家消费的物品，也许原本我们能够直接用自己国家的产品或国内部分制造品来购买这些供自己国家消费的物品。我国的产品还有制造品，也许不再只是适宜一个大市场，而是适宜非常多这样的小市场。

英国也许不是在经营一个庞大的间接消费品对外贸易，而是经营非常多小的直接消费品对外贸易。因为往返频繁，只需现在经营这样一个规模庞大的直接消费品对外贸易的资本的一部分，可能只需一小部分，也就是说，1/3或者1/4就够经营非常多笔小额的直接消费品对外贸易，就可持续雇佣同样多的英国劳动，就可与此同样维持英国的土地和劳动的年产物。这样一来，这样的贸易的每一方面，就需要少得多的资本，就有大量的剩余资本，可用于其他用途，如用来改良土地、增加制造业、扩大贸易范围，至少也能够在此外的领域和其他的英国资本竞争，从而减低一切资本的利润率，让英国在各个方面拥有优势，而且多于它现有的优势。

殖民地贸易的垄断性也强迫一部分英国资本，从消费品对外贸易转入到转口贸易，因而让部分原本用来维持英国产业的资本，被用来维持殖民地的产业发展，用来维持其他各国的产业。

举例来说，用那82000桶剩余烟草每一年先转售给其他国家然后再购回货物，这些购回来的货物不完完全全在英国消费，而是再转售出去。之中，有一部分，举例来说从德意志和荷兰购回的麻布，一定要运到殖民地去，供它们消费。然而，那一部分英国资本，也就是说，用通过购买烟草然而通过烟草交换麻布的那部分英国资本，必然没法用来维持英国的产业，然而是被抽出去，一部分用来维持殖民地的产业，一部分用来维持那些用自己国家产品购买这样的烟草的国家的产业。

除此之外，殖民地贸易的垄断性，迫使超出常规比例的英国资本，违反自然趋势转入到这样的贸易，这仿佛就完完全全破坏了英国各产业部门间的常态平衡。英国产业，不必要再去适应数量众多的小市场的需求，而是一味满足那一个大市场的需求。英国的贸易，不是在非常多小商业渠道运行，而是被引到一个大的渠道中。这样一来，他的整个工商系统，变得比不过以前那么安全，他的政治组织的状态，也变得比不过以前那么健康。英国当今的状态，有些像一个不健全的机体，在这之中，有些重要生理器官长得过大，以致容易诱发非常多危险的疾病，然而这些毛病在那些各部分发展比较均衡的肌体是不可能发生的。人为地让一根大血管过分膨胀，而且强迫比例超常的产业和商业在该血管中循环，假如血管出现小小的血栓，就会造成政治组织全面的最危险的混乱和瘫痪。

英国人民对于母国和殖民地决裂的恐惧，多于了他们对西班牙无敌舰队或是法国侵袭的恐惧。这样的恐惧，不管有没有根据，却让很多人，至少让各种商人，都觉得把印花税法废除掉是一个极其受欢迎的举措。只要殖民地市场继续排斥英国商品，哪怕该政策只持续几年，那么我们的商人就会觉得，他们的贸易全垮掉了；制造商，就会觉得，他们的事业全给毁了；工人就会觉得他们的工作全泡汤了。和大陆上我们任意一个邻国绝交，尽管也会给这些阶层的人民造成一定业务上的中断，然而不可能引起那么广泛的骚动。假如小血管内血液循环不畅，血液非常容易流到大血管，不可能引起任何危险性疾病。然而，任何大血管的血液假如出现阻塞，不可避免的结果，就是痉挛、瘫痪、乃至死亡。假如有一种制造业，因为奖励金或因为国内市场与殖民地市场的垄断，人为地过度膨胀，多于很容易发展的程度，那么只要稍有堵塞或是中断，常常就会惹起骚扰和紊乱，让政府惊骇，使议会狼狈不堪。那么我们不妨想一想，假如我国的主要制造业，突然完完全全停止运营，那又会引起多大的紊乱和骚扰呢？

未来不管什么时候，要想把英国从这样的危险中拯救出来，要让英国能够或者强制它从这样的过于庞大的行业，撤回一部分资本，投在利润比较小的行业中，那么我们就要渐渐缩减对那一个产业部门的投入，而且渐渐加大对其他产业部门的投入。只有这样，我们才可以一步一步地，把一切产业部门恢复到很容易、健全、合适的比例。这样的比例是完完全全自由的制度一定要建立的，也只有完完全全自由的制度才可以保持这样的比例。所以唯一解决方法，仿佛就是适度地、渐渐地放宽那些给英国带来殖民地贸易垄断权的法律，且要放宽到有非常大程度的自由为止。

迅速开放殖民地贸易，让一切国家都能够进来经营，那不仅会引起一点暂时性困难，还会给那些已经投入非常大劳动和资本的人，造成巨大的、永久的损失。不说其他的，单说那装运82000桶烟草的船只，突然报废不用，就会造成重大的损失。这就是依照商业体系制度的法规所造成的不幸结果！一切这些法规，不仅给政治组织造成了危险性非常大的紊乱，不仅会有这样的紊乱，即便不引起（至少在短时间内不引起）更大的紊乱，也常常难于矫正。所以，至于殖民地贸易应该怎样渐渐放开，什么限制应首先撤销，什么限制应最终撤销，完完全全自由和公正的自然法则如何渐渐恢复等问题，我们还是让未来的政治家和立法者去发挥他们的聪明才智吧。

一年多以来（从1774年12月1日开始），北美洲十二联邦开始全面抵制英国商品。英国在殖民地贸易中丧失了一块重要的市场，通常人们会觉得，英国人会感到切肤之痛。幸而同时发生了五件从来没有预见，也从来没有想到的事情，让他们没有产生这样的感觉。

（一）这些殖民地，相互约定不再进口英国的商品，而且事先为了做好准备，曾把适宜于它们市场的一切英国商品买尽。

（二）西班牙的船队，为着某些特殊的目的，曾在这一年之内买尽德意志与北欧的众多商品，特别是亚麻布。这些商品，甚至在英国市场上，也常和英国制造品之间形成竞争。

（三）俄罗斯和土耳其媾和，使得土耳其的市场产生了不寻常的需求。因为，在此之前土耳其恰逢国难当头，俄罗斯舰队总是在爱琴海上巡逻，土耳其市场上供应品非常缺乏。

（四）在过去的很长一段时间里，北欧对于英国制造品的需要，一年年增加。

（五）波兰最近刚刚被瓜分完毕，局势开始逐渐平定，这为该大国开拓了一个新的市场，这些在这一年里为英国的一切制造品，除了北欧日益不断增加的需求外，带来了非常大的市场需求量。

这五件事情当中，除了第四件外，其余的按性质说都是暂时性的，而且带有偶然性。如果不幸，这十二联邦长此持续抵制英国货物，那么英国就会丧失了殖民地贸易中重要的一块市场，必然会引起剧痛。然而这样的痛苦，因为来得缓慢，所以不像突然发作的痛苦那么令人难受。同时，英国的劳动和资本，也可以发现新的领域和投向，让这样的痛苦没有那么引人注目。

殖民地贸易的垄断性，使超出常规比例的英国资本违反自然趋势流入这样的贸易。英国的资本，开始从邻国的消费品对外贸易中转移到遥远国家的消费品对外贸易当中。在许多情况下，英国的资本会从直接的消费品国内贸易，渐渐转移到间接的消费品对外贸易。此外，英国的资本从一切消费品对外贸易转移到转口贸易。总而言之，在任何情况下，英国资本由所雇佣的生产性劳动量较大的领域转移到所雇佣的生产性劳动量少得多的领域。除此之外，它让那么庞大的英国产业和商业，只适应于一个特殊的市场，这样而来就使得英国产业和商业的整体状态，比起他产品适应的是非常多的市场的时候，更加不确定和不安全。

我们一定要仔细分别殖民地贸易的影响与殖民地贸易垄断的影响。前者总是必定是有利的；后者总是必定有害的。然而因为前者是那么有利，所以，即便殖民地贸易被垄断，垄断又是那么有伤害性，就整体然而言，殖民地贸易，仍是有利的，而且大大有利。然而，假若没有垄断，他有利程度要更大。

在很容易和自由状态下，殖民地贸易给英国产业的靠近市场也就是说，欧洲市场和地中海沿岸各国市场所没法容纳的那部分产品，开拓了一个尽管非常远却非常大的市场。在很容易和自由状态下，殖民地贸易，不可能让英国从原本运销靠近各市场的产品中抽出任何部分，却会让殖民地连续运送新的等价物来交换英国的剩余产品，从而鼓励英国连续增加他的剩余产品。在很容易和自由状态下，殖民地贸易，倾向于增加英国生产性劳动量，却不倾向于改变他原本的用途。它会遇到其他国家的竞争，这样而来就让新市场或新行业里的利润率不可能上调到通常水平之上。新市场，不可能引起过去的市场的任何变动，能够创造（要是能够这样来说的话）一个新产品来供给自己。然而该新产品就会构成一个新资本，来经营这个新行业，新行业与此同样不可能从过去的行业带走任何东西。

反过来，殖民地贸易的垄断，因为排斥其他国家的竞争，从而提高了新市场与新行业上的利润率，这样也势必从过去的市场抢产品，从过去的行业抢资本。增大殖民地贸易中我国的份额，是这样的垄断公开的目的。假如殖民地贸易中我国所占的份额，不比没有垄断时多，那就没有设立这样的垄断的理由。这样的贸易的往返，比大多数其他贸易的往返速度慢，然而时间相隔也较久。要是迫使任何一个国家把超出常规比例的资本违反趋势流入这样的贸易，必定会让那里每一年所维持的生产性劳动的总量、每一年所生产的土地和劳动的生产物的总量，比原本的要少。这样就让该国居民的收益达不到很容易状态下的收益，因此而减弱他们的蓄积力。那不仅在一切时候，其他资本没法照常雇佣那么大的生产性劳动量，而且其他资本没法照常增加，这样它就没法雇佣更大的生产性劳动量。

然而，就英国而言，殖民地贸易很容易足够抵消垄断所造成的恶劣结果，所以，虽有垄断的害处，就像现在进行的这样的贸易，不仅有利，而且大大有利。由殖民地贸易所开拓的新市场和新行业，比因为垄断而损失的那一部分过去的市场和过去的行业大得多。由殖民地贸易而创造（假如可以这样来说）的新产业和新资本，在英国所可以维持的生产性劳动量，比因为资本往返次数较多的贸易部门突然撤回而失去的生产性劳动量多得多。然而，要是就像今日进行的那种殖民地贸易，对英国还有利，那不是因为垄断，而是因为垄断之外的其他原因。

殖民地贸易所开拓的新市场，与其说是欧洲原生产物的新市场，倒不如说是欧洲制造品的新市场。农业是一切新殖民地的最适宜开发的业务；因为他土地低廉，所以和其他业务相比，农业显得更有优势。所以，殖民地有丰富的土地原生产物，它们不但不要输入土地原生产物，而且大多数时候有大量的剩余农产品能够输出。新殖民地常常从其他职业吸引工人，或阻止工人流入任何其他职业。留给必需品制造业的工人已经为数不多；那么装饰品制造业需要雇佣的工人简直没有方法找到。所以，对于这两种制造品的业主，他们都觉得，他亲自制造，比不过向他国购买更合算。殖民地贸易对于欧洲农业的鼓励，主要是间接的，也就是说，首先鼓励欧洲制造业，然后间接鼓励农业。殖民地贸易所维持的欧洲制造业，是欧洲土地生产物的一个新市场。我们提到过，最有优势的市场也就是说，谷物、牲畜、面包和家畜肉的国内市场，在这样的情况下，通过美洲贸易而大大扩大了。

西班牙和葡萄牙的先例，充分地证明富庶殖民地贸易的垄断，而且没法让任何国家建立制造业，甚至没法维持制造业。西葡两国，在没有任何大殖民地时，就是工业国了。然而自它们拥有世界上最富最肥沃的殖民地以来，便都不是工业国了。

在西班牙和葡萄牙，垄断的恶劣影响，加上其他因素，可能差不多把殖民地贸易的良好影响抵消殆尽了。这些其他因素仿佛包括：其他各种垄断；金银价值比其他大多数国家低；对输出品征收不恰当的税，以致没法参加外国市场的竞争，对国内各地间货物的运输，征收通过不恰当的税，以致缩小了国内市场；举足轻重的是司法制度的不规矩和不公平，经常保护有钱有势的债务人，让他可以避免受害的债权人的追索，而且让国内劳动阶级不敢制造货物来供给这班有权有势的人的消费，因为对于这班人，他们不敢拒绝赊卖，然而欠款可否归还，又没有把握。

反过来，在英国，殖民地贸易有良好影响，加上其他原因，曾在很大程度上克服了垄断的恶劣影响。这些其他原因仿佛有：贸易的通常自由，那里尽管有必定的限制，然而和任何其他国家相比，至少有同等的自由，可能有更大的自由；输出自由，自己国家产业的产物，差不多不管什么种类，不管输送到什么国家，都可以无税输出；更重要的是自己国家产业的产物，由自己国家此地运至彼地，不需报告任何官厅，不需受任何盘问检查，换句话说，享受毫无限制的自由；举足轻重的是平等然而公平的司法制度使最下层英国人的权利，受到为最上层英国人的尊重，让每个人可以保住各自的劳动果实，这样一来就对各种产业，给予最大不仅这样最有力的鼓励。

然而，英国制造业因为殖民地贸易而有所进步（事实上确曾这样），那不是靠对殖民地贸易的垄断，而是靠垄断之外的其他途径。垄断的结果，不是增加英国制造品的产量，而是改变部分英国制造品的性质和形式，让他违反趋势，不再适宜于往返频繁而期间相隔又非常短暂的市场，适宜于往返迟缓而期间相隔又非常久的市场。所以，他结果就是改变一部分英国资本的用途，大大减少这部分资本所可以维持的制造业的数量，所以不但没有增加英国制造业的总量，反而让它减少了。

所以，殖民地贸易的垄断，就像商业体系和其他卑劣有害的政策一样，阻抑了其他一切国家的产业的发展，然而主要是殖民地的产业不但没有一点增加，反而减少为着自己国家利益而设立的产业。

不管母国在特定期间有多少资本，这样的垄断必定会妨碍它的资本，让它没法维持原本能够维持的那么大的生产性劳动量，而且让它没法给劳动大众带来原本能够带来的那么多的收益。因为资本只可通过由节省收益而增加，所以妨碍资本让其没法带来原本能够带来的那么多的收益的垄断，就必定妨碍资本，让他没法按原本能够增加的速度增长起来，因此而没法维持更大的生产性劳动量，没法给国内劳动大众带来更多的收益。一个非常大的收益泉源，也就是说，劳动的工资，因为有了这样的垄断，必定在各个时候，都不像没有垄断的时候那么富足。

垄断提高了商业的利润率，却妨碍了土地的改良。土地改良的利润，取决于土地实际生产量和投入资本后土地生产量之差。假如该差额可以带来的利润，比同样多资本可以从商业获取的利润大，那么土地改良事业，就会从各种商业渠道把资本吸引出去。假如所带来的利润，小于商业利润，商业就会把土地改良的资本吸引过去。所以，凡是提高商业利润率的措施，都会让土地改良的利润率减低，或让他较低的利润率降得更低。在前一种情况下，让资本没法流入土地改良的用途；在后一种情况下，把资本从该用途吸引出来。垄断妨碍土地的改良，势必延迟另一个大的收益原始源泉——土地的地租很容易增加。除此之外，垄断提高利润率，势必提高市场利息率，让他达到不应有的水平。然而和地租成比例的土地的价格，也就是说，大多数时候按若干年地租计算的买价，必定随着利息率的上调而下降，必定随着利息率的下降而上调。这样一来，垄断在通过下两个方面妨害了地主的利益，也就是说，减慢地租的很容易增加，而且减慢和地租成比例的土地价格的很容易增加。

垄断确实能够提高商业利润率，因而稍稍增加我国商人的利益。然而因为它妨碍资本的很容易增长，所以不可能增加国内人民从资本利润率所得收益的总额，只会减少这个总额。大资本的小利润，大多数时候比小资本的大利润给国家带来更大的收益。垄断提高了利润率，却让利润总额没法增长到在没有垄断的时候应该达到的高度。

垄断让一切收益的原始源泉，也就是说，劳动的工资、土地的地租和资本的利润，大大少于没有垄断的时候。为了促进一个国家一个小阶层的利益，垄断妨害了这个国家一切其他阶层的利益和一切其他国家所有人的利益。

只有通过提高寻常利润率，垄断才可以证明或者能够证明对某一个阶层有利。然而，通常说来，高利润率对于国家所必定产生的各种坏影响，除上面所说的外，还有一种更坏的影响；依照经验，这样的坏影响和高利润率是分不开的，然而他有害作用，可能比上面所说的各种坏影响合起来的作用还要大。高利润率，随便在什么地方，都会破坏商人在其他情况下很容易会形成的节俭习惯。在利润非常高时，俭朴这样的美德仿佛是多余的，然而穷奢极侈，仿佛更适宜于宽裕的境遇。大商业资本家，必定是全国实业界的领袖和指导者。他们的榜样对国内一切劳动民众的生活方式的影响，比任何其他阶层的影响大得多。如果雇主小心谨慎、勤俭节约，工人也都会效仿；如果主人放荡不羁、乱七八糟，那么雇工也会按照主人的榜样去工作，也会按主人的生活方式去生活。这样而来，原本最善于积蓄的人，都不可能在手上有所积蓄了。这些原本最可能让维持生产性劳动的基金增加的人们，也不可能用自己的收益来增加这样的基金。国家的资本不增加反而减少。国内所维持的生产性劳动量，正在一天一天减少。加里斯和里斯本商人超乎不寻常的利润，是不是增加了西班牙和葡萄牙的资本？他们真的减轻了这两个乞丐般的国家的贫穷吗？真的促进了这两个国家的产业的发展吗？这两个商业都市的商人的费用是如此之大，以致超乎寻常的利润不仅没有增加国家的整体资本，而且不足以保持原有的资本。我可以说，外国资本每天不断地都在闯进加里斯和里斯本的贸易中去。

为了要把外国资本从自己资本日益不足经营的贸易中驱逐出去，西班牙人和葡萄牙人才一天甚似一天地加强这样的荒谬的垄断权。试比较一下加里斯与里斯本的商人习俗和阿姆斯特丹的商人习俗的不同，你就会感到，受高利润影响的商人行为和性格，和受低利润影响的商人行为和性格，是如何不同啊。伦敦的商人，当然虽不像加里斯和里斯本的商人那样变成堂堂贵族，然而和阿姆斯特丹的商人比较，也不是那么谨慎、勤俭的。据了解，非常多伦敦商人，比大多数加里斯和里斯本商人要富有，尽管比不上大多数阿姆斯特丹商人。伦敦的利润率，和前者比较，要低得多；和后者比较，却要高得多。俗语说，“来得容易，去得也快”。随便在什么地方，消费的通常情况，与其说受到真正消费能力的调节，倒不如说受到赚钱的难易程度的调节。

这样来看，垄断给某个阶层带来的非常利益，在非常多方面损害了国家的广泛利益。

只是为了要培育一个顾客群而建立一个大帝国的计划，乍看起来，仿佛只是适宜于做买卖商人的国家。然而事实上，那种计划，对于大部分做买卖商人的国家，也是全不相宜的，却适宜于政府受到做买卖商人调节的国家。这样的政治家，也只有这样的政治家，才会觉得，用同胞的血汗和财宝来建设而且维持这样一个帝国是有非常多利益的。

你对一位商店老板说，如果你卖给我一块地皮，我就会经常在你铺子里购买衣物，尽管你铺子里的卖价比别家的铺子昂贵。他不见得会非常踊跃地接受你的提议。然而假如另外一个人卖给你这样一块地皮，而且吩咐你要到那位商人铺子里购买你所需的一切衣物，这个商人对他便会非常感激。

有些英国人在国内没法安居，英国给他们在远地购买了很大一块地皮。诚然，地皮的价格非常低，不是今天的普通价格，也就是说，30年年租，只等于用于发现、勘探海岸和夺取土地的设备费用。然而这里土地非常肥沃而且非常辽阔，耕作者有大量土地能够耕作；还能够自由随意地在任何地方售卖他的产品，所以不到三四十年（1620~1660年），这个地方就变成了一个富庶繁荣的民族。因此，英国的小买卖商人与其他各种商人，都想长此垄断这些人的光顾。

他们不敢说，他们原本用一部分货币购买土地，然后又用一部分货币来改良这些土地。他们只会向国会请愿，美洲殖民地人民将来只许来他们的店铺买卖：（一）殖民地人民所需的一切欧洲产品，都得到他们的店铺购买；（二）殖民地人民要把他们觉得适于购买的那些殖民地产品，全数卖给他们的商店。而且他们不觉得一切产物都适于购买，因为其中有一部分输入英国可能妨碍他们在国内经营的某些商业部门。这部分产品，他们很容易希望移民们尽量运到其他地方，愈远愈好；也就是说，所以他们提议，把这些产品的销售市场限定在菲尼斯特海角以南各国。这样的真正小买卖商人的提议，在著名的航海条例中成为一条正式条款。

英国统治殖民地的最主要目的，或更确切地说他的唯一目的，就是为了维持垄断。殖民地从来没有带来任何收益，来维持母国的内政，亦从来没有带来任何兵力，来维持母国的国防；他主要利益，据了解就是这样的垄断的贸易。这样的垄断，也就是说，是这样的殖民地隶属我国的主要标志，亦是我国从这样的隶属所得的唯一果实。

英国一向用来维持这样的隶属关系的费用，事实上都是用来维持这样的垄断。在现在正在发生的这类骚扰事件开始之前，殖民地一直按平时编制的通常军费，相当于20个步兵团的给养，炮兵队与军需品的费用，和他们所需不寻常的食品，还有为警戒无限长的北美海岸与西印度海岸，而且防范其他各国秘密出入船只需连续维持的非常大海军力量的费用。平时整个编制的军费，变成了英国的一个负担，然而同时也只不过是殖民地统治所费于母国的非常小部分。假如我们要明白费用的全数，我们一定要在平时编制每一年军事费用之外，加上英国在各个时期为了防卫殖民地所花费的款项的利息。特别是加上上次战争的一切费用和这次战争以前的那次战争的费用中的大多数。上次战争纯粹是殖民地战争，他的一切费用，不管用在什么地方，用在德意志，或用在东印度，都应该算在殖民地的账上。总数在9000万镑以上，它不仅包含新债，还要包含每磅附加1先令的地税，还有每一年动用的减债基金。

1739年开始的西班牙战争，主要就是殖民地战争。它的主要目的，是在海上搜查而且阻止殖民地和西班牙本土秘密通商的船舶。该项开支的一切费用，事实上等于维持垄断的奖励金。它的公开的目的，虽然是为奖励英国制造业、发展英国商业，然而它的实际结果，却是提高商业利润率，让我国商人可以通过超出常规比例的资本，转投到往返较为迟缓而且相隔时间较长的贸易部门。假如奖励金能够让这两种事件不再发生，那可能真值得发给这样的一种奖励金。

所以，在现在的经营管理条件下，英国在殖民地统治中会得不偿失。建议英国主动放弃它对殖民地的一切统治权，让他们自己选举地方长官、自己制定法律、自己决定对外媾和宣战，就等于提出一个从来没有为世界上任何国家采纳也永远不可能为世界上任何国家所采纳的议案。

没有一个国家会愿意自动放弃任何地方的统治权，尽管这个地方是多么难于统治，尽管它所带来的收益和他的花费相比是怎样微小。这样的放弃尽管常常符合一个国家利益，然而总是会损害该国的威信。更重要的是，这样的放弃，常常不符合他的统治阶级的私人利益，因为他们对于非常多有责任有利润的位置的处置权，将要从此被剥夺，他们那非常多获取财富和荣誉的机会，也会从此被剥夺。占据最动乱不安并且对人民最不利的地方，常可以获取这样的处置权和机会。所以，也就是说，即便是最想入非非的人，也不可能认真希望这样的建议可以被人采纳。

然而如果真的被采纳，那么英国不仅可以很快摆脱掉殖民地平时每一年所有的军事费用，还可以和殖民地签订商约，让英国能够有效地保证自由贸易，那和它今天所享受到的垄断权相比，尽管对商人不怎么有利，然而对人民大众必定有更多利益。这样一来，殖民地和母国，就好就像朋友的分离，那么因为近来的不和而受到损伤的殖民地对母国的很容易感情，就会迅速地恢复。他们不仅会长此以往地尊重和我们分离时所订定的商约，还会在战争上、贸易上无条件支持我们，不再作捣乱的人民，却将会成为我们最亲切、最忠实、最宽宏的同盟。古希腊殖民地和他所从属的母市，一方面有一种父母之爱，一方面还有一种孝敬之心。我想，我们假如那样办，英国和他殖民地间与此同样的感情，也会恢复起来。

一个省份，要有利于他所属的帝国，那么在平时对国家所带来的收益，不仅要足够支付它所在地编制的一切军费，还要按比例带来收益来维持帝国的政府。任何一个省份，对于帝国政府的经费的增加，都一定要在一定程度上有所贡献。如果有任何个别省份，不按比例承担这样的费用，那么帝国一部分省份的负担，便显得不均。除此之外，由此类推，对全帝国非常收益的负担，亦应就像平时时常收益一样，保持在同一的比例。英国从殖民地获取的时常收益和非常收益，对于英帝国的一切收益，从来没有保持这个比例，那是大家都会承认的。

据了解，垄断增加英国人民的私人收益，因而增加他们的纳税能力，这样一来就补偿殖民地公共收益的不足。然而，我曾提到过，这样的垄断，虽然对殖民地是一项极为苛重的赋税，尽管可增加英国特定阶层人民的收益，而不增加人民大众的纳税能力。收益因垄断而增加了的人，是一个比较特殊阶层，要他们超出其他阶层应纳的比例完税，既是不可能的，也是极其严重的失策，关于这一点我会在下一篇给予说明。所以，从这个特殊阶层，我们不可能获取特殊的收益。

殖民地可由他自己的议会征收税，也可由英国议会决定征收税。

殖民地的议会，通过管理可以向当地人民征收足够的公共收益，通过维持各个时期的本地民政和军政，又按恰当比例负担英帝国政府的经费，这样的想法仿佛不太好现实。哪怕是直接受到君主监督的英国国会，也是经过了一个非常长的时期，才被置于这样的管理制度之下，或者说才让它带来足够的税收，通过维持自己国家军民两政。君主只因为曾通过军政民政官大多数职权与调节该官职的大多数职权，分给国会中个别议员，才获取了对英国议会的这样的控制。

殖民地议会离君主非常远，数量众多，分散各处，组织形式又各不相同，所以，也就是说，君主即便拥有与此同样的控制手段，也非常难控制，而且他还没有这样的手段。他绝对没法把英帝国政府的职位大多数或调节此职位的权力的大多数，分给殖民地议会的主要成员，让他们甘冒不韪，向选民征收税，以此来维持英帝国政府，这样而来英帝国政府的薪俸，差不多一切都要分配给他们不相识的人。除此之外，英国政府不了解议会中各个代表的相对重要性，所以在管理他们的时候，难免不时常做些得罪人的事或者鲁莽的事情。在试图作这样的控制时，难免会触犯他们，难免犯罪，所以这样的管理方法，对殖民地议会完全不适用。

不仅这样，殖民地议会，对于整个帝国的国防开支还有维持费用，不可能做出恰当的判断。这些事务，还没有委托给殖民地议会思考，这不是他们管的事情，所以他们在这方面没有得到信息的常规手段。省议会，就像教区委员会一样，对他所属地域的事务，能够做出恰当的判断。然而对于整个帝国的事务，他们却没有方法做出恰当的判断。甚至连关于本省在全国应占什么比例，还有本省和他省相比他的重要和富裕程度如何，它们也没法做出恰当的判断，因为其他各省，不应该受到该省区议会的监督和指挥。整个帝国的国防和维持费用所需要的数目，每省所应该负担的比例是多少，只有监督和指挥全帝国事务的议会中的每个人，才可以做出恰当的判断。

因此，有人建议，向殖民地征收赋税，应该由英帝国议会决定，也就是说，各殖民地应纳的数额，省议会却按照各省各自具体情况，决定他觉得最适宜的征收方法。这样一来，关于全帝国的事务，由监督和指挥全国事务的议会决定，然而各殖民地当地的事务，能够由他自己的议会决定。尽管在这样的情况下，殖民地不派代表出席英国议会，我们依照经验判断，国会的征收不至于这么不合理。对于不派代表出席国会的帝国所属各地，英国议会从来没有向它们施加过重的负担的做法。根西与泽西二岛，虽没有通过任何手段抵抗国会权威，却比其他省份缴纳更少的赋税。

国会在行使他想象中的向殖民地征征收的权利（不管有无道理），然而至今为止殖民地人民纳税的比例甚至都没有达到他们国内同胞应纳的正常比例。除此之外，殖民地纳税，假如要随着土地税的增减而增减，那么议会一定要同时对他自己的选民征收税，才可以对殖民地征收税，在这样的情况下，能够说殖民地事实上在国会享有代表权。

各省不按同一方法同一标准征收税，假如我能够这样来说——然而由君主决定各省应纳数额，一部分省份由君主决定征收方法，另一部分省份却由省议会决定征收方法，而且这在其他的帝国，不乏先例。法国就有些省份，国王不仅决定纳税额，还决定征收方法。然而对另一部分省份，他只是决定数额，然后省议会决定征收方法。依照征收赋税计划，英国国会对于殖民地会议的态度就和法国国王对他有权自治的态度非常相像，人们却觉得法国这些省份都管理得非常好。

依照这个计划，尽管殖民地人民没有理由去担忧了，他们对国家的负担，会多于他们国内同胞的负担所承担的比例，会多于恰当的比例，然而英国却有理由担忧，殖民地对国家的负担不可能达到这个比例。法国对于有权组织议会的那些省份的统治权已经十分巩固，然而英国在过去若干时期内，却没有确立与此同样的统治地位。殖民地议会，如果不很乐意（除非巧妙地加以控制，那么他们是不大会非常乐意的），仍有很多借口来逃避或拒绝国会最合理的征收。

假定说，一次对法战争爆发了，一定要很短时间内征收1000万英镑，来保卫帝国本土。这个款项，一定要由国会通过某项基金为担保，进行借贷，而且支付利息。该基金的一部分，国会提议在英国国内征收税，那么另一部分向美洲和西印度各殖民地议会征收。殖民地远离战场，有时会觉得这事和自己无多大关系，该基金的募集，一定程度上又取决于殖民地议会的情绪，那么人民肯不肯在很短时间内，依照这个基金的担保，来缴纳款项呢？缴纳的款项非常可能不会多于所征收的款项数额。

这样一来，战时所借债务的一切负担，就会就像过去一样，总是由不列颠独自承担，换句话说，由帝国的某部分，而不是整个帝国承担。自有世界以来，可能只有英国这样一个国家，开疆辟土，只增加他的费用，而不增加他资源。其他国家，那么大都把帝国防卫费用，征收在自己的属地，从而减轻自己的负担。英国那么差不多总是一切承担该费用，从而解除属地的负担。要让不列颠和他处在平等的地位，尽管法律上它们是从属关系，国会在征收赋税计划上，仿佛一定要有手段，让他征收很快就生效，不至于为殖民地议会所逃避、所拒绝。至于这样的手段是什么，却不是容易想得出来，还是个未曾阐明的问题。

假如英国议会，在没有得到殖民地议会同意的情况下就可以对殖民地征收税，那么这些殖民地的议会的重要地位，将会不复存在，英属美洲领导人物所处的重要地位，也势必会随之完结。人们之所以要参与到公共事务的管理，主要是因为这样做能够获取重要地位。自由政府组织可以有多么安定、可以持续多久，就看这个国家大多数的领导人（也就是说，这个国家的上层阶级），可以如何保持或捍卫他的重要地位的活动。所以，国内派别的活动和野心活动，就在于这样的领袖人物连续地互相攻击别人的重要地位，并且保卫各自的重要地位。美洲的领导层，就像一切其他国家的领导人一样，想保住自己的地位。他们觉得或者是想象，假如他们的议会——他们把它叫作国会，觉得他权力和英国国会同等——大权旁落，他们就会成为英国国会的低声下气的臣仆或是执行官，他们的重要地位将会丧失。所以，他们拒绝议会征收赋税的建议，就像雄心勃勃、意气昂扬的人一样，宁愿通过剑拔弩张来保卫自己的重要地位。

当罗马共和国一天天衰落的时候，肩负帝国防御和扩张的重任的罗马同盟国，都要求享有和罗马市民同等的特权。当他们受到共和国的拒绝时，内战就爆发了。在这次战争中，罗马把这些特权，一一地赐予大多数同盟国，当然权利的多少取决于他们和母国之间联系的紧密程度。

目前，英国的国会主张对殖民地征收赋税，殖民地却拒绝服从，因为他们没有曾派代表出席国会。假如对要脱离联盟的各殖民地，英国都答应按他所纳国税的比例，选举代表，而且因为它们纳了税，允许它们进行自由贸易，把它们和自己国家同胞同等对待——他代表的人数，随着他纳税额的增加而增加——那么各殖民地的领导人物，就有了一种可以夺取重要地位的新方法，一个新的更吸引人的野心勃勃的目的了。这样一来，他们可能会希望，从英国政治界国家彩票得到大奖，因为他们就像其他人一样，对于自己才能与幸运抱有妄想，不可能满足从殖民地这里得到小奖。很明显这样的方法，最可以保持住美洲领导人物的重要地位，从而满足他们的野心。除了用这样的方法或其他方法，他们不一定会自动服从我们。

我们应该明白，如果通过流血的方法，来强迫他们服从，那么所流出来的每一滴血，都是我们自己国民的血，或者是愿意做我们国民的人的血。有些人认为，时机一到，极易通过武力征服殖民地，那实在是非常愚蠢的。现今主持所谓的联合殖民地议会的人，自己感到一种欧洲最高级别公民所不能感受到的重要性。他们从小买卖商人、商人、律师，摇身一变成为立法者和政治家，给一个庞大的帝国，制定一个新政体。他们自夸，那把成为世界上自有国家以来最大而又最强的一个国家，可能真会这样。直接在联合殖民地议会工作的人，可能有500，听这500人号令的人，可能有50万，他们都同样觉得，自己的重要性大大提高了。

美洲政党中差不多任何一个人，都想象自己现今的位置，不但要比过去优越，而且也比他们所预期的优越。除非有一种新的目的出现在他或他的领袖面前，要不然他如果有通常人的志气，定会拼命保护他的那个地位。

亨诺主席曾说，我们现在饶有兴趣地读着关于同盟的非常多小事件的记录，然而当这些事情发生的时候，可能它们被人看成是无足轻重的新闻。他说，当时每个人都自认为他们相当重要。那时流传下来的许多记录，有大多数，是由那些有兴趣记录那些事件的人们记下来的。他们夸大其词的描述自己在那些事件中所扮演的角色的重要性。巴黎市当时曾勇敢地捍卫自己，曾为抗拒最为人爱戴的那位国王却不惜忍受到一次那么可怕的饥馑，这是所有人都知道的。那里大多数市民或者说领导这大多数市民的人，因为预先看到，一旦过去的政府恢复，他们的重要地位就会立刻消失，所以为了自己的重要地位而殊死战斗。除非我们可以诱导我国殖民地愿意和我们结成联盟，要不然它们也会像巴黎市民一样顽强抗拒他的国王中最好的一个那样，抵抗母国中最好的一个。

古代根本就没有所谓代表制的概念。当一个国家的人民在此外一个国家得到了公民权的时候，他们除了和他国人民一起投票、一起讨论问题，而且没有其他方法行使这样的权利。当大多数意大利居民被给予罗马公民特权，罗马共和国就彻底给毁了。因为人们再也没有方法判别，谁是谁不是罗马市民。就像一个部落，不明白谁是自己的成员。这样一来，任何的暴民，都可能被引进人民议会，他们可能赶走真正的市民，而且俨然以真正市民自居，来决策共和国的事务。

然而，就算是美洲派50个或60个新代表出席国会，众议院的门房，也是很难判别，谁是谁不是国会议员。尽管罗马因为罗马和意大利同盟国的联合而必定受到破坏，然而英国却不可能因为不列颠和他的殖民地联合而受到丝毫损害。反过来，他的组织会因为这个原因而完善；没有这样的联合，反而觉得不完善。

讨论而且决定帝国每个组成成员事务的议会，为了得到正确的情报，应该由各组成员派出的代表。这样的联合，可能不容易实行，执行时会不可能发生困难，我不敢妄断，然而我没有听说有没法克服的困难。主要的困难，可能是来自大西洋两岸人民互相之间的偏见和成见，而且非出于事物的本身。

我们住在大西洋这一边，没有必要担忧美洲代表的增加，会扰乱组织的平衡，不用担忧国王的势力，或民主势力是不是会过度增加。假如美洲代表的人数，和美洲所纳的税成比例，那么受到统治人数将会和统治他们的方法的增长比例恰好成正比，然而统治手段的增加，也将会和受到统治人数的增加，恰好成比例。联合后，君主势力和民主势力，仍然必定和联合之前一样，双方间保持同等的相对实力。

住在大西洋彼岸的人民，担忧他们因为远离政府所在地而可能受到了非常多压迫。他们出席国会的代表，自一开始数量就应该非常多，必然能够非常容易地给他们带来保护，让他避免受到压迫。距离的遥远而且不可能削弱代表对于选民的依存性，前者仍觉得多亏后者的好心，他们才能够得到议员的席位还有该位置给他带来的好处。前者为了持续得到后者对他的好感，必定会充分利用国会议员的权力，申诉在他们那辽远地带民政或军政长官的违法乱纪行为。不仅这样，美洲人民，也仿佛有理由觉得和政府所在地远隔不可能长期保持下去。他们在财富、人口和改良上这样进步快速，可能只要一个世纪，美洲的纳税额将会多于不列颠的纳税额。帝国的首都，很容易会搬迁到帝国内纳税最多的地方。

美洲的发现还有绕好望角到东印度通道的发现，是人类历史上最大并且举足轻重的两大事件。这两件事的影响非常深远；然而自有这两大发现以来，只不过经历了两三百年，在这样短的期间内，他的影响尚不可能全看得出来。这两大事件，究竟是给人类带来利益，还是能够带来不幸，人类现在的智慧，暂时还没法预见。在一定程度上他们联合世界上最遥远的地方，让它们可以互相取长补短，互通有无，增加双方享受到的用品，促进互相之间的产业，他大体上的发展趋势仿佛是有利的。然而，对于西印度与东印度两处的土著人，这两个事件原本能够产生的一切商业上的利益，却被它们所引起的不幸完完全全抵消了。这样的不幸，与其说出自它们的必然，不如说出自偶然。

美洲与东印度通道被发现时，欧洲人凭借他拥有的优势为所欲为，在这些极为遥远地方，做出各种不义的事情。从今往后，这些地方的土著人，可能会日渐强大，欧洲人一天天衰弱，世界上各地的居民渐渐具有同等的勇气和实力。只有这样，才可能互相制约，从而抑制一切独立国的专横，让它们可以互相尊重双方的权利。然而最可以建立这样的同等实力的格局，仿佛就是通过互相传授知识与改良技术了，然而这样的结果，很容易会，没必要说必定会，伴随着世界各国广泛的商业来往而来临。

同时，这两个发现之中的一个重要结果是，它促进了商业体系的发展，让他达到了原本不可能达到的荣耀程度。该主义所追求的目的，如果说是通过土地改良与耕作富国，还不如说通过商业与制造业来富国，如果说通过农业来富国，还不如说通过城市产业来富国。然而这两大发现，欧洲的商业都市，不仅是世界非常小地区的制造业者和贩运者（这个非常小地区，指的是大西洋流过的欧洲各国与波罗的海和地中海周围的国家），而且成为美洲非常多繁荣耕作地区的制造业者，和非洲、亚洲、美洲各地的贩运者，并且在有些方面，还成了这些地区的制造业者了。这样一来，就给他们的产业，重新开拓了两个新世界，任何一个都比过去的世界大得多广得多，其中一个市场，还在日益扩大。

诚然，那些在美洲拥有殖民地而且直接和东印度通商的国家，在这个无比巨大的商业活动中独占鳌头，而且出尽风头。然而其他国家，尽管受到那些令人厌恶的旨在排斥它们的限制的阻碍，却常常从中享受到更大的利益，举例来说，西班牙和葡萄牙的殖民地，对于他国产业所起到的促进作用，就多于对它们自己国家产业所起到的作用。单就亚麻布一项说，这些殖民地的消费，据了解每一年就在300万镑以上，然而我不敢说必然有这么多。然而这个巨大的消费金，差不多一切由法国、弗兰德、荷兰、德国供给。西班牙和葡萄牙只是供给了其中的一小部分。为殖民地供给巨量亚麻布的资本，每一年在那些国家人民中间分配，而且给他们带来收益。消费在西班牙和葡萄牙的，只是这资本的利润，加里斯和里斯本的商人维持他最奢侈的浪费。

甚至一个国家所签订旨在让自己得到所属殖民地的垄断贸易的条例，也常常在较大程度上有害于制定该条例的国家，然而在较小程度上有害于该条例所要防范的国家。对其他国家产业不正当的压迫，反过来（假如我能够这样来说）落在压迫者头上，而且在更大的程度破坏他们的产业。举例来说，依照该条例，汉堡商人一定要把送到美洲去的亚麻布送往伦敦，而且把要送到德国去的烟草，从伦敦带回，因为这些商人没法直接把亚麻布送到美洲，也没法直接从美洲带回烟草。

因为这样的限制，这些商人可能没办法不通过稍稍低廉的价格售卖亚麻布，然而通过稍稍昂贵的价格购买烟草，他的利润可能因此缩减。然而，即便我们可以假定，美洲还款不就像伦敦那么准时——这绝不是事实——汉堡和伦敦贸易，商人资本的往返，可能要比直接和美洲通商快得多。这样而来，排斥汉堡商人，没法直接和美洲通商，反而使汉堡商人的资本，可以在德国持续雇佣大得多的劳动量。这样一来虽可减少他个人的利润，却不可能减少他的国家的利益。然而对英国，情形就完完全全两样了。垄断很容易会吸引（假如我可这样来说）伦敦商人的资本，使其流入对自己更有利而对国家更不利的行业，因为往返资金回笼十分缓慢。

欧洲各国虽都试图用各种不正当方法垄断所属殖民地贸易的一

切利益，然而没有一个国家，除为了捍卫他对殖民地的统治权而承担平时维持和战时所开支的费用之外，而且没法独吞任何利益。由拥有这些殖民地而产生的困难，每个国家各自承担，然而由这些殖民地贸易而产生的利益，却没办法不和其他国家分享。

乍看起来，对美洲大贸易的垄断，仿佛是得到了一种最高价值的东西。在无辨别力的轻佻野心家看上去，在纷杂的政治斗争与战争中，那很容易会成为一种非常值得拼抢的，令人目眩的目的。然而，该目的的炫人外观与巨大量的贸易，使垄断这样的贸易具有有害的性质，换句话说，垄断让一种产业给一个国家带来的利益少于大多数其他产业，它却吸引了比很容易状态下更大多数的国家资本。

在第二篇中我已提到过，一个国家的商业资本，很容易会寻求（假如可这样来说）最有利于国家的投资行业。假如它投在转口贸易上，那么它所属的国家，让它成为所经营的各国货物贸易的中心市场。该资本的所有者，必定愿意尽他所可以，把该货物的大多数，在国内脱销。他这样一来就免了出口的麻烦、风险和费用，而且因为这个缘故，尽管在国内市场，所得价格比出口后所可望得到的价格要少得多，然而所得到利益也比出口后所可望得到的利润要少而他愿意在国内市场卖出他的货物。所以他尽其所能，设法让转口贸易变成消费品对国外贸易。

除此之外，他的资本假如投在消费品国外贸易上，他又必定会为了同一理由，愿意尽他所能，把他准备运输到国外市场上去的国内货物的大多数，在国内脱手，因而竭尽全力，设法让消费品对外贸易变成国内贸易。各国的商业资本，都很容易会寻求近的市场，然而避开远的业务；寻求往返路程近而且次数少的业务，然而避开往返路程远的用途；寻求可以雇佣所属国或所在国最大生产劳动力的投资领域，然而避开仅可以雇佣所属国或所在国最小生产性劳动量的投资领域。总之是，它很容易会寻求在寻常场合最有利于国家的领域，而避开在寻常场合对国家最无利的领域。

这些远距离的贸易，在通常情况，虽然给国家带来利益较少，然而如果其中有某一种贸易的利润，恰巧超出近距离贸易带来的利益，那么这样的高利润，就会把资本从近距离那里吸引过来，总是到各种业务的利润，都回到恰当的水平为止。然而，这样的高利润证明，在社会实际情况下，这样的远距离业务的资本，和其他业务的资本相比显得稍稍有些不足，不仅这样全社会的资本，而且不足依照这样的合适的方式，分配到社会内不同业务领域中。它证明了，有些物品，通过低于应有的价格买入，或通过超过应有的价格卖出，市民之中有某个阶层受到了压迫，他们被迫支付较多或得到较少而没有得到平等状态。这些阶层应该是平等的，而且本是应该非常很容易发展的事情。

同样多资本，投在远距离贸易，和投在近距离贸易上比较，虽然没法雇佣同样的生产性劳动量，然而两者对社会来说是必要的。有非常多由远距离贸易经营的货物，就为非常多近距离贸易经营所必需。然而如果经营这些货物的人的利润，多于了应有的水平，这些货物就会违反应有的程度，通过较昂贵的价格售卖，也就是说，以稍稍多于自然情况下的价格的价格售卖。

这样的高价格，就会让一切从事近距离贸易的人多少受到压迫。所以，他们的利害关系，在这样的情况下，就要求有部分资本，从这样的近距离贸易转到远距离贸易来降低他的利润，通过达到恰当水平，而且降低他们所经营的货物的价格，来达到很容易价格。在这样的不寻常的情况，公共利益，必定要求有部分资本，从大多数时候对公众较有利的贸易中撤回，然后可以投到大多数时候对公众有较少利益的贸易中。在这样的特殊情况下，也就像在一切其他大多数时候的情况一样，个人的很容易利害关系和倾向，恰好符合于公众的利益，让他们从近距离贸易撤回资本，改投入远距离贸易。

个人的利益和兴趣非常容易地会让他们把资本投在大多数时候最有利于社会的贸易上。然而假如因为这样的很容易的倾向，让他们把大量的资本投在这样的贸易上，那么这样的贸易利润的下降，还有其他各种贸易利润的上调，马上会让他们改变这样的错误的资金分配。根本用不着法律干涉，个人的利益和兴趣，很容易会引导人们把社会的资本，尽可能依照最适宜于全社会利益的比例，分配到国内一切不周贸易领域中。

一切商业体系的法规，都多多少少地扰乱自然而且最有利的资本分配比例。然而为美洲贸易与东印度贸易制定的法规：那么比其他任何法规，更加严重地扰乱了这样的比例。因为，这两大洲的贸易活动，所吸收的资本比任何其他两个贸易部门所吸收的都要大。然而，给这两个贸易部门造成极其紊乱的法规，却又不是完完全全同样的。两者都通过垄断为动力，垄断的形式不同。采用这样的或者那种垄断手段，仿佛是商业体系的唯一动力。

在和美洲的贸易中，各国都尽他所能，完完全全阻止其他各国和所属殖民地直接通商试图通过达到垄断他所属殖民地的一切市场的目的，而且完完全全排斥其他各国，让他没法和所属殖民地直接通商。在16世纪的大多数时间里，葡萄牙人试图通过与此同样的方法，控制东印度的贸易，他们声称拥有印度各海的唯一航行权，因为是他们发现了这条通道。荷兰仍持续阻止欧洲其他各国家和他所属香料产岛直接通商。这样的垄断，明显妨碍了欧洲一切其他国家经营原本有利可图的贸易，让它们没办法不通过比它们自己直接从产地输入时略高的价格，购买这些被垄断的商品。

然而自从葡萄牙政权衰败以来，欧洲再没有任何一个国家要求得到航行印度各个海的垄断权了，印度各个海的主要海港，现今对外开放，一切欧洲国家船只都可通航。然而除了葡萄牙与近来的法国，各欧洲国家的东印度贸易，都受到一个垄断公司的控制。这一种垄断，妨害了实行垄断的国家。这个国家大多数人民，不仅从此失去一种原本有利可图的贸易，而且，没办法不以比全国人民都可以自由经营这样的贸易时略高的价格，购买这垄断贸易所经营的货物。举例来说，自从英属东印度公司成立以来，英国其他居民，就不但没法从事这样的贸易，而且须通过较高的价格，购买他们所消费的东印度货物。

这样的垄断让该公司，在售卖这些货物时，获取不寻常的利润；不仅这样，一个大公司处理事物，难免发生弊端，因此而引起不寻常的浪费。这样的不寻常的利润和不寻常的浪费，都得由自己国家购买者承担。所以，第二种垄断的不合理性，比第一种垄断的不合理性更为明显。

这两种垄断都多多少少会扰乱社会资本的自然分配，然而扰乱的方式不一定是一样的。第一种垄断，总是是违反自然情况下的趋势，把大多数的社会资本，吸引到享有垄断权的特殊贸易中。第二种垄断，随着不同的情况有所不同，有时把资本吸引到可以享有垄断权的特殊贸易，有时又阻止资本流入到这样的贸易。在贫穷的国家，那当然是违反自然趋势，把大量的资本吸引到这样的贸易中；然而在富国，那当然是违反自然趋势，阻止非常多资本流入这样的贸易。

举例来说，东印度贸易，假如不是由受到一家垄断公司的控制，就像瑞典和丹麦那样的贫穷国家，可能从来不派一艘船到东印度去。该垄断公司的设立，必定奖励冒险家。他们的垄断权，让他们在国内市场上可以抵挡一切竞争者，然而在外国市场上，他们又和他国贸易者有与此同样的机会。他们的垄断权，等于告诉他们，他们在大量的货物上可十拿九稳地收高利润，在大量货物上，有得到高的利润的机会。没有这样的不寻常的刺激，这些贫穷国家的穷商人，可能不情愿把他们那一点点资本冒险投在就像东印度贸易那么遥远和那么不确定的贸易上。

反过来，就像荷兰那样的富裕国家，可能会在贸易自由的情况下，会派遣比现今更加多得多的船只到东印度去。荷兰东印度公司那些有限的资本，使非常多原本会流入这样的贸易的大商业资本，不流入这样的贸易。荷兰的商业资本非常多，所以连续外流，有的投到外国公债，有的投到外国商人和冒险家的私债上，有的投到最间接的消费品对外贸易，有的投到转口贸易上。

一切近距离贸易都挤满了他们的资本，只要稍有利润近距离贸易领域都有资本投入，在这样的情况下荷兰的资本，必定会流向较远的对外贸易中。假如东印度贸易是完完全全自由的，那可能会吸收大多数过剩资本。东印度为销售欧洲的制造品与美洲的金银和其他产品带来了一个比欧洲、美洲合起来还更为庞大广阔的市场。

每次对资本很容易造成分配比例的扰乱，必定产生对社会有害的影响，不管是违反很容易阻止资本转入到一个特定贸易部门，或是把资本吸收到这个特定的贸易部门。假如没有任何垄断公司，荷兰对东印度的贸易的规模必然会比现在大。它的一部分资本没有能够投到最有利的贸易上，当然是它非常大的损失。与此同样，假如没有任何垄断公司，瑞典和丹麦对东印度的贸易的规模，将会比现在小，可能根本就不存在，它们的一部分资本，投在不适宜它们现今情况的贸易上，当然是它们非常大的损失。

依照它们现在的情况，宁可从别的国家手中购买东印度货物，尽管出价较高，不应该从它们小额资本中，抽出那么大多数来经营那么遥远的贸易，因为那种贸易的往返是那么迟缓，所可以维持的国内生产性劳动量是那么小，然而在它们国内，生产性劳动是那么短缺，有非常多事未曾进行，有非常多事还有待进行。

所以，没有垄断公司，尽管有个别国家没法对东印度进行直接的贸易，然而没法断定应在那里设立这样而来的公司，只可通过所以推定，这样而来的国家，在这样的情况下，不应和东印度直接通商。葡萄牙的经验，充分证明，这样而来的公司，通常说来不是经营东印度贸易所一定要具备的条件。因为，葡萄牙尽管没有任何垄断公司，却差不多完完全全垄断该贸易的时间长达一世纪。

据了解，没有一个商人可以有足够的资本来维持东印度各港的代理人或经理人，让这些人可以为他们不时开往那边的船只备办货物。除非他们能够这样来做，否则寻找待运货物的困难，常常令船期贻误，然而由船期延误所引起的费用，不仅会吃掉贸易得到的利润，还常常会造成非常大的损失。这样的说法，假如能够证明什么，那就是没有一个庞大的贸易部门，能够做到垄断公司来经营，然而这又是和一切国家的经验相反。就一个无比庞大的贸易部门说，任何一个私商的资本，也不足以经营一切主要贸易部门就一定要经营的附属贸易部门。

在一国有资格经营某大贸易部门时，就很容易有些商人投资经营这些主要的部门，然而此外一点商人投资经营他附属部门。这一切贸易部门尽管都有人经营，全由一个商人出资来经营的情况，却十分少见。所以，一个国家，假如有资格经营东印度贸易，很容易有一部分的资本，分别投在这贸易的各个不同部门。在这之中，有些商人会觉得，为了自己的利益，可能需要住在东印度，投入资本，为住在欧洲的其他商人供给货物，货物由他们的船只向外运出。

欧洲各个国家在东印度得到的殖民地，如果可以从这些垄断公司的手里，移到君主直接管理，那就至少可以对于殖民地所属国的商人，是既安全又便易的居住地。假如某个时候，某国自愿投入到东印度贸易的那一部分资本，不足以经营该贸易的各个部门，这就证明，在当时那个时候，那个国家还没有经营这样的贸易的资格，宁可向其他欧洲国家购买所需的东印度货物，尽管价格可能高些，不可能直接从东印度进口这些货物。因为这样的货物价格高而引起的损失，非常少会等于因从其他更必要、更有用或更适宜的贸易中抽出大多数资本经营东印度直接贸易而受到的损失。

欧洲人虽然在非洲海岸与东印度拥有为数众多的殖民地，然而在这些地方，他们却没有建立就像美洲各岛与美洲大陆那么多富庶的殖民地。居住在非洲与几个统称为东印度的国家，都是一些野蛮的民族。然而这些民族，不像可怜无用的美洲土著人那么软弱那么无抵抗力；不仅这样，他们居住地的人口分布要稠密得多。非洲或东印度最野蛮的民族，大部分都是游牧民族，就连好望角的土人也是游牧民族。然而美洲各地的土人，除了墨西哥与秘鲁外，都是猎人。与此同样肥沃和同等面积的土地，所可以维持的游牧人数和狩猎人数，相差却非常大。所以，在非洲与东印度，要想驱逐土著人，而且把欧洲殖民地推广至土著人居住的大多数地方，比较困难。

除此之外，已经指出，垄断公司的这样的天才做法，不利于新殖民地的数量增长，那可能是东印度殖民地迟迟没有什么进展的最主要原因。葡萄牙人经营非洲贸易与东印度贸易，从没有设专营的公司；他们已经在非洲海岸的刚果、安哥拉和本格拉还有在东印度的果阿所建立的殖民地，尽管因为迷信和各种恶政，没有可以得到充分发展，然而总是有些就像美洲殖民地的样子，其中有些地方葡萄牙人在那里已经居住了不止几世几代。荷兰人在好望角、巴达维亚的殖民地，今天看上去算是欧洲人在美洲与东印度建立的最大的殖民地了。这两个殖民地，都拥有得天独厚的地理位置。

好望角的土著人全是野蛮人，就像美洲土著人一样没有抵抗力。除此之外，那里又是欧洲和东印度间的半路客栈——假如能够这样来说——欧洲船只的往返，都一定得在此停留一段时间。这些船只上所需要的各种新鲜水果、食品、葡萄酒，全部由那里供给。单凭这点，就给殖民地的剩余生产物，带来了一个十分广泛的市场。就像好望角是欧洲和东印度各地的半路客栈一样，巴达维亚可以说是东印度各大国之间的半路客栈，它正好处在从印度斯坦到中国和日本的这条繁忙通道上，并且是在此通路的中间，航行于欧洲和中国之间的一切船只，差不多都在巴达维亚停泊。

除此之外，巴达维亚又是所谓的东印度国家贸易的中央主要市场；这里不但包括欧洲人经营的那一部分贸易，还包括东印度土著人所经营的那一部分贸易。这样的有利的地理位置，让这两个殖民地在尽管有垄断公司抑制的情况下能够克服一切困难持续增长。这样的有利的地理位置又使得巴达维亚能够克服另一层困难，也就是说，巴达维亚可能是世界上气候最差的地方。

尽管英荷两国的公司，除了上面所说的两个殖民地，从来没有建立任何大的殖民地，却曾在东印度征服了许多地方。在它们统治新属民的方法上，这样的垄断公司所固有的特征，得到最充分的体现。据了解，在香料出产岛上，荷兰人对于丰年所出产的香料，害怕他的数量太多，没法给他们带来满足的利润，常常把超过的部分加以焚毁。在他们没有曾经拥有殖民地的岛上，他们给采集茴香与豆蔻幼花绿叶的人，发给补助金；那种植物，天然生长在那里，然而因为这样的野蛮政策，现在听说差不多已经绝种了。

据了解，甚至在他们拥有的殖民地岛上，他们也大大减少了这类树木的数量。假如他们岛上的产物，多于了他们市场所需，他们就害怕土著人会把之中一部分运到其他国家，因此，他们觉得，保护垄断的最好方法，就是把产物控制在他们市场所需的范围内。他们曾通过各种压制方法，减少马鲁古群岛中几个岛上的人口，让人数只够通过新鲜食品与其他生活必需品为生，供给他们自己的少数守备队和他们不时来运送香料的船只。然而，在葡萄牙那样的统治下，那些岛屿据了解人烟还非常稠密。

英国的公司还从来没有充分时间在孟加拉建立如此完美的破坏制度。然而他们政府的计划，却有这样的趋势。我完完全全有理由确信，公司分支机构的头脑有时会命令农民掘翻罂粟良田用来栽种稻米或其他谷物。他的借口是为了防止粮食匮乏，然而他真正的理由，却是让他有机会可以通过较好的价格，售卖他手上的大量鸦片。有的时候，他又会反过来命令农民掘翻栽种稻米或其他谷物的良田来栽种罂粟，因为他已经预见到，售卖鸦片可得到不寻常的利润。

公司的职员，为了自身的利益，曾几次试图在一点举足轻重的国外和国内贸易部门中建立垄断。假如允许他们持续这样来做，他们早晚会试图限制他们要想垄断的特殊商品的生产，让他数量不多于他们所可以购买的数量，而且，让他数量可以在售卖时给他们带来自己觉得满足的利润。英国公司的政策，在这种情况下，在一到两个世纪内，就像荷兰的政策一样，产生非常大的破坏作用。

然而，对于作为他们所征服的国家的统治者的这些公司，再也没有比这个更具有破坏性的计划，更直接违反这些公司的利益的了。差不多一切国家统治者的收入，都来自人民的收益。人民的收益愈大，他们土地的劳动年产物愈多，他们可以给统治者缴纳的数额亦愈大。所以，统治者的利益，在于尽可能增加这些年产物。假如一切统治者的利益都在于此，那对那些收益来源主要来自土地租金的统治者，如孟加拉，情况更是这样子。地租，一定要和生产物的数量和价值成比例，然而生产物的数量和价值，一定要取决于市场的范围。他的数量，总是会多少准确地适应有足够的钱购买生产物的人的消费，然而他们所愿给付的价格，总是和他竞争的热烈程度成比例。

所以，这样子的统治者，为着自己利益，应给他国家生产物开拓最大限度的市场，允许最大的贸易自由，通过尽量增加购买者的人数与竞争；而且因为这个原因，不仅应废除一切垄断，还应废除下面几种限制，也就是说，限制自己国家生产物从此地方运往到那地方，限制自己国家生产物输出到外国，限制可以和自己国家生产物交换的任何商品的进口。这样一来，他就最能增加这生产物的数量和价值，所以，最能增加他享有的那一部分生产物，换句话说，最能增加他自己的收益。

然而，由商人组成的公司，仿佛不可能把自己看作统治者，甚至是在他们成为统治者以后，也不可能这样来看待自己。他们仍然觉得，自己的主要业务就是贸易，也就是说，买进后再售出；他们不可思议地觉得，统治者的地位，仅是商人地位的一个附属品，前者应为后者服务，就是说，要让他们能够在印度通过较低价格购入，然后在欧洲售出，而且得到较好的利润。为了达到这个目的，他们试图从他们所统治国家的市场上，尽可能驱逐一切竞争者，至少把所统治国家的剩余生产物减少一部分，让他的数量仅够满足他们自己的需要，换句话说，让他们在欧洲售卖可以得到自己觉得合理的利润。

这样一来，他们作为商人的习惯，差不多必定，可能是悄无声息地让他们在一切场合，宁可得到垄断者较小的暂时的利润，不情愿得到统治者大的永久的收益，并且还会渐渐让他们，就像荷兰人处置马鲁古那样，来处置他们所统治的国家。作为统治者一方的东印度公司的利益在于，运至印度境内的欧洲货物，尽可能通过最低价格卖出，然而从印度输出的印度货物，尽可能通过最好价格或最高价格在欧洲售卖。然而他们作为商人的利益，和此相反。作为统治者，他们的利益，和所统治国家的利益恰好是一致的。作为商人他们的利益和所统治国家的利益就恰好相反。

这样而来政府的一个倾向，就他对欧洲的管理来说，基本上可能是无可矫正的错误，就他对印度的统治者更是这样。这个统治机构，必定等于一个商人协会。商人的职务、无疑是极可尊敬的，然而这个职业，在世界上任何一个国家，都不带有一种能够震慑人民，不用暴力就够让人民自愿服从的权威。这样一个商人协会，只可通过用武力来命令人民服从，所以他们的政府，必定是凭借武力执行命令专横，然而他们的原本职业，是商人的职业。

他们的原本职业，是受到主人之托，到那里去售卖欧洲货物，然后买回在欧洲市场当中所需的印度货物。也就是说，尽可能通过高价把前者售卖，然后通过廉价购买后者，从而尽可能在他们买卖的特定市场，排除一切竞争者。所以，就公司的贸易来说，统治机构的倾向和管理机构的倾向，是同样的。它要让政府从属于垄断的利益，因此而阻抑当地剩余生产物至少之中一部分的很容易生长，使足够满足该公司的需要。

此外，一切公司雇员，都在一定程度上在经营贸易过程中会打自己的小算盘，想要对他们加以限制，那是不可能有任何效果的，这些管理人员，既有经营贸易的手段，他办公地点，又在万里之外，差不多根本不受到主人的监督，想靠一纸命令就让他们放弃一切自己的打算，永远放弃发财的梦想，然而满足于主人发放的，不大可能增加的微薄薪俸不仅这样大多数时候和公司在贸易中得到真正利润一样大，这真是再愚蠢不过了。在这样的情况下，不允许公司雇员为自己打小算盘，除了让上级人员有借口执行主人命令来压迫不幸的下级人员之外，就再不可能有其他的结果了。

这些雇员，很容易会竭力效法公司的贸易，然而设立与此同样有利于他们个人贸易的垄断。假如听任他们为所欲为，他们公开地、直接地建立这样的垄断，而且不允许一切其他人来经营他们要经营的那种货物的贸易。这可能是建立垄断的最好然而又是最不压迫人的方法。然而假如欧洲命令来到，不允许他们这样来干下去，他们就会秘密地、间接地建立这样的垄断，那对国家就有更大的害处。

假如有人干涉他们通过代理人为媒介而秘密经营或至少不公开承认是他们经营的贸易部门，他们就会利用政府的一切权力，而且颠倒是非曲直，做一些控制或破坏。然而公司人员的私人贸易，自比公司的集体贸易可以扩大到多得多的商品种类。公司的集体贸易，仅限于欧洲的贸易活动，仅包含国外贸易的一部分，然而公司人员的，私人贸易，却可推广到一切国内外贸易部门。公司的垄断，仅会阻碍在贸易自由时要输到欧洲去的那一部分剩余生产物的很容易生长。

公司人员的垄断，却将会阻碍他们要经营的一切产物，也就是说，指定供应国内消费或输出的一切产物的很容易生长，结果会破坏全国的耕种业，减少全国居民的人数。这样一来就会让公司人员所要经营的各种产品，甚至是我们的生活必需品，减少到他们能够购买和依照他们预期得到的利润而售卖的数量。

这些公司雇员，因为他们所处地位，必定会采用比他们主人更为苛刻的手段，来保护他们自身的利益，而危害他们所统治的国家的利益。这个国家属于他们的主人，他们的主人当然要相当注意属国的利益。然而这个国家不属于这些管理人员。他们主人的真正利益，假如他们能够了解的话，是和属国的利益恰好一致的；假如主人压迫属国，那他主要是因为他无知和卑陋的重商的偏见。

然而这些管理人员的真正利益而不和属国的利益一致，所以，即便有最完完全全的知识，也不必定会让他们不压迫属国。从欧洲发出的条例，虽然脆弱，然而在多数情况下，都是善意的。在印度的工作人员，他所订的条例，尽管有的时候更为明智，然而可能更缺乏善意。这真是个奇怪的政府，他的管理人员都想尽可能快地离开这个国家，而且尽可能快地和这政府脱离关系。在他们离去而且财产也一切搬出去后，哪怕有地震把那个国家给毁掉，也无关他们的痛痒。

以上所述，并不是诋毁东印度公司雇员的通常品格，更不是诋毁任何个别人员的品格。我所指责的是整个政府的体制，还有这些雇员所处的环境，而不是这些人员的品格。他们的所作所为，正符合他们所处的生活环境；厉声咒骂他们的人，他的行为也不见得会比他们好一点。

马德拉斯与加尔各答市议会，在战争和谈判上，就有好几次采取了果断和明智的行动，就是罗马共和国最鼎盛时代的罗马元老院，也就只能有这个水平。这些市议会成员被培养出来所从事的职业，和战争、政治有非常大的距离。然而，只是他们的环境，无需教育、经验甚至榜样，仿佛就可陶冶他们的环境所要求的伟大品质，让他们具有能力和德行，他们自己可能还不明白自己有这样的能力和德行。所以，他们的环境，假如在某些场合诱使他们干出那样宽宏大量出人意料的行为，那是因为他们所处的环境促使他们干出和上面所说的多少不相对应的行为，是毫不足怪的。

所以，不管从哪一点来说，这样的垄断公司，都是令人讨厌的；对于设立这样的公司的国家，它总是会多少带来非常多不便，然而对于不幸受到这样的公司统治的国家，它总是会多少带来危害。

第八章　关于重商主义的结论

尽管鼓励出口和抑制进口是商业体系建议用来使国家富裕的两大引擎，然而对于某些特殊商品，它仿佛又采取了一个相反的政策：抑制出口鼓励进口。它的最终目的仿佛总是一个，那就是通过贸易顺差使国家富裕。它抑制制造原材料和工具出口，想要以此来让自己国家的工人得到好处，让他们的产品可以在国外市场上比其他国家的制造品售价更低。通过这样的方式来限制少数价格不高的商品的出口，建议出口更多某些价值更大的商品。它鼓励进口制造业的原材料，并且以此让他自己国家人民可以通过比较便宜的成本进行生产，从而阻止更多或价值更高的制造品进口。

至少在我国的法律汇编上我未曾发现任何对生产工具的进口给予过任何形式的鼓励。当制造业发展到必定的程度时，生产工具的制造本身便变成了非常多极其重要的制造业的目的。对这样的工具的进口给予任何特殊的鼓励都将会对那些制造业的利益造成大量的损害。所以，这类进口不仅没有得到鼓励，而且时常是受到限制。这样一来，羊毛梳具的进口，除了是来自爱尔兰的或者是作为失事船中的货物或捕获物而带进来的之外，依照爱德华四世第3年的法令是完完全全不允许的。这个禁令又由伊丽莎白第39年的法令给予延长，而且由他之后的法律所确认并且让之永久化。

那么制造业原材料的进口有的时候通过豁免对他所征收的关税，有的时候通过奖励金给予鼓励。

从几个不同国家进口来的羊毛，从一切国家进口的原棉，从爱尔兰或不列颠殖民地进口的生麻，大多数染料和生皮，从不列颠格林兰渔场进口的海豹皮，从不列颠殖民地进口的生铁和铁条还有几种其他的制造业原材料，假如正式向海关申报，都可受到免征关税的鼓励。我国商人和制造业者依照他个人利益迫使立法当局给予了这些豁免还有制定了大多数其他的商业法规。然而，那些规章是完完全全公正而合理的。而且它们符合国家的需要。它们还可能推广到制造业的一切其他原材料，公众必然将会是得到利益者。

然而，我国大制造业主的贪婪在某些场合已经把这些免税大大地扩展到超出了能够公正地看成加工的原材料的范围。依照乔治二世第24年第46号法令对外国黄麻纱线的进口1磅只征收1便士的轻税，取代以前对它们所征收的高得多的关税。也就是说，帆布、麻纱每磅征收6便士，对一切从法国和荷兰进口的麻纱每磅征收1先令，对一切各种整洁的或英斯科维的麻纱每英担只是征收2镑13先令4便士。然而我国制造业者不久就会对这个减税又感到不满了。

依照同一国王第9年第15号法令，给予每码价格不多于18便士的不列颠和爱尔兰亚麻出口奖励金的同一法律甚至把所征收的对黄麻进口这一小额关税也取消了。然而，制造亚麻纱的一部分不同操作过程中所需的劳动比随后从亚麻纱制成亚麻布的操作中所利用的劳动要多得多。暂且不说亚麻种植人和亚麻梳理工，至少要有三四个纺纱工才可以维持一个织布工的常规工作，织亚麻布所需的整个劳动量的4/5以上是用在纺纱上。然而我国的纺纱工都是穷人，而且，大多数时候是妇女，她们分散在全国各地，没有支持没有保护。我国大的制造业主不是通过卖出她们的产品，而是通过卖出织布工的制成品来获取利润的。就像他们的利益是通过尽可能的高价卖出这些制成品一样，他们的利益也是通过尽可能的低价来收购原材料。

通过强行行使立法当局对他们的亚麻布出口加以奖励，对国外亚麻布的进口征收高关税，还有完完全全不允许国内对某些法国亚麻布的消费，因此他们竭尽可能贵地卖出自己的产品。通过鼓励进口外国麻纱，从而让它和我们自己国家人民所纺的纱进行竞争，就像在竞争中他们竭力通过尽可能便宜的价格收买贫苦纺纱工的成品和压低贫苦的纺纱工的收益一样，他们坚决地压低织布工的工资，同时他们竭力提高制成品的价格或者降低原材料的价格，而绝不是为了工人们的利益，所以我们商业体系主要所鼓励的是为富人和有权势的人的利益而利用的生产劳动。然而为了贫苦和贫穷的人的利益而利用的劳动却经常不是被忽视就是受到压制。

不管是对亚麻布出口所给予的奖励金，还是对外国麻纱进口的免税原本都是只授予15年，然而通过两个不同的法令又给予了一定延长，直至1786年6月24日开始的议会会期终了时失效。

对制造业原材料的进口所给予的奖励金的鼓励总是主要限于从美洲殖民地所进口的原材料。

授予第一批这类奖励金的是大概在本世纪初从美洲进口的海军补给品，这个名目下包括了适用于作船桅、帆桁和牙墙的木材，还有柏油、大麻、松脂和松香油。然而，对船桅木材每吨1磅，对大麻每吨6磅的奖励金后来也逐渐推广到从苏格兰进口英格兰的这类物资。这两种奖励金在它持续存在期间通过与此同样的比率直到它们各自失效时为止没有作过任何修改。对大麻进口的奖励金是在1741年 1月1日终止的，对船桅木材进口的奖励金是在1781年6月24日开始的议会会期结束时终止的。

对柏油、松脂和松香油的进口的奖励金在它们存在期间也同样经历了几次修改。开始时是对每吨柏油4磅的奖励金，对松脂的奖励金同样，对松香油却是每吨3磅。对柏油每吨4镑的奖励金后来只限于那种通过特殊方式制造的柏油，对于其他良好的纯洁的商用柏油进口的奖励金就减少到每吨2镑4先令。对松脂的进口奖励金与此同样减少到每吨1镑，对松香油的进口的奖励金于是减少到每吨1镑10先令。

依照时间的顺序，对任何制造业原材料进口所授予的第二批奖励金是乔治二世第21年第30号法令授予给了从不列颠殖民地进口的蓝靛。当从殖民地进口的蓝靛的价格只有法国上等蓝靛的价格的3/4时，这个法令允许给予从不列颠进口的蓝靛每吨6便士的奖励金。这个奖励金尽管就像大多数其他奖励金一样，只授予一段时间，然而延长了多次，还减少到每吨4便士。按规定它将会于1781年3月25日开始的议会会期终了时失效。

第三批这类奖励金是由乔治三世第4年第26号法令针对从不列颠殖民地进口的大麻、或生亚麻所授予的奖励金。时间大概是我们开始和美洲殖民地时而献殷勤，时而争吵的时候。这个奖励金的授予期为21年，从1764年6月24日持续到1785年6月24日。前7年奖励金为每吨8镑，第二个7年为每吨6镑，然而第三个7年为每吨4镑。此项奖励金没有推广到苏格兰，因为那里的气候（尽管那里有的时候也种植大麻，然而只不过小量而且质量差）非常不适宜于该种植物的生长。假如对苏格兰进口的亚麻也给予这类奖励金将会对联合王国的南部的土产是一种非常大的打击。

第四批这类奖励金是根据乔治三世第5年第45号法令授予从美洲进口的木材。它的持续时间是9年，从1766年1月1日至1775年1月1日。开始的3年期间对进口每120条上等松板发给奖励金1镑；其他的方木每50立方英尺发给奖励金12先令。在第二个3年期间进口每120条上等松板就发给奖励金15先令，进口其他方木每50立方英尺授予奖励金8先令；然而第三个3年进口上等松板120条，发给奖励金10先令，进口其他方木每50立方英尺发给奖励金5先令。

第五批这类奖励金是由乔治三世第9年第38号法令决定授予从不列颠殖民地进口的生丝。它的持续时间是21年，从1770年1月1日一直到1791年1月1日。头7年进口价值100镑的生丝就会授予奖励金25镑，第二个7年进口价值100磅生丝授予的奖励金是20镑，第三个7年进口价值100磅生丝只是授予奖励金15镑。养蚕和缫丝要求那么多的手工劳动，然而劳动力在美洲又是这样贵，别人告诉我就算这样大的一个奖励金可能都产生不了什么重大效果。

第六批这类奖励金是由乔治三世第11年第50号法令决定授予从不列颠殖民地进口的大桶、酒桶、桶板和桶盖板的。持续了9年，从1772年1月1日一直到1781年1月1日。头3年之中每种达到必定数量授予奖励金6镑，第二个3年由原本的6镑减少为4镑，第三个3年却又由4镑减少为2镑。

第七批也是最终一批这类奖励金，是由乔治三世第19年第37号法令决定授予从爱尔兰进口的大麻的。他的授予方式和授予从美洲进口的大麻和没有经梳理的亚麻同样，为期21年。从1779年6月24日持续到1800年6月24日。与此同样，也是分成三段，每段7年。

不仅这样，在每一段时期里从爱尔兰进口的奖励金和从美洲进口的奖励金同样。然而，从爱尔兰进口的奖励金不像从美洲进口的奖励金那样扩展到没有经梳理的亚麻的进口。假如扩展到没有经梳理的亚麻，那就是对不列颠亚麻的种植一个过大的打击，当这个最终的奖励金授予时不列颠和爱尔兰的立法机关互相所处的关系而且不比不列颠和美洲以前的关系更为融洽。然而人们希望对爱尔兰的这个恩惠是在比一切对美洲的恩惠更顺利的情况下授予的。

在从任何其他国家进口那些我们从美洲进口时曾经授予过奖励金的商品时，需交纳相当可观的关税。我们把美洲殖民地的利益看得和母国的利益与此同样重要。把他们的财富一起视同我们的财富。据了解，不论送到那里去多少货币都会通过贸易差额一切返回。不管我们花在他们身上的费用我们绝不可能因它而变得少了一个铜板。从每一方面来讲，他们的就是我们自己的，花在他们身上的费用就是花费在增进我们自己的繁荣上的费用，是对于我们人民有利可图的投资。我明白，我现在已无需再说什么去揭露一个已被致命的经验所充分揭露了的体系的愚蠢。假如美洲殖民地真的是不列颠的一部分，那么这些奖励金完完全全能够被看成是对生产的奖励，而且可能持续受到一切的这些（然而不是对其他的奖励金）奖励金可能受到的反对。

对制造业原材料的出口有的时候是绝对不允许的，有的时候通过高关税加以阻止。

我们的毛纺织业者比其他类工人更为成功地说服了立法当局，让他们相信国家的繁荣有赖于他们特殊行业的成功和扩展。然而他们不通过绝对不允许从其他任何国家进口毛料而得到了对消费者的垄断权，不仅这样，通过与此同样的不允许活羊和羊毛的出口得到了对养羊专业户和羊毛生产者的垄断权。为了保障这个收益所执行的非常多法律的严酷受到了非常公正的抱怨，如对非常多在这些认定他们有罪的法律制定之前长期以来总是被理解为是无辜的行为所处的重罚。然而我们关于收益法的最残酷的法律和我们的商人，制造业者通过大喊大叫从立法机关强制索取的支持他们荒谬而具压迫性的垄断的某些法律相比来说，就要算是温和而适中的了。就像德拉科的法律一样，那些法律能够说是一切用鲜血写成的。

依照伊丽莎白第8年第3号法令，绵羊、羊羔或山羊的出口者初犯没收他的一切货物，还要判1年监禁，然后在集市日在城镇的集市上割掉左手，而且钉在那里示众；如再犯将会判决为重刑犯，处死刑。看上去这项法律的目的是要防止我国羊种在外国繁殖。依照查理二世第13年和第14年的第18号法令，出口羊毛被宣布为重罪，出口者要受到与此同样的重罚并且没收他的一切货物。

为了国家的人道的荣誉我们希望从来没有执行过这些法律条文。然而就我所知，其中的第一项却从来没有直接废除过，并且皇家法庭高级律师霍金斯仿佛觉得它迄今仍为有效。然而，可能能够视为它实质上已被查理二世第12年第32号法第3条所废除，那个条款没有清晰地取消先前法令所处的惩罚，只不过规定一种新的惩处。也就是说，对已出口或试图出口的绵羊每只处20先令的罚款，而且没收所有者的羊只和他对那只船所拥有份额。其中的第二项被威廉三世第7年和第8年第28号法令第4条所公开废除。该条款宣称，“尽管查理二世第 13年和第14年的法律在上面所说的法令中所提到的其他货物中反对羊毛出口，把它看成重罪，因为他处罚过严对冒犯者总是而且没有认真执行，所以当局明令上面所说的法令中关于把该项犯罪定为重罪一事给予废止而且宣布无效。”

然而，不管是由这个比较温和的法令所处的惩罚，还是没有被这一法令所废除的先前的法令所处的惩罚，仍然是非常严酷的。除了没收货物外，出口人每出口或试图出口1磅重的羊毛要被处通过3先令的罚金，它相当于1磅重的羊毛的四五倍的价值。任何商人或其他人一经判罪就没法从他的代理人那里再得到任何属于他的债务或账目。不管他的财产将会怎样，也不管他是不是有能力支付那些重罚，那项法律的用意就是要让他完完全全破产。然而因为大多数的人民的道德没有像这个法律的起草人所想象的那样败坏，所以我还没有听提到过有人曾经趁机利用过这个条款。

假如被判犯有这样的罪行的人在判决后3个月内无力支付这个罚款，他将会被驱逐出去7年；假如他在刑满期前返回原地，他非常可能要按重罪惩处，而且不得享有牧师的恩惠。明白这样的罪行而不报的船主没收他在船上的一切股权和设备。船长和水手明白这样的罪行而不报的，没收他们的一切货物和动产，而且判处3个月的监禁。依照随后的一项法令船长要处以6个月的监禁。

为了阻止羊毛的出口，整个羊毛的内陆贸易处于非常烦琐而具强制性的限制之下。羊毛没法用任何箱子、桶、匣、柜子或其他东西包装，只可通过用皮革或包装布包装，而且，在他的外皮上一定要用不小于3英寸长的字母写上“羊毛”或“毛线”的字样，违者没收一切货物和包装用具，不仅这样，一切人或包装人还须支付每磅羊毛3先令的罚款。在离海岸5英里之内的地方除非是在日出和日落之间的这段时间里，否则不得用马或马车驮载进行陆地运输，违者没收货物与随行马匹和车辆。毗连海岸的小邑对由小邑或经过小邑运出或出口羊毛的人得于1年之内提出控诉，如羊毛价值不足10镑，就罚款20镑。假如价值多于10镑，就处以3倍原价与3倍诉讼费的罚金。对任何两个居民实行判决，就像在盗窃条件中一样法庭一定要通过向其他居民征收罚款来偿还他的费用。并且假如任何人通过轻于这个罚款的条件和小邑私自了结，他就要被判5年监禁，并且，其他任何人能够进行检举，这些规定在整个王国内都有。

然而尤其在肯特和萨基克斯西郡，这些限制更加烦琐。在离海岸10里之内的任何羊毛主在剪毛后的3天一定要向附近海关官员写出书面报告，说明所剪的羊毛数量还有贮放地点。不仅这样，在他把其他任何部分运走之前，一定要与此同样地报告羊毛的捆数和重量、买主的姓名和住址还有羊毛要运往的地方。在上面所说的郡内沿海15里以内任何人在没有向国王提出保证前不得购买羊毛，假如购买了羊毛，他不得把其中任何部分卖出给沿海15里内的任何人。在上面所说的各郡如发现有羊毛运往海边，除非已做出上面所说的保证，否则羊毛被没收，而犯者将会判处每磅3先令的罚金。假如任何人在沿海15里以内存放没有申报的羊毛，羊毛一定要扣押没收；假如在扣押后有人要求认领，他一定要向税务署提出保证；假如他希望审判，那么除了一切其他的罚金之外，他还须支付3倍的诉讼费用。

当对内陆的贸易加上了这些限制时，我们能够相信沿海贸易是不可能非常自由的。任何一个羊毛主运送或试图运送任何羊毛到沿海任何港口或地方，以便可以从那里通过海路运往沿海其他某一地方或港口时首先一定要向试图在那里出口的港口进行登记：包裹的重量、商标和数量，然后才可以把羊毛运至离那个港口5里以内的地方，否则没收羊毛、马匹、马车还有其他车辆，此外还要依照其他现行不允许羊毛出口的法律的规定加以处罚和没收。

然而，这个法律（威廉三世第1年第32号法令）非常宽大，宣称：本法律把不妨碍任何人从剪毛的地方把羊毛运往家中，即便是在沿海5里之内的地方，假如在剪毛后10天，并且在他搬动羊毛之前，签字向附近海关的官员证明所剪羊毛的真正数量还有存放地点；而且在搬运前3日签字向海关官员报告他的意图，方可搬动。一定要保证海运的羊毛是要在申报了的某一港口上岸，而且假如有任何一部分上岸时没有海关官员在场，那么不但羊毛就像其他货物一样没收，而且，与此同样还要招致每磅3先令的附加罚款。

我国的毛纺业主为了表明他们对这些特殊限制和规定的要求的合理，居然信心十足地断言英国羊毛质地独特，超过其他任何国家的羊毛。其他国家的羊毛假如不混合一定数量的英国羊毛就不可能纺织出任何相当质地的毛纺品。没有英国羊毛就织不出高级毛料来。所以，假如英国羊毛能够完完全全不允许出口，英格兰就能够完完全全垄断差不多全世界的毛纺业。这样一来，没有了竞争对手的英格兰就能够想卖个什么价钱就卖个什么价钱，那么，在一个不长的时间内英格兰就能够通过最有利的贸易顺差得到令人不敢相信的财富。这样的学说，就像相当多的人信心十足地断言的大多数其他学说一样，过去、现在仍然是被绝大多数的人深信不疑，差不多被一切对毛纺业不熟悉的人或对毛纺业没有进行过特殊研究的人深信不疑。然而，说英格兰羊毛在每一方面是制造高级呢绒所必需的，这样的说法是完完全全不正确的；事实上英国羊毛完完全全不适宜于纺织高级呢绒。高级毛料完完全全是由西班牙羊毛纺织的；

英国羊毛甚至没法掺到西班牙羊毛中去，要不然就会在某种程度上破坏和降低毛织品的质量。

在本书的前一部分中已经表明那些规定的效果是压低英国羊毛的价格，让他不至于低于现在天然应有的价格，虽然这样，也大大低于了爱德华三世时代的实际价格。当因为联合的结果成为苏格兰羊毛的价格也要屈从于这些规定时，据了解苏格兰的羊毛价格降低了一半。据尊敬的大约翰·史密斯先生，《羊毛回忆录》的非常精确而睿智的作者的观察，上等英格兰羊毛在英国的价格大多数时候低于在阿姆斯特丹市场上卖出的下等羊毛的价格。把这个商品的价格压低到他的天然和正当价格以下，就是这些规定的公开宣称的目的。这样看上去毫无疑问它们产生了人们对它们的预期效果。

可能觉得通过挫伤羊毛的生产、羊毛的降价必定让羊毛的年产量大大降低。尽管没有低于它早先水平，然而已低于目前情况下它可能应有的水平，也就是说，在一个开放而自由的市场下允许他的价格上调到他天然而正当的价格时所应有的产量。然而，我们还是愿意相信羊毛的年产量尽管可能要受到这些规定的一点影响，但是影响不可能非常大。因为生产羊毛并不是牧羊人投入他的劳动和资金的主要目的。而且他不指望从羊毛的价格获取非常多的利润，而主要是指望从羊的躯体的价格中获取利润。然而后者的平均或大多数时候价格在非常多情况下必定能够补偿前者的平均价格或大多数时候价格中的不足。在本书的前面部分中已经提到过，“任何法规只要想降低羊毛或生皮的价格，让它低于它应有的价格，那么在一个进步和文明的国家里就必定会提高鲜肉的价格：在经过技术改良和耕作过的土地上饲养的大小牲畜的价格一定要足够支付地主对改良和耕作过的土地所希望的地租和农场主有理由希望的从经过改良和开垦过的土地上获取的利润。假如没法这样，农场主迅速就会停止饲养它们。所以，凡是通过羊毛和生皮的价格没法支付的那一部分就一定要由躯体部分来支付。前者支付得少，后者就一定要支付得多。至于把这个价格怎样分摊在躯体的不同部位上，地主和农场主而且不关心，只要对他们应该支付的都支付了就行了。所以在一个进步和文明的国家里这些法规对于地主和农场主的利益的影响不可能非常大，尽管作为消费者他们的利益可能会受到食品价格的上涨的某些影响。”所以，依照这一推理羊毛价格的压低在一个进步和文明国家里不可能导致羊毛年产量的任何减少。除非是因为羊肉价格的上涨，可能多少减少对它的需求，结果导致那种鲜肉生产的减少。然而，尽管是这样，它的影响可能也不是非常大。

尽管对年产量的影响可能不很明显，然而能够假设，那些法规对质量的影响必定会是非常大。英国羊毛质量的降低，假如不是低于从前，仍然是低于在目前改良和耕作情况下天然应有的质量。可能觉得，这个降低的程度必定是和价格的压低成比例。因为质量取决于羊种、取决于牧草还有对绵羊的管理和卫生状况。在羊毛生长的整个过程中，完完全全能够对上面所说的情况的关注绝不可能多于羊毛价格按比例所可能给予所需劳动和费用的补偿。

然而，事情是这样的，羊毛的良好品质在很大程度上取决于牲畜的健康、发育和躯干。对于躯体的改良所给予的关注在某些方面也就与此同样足够促进对羊毛的改良。尽管价格被压低了，英国的羊毛据了解在本世纪的进程中已得到了大大的改良。假如羊毛的价格更好一点，这个改良也会更大一点；尽管价格低可能阻碍了羊毛的改良，然而必然的是它没有可以完完全全阻止羊毛的改良。

所以，这些规章的苛暴看上去并没有可以像所预期的那样影响羊毛的年产量和品质（尽管我觉得它对后者的影响很有可能大大地多于对前者的影响）；生产羊毛的人的利益尽管必定要受到某种程度的损害，然而总的来说，看上去所造成的损害要比可能预想的小得多。

这些思考而且没法充分证明绝对不允许羊毛出口是有道理的。然而它们能够充分证明对羊毛出口征收重税是有道理的。

单纯为了促进某一阶层公民的利益而不为别的目的，但是在任何程度上伤害任何其他一个阶层的公民的利益，明显是公然违背君主应对他的不同阶层的臣民一律公正平等对待的原则的。然而不允许羊毛出口必然在某种程度上要损害羊毛生产人的利益，然而他只不过是为了促进制造业者的利益。

不同阶层的任何一个公民都应做出贡献支持君主或联邦，只要对每托德的羊毛出口征收5先令或10先令的税，就可以给君主产生一笔相当可观的收益。而且，它对羊毛生产人的利益的损害多少要比不允许出口少些，因为它不可能把羊毛的价格降低这么多。同时它对制造业者也可带来充分的好处，因为他尽管不可能像有禁令时那样便宜地收购羊毛，然而他至少仍然能够比任何外国制造业者购买的价钱要便宜5或10先令1托德。除此之外，还节省了运费和保险费用，这些是外国制造业者一定要支付的。不可能设计出一种税收，它既可以为君主产生相当可观的收益，同时又不对任何人造成一点不便。

尽管一切的处罚捍卫着禁令，然而禁令仍然阻止不了羊毛的出口。大家都明白，羊毛大量地出了口。国内价格和国外市场价格之间巨大的差价强烈地诱惑着人们从事走私，致使严酷的法律也阻止不了它。然而非法的出口除对走私者有利外，无利于任何人。合法出口所交纳的税通过给君主带来收益，还有因此而免征其他某些可能更为繁重和更为不便的赋税，证明对国家一切不同的臣民都有利。

制造和清洗毛纺织物所必需的漂白土的出口总是就像羊毛的出口一样受到差不多与此同样的处罚。哪怕是公认的和漂白土不同的烟管土，也因为他们的相似还有因为漂白土有的时候可能当作烟管土出口而总是受到与此同样的不允许和惩罚。

依照查理二世第13年和第14年的第7号法令，不仅是生皮，还有鞣革也不允许出口，只有已制成的靴子、鞋和拖鞋例外。因此这个法令不顾畜牧业者和鞣革人的利益而给予制靴者和制鞋匠一定的垄断权。依照随后的法律我们的鞣革人通过每英担（重112磅）鞣革交纳1先令的轻税才从这个垄断中解脱了出来。当鞣革出口时，与此同样，他们能够得到对他们的商品所征的货物税的2/3的退税。一切皮革制品能够免税出口。除此之外，出口人还有权要求退还所交纳的一切货物税。

我们的畜牧业者却依然要屈从于过去的垄断。畜牧业者双方相距非常远，分散在全国不同角落，没有非常大的努力不可能联合起来对自己的同胞建立垄断，也不可能把自己从别人强加在他们身上的垄断中解脱出来。各行各业的制造业者在一切的大城市里集合成了数量众多的团体，他们能够轻而易举地联合起来。甚至牛角也不允许出口。在这一点上，制角和制梳两个无足轻重的行业也就享有了对畜牧业者的垄断权。

通过不允许或是征税来限制部分加工，然而没有加工完成的制成品的出口而不是对皮革制品所采取的非常措施。为了让商品适宜于立即使用和消费，只要还有什么事情没有完工，我们的制造业者们就觉得他们应该去把它做完。毛线和绒线也是不允许出口的，它们的处罚和羊毛一样。甚至白毛料的出口也要纳税，我们的印染业者迄今也总是享有对我们呢绒业者的这样的垄断权。我们的呢绒业者可能能够保卫自己反对这样的垄断，然而事情是我们大多数的呢绒业者本身又是印染业者。表壳、钟壳和钟表针盘一直也是不允许出口的。看上去，我们的造钟人和制表人不情愿通过和外国人的竞争来提高这样的手艺的价格。

依照爱德华三世亨利17世还有爱德华六世的某些老的法令，一切金属的出口都是不允许的，只有铅和锡是例外。可能是因为这些金属过于丰富。在那些年月王国的相当大多数的贸易就是由这些金属的出口构成的。同时，为了鼓励采矿业，威廉和玛利第5年17号法令废除了原来由不列颠矿石炼成的铁、铜和白铁出口的限制。

外国还有不列颠各种铜块的出口后来通过威廉三世的第9年和第10年第26号法令得到了允许。然而所谓制枪金属、制钟的金属还有钱币鉴定人的金属仍然不允许出口。各种各样铜制品那么能够免税出口。

那些没有完完全全不允许出口的制造业的原材料在非常多情况下都被征收了相当重的税。

乔治一世第8年第15号法令宣布依照以前的法令被征收赋税的一切出口货物，一切不列颠的产品或制品均给予免税。然而，以下货物除外：明矾、矿石、锡、铅、铝、鞣革、绿矾、煤炭、白呢绒、菱锌矿、梳毛机、各种畜皮、胶、兔毛或野兔毛，马匹和氧化铝。假如我们把马匹排除在外，那么剩下的就全是制造业的原材料，或是半制成品（它们能够看成进一步加工的原材料）或生产工具了。这项法令让它们持续被征收以前对它们征收的各种税，也就是过去的补助税和1%的出口税。

依照同一法令对非常多外国染料的进口给予免税。然而，后来又对其中的每一种出口时要征收一定的税收。诚然，不是非常重的一种税。看上去我国的染匠当他们觉得为了鼓励染料的进口，免税是完全符合他们利益的；与此相同，他们觉得对它们的出口给以某种不大的打击也是符合他们的利益的。然而提出这样著名的商业创见的贪婪也极可能让它达不到自己的目的。因为它必定教会进口商比他们原本的做法更加小心谨慎：他们的进口不应多于供给国内市场所必需的数量。国内市场就可能时刻处于一种比较匮乏的状态，这些商品假如出口和进口都给予与此相同自由的话，价格也可能时刻变得比它们原本应有的价格要高一点。

依照上面所说的法令，塞内加尔胶或阿拉伯胶被列入染料之内能够免税进口。诚然，在它们重新出口时要征收小额的磅税，大概每英担3便士。法国在那个时候享有对位于塞内加尔附近盛产这些染料国家的专营贸易权，然而英国市场不可能通过直接从产地进口得到供应。因为这个原因，通过乔治二世第25年的法令塞内加尔胶能够从欧洲任何一地进口（和航海条例的本旨大相违背），然而因为这个法令而且不想鼓励这样的和英国商业政策的基本原则大相径庭的贸易，因此它对这类进口每英担征收10先令的关税，并且这个税在以后出口时分文不予退还。

1755年战争的胜利带给了不列颠对法国从前享有的对那些国家的同样的专营贸易权。和平一恢复，我们的制造业者就竭力利用这样的好处，针对种植人和这样的商品的进口建立了对于自己有利的垄断。因之，依照乔治三世第5年第37号法令，从大英帝国的非洲领地塞内加尔出口的胶，只限于运往不列颠，不仅这样要受到不列颠在美洲和西印度殖民地所列举的商品与此同样的限制，遵守与此同样的规章，实行与此同样的没收和处罚。诚然，它的进口只需交纳每英担6便士的税，然而它的重新出口每英担需交1镑10先令的重税。我们制造业者的意图就是：那些国家产品应该一切出口不列颠。目的是让英国制造业者能够用他们自己的价格来购买它，而且让之中任何一点也没法再次出口。因为出口费用之高把足够阻碍出口。然而，他们在这一点上的贪婪就像在其他非常多场合上所表现出的贪婪一样没有可以达到他们的目的。

这么重的税给走私带来了非常大的诱惑力，以至于大量的这样的商品私下里被运送了出去，可能出口到了欧洲一切制造业发展的国家，特别是荷兰；不仅从不列颠，不仅这样，还从非洲也走私到了荷兰。对于这一点，乔治三世第14年第10号法令把这个出口税降低到每英担5先令。

在征收过去的补助税的税则表中，海狸皮的估值为每张6先令8便士，在1722年对它的进口所征的各种补助税和进口税大概为他估值的1/5，或者是每张皮16便士；除去过去的补助税的一半，大概计2便士外，其余一切在出口时退还。对这样重要的一种原材料所征收的税总是被觉得是太重了，因此在1722年税率降低到2先令6便士，不仅这样之中的一半在出口时退还。同次战争的胜利让海狸最大的生产国被置于不列颠管辖之下，海狸皮被列入美洲只可通过向不列颠市场出口的商品名单之中。我们的制造业者想起他们能够利用这个情况所带来的好处，因此在1764年把海狸皮的进口税降低到每张1便士，然而出口税却提高到每张7便士，而且，还不退进口税。依照同一法令对海狸毛或子宫的出口每磅征收18便士的出口税，对该商品的进口税没有作任何变动，当该商品由不列颠进口，不仅这样，由不列颠的船只装运时，当时对该商品所征进口税是在每张4便士到5便士之间。

煤能够被看成原材料，又可被看成生产工具。因之，对煤的出口税总是达到现在的（1783年）每吨5先令以上，或者每查尔伦（纽卡斯尔衡制）15先令以上。这在绝大多数场合都超过该商品在煤矿井口或甚至出口装运港口的原始价格。

然而，正式的生产工具的出口大多数时候都是受到限制的，不仅是受到高关税的限制，还受到严格的不允许。所以，依照威廉三世第7年和第8年第20号法令第8条款，织手套或织袜子的机架或机身是不允许出口的，违者会受到处罚，不仅没收出口或试图出口的这样的机架或机身，而且罚款40镑；其中的一半上交国王，一半发给揭发和提出控诉的人。依照乔治三世第14年第71号法令通过与此同样的方式对棉织业、麻织业、毛织业和丝织业所利用的一切用具一律不允许向外出口，违者给予处罚：一切没收他的用具而且对冒犯者罚款200镑，与此同样对知情而又让这样的用具装船的船主罚款200镑。

当对死的生产工具的出口都施加这样重罚时，也就不可能还指望技工的出口是自由的了。因而，依照乔治一世第5年第27号法令，凡是被判有引诱不列颠的或不列颠任何制造业中的技术工人去外国做工或传授技艺者，初犯要处罚不多于100镑的罚金而且监禁3个月，直至罚金付清时为止；对于重犯者所处罚金的多少由法庭裁定，而且监禁时间为12个月，直至罚金付清为止。依照乔治二世第23年第13号法令，罚款加重了，初犯改为每引诱一名技工罚款500

镑，监禁12个月，直至罚款付清时为止；重犯罚款为1000镑，监禁2年，直至罚款付清时为止。

依照以上两项法令中的第一项，在证实某人曾经引诱过任何技工，或任何技工已许诺或签约前往国外工作，这样的技工一定要提出保证听任法庭裁定；在他没有提出这样的保证以前，不得前往海外，而且得由法庭拘禁。

假如任何技工已到了海外，还在那里工作或传授技艺，由王国派驻在国外的大使或领事，或由当时的国务大臣之一向他提出警告后，假如他在接到这样的警告后6个月仍不返回王国，并且他坚持持续居住在国外，从而他被剥夺他在王国内一切财产的继承权，同时他没法充当任何人的遗嘱的执行人或财产管理人，没法在王国通过继承、遗赠或购买而拥有任何土地。与此同样他自己的一切土地、货物和动产要一切没收上交国王，然而他本人那么被宣布为一个十足外侨，不受到国王的保护。

我想无需说明，这些规章和吹嘘的公民自由是如何相违背，并且我们老是爱因那个自由而受到这样强烈的嫉妒，然而在这样的情况下，那个吹嘘的自由却被这样坦率地为了我们商人和制造业者的徒劳的利益而放弃了。

一切这些规章值得称赞的动机都是在扩张我们自己的制造业，而不是通过它们自身的改良，是通过压制我们一切邻邦的制造业，同时通过尽可能地对和这样的可憎的令人讨厌的竞争者的麻烦的竞争来发展我们自己的制造业。我们的制造业老板可能觉得他们把他们同胞的一切才智垄断起来是合理的。尽管在某些行业，通过限制在一个时期内能够雇佣的学徒的人数还有通过在各行各业强制实行长学徒制，他们竭尽全力把他们各自行业的知识限制在尽可能少的一批人手中，同时他们也不情愿这少数的人到国外去把他们的知识传授给外国人。

消费是一切生产的唯一终点和目的。只有在一定要促进消费者的利益时，生产者的利益才应该受到关注。这个格言的意思是这样的不言而喻，再想去证实它就会显得荒谬。然而在这个商业体系中消费者的利益差不多总是为了生产者的利益然而被放弃了。而且仿佛把生产而不是把消费当作一切产业和商业的最终归宿和目的。

在对能够和我们自己国家生产或制造品进行竞争的一切外国商品的进口限制中国内消费者的利益是明显地为了生产者的利益而被放弃了。完完全全是为了后者的利益，前者总是一定要支付由这个垄断经常所引起的抬高了的价格。

对生产者的某些产品的出口所发放的奖励金完完全全是为了生产者的利益。国内消费者一定要首先支付为支付奖励金而征收的税；然后，因为国内市场商品价格的提高而必定征收更大的税费。

依照同葡萄牙缔结的商务条约，消费者因为高关税的阻碍而没法购买邻国一种我们自己国家气候所没法生产的商品，然而一定要购买远方一个国家生产的产品，尽管人们都公认远方国家生产的这样的产品在质地上远逊于邻国生产的产品。国内消费者却没办法不忍受这样的不便，通过让生产者可以在比他原可能有的更有利的条件下向那个远方国家出口他自己的某些产品。不论那些产品因为上面所说的强制性出口在国内市场上可能引起的价格提高了多少，消费者也没办法不支付。

然而在为管理我国美洲和西印度殖民地而建立的法律体系中消费者的利益也是完完全全为了生产者的利益而被放弃了。不仅这样，这些规章比我国一切其他商业规章所包括的更加广泛，消费者的利益放弃的也更大。建立一个大帝国的唯一目的就是培育这样一个消费者国家，那些消费者没办法不在我国不同生产者的店铺中购买我们不同生产者所可以向他们带来的一切产品。为了这个垄断可以向我们的生产者带来这一小小的加价，国内消费者就不得承担维持和保卫那个帝国的一切费用。

为了这个目的，也只是为了这个目的，在上次战争中耗去了2亿镑以上的金钱，多于了在以前一切战争中为了同一目的所耗费的一切，此外还举借了17000万镑以上的新债。单是这项债款的利息就不仅多于从对这个殖民地贸易的垄断中所可能假设得到的一切非常利润。多于那部分贸易的一切价值，或者说多于每一年平均向那些殖民地出口的货物的一切价值。

要确定谁是这整个商业体系的设计人可能并不非常困难。我们能够相信，绝不是他自身利益全然被忽视的消费者，而是他的利益总是受到了这样小心的关注的生产者；然而在这后一阶级中我们的商人和制造业者总是主要的设计师。在本章所注意到的商业规章中我们制造业者的利润总是受到最特殊的关注；然而总是为它做出放弃的，与其说是消费者的利益倒不如说是其他某些种类生产者的利益。

第九章　论重农主义学说

把土地生产物看成任何一个国家收益和财富的唯一来源的体系，就我所知，还没有任何一个国家这样做过。不仅这样，现在它也只不过存在于法国几个大学问家的思考之中。对一个从来没有可能也永远不可能对世界的任何一部分造成任何伤害的体系的错误必然也不值得去作详尽的研究。然而，我将竭力尽可能清晰地说明这个非常天才的体系的要点。

路易十四的著名大臣科尔伯特是一位非常正直、非常勤勉和知识渊博的人，而且，对公共账目的检查极富经验且眼光敏锐，总而言之是一个在每一方面都具有能力把公共收益的征收和支出管理得井然有序的人。不幸的是这位大臣信奉商业体系的一切偏见，那是一个在性质和本质上都受到限制和调控的体系。这类体系不可能不合于一个在事业上辛勤操劳的人的心意，因为他已经习惯于调控政府机关各个部门的工作，对于每个部门建立必要的检查的控制，让它们各司其职。

他竭力用对政府各个部门所采用的模式来调控一个大国的工业和商业。因此他不允许每个人在平等、自由和公平的条件下自由地依照自己的方式去追求利益，却给予某些工业部门一些特权，然而对某些部门却又施加某些严格限制。就像其他欧洲的大臣一样，他不仅更加热衷于鼓励城镇的工业（和农村的工业相比），而且为了支持城镇工业，他甚至宁愿抑制和压制农村工业。

为了让城镇居民的食品便宜，他鼓励制造业进行对外贸易。他全然不允许谷物出口，从而让农村居民没法把他们的产品中十分重要的一部分运往任何一个国外市场。这个禁令再加上法国古代各省法令中对谷物运出的限制，还有差不多一切各省对耕作者所征收的沉重的赋税都在很大程度上挫伤和压制了法国的农业，让它远低于在这样土地肥沃、气候宜人的条件下自由发展的水平。在全国各个地区也都能够感受到这样的挫伤和压抑的状况。关于他的原因的大部分调查已着手在进行。他的原因之一，看上去就是科尔伯特先生的各种制度给予城镇工业比农村工业的优惠。

有句谚语说：假如枝条一面弯得太多，要把它变直，你就一定要把它往另一面弯得与此同样的多。那些提出农业是任何一个国家的收益和财富唯一来源的体系的法国哲学家好像是采用了这个格言；就像在科尔伯特先生的计划中，城镇的工业和农村的工业相比之下必然是被过高地估计了一样，在他们的体系中城镇工业看上去又必然是与此同样地被低估了。

他们把为国家的土地和劳动的年产物在任何一个方面做出了贡献的不同阶层的人民划分成三个阶级。第一个是土地拥有者阶级；第二个阶级是耕作者、农民和农村劳动者阶级。他们给这些人加上生产者阶级的光荣称号；第三个阶级是工匠，制造业者和商人，他们用非生产阶级这个带有羞辱性的称号，来竭力贬低他们。

所有者阶级对年产物的贡献是通过他们有的时候投在改良土地、建筑物、排水沟、围墙和其他改良上的费用；他们或者在土地上建筑这些设施或者是维护这些设施，不仅这样，通过它们让耕作者可以用同等的资金提高产量，因而也可支付更大的地租。这样提高的地租能够被觉得是所有者在改良他的土地中所投入的费用或资金所应得的利息或利润。这样的开支在这个体系中叫作土地费用。

耕作者或者是农民对年产物所做的贡献是通过他们投在耕作土地的费用，在这个体系中叫作原始的和常年的费用。这个原始费用包括农具、牲畜、种子还有农民的家庭、雇工和牲畜在他从事耕种的第一年的大多数时间或者直到他可以从土地上收回某些回报时的生活费用。而常年的费用包括种子、农具的损耗、农民的雇工、牲畜的每一年生活费还有农民家人中能够被看成耕作中的雇工的人的生活费用。

在土地生产物中交付地租后剩余归他的那一部分，首先应足够弥补在合理的时间内，至少在土地耕作期间他一切原始费用还有资金的寻常利润；其次应足够弥补他一切常年费用还有资金的寻常利润。这两类费用是农民用于耕作的两大资金，除非这些资金按时返回，而且附有合理的利润，他就没法和其他行业处于平等的地位而持续经营他自己这个行业。同时，从他自己的利益思考，他必定会尽可能放弃这个行业，去寻找另一行业。让农民能够持续生产所一定要利用的那一部分土地产物应该看成用于耕作的专款，假如地主侵犯了这个专款，他必定会减少他的土地的生产物，而且在不多的几年里他不仅会让农民无力支付和土地年产值同等的租金，不仅这样没法支付他原本完完全全能够得到的合理的地租。正当属于地主的地租只不过在完完全全支付了以前为提高总产或是一切土地产物所支付的必要的一切费用之后的净产物。

是耕作者的劳动在完完全全支付了一切必需的费用后带来了这样的净产物，所以这个阶级在这个体系中被非常尊敬地称为生产阶级。依照同一理由，在这个体系中他们的原始的和年度费用被称为生产费用，因为它们在补偿自身的价值后，还可以让这些净产物每一年再生产。

所谓的土地费用，或者说地主投在改良自己土地上的费用在这个体系中也被尊称为生产费用。直至一切这些费用加上资金的寻常利润通过他从他土地上所得到的预付地租完完全全偿还以前，这个预付的地租应该被教堂和国王都看成神圣的和不可侵犯的，而且对它不应征收什一税或其他税。假如不是这样的话，阻碍了土地的改良，也就阻碍了教堂什一税以后的增长，阻碍了国王税收的以后的增长。因为这个原因，在事情井然有序的状态下，这些土地费用在完完全全再生产了他自身的价值外，在必定的时期后会带来净产物的再生产，它们在这个体系中被看成生产费用。

然而，地主的土地费用还有农民的原始的和年度的费用是这个体系中唯一的三个被看成生产的费用。一切其他的费用和一切其他阶层的人，甚至那些在人们的寻常的理解中被看成最可以生产的人在这个账户上均被看成完完全全是非生产的。

在人们的寻常理解中，工匠和制造业者，尤其他们的劳动是大大地增加了土地原生产物的价值的，然而在这个体系中却被看成完完全全非生产阶级。据了解，他们的劳动仅仅补偿了雇佣他们的资金的寻常利润。这个资金包括材料、工具还有他们的雇主预付给他们的工资；而且这个资金是预定用来雇佣雇工和维持他们的基金。那么他的利润是预定用来维持他们的雇主的生活的基金。

他们的雇主就像预付给他们工作所需的用来支付材料、工具和工资的资金一样，他也预付给自己一部分维持他自身生活所必需的费用，他维持自身生活的费用大多数时候和他所指望的通过他们的产品所可以创造的利润成比例。除非他们的产品的价值能够偿还他预支给自己的生活维持费用还有他预付给工人的材料、工具和工资，要不然他的价格就没法偿还他对产品所投入的一切费用。所以，制造业资金的利润不像地租，不是在完完全全支付为了取得利益所一定要投入的一切费用后所剩下的净产物，农民的资金给他生产的利润就好像制造业主的资金给制造业者生产的利润一样。然而农民的资金还给另一个人生产地租，这一点制造业主的资金就没有。所以，投入雇佣和维持工匠和制造业者的费用，假如能够这样说的话，只不过是让他本身价值持续存在，并没有产生任何新的价值。所以它全然是一种非生产性费用。相反，投在雇佣农民和农村劳动者身上的费用除去持续保持了他本身价值的存在外还产生新的价值，也就是说，地主的地租。所以它是生产费用。

商业资金和制造业资金都是不生产资金。它只不过让他的自身价值持续存在，没有生产任何新的价值。它的利润只不过补偿了投资人在运用它的期间或者直到他收回资金之前所预付给自己的生活费用。这个利润只不过对投资人在运用资金时所一定要投入的费用

的部分补偿。

工匠和制造业者的劳动对于土地原生产物的一切年产量的价值来说，从来没有增添任何东西。诚然，它大大增加了对土地原生产物某些特殊部分的价值。与此同时，它引起的对其他部分的消费等于它附加在那些部分的价值。以至于在任何时候，总额的价值丝毫没有因上面所说的增值而增大。

举例来说，制作一对花边的人有的时候可以把只值1便士的亚麻的价值提高到30镑。乍一看他好就像以此把部分原生产物的价值增加了大概7200倍，事实上他对天然生产物全年总量却没有增加半点价值。织一对花边可能要花费他2年的劳动。然而花边完成时他得到的30镑只不过是对他从事织花边的2年期间为自己所垫付的生活费的补偿。通过每天、每月或每一年的劳动，他对亚麻所附加的价值只不过是对他在那一天、那一月或那一年所消费的价值的补偿。所以他从来没有对土地原生产物的总额增加任何价值。他持续连续消费的那部分产物总是永远等于他所连续生产的价值。在这个昂贵而无关紧要的制造业中，所雇佣的大多数人的贫穷能够让我们相信在大多数时候的情况下他们工作的价格不可能多于他们生活费用的价值。农民和农村劳动者的工作却不是这样。在大多数时候的情况下，地主的地租就是在完完全全补偿了一切消费、补偿了投入在雇佣和维持工人和他们的雇主的一切费用后总是在持续连续生产的价值。

工匠、制造业者和商人只节省来增加社会的收益和财富，或者就像这个体系所说的，通过使食品匮乏，也就是说通过剥夺一部分本来想要用于维持他们生活的基金才可以增加社会的收益和财富。他们每一年生产的除了那些基金，再无其他。所以，除非他们每一年节省其中的部分，除非他们每一年剥夺自己的某些享受到社会的收益和财富，通过他们的劳动绝不可能有任何一点增长。

相反，农民和农村劳动者能够完完全全享受到预定用于维持他们生活的一切基金，同时还可增长社会的收益和财富。除了预定用于维持他们生活的费用，他们的劳动每一年可带来一个净产值；这个净产值的增长必定让社会收益和财富增长。就像法国或英国这样的国家，它们拥有大量的所有者和耕作者，能够通过勤劳和享受到致富。相反，就像荷兰和汉堡这样一部分主要是由商人、工匠和制造业者构成的国家，它们只能够通过节省和生活的匮乏来达到富裕。因为国家的处境不同，国家的利益也十分不同，人民的寻常性格也大不同样。自由、坦率和友好很容易地成为前一类国家中人民的寻常性格中的一部分。在后一类国家中，构成他的人民寻常性格中一部分的便是狭隘、无耻和自私，讨厌一切社会娱乐和享受。

商人、工匠和制造业者这些非生产阶级完完全全是靠此外两个阶级——拥有者阶级和耕作者阶级的费用来维持与雇佣。后两个阶级给前一个阶级带来加工的材料和维持生活的基金，供给他们在雇佣期间所需要消费的谷物和牲畜。拥有者和耕作者最终还要支付非生产阶级的一切工人的工资，还有他们一切雇主的利润。这些工人和他们的雇主事实上就是所有者和耕作者的仆人。就像在室内工作的家仆一样，他们是在户外工作的仆人。然而，前者和后者都与此相同是由同一主人所供养。两者的劳动与此相同都是非生产的。它对土地的原生产物的总值不增添任何东西。它不仅没法增加那个总值的价值，而且是之中一定要支付的一个费用。

然而，这个非生产阶级不但有用的，而且对于其他两个阶级还大有用处。通过商人、工匠和制造业者的勤劳，所有者和耕作者用比他们自己应投入的少得多的劳动产品既能够购买到他们需要的外国货物，又可购买到他们自己国家的制造品。假如他们想要用笨拙而不熟练的方式自己去进口外国货物或者制造自己国家制造品供自己利用的话，那么他们就一定要花费大得多的劳动，然而借助非生产阶级耕作者就可免去非常多操劳，否则那些操劳将会让他们分心没法专注耕作土地。没有分心然而可以专心一致地耕作造成的产品的优势完完全全足够支付耕作者或他们自己维持和雇佣非生产阶级所需的一切费用，商人、工匠和制造业者的劳动尽管就他本质而言完完全全是非生产的，然而它通过这样的方式间接地增加了土地的产品。他们的劳动会是生产性劳动的生产力可以自由地专用于他本身的工作上，也就是说，土地耕作上；因此耕作这一职业常常因为不通过耕作为业的人的劳动然而经常变得更加轻松和耕作得更好。

从任何一方面讲，限制或挫伤商人、工匠和制造业者的勤劳从来就不可能符合所有者和耕作者的利益。这个非生产阶级享受到的自由越大，构成这个阶级的一切不同行业的竞争就越激烈，其他两个阶级就会得到更便宜的供应，不管是外国货物，还是自己国家的制造品。

压迫其他两个阶级从来也不可能符合非生产阶级的利益。土地的剩余产品，在先后去掉了耕作者和所有者生活维持费用后的剩余物后，维持和雇佣了这个非生产阶级。这个剩余物越多，它把维持和雇佣的那个阶级也必定更多。建立完完全全的公正、完完全全的自由和完完全全的平等是最有效地保障一切这三个阶级的最高程度的繁荣的其他简单的秘密。

就像荷兰和汉堡这些商业国家，主要是由商人、工匠和制造业者构成了这个非生产阶级，是通过与此相同的方式由土地所有者和耕作者的费用维持生活而且受雇于他们的。唯一不同的是那些所有者和耕作者（之中绝大多数）远离靠他们带来加工材料和生活基金而身居极不方便的遥远地方的商人、工匠和制造业者，他们是其他国家的居民和其他政府的臣民。

然而，这样的商业国不仅有用，而且对其他国家的居民也大为有用。它们在某种程度上填补了一个非常重要的空缺，填补了商人、工匠和制造业者的位置，那些国家的居民原本应该是在自己国家能够找到这些人的，然而因为他们政策的某种缺点在国内没有方法找到。

通过对和他们的贸易或向他们带来的商品征收高关税来挫伤或压抑这些商业国家的工业从来就不是农业国家的利益，假如我能够这样来称呼那些国家的话。通过让那些商品变得昂贵的关税，只可能让他们自己国家土地剩余产物的实际价值在和那些商品的价值进行交易时降低。这样的关税只可以阻碍剩余产物的增加，因而也阻碍他土地耕作的改良。相反，提高剩余产品的价值，刺激他增长，因而促进他们土地耕作的改良，最有效的应急措施是允许一切这类商业国家最完完全全的自由贸易。

这样的最完完全全的自由贸易甚至是最有效的应急措施，在恰当时机能够为他们带来在国内缺乏的工匠、制造业者和商人，通过最恰当和最有利的方式填补他们感触非常深的那个非常重要的空缺。

土地剩余产物的连续增加到了恰当时机把创造一个比按寻常利润率所可能投入土地改良和耕作的资金更大的资金。然而他剩余部分又很容易地投入到雇佣自己国家的工匠和制造业者身上。这些工匠和制造业者在国内找到了他们工作的材料和维持生活的基金，即便技艺差很多，他们也就可能就像那些商业国家的工匠和制造业者一样便宜地进行生产。因为那些商业国家的工匠和制造业者一定要从遥远的地方去得到材料和生活基金，即便因为缺乏技术他们可能开始有一段时间没法那么便宜地进行生产，然而在国内找到了市场，他们便能够像那些商业国家的工匠和制造业者一样通过与此同样便宜的价格卖出他们的产品，后者却一定要从遥远的地方才可以把商品运送到这个市场上来。不仅这样，随着技术的提高，他们就可以把产品迅速卖得比较便宜了。所以，那些商业国家的工匠和制造业者迅速在那些农业国家的市场上受到挑战，因为售价超过对方，不久便会完完全全被挤出市场。那些农业国家因为技术的逐步改进，他的制造业便宜到一定的时候就又会把他们的销售推广到国外市场去，把产品送往非常多外国市场去，在那里通过与此同样的方式可把非常多商业国的制造品渐渐挤出市场。

农业国原生产物和制造品连续增加到一定的时候将会创造比通过寻常的利润率投入农业或制造业所可以创造的更大的资金。这个资金的剩余部分很容易转向对外贸易，投入向外国出口他自己国家原生产物和制造品中的剩余部分，因为它们多于国内市场的需求。在出口他自己国家产品的过程中，农业国的商人和那些商业国的商人相比具有他们的工匠和制造业者从前曾经有过的优势。

他们可以在国内找到货物及食品，这些东西别人就一定要到遥远的地方去寻求。所以，尽管航运技术差一点儿，他们在国外市场上可以把自己的货物和商业国的商人们一样通过低廉的价格卖出，然而在技术同等时他们就把可以卖出得更便宜。所以，他们迅速就会和商业国在外贸这个领域进行竞争，到一定时候就把它们完完全全从外贸中挤走。所以，依照这一自由和宽大的体系，农业国培养自己的工匠、制造业者和商人的最有利的方法是给予一切其他各国的工匠、制造业者和商人最完完全全的贸易自由。从而它能够提高他土地剩余产物的价值，剩余产品的连续增加会渐渐建立起一个基金，这个基金到一定时候就会培养出自由贸易所一定要的各种工匠，制造业者和商人。

相反的是，当一个农业国家通过高关税或禁令压制对外贸易时，它必定在两个不同方面会伤害他自己国家利益。首先，提高一切外国货物和各种制造品的价格必定会降低自己国家土地剩余产物的实际价值，因为它正是用这些剩余产物也就是用剩余产品的价格来购买外国货物和制造品的。其次，通过给予自己国家商人、工匠和制造业者对国内市场的垄断，它必定会把商业和制造业的利润率提高得比农业的利润率高，从而让原本投入农业的一部分资金从农业中抽回，或者妨碍原本能够进入农业的资金进入农业。

因此，这个政策在两个不同方面阻碍了农业的发展。

首先，通过降低农产品的实际价值，从而让农业投资的利润率降低；其次，通过提高其他一切行业的利润率，从而降低了农业投资的利润率，让农业变得更为不利，然而商业和制造业却变得比它们原本可能的有更多利益。每个人因为他的个人利益的驱动都会想要尽可能把自己的资金和劳力从前者转向后者。

通过这样的压制政策，农业国家应该能够比通过自由贸易更快地培养出自己的工匠、制造业者和商人。然而，这事颇值得怀疑，假如是在时机没有完完全全成熟以前培养出他们，过快培养一种劳动，将会压制此外一种更有价值的劳动。通过过于匆忙地培养一种只可以用来偿还用于它的资金与他寻常利润的劳动，它将会压制一种除偿还资金和利润外还可以为地主带来净产物、自由地租的劳动。过于着急地鼓励那种全然非生产劳动，压制生产劳动。

依照这样的体系，土地年产物的总额通过什么样的方式在上面所说的提到的三个阶级中进行分配，还有通过什么样的方式非生产劳动只是偿还了它自身消费的价值，然而没有在任何方面增加那个总额的价值，这个体系的天才而又学识渊博的鼻祖魁奈先生已经用某些数学公式对此作了表述。在这些公式中的第一个当中——他通过突出的方法有意把它称为《经济表》——表述了他如果在最完完全全自由的状态下，也是最繁荣的状态下所可能实现的方式。

在那种状态下，年产物足够带来最多的净产物，不仅这样任何一个阶级可以享受到在整个年产物中应得的份额。在此后的一部分公式的表述里，他假设在不同的限制和规定的状态下这样的分配进行的方式。在那种状态下，所有者阶级或非生产阶级比耕作者阶级要受到更多的优惠。不仅在那种状态下，前者或后者都要在一定程度上蚕食本应属于这个生产阶级的那个份额。

依照这个体系，每一次这样而来的蚕食，对这个最完完全全自由情况下的很容易产生的分配方式的每一次破坏，必定一年年降低年产物的价值和总额，而且，必定引起社会实际财富和收益的渐渐减少。依照这个蚕食的程度，依照最完完全全自由情况下的很容易分配方式受到破坏的程度，这个减少的过程必定渐渐加快或放慢。这些公式表述了减少的不同程度，依照这个体系，这个减少的不同程度总是会和那个很容易产生的分配方式受到破坏的程度相一致。

有些纯理论的医生仿佛认为只是通过某种严格的饮食和运动的制度，才可保持人体的健康，因此对那个制度的任何一个最小的违反就必定引起相应程度的疾病或混乱。然而，经验却仿佛向我们表明，人体至少在表面上看来，在极端不同的饮食和运动制度下甚至在某种大多数时候觉得极端不健康的制度下也常可以保持最完美的健康状态。然而看上去人体的健康状态本身包含着某种尚没有为人所知的保持健康的本性，在非常多方面它可以防止或纠正一个非常错误的生活制度的不良影响。

魁奈先生本人就是一个内科医生，还是一个极端纯理论的内科医生，他对政治实体仿佛抱有同样的观念，仿佛认为只有在一个严格制度下，政治实体才可以繁荣兴旺。他仿佛没有思考到，在政治实体中每个人连续地争取改善自己处境的自然努力，就是能够在非常多方面防止和纠正一个政治经济学体系带来的不良影响，在某种程度上，这种不公平和压迫性的不良影响，保持健康的本性。这样而来一种政治经济学体系尽管无疑要延迟，然而却不总是可以完完全全阻止一个国家走向富裕和繁荣的自然进程。假如一个国家没有享有完全的自由和完全的公正就不可能有繁荣，那么在这个世界上就不可能有一个国家繁荣过。然而，在这个政治实体内，大自然的智慧幸好为纠正人的愚蠢和不公正所造成的非常多不良影响作了充分的准备，就像它在自然体系中纠正自然体的怠惰和没有节制所造成的不良影响一样。

然而，这个体系的主要错误看上去就在于它把工匠、制造业者和商人阶级都说成了完完全全非生产阶级。接下来的几点观察能够表明这样的说法的不妥之处。

第一，大家都公认这个阶级每一年要再生产他们每一年消费的价值，至少是让维持和雇佣他们的资金能够持续存在。单纯就依照这一点，把非生产这个名称用在他们身上看上去就非常不妥。我们不应把只是生育了一个儿子和一个女儿的婚姻就称为不生产的，尽管它只补充了父亲和母亲，而没有增加人类的数量，只不过就像以前一样维系了人类的生存。诚然，农民和农村劳动者除了再生产了维持他们生活和雇佣他们的资金之外，每一年再生产了净产物，也就是说，地主的自由地租。这就像一对夫妇生育了三个孩子，必然是比只生育两个孩子的夫妇更具有生产性一样，农民和农村劳动者的劳动必然比商人、工匠和制造业者更具有生产性。只不过，前者的产量高并没有让后者变成了不生产的。

第二，依照这一点，把工匠、制造业者视同家丁、仆役是完完全全不妥的。而且家仆的劳动没法让维持和雇佣他们的基金持续存在。维持和雇佣他们的费用完完全全是由他们的主人开支，不仅这样他们所从事的工作也不具有偿还那部分开支的性质。他们的工作完完全全是一种服务，大多数时候是在他们完成工作的瞬间，他们的服务也就随之消失了。它不固定或体现在任何能够偿还他们的工资和生活维持费的价值的可卖出的商品中。相反，工匠、制造业者和商人的劳动天然地固定或体现在某一可卖出的商品中。正是依照这一点，我在论述生产性和非生产性劳动的那一章中把工匠、制造业者和商人划分在生产劳动者中，然而把家仆划分在非生产劳动者中。

第三，依照任何一个设想，说工匠、制造业者和商人的劳动没法增加国家的实际收益，仿佛都是不妥的。比方说，哪怕我们能够假设，宛如在这个体系中所假设的，这个阶级每一天，每一个月和每一年消费的价值完完全全等于他们每日、每月和每一年生产的价值，然而我们却没法由此而得出结论，他们的劳动对社会的土地和劳动年产物产生的实际价值，对社会的实际收益没有增加任何东西。

比方说，一个工匠在收割后的前6个月里做了价值10镑的工作，尽管他在同一时间内消费了价值10镑的谷物和其他生活必需品，却实实在在地使社会的土地和劳动的年产物增加了10镑的价值。当他消费了价值10镑的谷物和其他必需品这半年收益时，他已经生产了同等价值的产品。这些产品能够为他自己或是此外某人购买同等的半年收益。因此，在这6个月期间所消费和生产的价值是同等的，不是10镑而是20镑。诚然，在任意一个时刻里，可能存在的是不多于这10镑的价值。然而假如被工匠消费了的这10镑价值的谷物和其他生活必需品被士兵或家仆消费了，在6个月末尾存在的那部分年产物的价值就将会比因为工匠的劳动而实实在在得到的全部要少了10镑。

因此，尽管工匠所生产的产品的价值在任何一个时候能够假设不可能多于他所消费的，然而在任何时候市场上货物的实际存在价值因为工匠生产的结果要多于他没有生产时的价值。

当这样的体系的庇护者们宣称工匠、制造业者和商人的消费等同于他们所生产的价值时，他们可能是指那些人的收益，或预定用于他们消费的基金等于他们所生产的价值。然而假如他们把自己表述得更准确些，只不过宣称那个阶级的收益等于他们所生产的价值，那么读者就非常容易地会认为从这个收益中很容易节省出来的东西必定会增加社会的实际财富。所以，为了做出一个就像论据一样的东西，他们就一定要把自己表述得就像他们所做的那样。不仅这样这个论据，即便把事物完完全全就像假设的那样，结果也是一个非常没有说服力的论据。

第四，农民、农村劳动者和工匠、制造业者和商人相比，他们能够扩大社会的土地和劳动的年产物，社会的实际收益。任何一个社会的土地和劳动的年产物只可以通过两种途径得到增加：

（一）对某种社会中实际上维持的有用劳动的生产力的提高；

（二）使某些有用的劳动量增加。

有用的劳动生产力的提高首先依靠于工人能力的提高。此外，有赖于他所利用的机器的改良。就像工匠和制造业者的劳动比农民和农村劳动者的劳动能够进行更加细致的分工，让每个工人的劳动简化到更加简单的一种操作一样，他们与此同样能够改良到一个更高的程度。所以，在这方面，耕作者阶级和工匠、制造业者相比就不可能有任何优势。

实际用于任何一个社会的有用的劳动量的增加一定要完完全全依靠雇佣它的资金的增加；然而这个资金的增加又一定要完完全全和管理调节这个资金的利用的个别人，或某些把资金借给他们的人从收益中所节省出来的数额同等。假如商人、工匠和制造业者就像这个体系所假设的，比土地拥有者和耕作者天然地更倾向于节俭和储蓄的话，那么就这一点而言他们更加可能扩大用于他们社会的有用劳动量，从而增加社会的土地和劳动的实际收益，也就是土地和劳动的年产量。

第五点也是最终一点，每个国家居民的收益就像这个体系所假设的完完全全由他们的劳动所可以得到的生活资料的数量构成，一个商业和制造业的国家的收益在其他事物同等的情况下一定要总是大大地超过没有商业或制造业的国家。通过贸易和制造业，每一年能够进口比他自身土地在他们实际耕作的状态下所可以带来的更多的生活资料。城镇居民尽管经常不拥有土地，然而他们通过劳动却可以换取到其他人民的土地原生产物，它们不但向他们带来工作的材料，而且向他们带来维持生活的基金。一个城镇和他靠近农村的关系经常是一个独立的国家和其他独立国家的关系。

荷兰正是这样从其他国家吸取了大多数的生活资料；从霍尔斯泰因和日德兰获取牲畜，差不多从欧洲一切国家获取谷物。小量的制造品就可购买大量的原生产物。所以，一个商业和制造业国家很容易用他一小部分制造品购买其他国家大多数的原生产物。相反，一个没有商业和制造业的国家大多数时候都一定要用他大多数的原生产物去购买一小部分其他国家的制造品。前者出口的仅可以维持和供应极少数的人，然而进口的却可以维持和供给大量的人。后者出口的可以供应和维持非常多人，然而进口的仅可以供应和维持极少数的人，前者的居民必定总是享受到大量他们自己的土地在他们耕作的实际状态下所可以带来的生活必需品，那么后者的居民必定能享受到数量小得多的生活必需品。

然而，这个体系尽管有它一切的这些缺点，可能是迄今出版的政治经济学中关于这个问题最接近真理的体系了，不仅这样，就依照这一点它就非常值得每个愿意认真研究这个非常重要的科学原理的人去深刻思考。

尽管把用于土地的劳动表述为生产性劳动，然而一再重述的一些生产性劳动观念可能还是过于狭窄。这个体系把国家的财富表述为不是由不可消费的货币财富构成，而是由社会的劳动每一年再生产的消费品构成：不仅这样，在把完完全全自由说成是可以让这个年度再生产尽可能最大的唯一措施时，这样的体系看上去在每一方面就都是公正的、宽宏大量和自由的了。

这个学说的追随者人数非常之多，不仅这样，因为人们大部分喜欢反论，喜欢显示自己可以理解常人所没法了解的东西，所以这个学说支持的关于制造业的非生产性质的反论可能对增加它的赞美者的人数做出了很大程度的贡献。在过去的几年里他们形成了一个极其重要的学派，在法国的学术界被称之为“经济学家”。他们的著作必然对他们的国家曾有过某些贡献。他们不仅把非常多以前从没有非常好研究过的问题提出来给公众讨论，而且在某种程度上让公共行政在重视农业上产生了必定的影响。

所以，因为他们讨论的结果，法国的农业得从以前所受到的非常多压迫下解放出来。土地租佃期已从9年延长到27年。在此期间，没有来的土地购买者或所有者均不得侵犯。从前不允许谷物从王国的一个省运往另一个省的省级限制已经完完全全取消，“谷物能够出口到任何其他国家的自由在通常情况下”已作为王国的习惯法被建立了起来。这个学派的著作浩如烟海，它们不仅讨论什么是真正的政治经济学或什么是国家财富的性质和起因，不仅这样，讨论文官政府的每一部门应负的职责，一切这些著作也都含蓄地遵循着魁奈先生的学说，看不出有任何的改变。

基于这个原因，绝大多数的著作中非常少有什么不同。在曾任马提克岛总督的梅西矣·戴·拉·李维埃先生的一本小册子的名称中能够找到关于这个学说最明确和最连贯的说明，它的名称是《政治团体的自然和基本秩序》。整个学派对他们导师的钦佩不低于任何古代哲学宗派对于他们体系的创始人的钦佩，尽管他们的导师本人是一个非常谦逊和非常朴实的人。一个非常勤奋和深受尊敬的作者戴·米拉波侯爵说：“自从有这个世界以来，曾经有三大发明给予了政治社会稳定，它们独立于其他丰富和装饰政治社会的发明之外。第一个发明是文字的发明，它赋予人类以原原本本地传达他的法律、契约、编年史和发明的力量。第二个是货币的发明，它把文明社会间的一切关系捆绑在一起。第三个是经济表，它是上面所说的两个发明的结果，它通过完善他们的目的是使两者更加完整。它是我们时代的伟大发现，我们的后代将会从中受益。”

现代欧洲国家的政治经济学对于制造业、外贸和城镇工业相比对农业和农村工业更加优惠。此外一点国家的政治经济学就遵循了一个不同的准则，对农业比对制造业和外贸更加优惠。

制造品因为体积小而包含的价值大，依照这一点就比大多数的原生产物从一个国家运往另一个国家所需的费用要少得多，所以差不多在一切的国家它们都是外贸的主要支柱。除此之外，在幅员比较小，内陆贸易条件比不过中国的国家，通常都需要外贸的支持。那些幅员不辽阔仅仅够带来一个狭小的国内市场的国家，或者国内省间交通非常不便让任何一个地区的货物没法享受到该国所可以带来的国内市场的国家，没有广阔的国外市场，就不可能繁荣。

一定要记住，制造业的完善完完全全取决于分工，然而能够引进到任何制造业的分工程度如前面已经讲过的：一定要受到市场大小的调控。然而清帝国的辽阔的市场众多的居民，多种的气候还有相应的不同省份内不同产物，再加上大多数省份之间的非常方便的水运使得中国的国内市场是这样的广阔，以致一个国内市场就足够支撑非常大的制造业，而且允许极其细致的分工。

古埃及的政策还有印度斯坦的政府的政策看上去也都是偏向于农业，而轻视其他行业。

在古埃及和印度斯坦，所有人民被划分成不同的等级或部落，每个等级都是从父亲到儿子只可以从事某一职业或某一类职业。僧侣的儿子就只可以作僧侣；当兵的儿子就只可以当兵；劳工的儿子只可以当劳工；纺织工的儿子只可以当纺织工，裁缝的儿子只可以当裁缝等等。在这两个国家里，最高的等级是僧侣；当兵次之；在这两个国家里农民和劳工又超过商人和制造业者。

这两个国家政府都非常重视农业的利益。古埃及君主为恰当地分配尼罗河的水源所建造的水利工程在古代是闻名的。有些建筑被毁坏后的遗物仍然受到旅游者的赞叹。印度斯坦的古代君主为恰当分配恒河还有其他非常多河流的水资源所建造的同类工程尽管没有那么有名，看上去也与此同样伟大。所以，这两个国家尽管有的时候发生饥荒，然而仍然以土地肥沃著称于世。尽管这两个国家都是人口极多，然而在通常年景，他们仍然要向邻邦出口大量的谷物。

古埃及人对海洋怀有一种迷信的反感，同时因为印度教不允许他的教徒在水上生火，从而不允许在水上蒸煮食物，这样一来，事实上就不允许他们到远海航行了。埃及人和印度人差不多一定要完完全全依赖其他国家航运出口到他们国家的剩余产物，然而这个依赖性必定限制了市场，所以也必定阻碍了剩余产物的增加，而且它对制造品增加造成的挫伤必定比对原生产物增加造成的挫伤更大。因为比制造品重要的土地原生产物更加需要一个比较广阔的市场。

一个制鞋匠一年里能够制造300多双鞋子，然而他们的家庭可能一年还穿不了6双。除非他至少有50个就像自己家庭那样的顾客，要不然他就没有方法卖掉自己的劳动的一切产品。在一个非常大的国家里，人数最多的工匠阶级也不到全国家庭总数的1/50或1%。然而，就像法国和英国这样的大国，根据有些作者的统计，从事农业经营的人口占全国居民的一半，然而有些作者的统计为1/3，据我所知还没有哪一个作者觉得低于1/5的。然而因为法国和英国的农作物的绝大多数是为国内所消费，依照这些计算，任何一个从事农业生产的人就必定要求有一两个或最多4个就像他自己那样的家庭的光顾才可以卖掉他的一切劳动产物。所以，在一个有限的市场的不利条件下，农业比制造业能够更好地支撑自身的发展。

诚然，在古埃及和印度，外国市场的限制条件在某种程度上由非常多方便的内陆航运得到了补偿，方便的内陆航运通过最有利的方式为那些国家各个不同地区的产品打开了整个的国内市场。幅员辽阔的印度也让该国的国内市场非常广阔，足够支撑各种制造业的发展。然而古埃及幅员狭小，还比不上英格兰，这就必定使得该国的国内市场时刻都显得过于狭小，难以支撑大量的制造业的发展。作为印度斯坦的一个省的孟加拉大多数时候要出口大量的大米，然而它更加出名的不是出口谷物，而是出口大量的制造品。相反，古埃及尽管出口一点制造品，特别是高级亚麻布还有其他一点货物，然而却总是通过他出口大量的谷物而最著名。它长期是罗马帝国的粮仓。

中国、古埃及还有印度在不同时期所分裂成的王国的君主总是从某种地租中获取他们整个的收益，或者收益的最大多数。这个地租就像欧洲的什一税一样，据了解构成了土地产物的1/5，它们依照某一评估征收实物，或者征收货币，因而依照土地产物的不同和变化一年一年不同。所以，这些国家的君主应该很容易对农业的利益非常关注，因为农业的兴衰直接决定着他们收益的增长或减少。

古希腊共和国和罗马共和国的政策尽管对农业比对制造业或外贸更加尊重，然而看上去它们主要是阻碍后者的发展，并不是对前者给予任何直接的或有意的鼓励。在古希腊的几个古国，对外贸易是完完全全不允许的。不仅这样有些国家则觉得工匠和制造业者的职业有损于人体的体力和敏捷，让身体没法养成军事训练和体育训练所要在人体中形成的习惯，从而让身体没法经受到战争的疲劳和所遭遇的危险。这些职业被认为只适宜于奴隶，所以自由民不允许从事这些职业。也就是说，即便在那些没有颁布这样的禁令的各邦，举例来说在古罗马和雅典，大多数的人民事实上也是不允许从事现在大多数时候为城镇居民中下层人民所从事的那些职业的。

在雅典和古罗马，这些工作几乎都是由富人的奴隶来承担。他们为了主人的利益而操劳，当自由民的产品和富人的奴隶的产品进行竞争的时候，他们主人的财富、权势和所得到的保护差不多使穷苦的自由民没有方法为自己的产品找到市场。然而，不管是在机器的改进方面，或是在便于劳动和缩短劳动时间方面。对工作的组织和分配，所进行的一切最重大的改革也都是自由民的发现。假如有一个奴隶提出任何这类改良，他的主人就会非常容易地把他的建议看成偷懒的借口，是想用主人的钱去减轻自己的劳动。

这时，这个穷苦的奴隶不但得不到奖励，可能还要受到斥责，甚至还要受到某种惩罚。所以，在奴隶所从事的制造业，大多数时候完成同量的工作总是要比那些由自由民所从事的制造业所花费的劳动多。所以，前者的产品大多数时候必定要比后者生产的产品昂贵。孟德斯鸠先生曾经指出过，匈牙利的矿山尽管并不比靠近的土耳其的矿山更富饶，然而开采的费用却总是比土耳其的少。这是因为土耳其的矿山是由奴隶来开采的，那些奴隶们的手臂就是土耳其人想到过的唯一可利用的机器。然而匈牙利的矿山是由自由人开采的，他们利用了大量的机器，然而机器带来方便缩短了他们的劳动时间。从现在所明白的一点点关于希腊和古罗马时代的制造品的价格，能够看出比较高级的产品是非常昂贵的。丝绸的重量是通过黄金计算的。

诚然，丝绸在当时不是欧洲的制造品。因为它完完全全是从东印度运来的，长途运输在某种程度上可能是价格昂贵的原因。然而据了解妇人有的时候付给高级亚麻布的价格仿佛也是与此同样的昂贵；然而亚麻布大多数时候都是欧洲或者最远也不过是埃及的制造品。这样的昂贵的价格就只可以是因为投入的劳动的巨大费用所造成的了，不仅这样，这个劳动的费用又因为生产中所利用的机器的笨拙而增高。高级毛织品的价格尽管没有这样昂贵，然而，仿佛也大大地超过现在的价格。

普林尼告诉我们有些使用某种特殊方法染的衣料，1磅重就要值100第纳尔，或3镑6先令8便士。用此外一种方法染的其他衣料1磅就值10第纳尔，或33镑6先令8便士。然而一定要记住，1罗马镑只值我们常衡12盎司。诚然，这么高的一个价格看上去主要是因为染料。然而假如不是衣料本身比我们现在制造的任何衣料要贵很多，也就不可能用这样昂贵的染料染了。要不然，附属物的价值和主体物的价值太不成比例了。同一作者所提到的一种放在桌旁的长椅上能够靠的叫作特里克里纳丽的毛织枕头或垫子的价格更是贵得令人难以置信。这样的枕头据了解要值3万多镑，有的要值30多万镑。这么高的价格他也没有说是因为染料的原因。

阿邑斯诺特博士说，古代的时髦男女的衣着看上去比现在的花样要少得多。我们在古代雕像上面所看到的极少的款式证实了他们的说法。他依照这一点推论古代人的衣服总的来说必定比我们现在的便宜。然而这个结论仿佛有些勉强。因为当时髦的服装价格十分昂贵时，他花样必定非常少。然而随着制造技术和工业生产力的提高，任何一件服装的价格都变得适中时，花样很容易就会增多。富人不可能通过任何一件服装的费用来夸耀他们自己时，自然而然就会竭力通过各种各样的服装来做到这一点。

前面已经指出过，任何一个国家商业的最大和举足轻重的部门是城镇居民和农村居民间所进行的贸易。城镇居民从农村得到构成他们的生产材料和生活资料的资本的天然生产物；他们通过送回农村一定数量的制造品和半成品来支付这个天然生产物。在这两部分人民之间所进行的贸易基本上是由一定数量的原生产物和必定数量的制造品构成的。所以，后者越贵，前者就越便宜。任何一个国家里任何提高制造品价格的试图就是降低土地原生产物价格的试图，从而会阻碍农业的发展。

一定数量的原生产物，也就是说，一定数量原生产物的价值，所可以购买的制造品的数量越小，那一定数量的原生产物的交换价值就越小，对地主通过改良土地或农民通过改进耕作而提高产量的鼓励也越小。除此之外，任何一个国家想减少工匠和制造业者人数的试图，必定就会缩小国内市场——土地原生产物的一切市场中这个举足轻重的市场，从而更进一步挫伤农业的发展。

所以，把农业置于一切优先地位的那些体系，为了促进农业，而对制造业和外贸实行限制，这正好走到了他们所提倡的目的的反面，间接地挫伤了他们原想促进的那一种产业。可能，到目前为止他们比商业体系更加矛盾。那个体系是希望借助给予制造业和对外贸易比农业更多的鼓励，把社会的必定份额的资金从支持比较有利的一种产业转入到支持利益比较少的一种产业。它事实上最终是鼓励了它试图促进的那一种产业。相反，这些农业体系事实上最终却是挫伤了他们自己心爱的一种产业。

正是这样，每一种体系或者竭力通过某些特殊的鼓励使产业的某种特殊部门得到比他自然情况下发展更大的一份社会资金：或者竭力通过特殊的限制强迫原本把用于投资该产业的部分资金从该产业中分离出来。两者事实上都是和他原想要促进的伟大目的背道而驰的。它不仅没有加速，反而延缓了社会走向实际富裕和强大的进程，它非但没有增加，反而是减少了社会土地和劳动年产量的真正价值。

所以，当优惠和限制的体系一切被取消以后，一个清晰而简单的天然的自由的体系就自然地建立了起来。每个人只要他不违犯公正的法律即可以完完全全自由地依照自己的方式去追逐他自己的利益，就能够把他的勤劳、资金和其他任何人或任何一类人的勤劳和资金进行竞争。君主也可以完完全全摆脱监督，引导私人的劳动而且让他最符合社会利益的责任。在想要履行那种职责时，他总是一定要面对数不清的迷惑，而且人类的智慧或知识也总是不足够让他能够合适地去履行那一职责。依照天然的自由的体系，君主只有三个职责需要履行，而且是三个十分重要的职责，它们对寻常人来说是简单易懂的：

（一）保护社会免受到其他社会的侵犯和入侵；

（二）尽可能保护社会每个成员免受到社会任何其他成员的不公正待遇或压迫；

（三）建立或维护某些公共工程和某些公共机构，它们是任何一个人或少数个人为了得到自身的利益绝不可能建立和维护的。因为他的利润永远也不可能补偿任何个人或少数个人的费用，尽管它们经常对社会整体所做的贡献可能远多于对社会整体的补偿。

君主要恰当地履行这几种职责必定需要一定的费用，然而这个费用又必定要求一定的收益来支持它。因此在下一篇我将会竭力阐述：首先，什么是君主或联邦的必要费用？而且其中的哪些费用应由全社会的共同贡献来支付；其中哪些仅由社会某一特定部分或社会某些特定成员的贡献来支付，此外，全社会可用哪些不同的方法来支付全社会不容推卸的费用，还有每一种方法的主要优点和不方便之处，再者，什么理由和原因让差不多一切现代政府都拿出他收益的一部分进行抵押或举债，还有这些债务对国家实际财富和对社会的土地和劳动的年产量的影响是什么？所以下一卷自然而然地把它分为三章。

卷五　论君主或联邦国家的收入

第一章　论君主或国家的费用

第一节　国防费

保护社会免受到其他独立社会的侵犯和入侵是君主直接的首要职责，要履行这个职责君主就一定要借助军事力量。然而平时和战时的军事费用在不同社会状态下还有不同发展时期大不同样。

在最低级、最原始的社会状态时期下的狩猎民族中，就像我们在北美洲本地部落中所见到的那样，每个人既是战士同时又是猎人。当他为保卫社会走上战场，或者是为报复另一社会给予他们的伤害而去打仗时，他和平时在家一样，仍然通过自己的劳动维持自己的生活。在这样的既无君主又无联邦的状态下，他的社会既没有钱训练他打仗，打仗时也没有钱负担他的生活。

在比较进步的社会状态下的游牧民族中，比如鞑靼人和阿拉伯人，每个人也既是放牧者同时又是战士。这样的民族没有固定的住所，长年累月地住在帐篷中，或者是住在带篷的马车里，他们非常方便地从一个地方转移到另一个地方。整个部落和民族依照一年中不同季节的变化或一点偶然事件而进行迁徙。当他们的畜群把一个地方的牧草全都吃光了，就会转移到另一个地方，在那里把牧草全部吃光了，就再迁往到另一个地方去。在干燥的季节里，他们大多数时候迁到河边，在潮湿的季节里就又迁回高处。每当他们的民族去打仗时，战士们并不把他们的畜群交给老人、妇女和儿童去看管；他们的老人、妇女和儿童也不可能留在没有防卫和没有方法生活的后方。

他们整个民族甚至在和平的时候也早已经习惯了游牧的生活。因而战时又可以迅速地投入战斗。不管是作为军队行军，或者是作为牧群迁徙，他们的生活方式大致上没有什么两样，尽管两者的目的截然不同。打起仗来，他们同时作战，每个人尽其所能。经常听说在鞑靼人中妇女也会参加作战。他们战胜了，敌人的一切一切就都成了他们的战利品。战败了，那么一切也就都完了。不仅他们的牲畜、妇女和儿童全都成了战胜者的战利品，就连大多数幸存的人，为了生活，他们也都一定要服从战胜者。其余的人多数时候被驱散或逃往荒野。

鞑靼人或阿拉伯人的日常生活和日常操练都在为他们打仗做好了充分的准备。赛跑、耍棒、掷标、角力、拉弓等，这些既是生活在户外的人们日常的娱乐活动，也是战争的形象。他们在实际作战时，又会和平日一样，依靠自己放牧的牲畜来维持生活。尽管这些民族已经都有了自己的首领或君主，然而他们的首领或君主从来不会负担什么训练费用。而到了作战的时候，掠夺就成为他们所期待的或所要求的唯一的报酬。

一个狩猎的队伍不可能多于两三百人。狩猎所带来的不确定的生活资料不足以允许有更多的人长时期地聚集在一起。相反的是，一个游牧的队伍有的时候可多达二三十万人。只要没有什么东西阻止他们前进，只要他们能够在吃完一个地区的草地后迁徙到另一个新的没有吃过的地区，看上去对他们一起进军的人数就不可能有任何限制。

一个狩猎的民族对他靠近的文明民族从来不可能构成任何威胁，然而一个游牧民族却可能构成威胁。没有什么东西可以比在北美和印第安人的战争更不足挂齿了。修昔底德“关于欧洲和亚洲都无力抵抗团结起来的塞西亚人”的判断得到了一切时代的经验的证明。广漠无垠和没有天然屏障的塞西亚或一些平原上的居民时常团结在某个战胜了的部落或种族的首领的统率之下，亚洲受到的蹂躏和荒芜就是他们团结起来的象征。

在一个比这样更加进步的社会状态下的农业社会中，没有什么对外贸易，每个家庭生产供自己消费的一点粗糙的日用品外没有其他制造业，每个人也是一个战士，或者说能够非常容易地变为一个战士。那些以农业为生的人大多数时候整日在户外劳动，一切暴露在一年四季的险恶之下，他们日常生活的艰苦让他们可以经受到战争的困乏，他们的一点必需的工作和战争中的某些工作有非常大的相似之处。农活中的挖沟就训练他们挖战壕、加固营地还有构筑围墙的本领。农民们的日常娱乐和游牧民的同样，也是战争的形象。然而因为农民没有牧民那么多的空闲，他们没法就像牧民那样时常地从事那种娱乐。他们是战士，然而是对操练不很精通的战士。尽管他们是这个样子，君主或联邦却没有花费过一分一毛去训练他们打仗。

农业，哪怕是在最原始和最低级的状态下也意味着定居，意味着拥有某种固定的居住地，放弃它就要蒙受到十分巨大的损失。因此，当一个只有农民的民族打仗时，全民没法一起参加战斗。至少老人、妇女和儿童一定要留在家里照看住所。然而，一切适龄的男子能够去打仗，而且在一点小的农耕民族里，他们也经常就是这样来做的。在任何一个民族里，适龄男子大多数时候占到他整个民族的1/4或1/5。假如战事是在播种后开始，在收割前结束，那么农民和他主要的劳动者就可以不耽误农事，也不至于蒙受到多大损失。他能够指望老人、妇女和儿童能够非常好地完成到时应做的一切农活。

正因如此，在不长的战役期间，他愿意无报酬地服兵役。君主或联邦经常也无须破费多少金钱去维持他的战时生活。古希腊各邦的公民仿佛在第二次波斯战争之前都是通过这样的方式服兵役的。然而伯罗奔尼撒人在伯罗奔尼撒战争之前也是通过这样的方式服兵役的。

修昔底德说，伯罗奔尼撒人大多数时候是在夏天离开战场，回家收割。罗马人在他们的国王统治下还有在共和国的初期也是通过这样的方式服兵役的。直至维伊受围之后，留在家园的人才开始对那些上前线打仗的人的生活做出某些应有的贡献。在罗马帝国废墟上建立起来的欧洲各君主国家，在他们所谓真正的封建法制确立前后，大的领主与他的直接侍从都是自费为王室服役。在作战期间就像在家一样，他们用自己的收益来维持生活，然而不依赖在那种特殊场合下国王所给予他们的任何补助或是报酬。

在一个更高级的社会状态里，两种不同的原因让在战场上打仗的人自己养活自己完完全全成为不可能。这两个不同的原因就是制造业的进步与战争技术的改进。

假如战事是在播种后开始收割前结束，农民去参加战斗，他对农活的中断不见得总是会导致他收益的大量减少。没有他的劳动的干涉，大自然本身会完成大多数有待完成的工作。然而当一个铁匠、一个工匠、一个木匠或一个纺织工离开了他的工房时，他的收益的唯一的来源就枯竭了。大自然没法为他做任何事情，一切都一定要他自己做。所以，当他走上战场，保卫共和国时，因为他没有收益来维持自己的生活，他就一定要由共和国来养活。在一个绝大多数居民都是工匠和制造业者的国家里，大多数上前线打仗的人一定要从这些阶层中征召时，在服役期间他们就一定要由国家养活。

当战争的技术渐渐发展成为一种非常错综复杂的科学时，当战争的结局不再像社会的初期由个别不规则的小规模战斗或战役所决定时，当双方的争夺大多数时候是由几个不同的战役编织而成，然而任何一个战役又持续大半年时，就一定要由国家来负担为国家打仗的人的生活了，至少在他们服役期间应该这样。不论这些上前线打仗的人在和平时期是什么职业，这样漫长而昂贵的服役对于他们来说都将会是一个过重的负担。所以，在第二次波斯战争以后，雅典的军队仿佛就大多数时候由雇佣军组成，有部分公民，也有部分外国人。他们彼此都是由国家雇佣，不仅这样，与此同样由国家支付薪俸。从维伊围困之后，罗马的军队开始在战争期间为他们的服役领取薪俸。封建政府下的大领主和他直属扈从所承担的服兵役的义务在一定时期后可交纳货币替代，通过此维持在军队中服役人员的生活。

能够上前线打仗的人数和人民的总数的比例在文明的社会里必定要比在原始社会里小得多。在文明社会里，因为战士的生活完完全全是靠不是战士的劳动来维持，因而前者的数量从来也就不可能超过后者所可以负担的数量，没法多于后者在维持适宜于他们自身身份的生活还有他们一定要负担的行政和司法官吏的生活的费用所可以负担的数量。在古希腊的小农国家中，1/4或1/5的人民自己觉得是战士，不仅这样，据了解，有的时候要上前线打仗。在欧洲的现代文明国家中，据一般推算，任何一个国家中假如只有不到1%的人当兵，那么国家负担他们服役期间的费用就不可能对国家造成严重损失。

从训练军队作战所需的费用到维持战场上作战的战士的生活费用一切转移到君主或联邦身上非常久以后，这笔费用好像才成为国家的一项十分可观的开支。在古希腊各共和国学习军事，是国家对每个自由公民进行的教育中一个不能缺少的部分。每个城市好像都有公共的广场，在那里，在政府公共行政长官的保护下，年轻人在教师的带领下会学习各种军事操练。

这个简单的机构好像就是任何一个古希腊共和国对公民进行军事训练的一切开支。在罗马，马尔提马斯练武场训练的目的和古希腊体育馆的目的完完全全相同。在封建政府的领导下，许多公共条令规定各区的公民一定要练习箭术还有其他一点军事项目，他目的也是为了促进上面所说的目的，只不过看上去没有达到那么圆满的结果。可能是因为受托执行这些条令的官员对它缺乏兴趣，也可能是因为其他某种原因，那些条令好像都没有得到广泛的重视。随着那些政府的连续更替，军事训练仿佛渐渐地在大多数人民中成为一种无用的东西。

在古希腊和罗马的共和国中，在它们存在的一段时期，在封建政府建立后的极其长的一段时间里，士兵这个职业还并不是一种非常独立的界限分明的职业，而且没有构成公民中某一特殊阶层的唯一的或主要的工作。国家的每一个子民，不管他靠以生活的日常职业是什么，在通常场合，他觉得自己与此同样能够当兵，然而在非常多特殊的场合，他觉得他一定要去当兵。

然而，战争的技术，因为必然是一切技术中最高尚的技术，因而在改进的进程中它必定就变成一切技术中最复杂的技术之一了。机械技术的状态还有和他必定关联的某些技术的状态决定着在一特定期间战争所可以达到的完美的程度。然而要把战争进行到这个完美的程度就一定要让当兵成为公民中一个特殊阶层的唯一或主要的工作。不仅这样，就像对于其他任何技术一样，为了战争技术的改进也一定要有劳动的分工。把劳动分工引进到其他的技术很容易是通过了一些人的深思熟虑的，他们发现把自己封闭在一个特殊的行业里会比同时负责几个行业对于提高个人的利益更为有效。然而它却是国家的智慧，只有国家才可以让士兵这个行当成为一个独立于其他一切行业之外的特殊的职业。

一个公民在和平时期没有得到社会的任何特殊鼓励，也会花绝大多数的时间从事军事训练，无疑他能够提高军事技巧，也会让自己得到非常好的娱乐，然而他没法增加他个人的利益。只有国家的智慧可以让他花自己绝大多数的时间来从事这个工作而又得到个人的好处。然而许多国家都从来没有总是具有这个智慧，甚至当条件已经成熟，也就是说，为了保持国家的生存要求国家这样来做的时候。

一个放牧的人有非常多的空闲，在农业的原始状态下，一个农民有一点空闲，而一个工匠或制造业者没有那么一点空闲。第一种人能够用他大多数的时间进行军事操练，而无损于自身的利益；第二种人能够用他部分的时间进行军事操练，而无损于他自身的利益，然而最终一种人却没法把他的一小时用于军事操练，而无损于他自身的利益。他对自身利益的关注很容易会导致他全然忽视军事操练。技术和制造业的进步必定也会导致农业的改良，然而农业的改良使得农民就像工匠一样没有什么空闲。因此军事操练受到了农村居民和城镇居民与此同样的忽视，以致大多数的人民都不再好战。与此同时，伴随着农业和制造业的改良而产生的财富，事实上那也是那些改良的产物的积累，却招致了他们一切邻人的入侵。一个勤劳的民族，因而也是一个富裕的民族，大多数时候是一切民族中最易受到攻击的民族，除非这个国家要采取某些新的公共防卫的措施，人民的自然习惯会让他们全然没有力量保卫自己。

在这样的情况下，看上去国家只有采取两种方法才可以为公共防卫做些起码的防备。

第一，国家能够不论人民的利益、才能和喜爱，通过非常严厉的政策对他们强制实行军事训练，同时要求一切适龄公民或之中一定数量的公民，不管他们从事何种职业，通过某种方式把当兵的职业和他们自己的职业结合起来。

第二，维持和雇佣必定数量的公民长期进行军事训练，这样而来能够让当兵的职业成为一种不同于一切其他职业的独立的特殊的职业。

国家假如采取上面所说的两种应急措施中的第一种，这个国家的兵力就是主要由民兵组成；假如采取第二种措施，这个国家的兵力就是由常备军组成。常备军战士的唯一的或主要的工作内容就是军事操练，国家向他们带来的生活费或薪俸就是他们赖以生存的主要的和日常的基金。然而军事操练只不过是民兵战士的临时性的工作，他们从其他的某种工作获取维持生活的主要的和日常的基金。在民兵的身上，劳动者、工匠或商人的品质多于战士的品质；在常备军的身上，战士的品质多于其他任何品质；这个区别看上去就是这两种不同兵力的基本不同之处。

民兵到目前为止有不少种。在有些国家预定了要捍卫国家的公民好像只不过受到过训练，假如我能够这么说的话，然而没有编成团队。也就是说还没有编成独立的部队，在各自正式和固定的军官领导下进行日常操练。在古希腊和罗马共和国，只要是每个公民留在家里，就独自进行操练，或者和他自己最喜欢的同伴一起进行操练，在他没有应召去打仗之前，他不附属于任何部队。在有些国家，民兵不仅进行操练，还会编成团队。在英格兰，在瑞典，我相信在现代欧洲的任何一个其他的国家，凡是建立了这样的不完全的军队的国家，任何一个民兵，甚至在和平时期都附属于某一个部队，他们在他的正式的和固定的军官领导下完成他的训练。

在火器发明以前，军队的优良就在于军队中的每个战士在武器利用上的高超技巧和娴熟。体力和敏捷也十分重要，而且大多数时候决定着战斗的命运。然而利用武器的这样的技巧和娴熟就像当今的击剑一样，只有通过操练才可以得到，不仅这样，这样的操练不是集体的，是每个人独自在一个特殊的学校里，在特殊的教师指导下，或者和自己本领同样的同伴一起进行练习。火器发明以后，体力和身体的敏捷，甚至在武器利用上的超乎寻常的娴熟和技巧尽管不是说完完全全不重要，然而已远没有从前那么重要了。火器的性质尽管没有把笨拙和灵巧等同起来，然而和以前相比，确实是有些近乎这样。不仅这样，通常觉得利用武器所需的一切娴熟和技巧完完全全能够在集体操练中掌握。

正规化队形和对指挥的立刻听从在现代军队中是比战士利用武器的娴熟和技巧更可以决定战斗命运的品质。当人们进入战火纷飞的战场，就面对武器火药的喧嚣、硝烟和死神，必定会让纪律、秩序和迅速服从命令保持一定水平，甚至在战斗刚开始时就是这样。在古代战斗中除了人声以外，没有喧嚣，没有硝烟，更不会有看不见的外伤或死亡。任何一个人，甚至某种致命的武器真正地逼近了他，他能够清晰地看清这样的武器。在这样的情况下，在那些对自己利用武器的技巧和娴熟有某些信心的部队中必定不仅在战斗的开始，在古代战斗的整个过程中，甚至直至两军中的一个完完全全被击败时，都不难保持部队的某种程度的纪律和队形。

然而，民兵却不管他多么有纪律或受到过什么训练，总是要比一个有良好纪律和良好训练的常备军差非常多。

一周或一个月才操练一次的士兵在武器的利用上绝不可能有每

天操练或隔日操练的士兵那么熟练。尽管这个条件在现代可能没有古代那么重要，然而普鲁士军队的公认的优越性据了解在非常大程度上就是因为他们操练得非常好。这一事实能够让我们相信，即便在今天上面所讲的那个条件仍具有极其重要的意义。

一种士兵，一周或一月仅一次一定要听从军官的命令，其他的时间完完全全能够依照自己的意愿处理自己的事情，然而无须对军官负任何责任，另一种士兵每天的一切生活和行动都要听从军官的指挥，甚至是每天的起床和就寝，或者至少回军营都要依照军官的命令行事。对于他的长官的敬畏程度还有服从命令的速度，前者比不过后者。在所谓体力训练或者是在武器操纵和利用上，前者比不过后者。在所谓纪律，或者迅速服从的习惯上，前者比不过后者。然而在现代战争中，迅速和立刻服从的习惯比操纵武器的高度技巧还具有更为重大的意义。

那些民兵，他们在和平时期已经逐渐习惯了在首领的领导下奔赴战场，那是最好不过的了。他们在尊重军官，在迅速服从命令这些方面，最接近常备军。对于苏格兰高地的民兵，当他们在自己的首领下服役时，他们都具有某些同类的优点。然而，因为高地居民不是游牧的人民，而是定居的牧民，他们都有固定的居所，在和平时期并没有养成追随他们的首领从一个地方不停地搬到另一个地方的习惯，所以在战争时期，他们就不大愿意追随首领走得太遥远或者长期留在战场上面。一旦他们得到什么战利品，就急切地想回家，而且首领的权威也不足够阻止他们。

然而，一定要注意到任何民兵只要在战场上连续打过几仗，他们在每一方面就都可成为一支常备军了。因为士兵们每天操练利用武器，长期在他们军官的指挥下已养成了常备军中那种迅速服从的习惯。至于他们在作战前是干什么的并不重要。在经过几次战役以后，他们必定在每一方面就都变成了常备军。假如美洲的战争再拖长一个战役，美国的民兵就可能变成一个在每一方面都可和在上次战争当中英勇顽强，丝毫不弱于法国和西班牙的，最顽强的老兵组成的那支常备军。

深入地了解了这个区别，就会发现这几百年的历史可以充分证明：一个有严格规章制度的常备军对于民兵来说具有某种不可抗拒的优越性。

根据可靠史料记载，第一批常备军之一就是马其顿菲利普所率领的常备军。他和伊里利安人、斯雷斯人、色萨利亚人还有马其顿靠近一点古希腊城邦的频繁作战渐渐把自己的部队（军队的开始可能是民兵）形成了具有常备军的严格纪律的部队。当他不打仗的时候——这样的时候非常少，而且时间不长，他就特意不遣散那支军队。经过长期的激烈的斗争，他的军队果然把古希腊各主要共和国的勇猛并且训练有素的民兵征服了、降服了。随后差不多没有遭遇什么困难就把大波斯帝国的柔弱而缺少训练的民兵粉碎了。希腊各共和国和大波斯帝国的灭亡是常备军相对于民兵的绝对优势的结果。这是人类历史活动中保存了详尽记录的第一次大革命。

迦太基的灭亡还有之后罗马的兴起是第二次大革命。这两个著名的共和国的不同命运和消亡都可为同一原因做出充分的证明。

从第一次迦太基战争结束到第二次迦太基战争的开始，迦太基的军队先后在三个大将的统领下长期留在战场上作战。这三个大将是哈米尔卡尔、他的女婿哈斯德拉巴与其子汉尼拔。最先是镇压他们自己的奴隶的反叛，随后是降服非洲各民族的造反，最终是征服西班牙王国。汉尼拔率领的军队从西班牙进入意大利的那些战役中已经渐渐地形成了一个有严格纪律的常备军。在这个时候，罗马人尽管不是完完全全处于和平状态，然而在这期间也没有进行过非常重大的战争；他们的纪律通常来说已大大松弛。汉尼拔在特雷比阿、斯雷米阿还有在肯尼所遭遇的罗马军队都是些民兵（通过他们来抵抗常备军）。这一情况可能比其他任何因素更多地决定着那些战斗的命运。

迦太基留在西班牙的常备军比罗马人派去抵抗他们的民兵更具有优越性，因为在几年之后在他的女婿哈斯德拉巴的指挥下就把罗马人全都赶出了那个国家。

后来汉尼拔的军队得不到自己国家的充足供应，然而持续留在战场上的罗马民兵在战争的过程中却渐渐变成了一个纪律严明训练有素的常备军。与此同时汉尼拔原有的优势日益减少。哈斯德拉巴觉得一定要率领他在西班牙的一切或者差不多一切军队前往意大利支援他的妻兄。在这次行军途中，据了解他被向导领错了路，因此在一个他不熟悉的国家意外地受到了另一个在每一方面都和他自己不相上下甚至还优于自己的常备军的袭击而全军覆没。

当哈斯德拉巴离开西班牙后，罗马大将西皮阿除了受到一点远远比不过自己的民兵的抵抗外，再没有遇到过任何抵抗。他征服和降服了那些民兵，同时在战争的过程中他自己的民兵必定无疑地变成了一个纪律严明和训练有素的常备军。那支常备军后来又被带到非洲，在那里又是除了遇到一点民兵外，没有遭遇到任何抵抗。为了能够保卫迦太基，汉尼拔的常备军被召回，士气低落，不仅这样，常被打败的非洲民兵这时加入了汉尼拔的军队，而且还在查马战斗中他们还构成了汉尼拔军队中的绝大多数。那次战斗的结局决定了这两个互相敌对共和国的命运。

从第二次迦太基战争的结束到罗马共和国的没落，罗马的军队在每一方面已变成了常备军。当时马其顿的常备军曾经对它们作过一点抵抗。在罗马军队的鼎盛时期，他们只用两次大战和三个比较大的战役就降服了那个小小的王国。假如不是由于它刚刚去世的国王的胆怯，可能征服它还要更加困难些。在古代的一点文明国家，如希腊、叙利亚和埃及，他们的民兵对罗马的常备军都只进行了一点微弱的抵抗。然而有些野蛮国家的民兵为了自卫而进行了激烈的抵抗。

米斯里德斯从黑海通过北方各国招来的塞西亚和鞑靼民兵是罗马人在第二次迦太基战争后遭遇到的最可怕的敌人。帕斯阿和日耳曼民兵也总是不错，在多次场合都赢得了对罗马军队作战的胜利。然而，通常来说，假如罗马军队有一个好的统率，他们就要优越得多；假如说罗马人并没有彻底征服帕斯阿或日耳曼，那可能是因为他们觉得帝国已经太大了，不值得花非常多代价再去合并这两个野蛮国家。古帕斯阿人好像都是塞西亚或鞑靼人血统，他们总是保留了非常多祖先的习俗。然而古日耳曼人就像塞西亚或鞑靼人一样是一个流浪的游牧民族，战时他们也依然是和平时期已经熟悉了的首领带领打仗。他们的民兵和塞西亚或鞑靼的民兵属于同一类，可能他们就是塞西亚或鞑靼人的后裔。

罗马军队纪律的松弛有多方面的原因。纪律过严可能是原因之一。在他极盛时期，当没有什么敌人能够和他抗衡时，他们就把沉重的盔甲当作无用的包袱而束之高阁，他们把吃力的训练也作为无用的苦差而加以怠慢。除此之外，在罗马皇帝的统治下，罗马那些专门负责守卫日耳曼人和班诺尼亚人的边境的常备军就变成了对皇室的危险人物，他们大多数时候拥立自己的将领和皇室对抗。

为了削弱这些常备军带来的危害，据某些作者说是德奥克里希大帝，据此外一点，作者说是康士坦丁大帝，先是把他们从边境召了回来，（从前他们总是驻扎在那里，一个地方就要驻扎两三个兵团），同时把他们全部人分成小股遣散到各个州县，到那里以后除了需要赶走入侵者外，他们就再也没有向其他地方移动过。小股小股的士兵驻扎在商业和制造业城镇，长驻让他们自己就变成了商人、工匠和制造业者。公民的品质因此多于了他们身上的军人品质，罗马的常备军渐渐地蜕化成了没法抵抗日耳曼和塞西亚民兵进攻的腐败、被忽视的和没有纪律的民兵。他在后不久日耳曼和塞西亚的民兵就侵入了西罗马帝国。西罗马帝国的皇帝们没办法不雇佣某些国家的民兵来抵抗此外一些国家的民兵，才短时期地保住了自己的帝国。

西罗马帝国的没落是人类活动中进行的第三次大革命，关于它的没落，古代史上保存了清楚详尽的记载。这次革命是由一个野蛮民族的民兵与一个文明国家的民兵的不可抗拒的优势所造成的，一个游牧民族的民兵对一个由农民、工匠和制造业者组成的民族的民兵的不可抵挡的优势所造成的。这些民兵所得到的胜利大多数时候不是对常备军的胜利，而是对在训练和纪律方面比不过自己的民兵的胜利。希腊民兵打败波斯民兵的胜利就是这样的胜利。稍后瑞士民兵战胜奥地利和勃艮第民兵的胜利也是这样的胜利。

建立在西罗马帝国的废墟上的日耳曼和塞西亚国家的军事力量，在新的居住地有一段时间仍保留着他们原本国家的那种性质，是一种牧民和农民混合类型的民兵，战时就在他们和平时期的首领的率领下进行战斗。所以训练得也极其好，纪律也极其好。然而随着技术和产业的发展，那些首领的权威渐渐下降，并且大多数的人民进行军事训练的空闲时间少了。因之，封建式的民兵的纪律和训练渐渐衰退，常备军渐渐地被引进，取代民兵。除此之外，常备军这样的应急措施一旦被一个文明的国家采用，它就必定成为他一切邻国效法的榜样。它们迅速就会发现他的安全有赖于此，同时也会发现他的民兵完完全全没法抵抗这样一种军队的进攻。

常备军的士兵尽管从没有看见过敌人，然而他们经常觉得具有老兵的勇敢，他们一走上战场就可以面对最顽强和最有经验的老兵。当1756年俄罗斯军队进入波兰时，俄罗斯士兵的英勇并不见得弱于普鲁士的士兵，然而普鲁士士兵在当时被觉得是欧洲最顽强和最有经验的士兵。然而俄罗斯帝国在此前享受到了将近20年的和平，所以在当时没有几个士兵见过一个敌人。

当1739年的西班牙战争爆发时，英格兰已经度过了8年的太平日子，然而英格兰士兵的英勇丝毫没有因为那段长时期的和平而被腐蚀，在进攻喀地基那时表现出了超乎想象的英勇。那次进攻是那场十分不幸的战争中得到的第一个不幸的功勋。在长期的和平生活中，将军们有的时候可能会丢失了他们的技术，然而在保持有严格规章制度的常备军的地方，士兵们看上去就绝不可能忘记英勇。

当一个文明国家把国家的防卫寄托在民兵身上时，它就会无时无刻没办法不面对它相邻的野蛮国家的征服。一个有严格规章制度的常备军又优越于任何民兵组织。这样一个常备军，因为它可以得到一个富裕文明国家的最好的补给，所以它也就能够保卫这个国家免受到贫穷和野蛮的邻人的侵犯。因之，任何一个国家的文明只有通过常备军才可以永久保存，甚至保存一个极其长的时间。

因为只有通过一个有严格规章制度的常备军，一个文明国家才可以保卫自己，所以也只有通过它一个野蛮的国家才可以突然变得文明。一个常备军用它不可抵挡的力量能够在帝国最遥远的州省建立起君主的法律，各国用它能够维持某种程度的正规政府，否则正规的政府就会没有方法建立。任何人只要认真研究彼得大帝在俄罗斯帝国引进的改革就会发现，他的一切改革差不多全包括在建立一个有良好组织的常备军上。它是执行和维护一切其他规章的工具。俄罗斯帝国所曾经享有的那种秩序和内部和平全都应归功于那个军队。

有共和主义思想的人总是担忧常备军是对自由的威胁。凡是将军和主要军官的利益没法和国家宪法所保护的紧密相连的地方，确实也是这样，恺撒的常备军就破坏了罗马共和国。克伦威尔的常备军将长期议会扫地出门。然而在君主本身就是将军，国家的主要贵族和乡绅就是常备军的主要军官的地方，在军事力量被置于支持民事权威为他利益最大的地方，因为他本身在民事权威中享有大量的份额，在那些地方常备军就绝不可能对自由造成威胁。相反，在某些场合它还可能有利于自由。

它给予君主的安全的保障将使那种令人厌恶的担忧完完全全没有必要（在有些现代共和国里，那种令人厌恶的担忧好像监视着每个公民的最细小的行动，而且随时准备去打扰每个公民的平静）。在那些每一群众性的不满都对行政长官（尽管他受到全国大多数人民的支持）构成威胁的地方，在小小的一点骚动几小时之内就可引发起大的革命的地方，政府就一定要用他一切权威去镇压每一反对政府的抱怨和不平。相反，对于一个不但受到国内的贵族的天然的支持，而且得到具有严格规章制度的常备军的支持的君主，哪怕是最粗暴的、最无依照的和放肆的抗议也不可能引起细小的骚动。他能够平安无事地宽恕和不理睬它们，他对自身优势的意识自然而然也会让他倾向于这样来做。这样的接近于放肆的程度的自由只可以在君主的安全受到具有严格规章制度的常备军的保障的国家才可以得到容忍。也只有在这些国家，公共的安全才不要求对这样的放肆的自由的不恰当的妄为进行镇压，才不要求赋予君主通过自由处理权。

因此，君主的首要职责是保卫社会免遭此外一个独立社会的暴力和入侵——随着社会文明程度越来越高，费用会变得越来越大。社会的军事力量原本在平时和战时都无须花费君主的任何费用，在进步的过程中开初还只不过是战时需要君主维持他的生活，到了后来平时也都需要君主来负担了。

火器的发明给战争技术带来的难以想象的变化，进一步增大了和平时期训练和培养一定数量士兵还有战争时利用一定数量士兵的费用。他们的武器和弹药也变得越来越难以负担，短枪要比矛或箭贵得多，加农炮或迫击炮比弩炮或石炮贵得多。现代阅兵所耗费的火药一瞬间就消失得无影无踪，然而费用却非常可观。在古代阅兵中，掷出去或射出去的矛和箭能够非常容易地重新捡起来，再说，也值不了多少钱。

加农炮和迫击炮不仅要贵得多，也比弩炮或石炮要重得多。它们不仅制造起来要花费掉多得多的费用，不仅这样，运往战场需要的费用也贵得多。因为现代的大炮比古代的大炮要优越得多，因此要设防一个城镇通过抵抗那种优越的炮火的进攻，哪怕抵抗一两个礼拜，都要困难得多，费用也高得多。现代非常多不同的原因都使得社会的防卫费用要比从前大得多。在这方面进步的很容易的不可避免的效果受到战争技术的大革命的非常大促进。然而引起这一大革命的，看上去而是一偶然事件，也就是火药的发明。

在现代战争中，哪个国家最有力量负担火器的巨大费用就拥有明显的优势；从而让一个富裕文明的国家比一个贫穷野蛮的国家拥有优势。在古代，富裕文明的国家发现自己难于抵御贫穷和野蛮的国家。在现代，贫穷和野蛮的国家却发现自己很难抵御富裕和文明的国家。火器的发明，一个初看起来这样有害的发明，却对文明的永久持续和扩展起了非常有利的作用。

第二节 司法费

成员的侵犯或者是压迫，换句话说就是要建立一个完完全全公正的司法机构。在社会的不同时期，君主为了履行这个职责需要花费两种不同的费用。

在狩猎的民族中，因为没有任何财产，或者说至多也只有不多于两三天劳动价值的财产，所以也没有安排什么执法的行政长官或任何正规的司法机构。没有财产的人互相能够伤害的只不过他们的身体或名誉。

当一个人杀死、打伤、殴打或诽谤另一个人时，尽管受到伤害的人受到了痛苦，然而行凶者也得不到什么好处。然而损坏财产的情形就完完全全不同了。行凶者所可以得到的好处时常就恰好是受到害人的一切损失。妒忌、怨恨或不满是驱使一个人去伤害另一个人的身体或名誉的唯一情感。然而绝大多数的人并不是时常受到这些情感的影响；只有最坏的人才有的时候这样。

对于某些人来说，不管这些报复所带来的满足是何等的愉快，而且不带来任何实际的或长久的好处，所以绝大多数的人大多数时候总是经过慎重的思考后加以克制。尽管没有地方行政长官来保护人们尽量免受到这些情感的侵害，人们还是能够在一定程度上相安无事地共同生活在一个社会里．然而富人的贪婪和野心，穷人对劳动的厌恶和贪图眼前的安逸和享乐，却是促使人们侵犯他人财产的情感，而且这些情感在人们的行动上非常不容易被祛除，在影响上也远为广泛。

哪里有巨大的财产，哪里就有非常大的不平等。因为有一个非常富的人，起码就要有500个穷人。少数人的富裕意味着多数人的贫穷。富人的富裕激起穷人的愤恨，匮乏时常驱使穷人妒忌，时常驱使穷人去侵犯富人的财产。只不过在地方行政长官的庇护下，具有财产的所有者才可以安安稳稳地睡上一晚。

他的那份财产是他多年，说不定也许还是几代人的劳动所得的成果。他却是随时都被不知名的敌人包围着，尽管他从来没有惹过那些人，他也没法平息他们的怨恨。对于他们的侵犯，他只可以依赖地方行政长官高高举起的强而有力的手臂去严惩他们。因此，拥有珍贵而庞大的财产，就必定要求建立民政政府。在没有财产，或至多也只有价值多于两三天劳动的财产的地方就没有这样的要求。

民政政府意味着一定意义上的从属关系。然而因为对民政政府的需要和对珍贵财产的拥有同步增长，所以让人民很容易服从的那些主要原因也渐渐地和珍贵财产的增长而连续产生。

要求人民很容易服从的自然原因或条件在建立任何民政政府之前，就在他们绝大多数的同胞中给予某些人通过某种优势。这些原因或条件看上去有四个：

第一个原因或条件就是单独的个人在体力、美貌和身体的敏捷上的优势，单独的个人在智力和品德、谨慎和公正，刚毅和忍耐上的优势。单纯体力上的优势假如没有脑力上的那些优势作为后盾，在社会的任何时期都没法让一个人获取权威。一个非常强壮的人，只是凭体力，他最多可以强迫两个体弱者听从他。然而单靠脑力上的优势，他就可赢得非常大的权威。它们都是看不见的品质：总是具有争论性的，而且经常成为争论的对象。不管是野蛮的或文明的，没有一个社会从来没有感到要依照这些看不见的品质来确定等级和从属关系是多么困难，然而依照某些比较明显的和摸得着的东西就要方便多了。

第二个原因或条件就是年龄上的优势。一个老年人，只要他的年龄还不足够让人怀疑他年老昏聩，那么他在任何地方都要比一个和他同一阶层、具有同等财富和同等力量的年轻人受到更多的尊敬。在狩猎的民族里，比如北美的土著部落，年龄是代表地位和优先的唯一基础。在他们之中，父亲是上级的称号，兄弟是平辈的称号，儿子是下级的称号。在最富裕和文明的民族里，年龄规定着在其他每一方面都平等的人的地位，在他们中再没有别的能够规定地位的了。在兄弟和姐妹之间最大的总是优先。在继承父亲的没法分割却一定要一切归于某一个人的遗产时，如荣誉的称号，在绝大多数的情况下都是给予年长者。年龄是一个看得见摸得着不容争辩的品质。

第三个原因或条件是财富的优势。尽管财富的权威在社会的各个阶段都非常大，然而可能在社会的最原始的阶段最大。那个阶段都可以允许财富的任何不平等。一个鞑靼的首领所拥有的牛羊增加的数量足够维持1000人的生活，他除了用来养活1000人之外，再没有别的任何途径能够去利用它们。他所处的社会的原始状态没法向他带来可用他自身消费之外的原生产物去和之交换的任何制造品、小玩意儿或小摆设。所以他赡养的那1000人就完完全全依靠他生活，就一定要在战时服从他的命令，在平时服从他的管辖。他必定就成了他们的司令和审判官，他的首领的位置就是他财产的优势的必定结果．在一个富裕和文明的社会里，一个人能够拥有大得多的财富，而且没法指挥几个人。尽管他的土地里的生产物，可能确实足够维持1000人的生活，然而因为那些人从他那里所获取的任何东西都向他支付了钱，因为除了等价交换之外，他没有给任何人任何东西，所以也没有任何人觉得自己是完完全全依靠他的，所以他的权威仅限于指使几个仆人。然而，即便在一个富裕和文明的社会里，财富的权威仍然是非常大。它远多于年龄的权威、个人品质的权威。它总是允许财产非常大的不均的社会各个不同时期时常被抱怨的一个对象。社会的最开始阶段，狩猎时期是不允许有这样的不均的。在那个社会里，广泛的贫穷建立了广泛的均等。年龄，个人品质等的优势是权威和从属关系的唯一基础。所以在社会的那个时期没有什么从属关系。社会的第二个时期——放牧时期——允许财富有非常大的不均，不仅这样没有哪一个时期的财富的优势可以给财富的拥有者这样巨大的权威。所以也正是在这个时期，权威和从属关系较完完全全地建立了起来。

第四个原因或条件是出生的优势。出生的优势意味着当事人的祖先在财富上占有的优势。一切的家庭在古代都是平等的。王子的祖先尽管可能比较著名，然而在数量上却远不可能多于乞丐的祖先。古老的世家在任何地方都是一样的，它意味着过去巨大的或者是基于财富或伴随财富而来的巨大声誉。暴发的名门各个地方都是一样，远比不过古老的名门那么受到尊敬。对篡夺者的憎恨，对古代帝王家族的敬爱在非常大的程度上就是建立在人们对前者的很容易的蔑视和对后者的尊敬之上的。就像一个军官能够毫不勉强地服从于一个直接指挥他的上级的权威，然而却没法容忍他的一个下级被放置在他的头上一样，人们非常容易服从于他们的祖父过去总是服从过的家庭，然而没法容忍一个他们从来不承认有这样的优势的家庭现在要来统治他们。

出身的区别来源于财富的不均，因此在狩猎的民族中不可能存在：因为在他们之中，财富都是平等的，与此同样，出身也就必定差不多平等。诚然，一个睿智而勇敢的人的儿子在他们之中可能比一个具有同等功绩然而不幸是一个愚蠢或胆小的人的儿子要受到更多的尊敬。然而，这样的差别也不可能非常大。我相信在这个世界上，从来就没有哪个家族的荣耀是完完全全来源于继承了先辈的智慧和品德。

出身的区别不仅可能存在于游牧民族中，也总是存在于游牧民族中；这类民族不明白什么是奢侈品，因此他们的巨大的财富也就不可能因为他不注重节约然而挥霍掉。因此，没有一个民族能够比游牧民族具有更多的只不过是因为他们的祖先的荣誉从而受到人尊敬和荣耀的家庭。因为还没有一个民族的财富在同一个家庭里可以保持得比游牧民族长久。

出身和财富明显是把一个人置于另一个人之上的两个主要条件。它们又是个人互相区别的两个来源。因此，也是在人们间自然而然建立起权威和从属关系的主要原因。在游牧民族中这两个原因同时都发挥着十分重要的作用。拥有巨大的财富和非常多人以它为生而受到人尊敬的大放牧者，因为出身高贵和家庭古老而受到人崇拜，结果自然而然他就对于一切其他的放牧者具有了一种居高临下的权威。他比他们中的任何一个人能够调节更多的人联合起来的力量。

他的军事力量也比除他之外的任何一个人的军事力量大。在战时，他们中一切的人很容易趋向于聚集在他的旗帜之下，然而不可能聚集在他们中的其他任何人之下。他就这样凭着出身和财富很容易地赢得了某种行政权力。同时借助这个行政权力，他比他们中的任何人可以指挥更多的人所联合起来的力量，他也最可以强迫他们之中伤害了别人的人对他错误进行补偿。

因此，他也就成了一切那些软弱然而无力自卫的人都自然而然地寻求保护的人。那些自觉得受到了伤害的人很容易要去向他申诉。在这样的情况下，他的干涉也比其他任何人所可以做出的干涉更易为被告人所服从。这样一来，他的出生和财富又非常容易地为他赢得了某种司法权力。

正是在游牧时代，也就是在社会发展的第二个阶段，第一次出现了财富的不均。在人们之中产生了从前不可能存在的某种程度的权威和从属关系。因此也产生了某种程度的民政政府，它是为保持他的权威和从属关系所必不可少的一个组织。而且，这样做看上去也非常容易，甚至完完全全无必要去思考它的必要性。

毫无疑问，对那种必要性的思考后来对于维持和保护那个权威和从属关系是有非常大的贡献的。尤其是富有的人必定对支持那种制度会有非常大的兴趣，因为有它就可以保障他们拥有的优势。拥有财富较少的人联合起来捍卫拥有财富较多的人拥有他们自己的财富，为的是拥有财富较多的人能够联合起来捍卫他们自己拥有的财产。一切小的放牧者和牧人感到他们自己畜群的安全倚赖于那些大的放牧者和牧人的畜群的安全；要维持他们的较小的权威就依靠于维持大放牧者或牧人的比较大的权威，要保持他们接下来的人对他们的服从就有赖于他们对大放牧者的服从。

他们因此构成了一种小的贵族。他们满怀热情保卫自己小的君主的财产和支持他们的权威，方便君主可以保卫他们的财产和支持他们的权威。民政政府因为它的建立是为了保卫财产，实质上它的建立就是以保卫富人反对穷人为目的的，或者说为了保卫有些财产的人反对没有财产的人。

然而，这样一来，一个君主的司法权威远远不是一个需要费用的事业。在非常长一段时间里，它仅是君主的一个收益的来源。找他要求讨回公道的人总是愿意支付报酬的，在递交请求时免不得要一同送上一份礼物。

在君主的权威彻底建立起来后，觉得有罪的人除了一定要满足对方的要求外，同时还一定要向君主交纳罚款。他制造了某种麻烦，他添了乱子，他打破了他的君主统治下的平静，对这些过错罚款是完完全全应该的。在欧洲推翻了罗马帝国的日耳曼和塞西亚民族所建立的政府里，司法行政管理不管是对君主还是对一切在他接下来行使任何裁判权的比较小（对他的部落或民族，或某一特殊地区）的头领都是一个极其可观的收益的来源。

后来他们广泛感到把它委托给某一代理人、执行官或法官较为方便。然而，这个代理人仍然一定要向君主或酋长报告司法裁判的收益。凡是看过亨利二世给予他的巡回法官的训令的人，都可清楚地看出那些法官巡行全国的目的就是为国王征收某些收益。在那些年代，司法行政不仅对君主带来了一定的收益，而且，得到这样的收益仿佛总是君主通过司法行政获取的主要好处之一。

司法行政屈从于获取收益的目的，这样的做法不可能不产生非常多非常大的弊端。一个手捧巨大礼物的申诉人必然是想要得到比公道还更多一点的东西，然而一个手捧小礼物的申诉人必然只可以得到比公道还少一点的东西。为了可以让申诉人反复送礼，时常可能是拖延很长时间不判决。除此之外，为了得到被告人的罚金，经常寻找有利的证据来证明他有罪，也就是说，即便被告人事实上没有什么罪。这类弊端十分广泛，欧洲各国的历史就是有力的见证。

当君主或酋长自己行驶这样的司法权力时，不管他们的判决可能有什么错误，它绝不可能得到任何纠正。因为没有任何人有权能够责问他。假如这个权力是由执行官执行的，纠正的情况有的时候还可能会发生。假如他是为了自己的利益，哪怕执行官犯了什么不公正的行为，君主可能还是愿意惩罚他，或者责令他改正错误。

然而假如执行官是为了君主的利益，假如执行官的不公是为了讨好任命他的人或可能对他有好处的人，而做了任何迫害的行为，那么在绝大多数场合就像君主自己犯了这样的错误一样，纠正是不可能的。所以，在一切野蛮的国家里，特别是在欧洲那些建立在罗马帝国废墟上的古代国家里，司法行政机构看上去在非常长一个时期里都是极端腐败。甚至在最好的专制君主下都远没法做到公正而无偏袒，在最坏的专制君主国里就全然是恣意专横的了。

在君主或首领就是部落或民族中最大的放牧者的游牧民族中，他就像他的任何扈从或臣民一样是通过他畜群数量的增加来维持生活。在刚刚脱离游牧状态而比游牧状态又还没有进步很多的农耕民族中，如特洛伊战争前后的古希腊各部落，还有最开始在西北帝国的废墟上定居的我们的日耳曼和塞西亚的祖辈们，与此同样，君主或首领就是国家最大的地主，他就像任何其他地主一样，是靠从他自己的地产中所得的收益或者从现代欧洲所叫作的皇室领地所得的收益维持生活的。他的臣民在大多数场合，除非在他们需要他的权威来保护他们不受到某些臣民的压迫，平时不向他贡献任何东西，然而在某些极端不寻常的紧急情况下，臣民们赠送给他的礼物就构成了他日常的一切收益，可能就是他从他的领地所可以获取的一切报酬。

在《荷马史诗》中我们能够见到，当阿格默农为了他们的友谊，拱手把希腊七个城市的主权送给阿基利斯时，他曾说过从中得到的唯一好处就是人民为了表示对他的敬重所赠送的礼物。当这类礼物，当司法的报酬，换句话说，所谓的司法手续费通过这样的方式构成一个君主从他的主权所可以得到的一切日常收益时，也就不可能指望，也不宜于建议要君主放弃这些礼物。可能，也时常有人建议君主应对这类礼物做出明确的规定。然而在制定了规章后，如何防止一个具有无上权威的人超越规章，没法说完完全全不可能，然而仍然是极端困难的事。所以，在这样的状态持续存在的情况下，司法行政的腐败是这样的礼物的随意性和不确定性的性质的自然产物，不可能得到任何有效的纠正。

然而当因为不同的原因，主要是因为反对外族入侵的防务费用的连续增长和君主的私人地产变得全然不足够支付国家的行政费用时，因此当人民为了他们自身的安全一定要通过各种不同税收为国家的费用做出贡献时，君主或他的执行官和代理人、法官不得通过任何借口为司法行政而收受到任何礼物仿佛才成为极为寻常的规定，曾经假设过全然不允许这些礼物可能比有效地作出规定还容易些。法官有规定了的固定的薪金，它应该能够补偿他们从前在执法时所可能得到的份额的损失，就像税收应该是对君主的损失的补偿还有剩余一样。据了解，从此司法审判才成为免费的。

然而，司法审判事实上在任何国家就从来没有是免费的。至少当事人的双方对律师和代理人总是一定要付钱的。不仅这样，假如没有付钱给他们，他们就不可能非常认真履行他们的职责。每一年任何一个法院支付给律师和代理人的费用要大大地高出法官的薪金。君主付给法官薪金这一情况在任何地方任何条件下都没有可以大量减少诉讼的必需费用。因为不允许法官收受当事人双方的任何礼物或费用，主要不是为了减少诉讼费用，而是为了防止司法的腐败。

法官本身是一个非常光荣的职位，尽管报酬非常少。治安推事是一个较低的职位，而且事情非常麻烦，在绝大多数场合完完全全没有报酬，然而它对绝大多数的乡绅来说，还是他们心目中要猎取的一个对象。一切各级法官的薪金，高的和低的，和整个行政和执法的费用一起，也就是说，即便是在管理不很节约的地方，在一个文明的国家里也只构成一切政府费用中非常小的一部分。

一切司法经费也非常容易由法院的手续费来支付。丝毫不可能让司法行政面临任何实际腐败的危险，国家收益却可以完完全全免去一份可能不小的累赘。在君主这样一个有权有势的人要从法院手续费中分享一部分，不仅这样通过此构成他收益的极其大的一部分的地方，就非常难有效地规定法院的手续费了。然而当法官是从法院手续费中能够获取任何利益的唯一的人员的地方，就很容易规定法院的手续费。因为法律能够非常容易强迫法官尊重规定，尽管时常没法让君主尊重规定。

在法院的手续费规定得非常明确的地方，假如一切费用一定要在每次诉讼的必定时期一次交付到收费人员手上，而且由他再通过必定的比例在诉讼判决后，而不是在诉讼判决之前分配给各法官，那么在这样的地方看上去腐败的危险就同那些全然不允许收取手续费的地方一样不可能非常大。仅凭这样的手续费而无须再增加什么大的诉讼费就完完全全可支付整个司法费用。

因为在诉讼做出判决之前没有给法官支付任何费用，这样一来手续费就可对法院人员在案件的审查和判决中的勤奋程度起到某些激励的作用。法院有极其多的法官，假如依照每个法官在法院或是在审查委员会审查案件时所花费的时间来分配，这笔手续费就可能对任何一个法官都起到一定的鼓励作用。公共服务只有在完成了以后，并且是按勤奋程度付报酬，才可以完成得最好，在法国各个高等法院，手续费构成了法官报酬的绝大多数。

图鲁兹高等法院从等级上来说是法国第二大法院，该法院的法律顾问或法官从国王那里所得的薪金减去了一切应该扣除的，一年仅达150利弗，大概折合英币6镑11先令（7年以前，那个数额在同一地方是一个寻常男仆一年的工资）。法院手续费也是按法官的勤奋进行分配。一个勤奋的法官依照他的职务可得到虽然不太高，然而可以保持生活舒适的收益。一个懒惰的法官就只可以拿到自己的薪金。这样的高等法院可能在非常多方面还不是非常好的法院。然而它们从来没有受到过谴责，它们仿佛也从来没有被人怀疑过腐败。

法院的手续费好像最开始也是英格兰各级法院的主要经费来源。每个法院都竭力兜揽诉讼事件，所以，原本不应属于他管辖的非常多案件他们都乐于受理。英国高等法院是单为审理刑事案件而设立的，然而也受理民事案件，只要原告借口被告对他的不公是犯了非法侵入或行为不端之罪。

王室特别法院是为国王征收税收还有为国王追收到期没有还的

债务而设立的，也受理一切其他契约债务上的诉讼，只要原告宣称他没法偿清国王债务是因为被告没有还清他的债务。因为这样一点虚构的托词，在非常多情况下结果就成了当事人双方愿意选择哪个法院去审理，就去找哪个法院审理；然而每个法院也力求通过办案迅速和公正无私来招揽尽可能多的案件。

可能，今日值得赞赏的英格兰的法院制度在非常大程度上最开始就是通过古代各法官之间的这样的竞争而形成的；每个法官在自己的法院里竭力在法律所许可范围内通过最快的速度和最有效的方法来纠正各种不公。寻常法院原本只对违背契约的事件给予损害赔偿金。

大法官法庭作为一个良心法庭，最开始是承担强制履行协议的任务。当违反契约表现为拖欠货币支付时，对持续的损害的赔偿没有其他的方法，就是勒令偿还，它就等于对协议的特殊履行。所以，在这样的场合，寻常法院所做出的补救还是充分的。那么在其他场合就不是这样了。

当一个佃户控告地主无理地把他从租佃的土地上驱逐出去时，那么他所得到的补偿完完全全没法等同于他所拥有的租佃的土地。由于这个原因，有一段时间，这类案件都由英国大法官法庭受理，以至于寻常法院蒙受到不小的损失。为了把这类案件再揽回来，据了解寻常法院发明了虚假的收回不动产的诉讼令状，对于那些无理驱逐或剥夺土地是一个最有效的补救方法。

每个法院对于受理的诉讼案件所收的印花税由各法院自己征收，而且，用于维持该法院法官和其他官员的生活。印花税通过这样的方式所得的收益可能足够支付司法的行政费用，然而无须再增加社会总收益的任何负担。

诚然，在这样的情况下，法官可能为了尽可能多地增加印花税的收益，而没有必要增加任何一个案件的诉讼手续。现代欧洲已形成的习惯在大多数的场合是依照他们办案时所写的公文的页数来规定辩护士与法院书记的报酬。然而，法院明确要求每页一定要写多少行，每行写多少字。为了增加他们的报酬，辩护士和书记又想出些诡计来增加一点没有必要的字。我相信它必定腐蚀了欧洲每个法院的法律语言。与此同样的诱惑可能在诉讼手续的形式上要引起与此同样的腐化。

然而，不管司法行政费用是不是应该通过这样的方法来支付，也不管法官是不是应该由此外某一基金所支付的固定薪金来维持生活，看上去完全没有必要把管理这项基金或者支付那些薪金的事情委托给行政当局。假如那项基金来源于地产的地租，每个地产就可委托给靠此为生的那个法院管理。假如那项基金来源于一笔资金的利息，与此同样，资金的借贷也可委托给以此为生的法院。苏格兰最高民事法庭法官的薪金中的一部分，当然只不过是一小部分，就是来源于一笔资金的利息。然而，这样的基金必定是不稳定的，通过它来维持一个应该长久存在的机构仿佛不大妥当。

司法和行政权力的分离看上去原本起于社会事务的增多，是社会连续进步的结果。司法行政变得这样繁重和复杂，以致要求从事司法行政事务的人不得有任何分心。从事行政事务的人没有闲暇关心自身的诉讼案件，因此没办法不委任代理人处理。在罗马帝国兴盛时期，执政官也是国事繁忙，无力分神关注司法行政。所以，就委任了一个民政官来为他代理。在罗马帝国的废墟上建立起来了欧洲的君主制度。在这个制度的不断进化的过程中，各国君主和大领主们一致觉得，司法行政对于他们来说是一项既劳累又十分低下的工作，他们自己绝没法来执行这项工作。所以，他们通过任命代理人或法官来把他们自己从中解脱出来。

当司法权和行政权混在一起时，司法不可避免地经常要成为百姓所讲的政治的放弃品。被委以国家重任的人有的时候尽管没有什么腐败的念头，仍觉得为了国家的利益一定要放弃私人的一点权利；然而司法行政的公正却倚赖于每个人的自由，倚赖于对自身安全的意识。为了让每个人可以感到自己在对于自己所属的各项权利上的绝对安全，那就不仅需要司法权和行政权的分离，而且应该尽可能让他独立于行政权之外，法官应该没法由行政当局随意罢免。

他的薪金的常规支付没法取决于行政当局的善意或行政当局的经济情况的好坏。

第三节　公共工程和公共机构的费用

君主或联邦的第三项也是最终一项职责就是要建立和维护下述各类公共机构和公共工程。它们尽管可能在非常大程度上对整个社会有利，然而就他的性质来说，它们的利润却永远也不可能支付给任何个人或少数人，所以也没法指望任何个人或少数人去建设或维护它们。所以，履行这项职责在社会的不同时期所需的费用也极其不同。

除了上面所说的已经提到过的为了国家的防卫和司法行政所必需的一部分公共机构和公共工程外，其他的这类工程主要目的就是为了方便社会商业和促进人民教育的机构。关于如何支付这些不同种类的公共工程和机构的经费最为恰当，本章将会分为三个不同项目进行探讨。

第一项　方便社会商业的公共工程和机构

为方便普通商业所必需的公共工程和机构首先是那些为了方便普通商业所必需的公共工程和公共机构。

在任何一个国家中为了方便商业而建立的公共工程，如道路、通航运河、桥梁、港口等的建设和维护，在社会的各个不同时期所要求的费用也必定不同，这是无须证明就已经一目了然的事。任何一个国家花费在修建和维护公路的费用明显地必定随着国家土地和劳动的年产物的增长，或者说随着一定要通过的公路运输的货物的数量和重量的增长而增加。桥梁的承载力一定要和可能通过的车辆的数量和载重量相适应。通航运河的水深和供水一定要和可能在上航行的驳船的载货数量和吨位成比例。港口的大小一定要和可能停泊的船只的数量成比例。

这些公共工程的费用看上去并不需要由公共收益，也就是说，由大多数国家大多数时候指定的由行政当局征收和利用的公共收益来开支。绝大多数这类公共工程只要稍微加以管理，就能够为他自身的费用带来一笔足够的收益，而不需要对社会的通常收益再增加任何的负担。

比方说、公路、桥梁、通航运河在绝大多数情况下能够通过对通行的车辆和船舶征收小额的通行税来进行修建和维护；港口可以通过对在港口内装卸货物的船舶的吨位来征收适量的港口税来修建和维护。为方便商业而设立的铸币机构在非常多的国家不仅能够支付他自身的费用，还可以为君主带来一小笔收益。为了与此同样的目的，另一个机构邮政除了支付他自身开支外，差不多在一切国家都还能够为君主带来一笔极其可观的收益。

当车辆通过公路或桥梁，船舶在运河上航行，依照它们的载重或吨位交纳通行税时，事实上是在对这些公共工程按一定比例为它们所造成的损耗，支付所需的保养费。看上去不可能发明一种更公平的维护这些公共工程的方法了。这个税尽管是由从事运输的人预付了，最终却是落在了消费者的头上，因为它总是被加在了货物的价格上。然而，运费因为有了这些公共工程而得到了大大的降低。货物尽管有了这个税，然而到达消费者手中时价格仍然比没有这些公共工程税时要便宜得非常多。而且它们的价格没有因征收这个税而提高特别多，因为它的运费降低了很多。因此，最终交纳这个税的人通过利用那些工程，他所得远多于纳税之所失。他所交纳的是和他的所得完完全全成比例的。事实上他在所得中支出部分正是为了得到他所剩余的一切。看上去再也想象不出一个比征收这样的税更为公平的方法了。

当对奢华的车辆，对四轮马车和驿车等依照它的重量所征的通行税略微超过对常用车辆，如两轮运货马车或是货车等所征的通行税，通过降低全国各地的笨重货物运输的费用的方法，使富人的懒惰和虚荣在悄无声息中对救济穷人做出了贡献。

假如公路、桥梁、运河等是通过这样的方式由借助它们而进行的商业来修建和维护的，那么它们就只可能在商业需要的地方才可以修建，也只有在那些地方才适于修建。它们的费用，它们的堂皇和华丽也一定要和商业所可以支付的力量相适应。因此，它们一定要修建得恰当。

这就是说在一个没有商业的荒凉的乡村，就不可能修建宏伟的公路。同时，只是为了通达州长的别墅，或者是州长有意讨好的某一大领主的别墅，也不可能修建宏伟的公路。在一条没有人走的河上也没法修建大桥，也没法只是为靠近的宫殿的窗外增添景色而修建大桥。有的时候也有这样的情况，在有些国家里，这类公共工程是由它们本身所可以带来的资金之外的另外一种收益来修建和维护的。

在欧洲有些地方的运河的通行税和水闸税是私人的财产，因此他们自己的利益要求他们维护好运河。假如运河维护得不好，航运就必定会停止，随之他们通过收税所可以得到的利润也就全然消失。假如这些税收是和他们自身利益无关的政府的特派员管理，他们对这些工程的维护可能就不可能有私人那样认真细心。

兰格多克运河的修建使法兰西国王和兰格多克省花费了1300多万利弗（按上世纪末法国货币价值计算，每马克合28利弗），大概折合英币90万镑。当这个伟大工程竣工时，人们发现最恰当的管理和维修的方法就是把过桥税作为礼物，赠送给设计和指导修建这个工程的工程师里格。

这个税现在构成了那个绅士家庭中的一个非常大的地产，所以他们有非常大的兴趣来连续地维修它。然而这个过桥税假如是交给了政府特派员管理，他们就会没有这样的兴趣，所收税款可能就会一切花费在装饰和其他没有必要的用途上了，然而工程的最主要部分可能就已经都坏了。

把维护公路的通行税变作私人财产没法保证公路维护良好。一条公路尽管全然无人保养，然而不可能完完全全没法通行；运河无人保养，可能会全然没有方法通行。因此而收取公路通行税的人可能全然忽视对公路的维修，然而他却可连续收取与此同样的通行税。所以，维护这类工程的税收由政府特派员，或托管人管理较为合适。

在大不列颠，就时常能够听到对这些税收的委托管理人滥用职权的抱怨。据了解，在非常多收税的公路上，所征收的税款要多于保养这些公路的实际所需费用的一倍以上，然而维修工作却做得非常草率，有的时候甚至没有进行。一定要指出，通过这类通行税来维修公路的制度还实行得不久，所以假如说这个制度还没有达到它看上去可能的完善程度，我们也没有必要有什么奇怪。假如无耻和不恰当的小人经常被委任为管理人，假如还没有建立起控制他们的行为的恰当的检查机构，而且减轻通行税让他刚刚足够执行保养工作，那么这些缺点和抱怨都应归责于这个机构建立不久，到了一定的时候，议会的智慧必然是会逐步纠正大多数缺点的。

在大不列颠，在不同的收费公路上所征收的款项据推测远远多于维修道路所必需的费用，假如恰当节约，从中节余下来的款项甚至有些阁员都觉得可作为国家紧急需要的一个非常大的财源。据了解，政府通过把公路管理转入自己手中，利用士兵的劳动（给以少量补助）就能够让公路状态保持良好，然而他花费要比由委托管理人来管理少得多。因为委托管理人没有别的工人，他们只可以雇佣靠出卖劳力为生的人来维护。据推测，从这里可能能够得到一笔50万镑的巨大收益，然而无须再加重人民的任何负担。因此而收税公路也能够就像目前的邮政一样对国家的通常费用做出贡献。

我丝毫不怀疑，以此能够得到一笔极其大的收益，尽管它可能没有这个计划的设计者所预计的那么多，然而，这个计划本身看上去会受到非常多非常强烈的反对。

第一，假如把在公路上征收的通行税看成应付国家紧急事件的财源之一，那么这些通行税必然就一定要依照紧急事件可能的需要而增加。所以，依照大不列颠的政策，它们可能会增加得迅速。这么容易就能够从通行税中获取一笔收益可能会鼓励行政当局时常依赖这个财源。尽管从现有的通行税中能否节省出50万镑可能还非常值得怀疑；然而假如通行税增收一倍，从中节省出100万镑，这一点是毫无疑问的。假如增收两倍，可能就是200万镑。不仅这样征收这么大一笔收益还可无须增加一名新的征收官员。然而通行税假如通过这样的方式连续增加，对全国内陆的商业就不是更加便利，相反会就像现今这样来迅速对国内商业变成一个非常大的累赘。一切笨重货物从国内的一个地区运往另一地区的运费迅速就会增加，结果，一切这类货物的市场迅速也就会大大缩小，就必定在非常大的程度上挫伤生产的积极性，国内工业的举足轻重的部门就会完完全全被毁灭。

第二，依照载重征收的车辆税，尽管用在保养道路这个唯一的用途上是非常公平的，然而假如用在其他用途，或者说用于国家紧急事件，它就成了一个非常不公平的税了。假如是只用于上面提到的那个唯一的用途，每辆车所支付的正好弥补该车辆对道路所造成的损耗；然而假如用于其他任何用途，每辆车所支付的多于了它所造成的损耗，是对国家某种其他紧急事件的资源的贡献。然而因为公路通行税是依照他重量而不是依照他价值的比例提高的商品的价格，这个价格又主要是由粗糙而又笨重的商品的消费者所支付，然而不是由那些贵重而又轻巧的商品的消费者所支付。所以，不管这个税可能是用以应付什么紧急事件，他结果承担这项紧急费用的主要的是穷人，而不是富人，承担这个费用的是最无负担力量的人，而不是最有力量负担的人。

第三，假如政府总是忽视公路的维修，那么要迫使通行税中的任何部分用于维修道路将会比现在变得更为困难。因此从人民身上征收的一大笔收益，然而之中没有一部分用于该税原本应用的唯一目的。假如对现在这些地位卑贱而又贫穷的公路委托管理人有的时候都难于强迫他们改正自己的错误，那么增税后管理人员富裕了，地位高了，要强迫他们改正错误比我们在这里所假设的还要难上10倍。

在法国，用于维修公路的基金是由行政当局直接掌管。这些基金包括在欧洲绝大多数地区农村居民应该为维修公路所出的一定数量的劳动，还有国家从通常收益中所出的一部分，也就是说，国王有意从其他开支中节省出的一部分。

依照法国古代的法律还有欧洲其他大多数的古代法律，农村居民的劳动力受到地方或省行政长官的直接管辖，和国王的枢密院没有任何直接的依属关系。在专制制度的发展历程中，行政权力的权威渐渐把国家各部门的权力都收到了自己手中，把用于任何公共用途的收益的权限也都揽到了自己管理。然而，在法国大的驿道，连接王国各主要城镇之间的道路通常都维护得非常好，有些省甚至比英格兰的绝大多数收税公路还好得多。然而我们所称的十字路，也就是农村中的绝大多数道路却全然被忽视了，在非常多地方任何载重车辆根本就没有方法通行。

有些地方，甚至骑马都非常危险，骡子成了唯一安全可靠的运输工具。一个好夸耀而且高傲的宫廷大臣可能时常乐于从事一种看起来辉煌壮丽的工程，比如说修建公路。因为公路是时常被主要贵族们看得见的，对公路的夸奖不仅能够满足他的虚荣，甚至还可能有助于维持他在宫廷的利益。至于非常多小的工程，因为它们既不可能有什么宏伟的外观，通常也得不到任何过路人的起码的赞誉；简而言之，它们除了它的实用性外，没有别的能够受到人赞赏的地方，因此这样的事业仿佛在各个方面都是太便宜和太低下，不值得一个有地位的行政长官的重视。所以，在这样的行政当局的管理下，这类工程差不多总是全然被忽视。

在中国和亚洲的其他几个国家，行政当局总是自身负责公路的维修和运河的维护。据了解，在给每个省的总督的训示中，总是连续地提醒他们注意这些工程，不仅这样，皇室也非常重视他们对这些训示的执行情况。因此，据了解，这些国家对这些工程非常重视，特别是在中国。

在那里，公路，特别是通航运河，据称比欧洲著名的同类工程都要好得多。然而流传到欧洲的关于这些工程的报道通常都是由懦弱而好奇的游者写的，更多的还是由愚蠢和爱说谎话的传教士写的。假如那些工程是经过了比较睿智的眼睛的考察，假如对它们的报道是由比较可信的证人所写的，那些工程就不可能显得这样神奇了。

柏尼尔有关印度的某些这类工程的报道就比其他那些旅游者所报道的要差很多。可能在那些国家，举例来说，在法国，大的公路、大的交通工具经常是宫廷和首都谈话的话题，备受关注，然而剩下的就全然被疏忽了。

除此之外，中国、印度还有亚洲其他几个国家，君主的收益差不多全来自土地税或地租，它随着年产物的增多和减少而增多或减少。所以在这些国家中，君主可以得到的最大利益，他们的收益必定和土地的种植有着直接的联系，和年产物的多少，年产物的价值有直接的联系。然而为了让年产物又尽可能多地值钱，就一定要为它开阔一个尽可能广阔的市场，因此也就一定要在全国各地区之间建立最自由、最方便，而且又最便宜的交通。要做到这一点，唯一的好方法就是修建最好的公路和最好的通航运河。然而在欧洲任何地区，没有一个君主的收益主要来自土地税或地租。

在欧洲一切大的王国里，可能收益的绝大多数最终是依赖于土地的年产物，然而它的依赖性既不是这样的直接，也没有这样的明显。所以，在欧洲，君主本身没有这样直接地感到需要去促进增产，需要去提高土地年产物的数量和价值，或者是需要通过维护好道路和运河，为年产物带来一个最广阔的市场。所以报道所说应该是正确的，尽管我还有一点怀疑，那就是在亚洲的某些地区的修路由行政当局管理得非常好。然而在目前这样的情况下，欧洲任何地区的行政当局却没有方法把它管理得让人满意。

有些公共工程，从他的性质来讲没法带来任何收益来维护它们本身，它们所带来的方便差不多又总是局限在某一个地方或地区，这时在地方或省的行政当局的管理下，由地方或省的收益来维持，比用国家的通常收益来维持，由国家的行政当局来管理要维护得好些。假如伦敦街道的照明和道路铺设都是由国库支付开支，它们的照明和铺设能够就像现在这样好吗？花钱可以这么少吗？毫无可能。除此之外，假如费用不是通过对伦敦每条街道、每个教区或地区的居民直接征收地方税来筹集，那么就会从国家的通常收益中来开支，结果就没办法不对王国一切居民征税，然而全国的居民中绝大多数却从伦敦街道的照明和铺设中得不到任何好处。

地方和省收益由地方和省行政管理有的时候尽管会出现弊端，然而不管这弊端有多么大，事实上假如把它们和由一个大的帝国的收益的管理和花费中所发生的弊端相比就显得极为渺小了。除此之外，它们也容易纠正得多。在大不列颠，在地方或省的通常地方治安官的行政管理下，农村居民每一年为维修公路所应出的六天义务工可能时常是没有得到妥善的利用，然而从没有发生残酷压迫的现象。

在法国，这项义务工是在州长的行政管理之下，利用得也不总是更合理，并且经常出现强迫和压制的现象。这样的他们叫作的强迫劳役构成了专横的主要工具之一，那些行使这个权力的官员就利用这个工具来严惩那些不幸受到了他们厌恶的教区或社区。

为方便某些特殊商业部门所必需的公共工程和机构。

上面我们谈到的公共工程和机构的目的都是为了方便普通的商业。然而为了方便某些特殊的商业部门，还一定要建立特殊的机构，它们又需要一笔特殊的和不同寻常的费用。

有些特殊的商业部门是和野蛮的、没有开化的民族打交道，它们就需要某些特殊的保护。一个寻常的商店或存贮室就没法给和在非洲西海岸做生意的商人的货物以可靠的保障。为了保卫货物不受到野蛮的当地人的袭击，在存放商品的地方就需要在某种程度上建筑一些防御工事。因为印度政府的混乱，据推测甚至在温和文雅的印度人民中做生意都有这样的警戒的必要。正是在保护自己国家的人民生命财产不受到暴力袭击的正当借口下，英国和法国的东印度公司被允许在印度建筑自己的第一批要塞。在其他一些建立了强有力的政府的国家，他们不允许外国人在自己的领土内拥有任何形式的防御工事，可能就一定要安排大使、公使或者领事。他能够依照他们自己国家的习俗来裁决他们自己国家人之间产生的分歧。在他们和当地人的纠纷中他能够凭借他外交官身份比任何私人可以更有权威地进行干涉和带来有力的保护。

商业的利益经常使得有必要在那些不管从战争或同盟的角度都无须派驻使者的国家派驻使者。土耳其公司的商业利益首先让英国在君士坦丁堡设立了大使馆，英国首任驻俄罗斯大使也是全都起源于商业利益。欧洲各国人民间的商业利益必定引起的连续纠纷，可能就是在一切邻国和平时期长期设立大使、公使的原因。这个古代没有提到过的习惯仿佛是在15世纪末到16世纪初开始形成的，也就是说是在商业最开始扩展到欧洲绝大多数国家，还有当他们最开始对商业发生兴趣的时期形成的。

保护商业的特殊部门所必需的特殊费用，通过对特殊部门征收适度的税收来支付，比方说，通过对商人起初进入某商业部门时收取恰当的营业税，或者更平等一点，通过和其他的国家进行贸易，通过对他们进口或出口的货物征收百分之几的特殊关税来支付，看上去不是不合理的。据了解，就是为了通常地保护商业免受到海盗的劫掠，才设立了第一个关税机构。然而，假如为了支付通常保护商业的费用，对商业征收通常的税觉得是合理的话，那么为了支付保护特殊部门的特殊费用，对商业的特殊部门征收特殊的税看上去就与此相都是合理的了。

保护通常的贸易总是被觉得是国防的一项重要任务。正因为这样，也被觉得是行政当局职责的一个必不可少的部分。所以征收和运用关税的职责也就总是交给了行政当局。然而保护任何一种特殊的商业部门是对商业的总的保护的一部分；所以也是行政当局的职责的一部分。假如国家采取的行动总是一致，为了特殊保护的目的而征收的特殊税就总是应该平等地留给行政当局处理。然而在这方面，就像在非常多的其他方面一样，国家并不总是前后行动一致，在欧洲的绝大多数商业国家中，一部分特殊公司就已经说服了立法机构委托他们自己来履行君主的这一部分职责，而且授予他们为此所必要的一切权力。

这些公司可能对最开始创办某些商业部门曾经有过用处，它们曾经利用自己的资金做了一个国家可能觉得是不慎重的试验，然而最终它们不是被证实是累赘，就是对国家毫无用处，而且不是管理不当，就是经营范围过于狭窄。

当这些公司不是利用联合的资金进行贸易时，它就一定要允许任何有恰当资格的人在交付一定的入伙金，而且同意接受公司的章程后加入组织。每个成员利用他自身的资金，靠自己的运气进行贸易，这样的公司叫作合伙公司。当他们是用联合资金进行贸易时；每个成员依照他在总资金中的份额的多寡分享利润或分担损失时，那么他们被叫作股份公司。这类公司不管是合伙公司还是股份公司，有的时候拥有，有的时候又不具有某些特权。

合伙公司在每一方面都和欧洲各国大小城镇中普遍存在的同业公会相似。不仅这样，还是一种同类性质的扩大垄断。在任意一个城镇里，没有一个居民可以在没有首先得到同业公会的自由营业权以前能够从事一种有组合的行业，所以在大多数场合，一个臣民没有首先成为合伙公司的成员，他就没法合法地进行任何部门的对外贸易。因为对外贸易已经成立了合伙公司。

这个垄断是极其严格的，加入公司的条件是非常高的，同时因为公司的董事们也有些权威，也就是说他们有权通过这样的方式把绝大多数的贸易经营权局限于他们自己和几个特殊朋友中。在最开始的几个合伙公司里，都规定有同样的学徒年限。凡在公司学徒期满的人无须交付任何入伙金或者交付比对其他人所索取的要少得多的入伙金，就可成为公司的一个成员。

在一切合伙公司中，广泛盛行着一种常见的公司精神，当然它没法和法律相抵触。当允许这些公司依照他天性行动时，为了把竞争尽可能局限在少数人中，它们总是竭力让商业屈从于非常多苛刻的规章。当法律限制它们这样来做时，它们就完完全全变得无所作为和无足轻重了。

现今存在于大不列颠的从事外贸的合伙公司就是古代的商人冒险家公司，也就是说，现在大多数时候所谓的汉堡公司、东方公司、俄罗斯公司、土耳其公司和非洲公司。

据了解，现在加入汉堡公司的条件非常容易，公司的董事们手中没有权力能够对贸易加以任何苛刻的限制或规定；或者能够说至少是近来没有行使过那种权力。从前却不是这样的。大约在上个世纪的中叶，加入一家公司的入伙金是50镑，有一段时期还是100镑。不仅这样，据了解，公司的作风极端霸道。

在1643、1645和1646年三年里，英格兰西部的毛织业者和自由贸易者尽管向议会抱怨那些垄断者限制了他们的贸易和压制了国内的制造业，尽管这些抱怨在议会内没有产生什么法令，然而它们也让公司受到了一点恐吓，强迫他们改变了作风。至少从那个时期起，再没有出现过类似的对他们的抱怨。

威廉三世第10年和11年的第6号法令中把加入俄罗斯公司的入伙金降低到5镑；查理二世第7号法令，又规定把加入东方公司的入伙金降到40先令。几乎在同一时期，瑞典、丹麦和挪威等一切波罗的海北部国家都取消了他们的特许证。可能是这些公司的作风才让议会通过了那两个法令。在那以前，大概西亚·柴尔德先生曾讲过那些公司和汉堡公司极端专横，他曾把贸易的不良状态归责于他们的管理不善。我们在那个时候在各个国家所进行的贸易都是在特许证的范围之内的。然而这类公司现在可能不是那么专横了。它们也全然没有什么用处了。诚然，单纯说是无用，可能还是对合伙公司所可以给予的最高的赞辞了。上面所提到的三个公司在目前的状态下仿佛都应得到这样的赞辞。

加入土耳其公司的入伙金从前对不满26岁的人是25镑，对26岁以上的人是50镑，不仅这样，他们还要求一定要是商人。这条规定把全部店老板和零售商排除在外。依照一个地方所定的规章，大不列颠的制造品除了利用公司的通用船只外，没法向土耳其出口。不仅这样，而且因为这些船只总是从伦敦港口起航，这一限制就把贸易局限在了那个昂贵的港口，同时也把它局限在了伦敦与在它的近郊居住的商人。

依照此外一个地方法规的规定，凡不是居住在伦敦20英里之内的人，没有获取该市的公民权者，不得加入该公司。这一个限制和前一个结合在一起，必定就把一切伦敦自由民之外的人都排斥了。

因为这些通用船只的装货与起航时间完完全全取决于董事长，他们因此非常容易把这些船只用来装运自己和他们的几个特殊朋友的货物，然而借口其他人提出的申请太晚从而排斥其他人的货物。因此，在这样的情况下，这样的公司在每一方面都是一种严格并且残酷的垄断。

这些弊端因此引发了乔治二世第26年的第18号法令，把对一切申请加入公司的人的入伙金降低到20镑，而且取消了年龄的限制，还有不管是商人还是伦敦自由民的任何限制，同时授予一切的人有自由从大不列颠一切港口向土耳其任何港口出口一切大不列颠货物（没有受到出口限制的），还有从那里进口一切土耳其货物（没有受到进口限制的）的自由。这一切的前提是，要先交纳寻常的关税还有为支付公司的特殊费用所特定的特殊税，同时还要服从大不列颠驻土耳其大使和领事的合法权威还有遵守公司应该执行的各种地方法规。

为了防止这些地方法规过于苛刻和造成任何压迫，上面所说的法令又规定，假如公司有任何7个成员在这个法令以后感到自己受到了任何地方法规的侵害，他们能够向贸易殖民局提出上诉（现由枢密院的一个委员会接管了该局的职权），只要这个投诉是在该地方法规生效后的12个月以内提出的。假如任何7个人觉得自己在这个法令通过之前受到了伤害，他们同样能够提出上诉，只要是在这个法令实行后的12个月以内。

然而，一年的经验可能时常还不足够让公司一切成员发现某一地方法规的弊害；不仅这样，假如有几个成员是在一年以后才发现他的弊害，那么不管是贸易殖民局，还是枢密院的委员会都没有方法进行纠正。除此之外，一切合伙公司还有其他一切公司的大多数地方法规的目的，与其说是要压迫现有成员，不如说是要让他人没法参加。为了达到这个目的，不仅能够通过收取高额入伙金，而且还有非常多其他的诡计。

这些公司长期着眼的是连续地把他们的利润率提高到尽可能的高度，保持他们所出口的和他们所进口的货物尽可能处于供不应求的状态。为了做到这一点，他们不仅通过限制竞争的方法，而且通过打击新的冒险商进入他们的行业。除此之外，20镑的入伙金，尽管它也可能还不足够阻止一个想长期从事土耳其贸易的人入伙，然而对于只想冒一次险的投机商人，20镑的入伙金就足够让他裹足不前了。

在各行各业中，长期从事某一行业的人尽管没有组织起来，然而很容易地也都会联合起来提高利润；然而因为投机冒险分子的不时的竞争，要让利润始终保持在恰当水平上是非常难的。对土耳其的贸易尽管被议会的这个法令在某种程度上开放了，然而在非常多人看上去还远谈不到完完全全的自由。土耳其公司出资维持了一名大使还有两三名公使，他们就像其他国家官员一样本应是完完全全由国家负担的，然而对土耳贸易也应对全帝国的臣民开放。土耳其公司为了这个和其他目的而征收的各种税收假如归国家一切，事实上能够带来比国家维持这几个官员所需费用要大得多的收益。

依照约西亚·柴尔德先生的观察，合伙公司尽管时常承担一点官员的费用，然而从来没有负担过在他们进行贸易的国家内设立要塞或驻军的费用。然而股份公司却时常负担了这个费用。事实上前者和后者相比，看上去也远远不适于承担这个任务。

第一、合伙公司的董事们对于公司的共同贸易的繁荣没有特殊的兴趣；然而承担要塞和驻军的费用的目的就是为了公司的共同贸易的繁荣。对合伙公司来说，共同贸易的衰退说不定还经常可能对促进他们自己的私人贸易有利。举例来说，通过减少竞争者的数量，就可以让他们更便宜地买进，更贵地卖出。相反，股份公司的董事们的个人利益却完完全全包含在他们管理的共同资金所产生的利润之中，脱离了公司的共同贸易，他们没有任何的个人贸易。他们的个人利益和公司的共同贸易的繁荣紧密相连：与维持和保卫公司所必需的要塞和驻军紧密相连。所以，他们比合伙公司的董事们对维持要塞和驻军的关注时常要更加更加细心。

第二，股份公司的董事们总是是管理着一大笔资金，也就是说，公司的联合资金。之中的一部分经常恰当地用于修建、维修和维护这样一点必需的要塞和驻军。然而合伙公司的董事们本身没有管理共同的资金，除了入伙金的一点收益，还有对公司的贸易所征收的公司税外，就没有别的资金能够用于这项用途。所以，尽管他们对维持要塞和驻军有与此同样的关注，也没有与此同样的力量让他们的关注起到有效的作用。然而维持驻外使节无须多大关注，只需一点不太大的有限的费用，所以是一件对于合伙公司的脾性和力量都比较合适的事情。

在约西亚·柴尔德先生的时代过后非常长一段时间，一个合伙公司在1750年建立起来了，它就是现今和非洲进行贸易的商人公司。这个公司第一次有了明确规定，要负担起维持大不列颠在非洲沿岸地区从布兰角到好望角之间的一切要塞和驻军的费用，随后又规定该公司只负担从鲁杰角到好望角之间所设的要塞和驻军的费用。这个公司的法令（乔治二世第23年第31号法令）仿佛有两个明确的目的：

（一）有效限制合伙公司董事们天生所具有的压迫和垄断精神；

（二）强迫他们尽可能关注要塞和驻军的维持费用，因为这一点本来不是他们天性所具有的。

对于这两个目的中的第一个，入伙金被限制为40先令。不允许公司通过联合的力量，也就是说，利用联合资金从事贸易；不允许用共同印章借入资金，或者说不允许对一切支付了入伙金的大不列颠臣民在各地自由进行贸易时施加任何形式的限制。公司管理机构为9人组成的委员会，他们定时在伦敦集会；同时他们每一年由公司在伦敦、布里斯托尔和利物浦三地的自由民选举，一个地方选举三名，任何委员不得连任3年以上。任何委员都可由贸易殖民局罢免。

现今听取了他个人辩护后，由枢密院的一个委员会罢免。不允许委员会从非洲出口黑人，或进口任何非洲货物到大不列颠。然而因为他们要负担起要塞和驻军的费用，为了这一目的他们能够向非洲出口大不列颠的多种货物。他们能够从他们在公司可能得到的货币中，拿出数额不多于800镑作为伦敦、布里斯托尔和利物浦三地的公司职员和代理人的薪金、他们在伦敦办事处的房租还有在英格兰的管理委员会和代理处的一切其他费用。在支付了上面所说的各种费用后，800镑中如果还有剩余，他们能够以自己觉得恰当的方式进行分配，来酬劳他们的辛劳。

通过这个规章，可能能够指望垄断精神可以得到有效的限制，然而这些目的中的第一个也就充分得到了满足。然而，看上去似乎并不是这样。尽管通过乔治三世第4年第20号法令，塞内加尔的要塞还有他一切属地统统归属和非洲进行贸易的商人公司管理。然而在次年（乔治三世第5年第44号法令）规定，不仅塞内加尔与其属地，而且从南巴巴利的萨利港口直至鲁杰角的一切海岸统统都归属国王管理，然而免除了公司对它们的管辖权，而且宣布对它的贸易向王国的一切臣民开放。因为该公司被怀疑限制了对非洲的贸易，建立了某种不恰当的垄断。然而，现在非常难想象在乔治二世第23年他们是怎样能够做到这一点的。在下院的记录中，我们见到了他们曾受到过这样的控告。然而记录中经常而且不总是最正确的事实。9人委员会的成员全为商人，他们的要塞和驻地的总督和官员一切依靠他们。后者非常可能对前者的嘱托和委托非常关注，这样而来就形成一种垄断。

为了达到第二个目的，议会批拨给公司每一年作为要塞和驻军的维持费用的数额大多数时候为13000镑。只不过委员会每一年应向财政大臣报告这笔数额的利用情况，然后这份报告要上交议会。然而议会对几万万镑的利用情况都不可能重视，更不可能重视那一年13000镑的利用情况。再说从财政大臣的职业和所受到教育程度来看，也不可能对要塞和驻军的费用熟悉。

诚然，王国海军的船长或海军部委派的任何其他军官都能够调查要塞和驻军的情况，向海军部报告他们的观感，然而海军部仿佛对那个委员会并没有直接的管辖权，也没有任何权力可以纠正他们可能调查的人的行为。除此之外，王国海军的船长又不经常是深谙要塞科学的人，除非直接贪污，或侵吞公款或公司款项，不管任何过失，免职对于每个委员来说仿佛就是他们可能得到的最大的惩罚；何况那个职务也只有3年的任期，任期中他能得的合法报酬也极低。因此对这个惩罚的恐惧从来就没有足够的分量可驱使他们去连续地认真地关注和他们利益没有什么相关的事情。

议会曾不止一次拨专款维修几内亚海岸卡斯尔角的堡垒，然而现今总是有人指控委员会曾为这个维修工程从英格兰运去了砖石。据了解，经过长途运输的这些砖石质量极差，甚至于用它们修缮过的墙壁都一定要从地基起重修。处于鲁杰角北面的要塞和驻军不仅是靠国家的费用来维持，而且是在行政当局的直接管理之下，那么为什么位于鲁杰角南面的要塞和驻军，至少也是部分由国家的费用维持的而在不同的管辖下呢？看上去很难想象出一个非常好的理由。

保护地中海的贸易本来是直布罗陀和米诺卡驻军的目的和借口，而且这些驻军的维持和管理总是没有拨归土耳其公司，而是拨归了属地的行政当局，属地需要驻军的防卫，因此它们不可能不受到那个领地的关注。所以，直布罗陀和米诺卡的驻军几乎就从来没有被忽视过。

尽管米诺卡曾两次被攻陷，现在可能是永远收不回了，然而人们从没有把这个灾难归责于行政当局的疏忽。然而，我不情愿被人觉得我是在暗示为了把他们从西班牙的专制中分解出来，这些耗资巨大的驻军起码也是必要的。可能把它们从西班牙分解出来并没有达到真正的目的，然而只不过让英格兰的天然盟友西班牙国王疏远了英格兰，只不过让波旁王朝的两个主要支系结成了比血缘关系所可以有的更加紧密和更加永久的同盟。

不管是依照皇室的特许证或是依照议会的法令建立的股份公司在非常多方面都不仅不同于合伙公司，也不同于私人合伙集团。

第一，在私人合伙集团中，没有经集团同意任何合伙人不得把他的股份转让给他人，或者是介绍新的成员加入集团；然而每个成员在经过预先申请后能够退伙，还能够要求退还他在共同资金中的股本。反过来，在一个股份公司中，任何成员不得要求从公司退股，然而每个成员无须经公司同意能够把他的股本转让他人，因此也可介绍新的成员加入公司。股份公司中股本的价值总是和市场价格一致：有的时候高有的时候低。所以，股本所有者的实际股金就比股票上注明的金额可能多些或少些。

第二，在一个私人的合伙公司里，每个合伙人都要用自己的一切资产对公司债务负责。相反，在股份公司里，每个合伙人只对他本身的股本负责。

股份公司的经营总是由董事会管理。诚然，这个董事会在非常多方面经常要接受股东大会的领导。然而绝大多数的股东都对公司的业务一无所知，因此当股东中没有产生什么派别时，他们也从不麻烦自己，而是心满意足地半年或一年领取一次董事会觉得应该分给他们的红利。因为完完全全没有麻烦，又不要冒风险，只需要一点有限的资金，所以让非常多不情愿冒险加入任何私人合伙公司的人都愿来加入股份公司。因为这个原因，这样的公司大多数时候可以吸引到比任何私人合伙公司多得多的资本。

有一个时期，南海公司的贸易资金可以达到3380万镑以上。英格兰银行的分红股本现今达到1078万镑。然而，因为这些公司的董事们觉得他们是在为他人理财，而不是为他们自己理财，所以也没法指望他们可以像私人合伙公司的股东那样对公司财务进行细心周到的管理。就像富人的管家常觉得注重一点小事有辱主人的荣誉一样，非常容易把它们弃之然而不论。所以，在公司事务的管理上必定就总是产生疏忽和浪费。正是因为这个原因，股份公司在对外贸易上非常难和私人冒险者竞争。因此，没有专营特权的股份公司非常少成功，而且有专营特权的也都经常失败了。没有专营特权，他们大多数时候是经营不善。然而有了专营特权，他们就是既经营不善，又限制了对外贸易。

非洲皇家公司，也就是现在的非洲公司的前身，曾经因为有特许证而具有专营特权，然而因为那个特许证没有得到议会法令的确认，所以，因为人权宣言的结果，就在革命后对非贸易向王国全民开放了。哈德逊湾公司在合法权利上和非洲皇家公司所处境遇同样，它们的特许证也没有被议会法令认可。南海公司只要它持续作为一个贸易公司，就有议会法令确认了的专营特权。现今和东印度进行贸易的商人联合公司也是这样。

非洲皇家公司迅速就发现他们无力对付和私人冒险者的竞争，尽管有了人权宣言，有一段时间他们仍然把后者叫作无执照营业者，而且通过这样来对他们进行迫害。不仅这样，在1698年，公司就对这些私人冒险者经营的差不多各个部门的贸易都征收10%的税，用来维持公司的要塞和驻军。

然而，尽管征收了这么重的税，公司仍然无力和它竞争。他们的资金和信誉一天天减退。在1712年，他们的债务已经积累得非常大了，为了保障公司和他们的债权人的安全，议会觉得有必要通过一项特殊法令。法令规定只需公司2/3的债权人（在人数和价值上）所作出的决议，就对一切其他人员不管是在公司债务的偿还日期还有关于公司债务而签订的任何其他合同都具有约束力。

在1730年，公司事务已极端混乱，以至于已完完全全没有力量维持他们的要塞和驻军，然而这却正是建立这个公司的目的和借口。从那年起直至公司最终瓦解，议会决议每一年拨专款10000镑作为此用。在1732年，在对西印度的黑奴贸易多年亏损以后，公司最终决定完完全全放弃这项贸易，然而把公司在非洲海岸所购买的黑人转卖给美洲私人贸易者，而且雇佣人员在非洲内陆部分从事金沙、象牙、染料等贸易。然而他们在这个贸易比较有限的范围内所获取的成绩也不比以前贸易范围非常大时的成绩大。他们的业务持续滑坡，直至最终公司在每一方面都濒临破产，议会才通过法令解散该公司。公司的要塞和驻军责成现今和非洲进行贸易的商人的合伙公司负责管理。

在非洲皇家公司成立以前，那里一个接一个地相继成立了三个其他的股份公司进行对非贸易。它们与此同样都没有获取成功。然而，它们都有特许证，那些特许证尽管没有曾得到议会法令的确认，然而在当时还是被觉得赋予了真正的特权。

哈德逊海湾公司在上次战争中受到的灾难之前要比非洲皇家公

司幸运得多。他们的必需费用要小非常多。他们在各殖民地（他们把它们美其名曰“要塞”）所雇佣的人数据了解总共不多于120人。然而，这个数量已足够事先把一定要装船的毛皮与其他货物准备妥当，因为冰冻的原因那些船只没法在海上停留6周或者8周以上。把货物事先准备妥当这个优点是私人冒险家多少年来没有方法做到的事，然而做不到这一点也就不可能从事对哈德逊海湾的贸易。

据了解，公司的资本很少，不会多于11万镑，却让公司足够垄断特许证所许可经营的差不多一切的贸易，还有收购那个广阔却贫穷的国家的一切剩余产品。因此，没有一个私人冒险者想要和他们竞争从事和那个国家的贸易。所以，这个公司事实上总是享有对那些国家贸易的垄断，尽管在法律上他们还没有这个权利。除此之外，公司的资本比较少，据了解股东也极少。然而一个只有少数几个股东的股份公司，假如资本不太大的话，它在性质上就会非常接近私人合伙，因此它在经营上就会与此同样的谨慎和小心。所以，假如因为具有这些优势，哈德逊海湾公司在上次战争以前能够持续进行它的贸易，而且获取极其大的成绩的话，是不足为怪的。

然而，看上去他们的利润可能还是没有达到已故的多布斯先生所希望的那么多。安德逊先生是一位比较严肃而且公正的作者，他著有《商业历史和编年史的推断》一书。他非常公正地指出，在研究多布斯提出的有关该公司数年中输出和输入的报告，而且在扣除该公司所承担的特殊风险和费用后，看上去该公司的利润并值得羡慕，也就是说不管怎么说，看上去并没有可以大大多于寻常的贸易利润。

南海公司从来没有什么设立的要塞和驻军需要维持，因此它完完全全免除了其他进行对外贸易的股份公司所一定要花费的巨大费用。然而它的股东队伍庞大。所以非常容易地就能够想象得出在这个公司的一切事务管理中必定泛滥着愚蠢、疏忽和浪费。至于他们招股工作中的人人皆知的诡计和无节制，就不是我们现在这个题目要讨论的范围。他们的商业计划也实行得好不了多少。他们所进行的第一项贸易就是向西属西印度出售黑人，他们享有进行这项贸易的特权（这是尤特雷特条约所承认的所谓阿西思托合同的结果），然而并没有可以指望从这项贸易得到非常大的利润。在他们以前享有这样特权的葡萄牙和法国公司也都失败了。

作为补偿，允许他们每一年派遣一艘固定载重的船只直接和西属西印度进行贸易。然而在这一年一次的贸易中，据了解，10次当中只有1次，也就是1731年的皇家加洛林号获取了极其大的利润，然而剩下的差不多全都亏了本。公司的代理商和代理人都把公司的成绩不佳归罪于西班牙政府的勒索和压迫，然而可能主要应归责于那些代理商和代理人本身的浪费和掠夺。据了解，其中的某些人甚至在短短的一年里就发了大财。1734年，因为他们的利润太小，公司请求国王允许他们自行处置他的贸易与他的船只，允许他通过等价卖给西班牙国王。

在1724年，该公司曾经从事过一段时间捕鲸的工作。诚然，在这方面他们也没有垄断权，然而在他们从事这项工作时期没有其他的大不列颠臣民从事这项工作。在他们的船只驶向格林兰的8次航行中，只有1次是赢家，余下的不止一次都是输家。在他们第8次，也是最终一次航行后，他们卖掉了船只，所有存货和用具。他们发现，在这一项业务上，他们的一切损失包括资本和利息在内总数竟然达23.7万镑以上。

1722年，该公司向议会提出申请要求允许把他们借与政府的3380万镑以上的巨资分成两个同等的部分：一半也就是1690多万镑作为和政府其他年金同等的年金，不得由公司董事会用来偿还他们在执行任何商业项目中所欠债务或所引起的亏损。另一半就像从前一样仍留作贸易资本，能够用来偿还那些债务和亏损。这个请求听起来非常合理，被议会采纳了。

1733年，他们又向议会提出申请，要求把公司贸易资本的3/4转为年金，只留1/4作为贸易资本，或者用来应付因为董事会管理不善所造成的灾难。到目前为止，公司的年金和贸易资本因为政府不止一次的偿还已减少了200万镑以上。所以，那个 1/4就只有3662784镑8先令6便士了。1748年，因为亚琛合约的结果，公司通过艾克斯·拉·恰派尔条约放弃了一切从西班牙国王那里所获取的权利用来换取等价的补偿。从此结束了该公司和西属西印度的贸易往来，公司贸易资本的剩余部分全都转为年金资金，公司到这里在各个方面都不再是一个贸易公司了。

应该指出的是，南海公司通过他们每一年派遣船只到西属西印度所进行的贸易，也就是说，公司曾经指望能够获取极其大的利润的唯一的贸易，不管是在国外市场还是在国内市场，公司都并非没有竞争对手的。在卡塔赫纳、波托、贝洛港和拉·维拉·克鲁兹，公司都得和西班牙商人竞争，他们和公司船只装载的同类的欧洲出口商品从加的斯运往与此同样的市场。在英格兰公司要和英国商人竞争，他们从加的斯进口西属西印度的货物。诚然，西班牙和英格兰商人的货物可能都需缴纳较高的关税；然而因为公司雇员的粗心大意，浪费和贪污所造成的损失非常可能是比一切关税还要更重得多的一种税。这样一来，当私人冒险者能够进入公司任何一种公开和公平的竞争时，股份公司能够更成功地进行任何一部门的对外贸易，看上去就是违反一切经验的了。

1600年伊丽莎白女王的特许状通过，英国东印度公司成立。在最开始的12次驶往印度的航行中，公司还是一直作为一个合伙公司在进行贸易，资本也是分散的，只有船只属于共同的财产。1612年公司重新联合成为一家股份公司。公司的特许状是专有的，尽管没有得到议会的法令的确认，然而在当时是被觉得具有真正的垄断特权的。所以多年公司都没有受到无执照营业者的骚扰。公司的资金从没有多于744000镑，之中50镑为一股。资金不是很大，公司的营业规模也不是很大，因此还没法为粗心大意和浪费带来前提或为贪污找到掩饰。

尽管部分因为荷兰东印度公司的恶意陷害，部分因为其他一点事件，也造成了某些特殊的损失，公司还是成功地经营了几年。然而随着时间的推移，当自由的准则更为人们所理解，一个没有经过议会法令确认的皇家特许状还可以起多久的垄断作用，就一天天变得越来越值得人们怀疑了。对于这个问题，法院的决定也非常不一致，它们随当时政府的威信和当时舆论的不同而变化。

在这个时候，无执照营业者成倍地增加。到查理二世统治的末期还有詹姆斯二世的整个统治时期和威廉三世统治的部分时期，无执照营业者让公司陷入非常大的困境。1698年的议会曾有人提议，只要允许认购国债的人成立一个具垄断特权的新东印度公司，他们愿向政府通过8%的利息提供200万镑的贷款。因此老东印度公司提出愿供给70万镑（差不多他的一切资本），条件同样，同时年息仅为4%。

然而当时国家信誉正处于这样的一个状况，那就是通过8%的利息借入200万镑比通过4%的利息借入70万镑还更方便。因此新认购国债者的建议被采纳了，结果是一个新的东印度公司也就随之成立了起来。然而，老东印度公司还有权持续经营到1701年。在这个时候，老印度公司通过他们司库的名义非常巧妙地认购了315000镑新公司的股东。因为议会法令用词含糊，尽管把东印度的贸易划归了这200万镑国债的认购者，然而它没有明确说明一切资金应该联合成为一个联合资本。

有少数几个只认购了7200镑国债的私人贸易的人，他们坚持认为拥有用他们的资金独自进行贸易的特权而且自己承担风险。老东印度公司直到1701年，也有权利用他原有资金独自进行贸易。而且，他们同样在那段时间以前和以后就像其他私人贸易者一样具有用他们认购的新公司的315000镑的资金独自经营的权利。据了解，这新老两公司和私人贸易者的竞争还有两公司互相间的竞争差一点把两者都断送了。

在随后的一个时期， 也就是1730年，当有人向议会提议把这个贸易置于一个合伙公司的管理之下，而且从此在某种程度上开放这个贸易时，东印度公司表示反对这个议案，用在那个时期所可以有的强烈的词语申斥了这个竞争所带来的他们所觉得的悲惨的结果。他们说，在印度竞争，把货物的价格提高得非常高，以至于没有人购买，然而在英格兰又因为货物充斥市场，竞争使货物价格跌得非常低，以至于让他们无利可图。然而因为供应比较丰富，它必定大大降低印度货物在英国市场的价格，所以对社会有一个非常大的好处和方便，这一点是完完全全不容置疑的。然而它应该也大大地提高了它们在印度市场的价格，然而这一点仿佛又不大可能，因为竞争所引起的不同寻常的需求在印度贸易的巨大海洋里只是小小的一滴水而已。

除此之外，尽管随着需求的增长，有的时候在开初时可能提高商品的价格，然而从长远来看却总是只会降低他的价格。因为它刺激了生产，从而也增长了厂家的竞争，他们为了双方压低售价，只有求助于对劳动进行人们以前想不到的新的分工，提高新的技巧。公司抱怨的悲惨的结果就是消费的低廉还有对生产的刺激，这两个结果是政治经济学所竭力要促进的伟大事业。然而，他们所提出的给人们带来悲哀的这个竞争毕竟没持续非常久。由女王充当第三方的情况下，在某种程度上通过了一个三方的契约，1702年这两个公司联合了起来。

1708年议会通过法令，用他们现有的名称也就是东印度贸易商人联合公司结合成了一个公司。有人觉得这个法令还应加入一个条款，就是允许独自的贸易者在1711年米迦勒节以前持续进行贸易。同时授权董事们在三年以内赎回他们的7300镑的并不多的资本，从而把公司的所有资金转变为联合资金。通过同一法令，公司的资本因为向政府新的贷款的结果，将会由200万增长到320万镑。

1743年，公司又向政府贷款了100万镑。然而这100万镑的筹集不是通过号召股东认购，而是通过卖出年金还有契约债务。它虽然没有增大股东能够分红的股本，然而，它增大了公司的贸易资金，它和其他320万镑同样承担公司在商业项目中的亏损和债务。从1708年，或者说至少是从1711年，公司摆脱了一切竞争者，完完全全建立了英国公司对东印度贸易的垄断，进行了成功的贸易，同时公司的利润每一年给股东带来了十分可观的红利。

在1741年开始打响的对法战争中，因为庞迪彻里的法国总督杜不勒先生的野心，让公司卷入了卡纳狭克的战争还有印度王子间的政治斗争。在经历了多次明显的成功和明显的失败后，公司最终还是丧失了马德拉斯——当时公司在印度的最主要的殖民地。后来通过艾克斯·拉·恰贝勒条约，公司才有机会收复了马德拉斯。大概在这个时期，公司在印度的雇员总是充满了战斗和征服的精神，不仅这样，从那以后，他们也总是保持着这样的精神。

在1755年开始的又一次对法战争中，公司的兵力分享了大不列颠的广泛的好运气，他们不但保卫住了马德拉斯，而且攻下了庞迪彻里，还收复了加尔各答，而且得到了在这一片富裕并且辽阔的领土上的收益。据当时的估计，一年有300万镑以上。公司在好几年中总是安享着这笔收益。

然而在1767年，行政当局对所得领土提出了所属要求，来自该领土的收益也应归属皇室。公司因此同意每一年向政府交纳40万镑作为对这个权利的补偿。在这以前，公司渐渐增加红利，由6%提高到10%；也就是说，通过一切资本320万镑计，红利已增加了128 000镑，换句话说，每一年红利已由192000镑增加至32万镑。大概也是在这个时候，公司试图把红利再进一步提高，增长12.5%。这样而来公司每一年分给股东的金额就会和公司同意每一年交纳给政府的金额同等，也就是说，1年40万镑。然而在公司实行和政府的合同的两年中间，议会相继通过的两个法令阻止了红利的进一步的提高。这两个法令的目的是要让公司加快他们偿还债务的速度，当时公司债务已达六七百万镑以上。

在1769年，公司和政府续订了为期5年的合同，而且规定在那段时期内公司能够渐渐把红利提高到12.5%，然而在一年内提高额没法多于1%。所以，当红利增加，达到极限时，公司每一年支付给股东与政府的金额两者合计一起也只有608000镑，多于公司在最近得到领土以前曾经有过的数量，然而从这些得到的领土上获取的总收益据推测达到（上面已经提到过）300余万镑；依照1768年和东印度进行贸易的克鲁登敦号所提出的报告，纯收益扣除一切折扣和军事负担后是2048747镑。

据了解在同一个时期公司还掌握有另一笔收益。它部分来自土地，然而主要来自建立在各殖民地的关税。这笔收益可达439000镑。依照公司董事长在下院作证，公司利润一年也至少可以达到40万镑。依照公司的会计的报告，至少是一年50万镑。依照最低的估计，至少也等于每一年分给股东的最高红利额。这样大一笔收益必然能够每年多交纳608000镑债务，而且带来一大笔足够加快减少债务的速度的偿债基金。然而，在1773年公司的债务并没有因此减少，反而增大。

这些债务既有国库的欠款40万镑，以及拖欠海关税款还有欠付英格兰银行的借款，又有由印度方面开出的胡乱承兑了的1%的汇票，总共达到120余万镑。这些积累起来的债务所带来的灾难强迫他们不仅要马上把红利降低到60%，而且，还强迫他们一定要乞求政府的仁慈，恳求政府首先赦免每一年交纳40万镑的承诺；此外，贷款140万镑，以便能够把他们从迫在眉睫的破产中解救出来。

他们的财富的大大增长看上去只不过给公司的雇员更大的浪费带来一个借口，给更大的贪污带来一个掩饰。因此公司在印度的雇员的行为还有公司在印度和欧洲业务的总的情况成为议会调查研究的主要对象。调查研究的结果针对公司在国外的管理中做出了某些非常重要的变动，印度公司的主要殖民地马德拉斯、孟买和加尔各答，它们从前是互相独立的，现在都从属于总督，而且成立一个由四人组成的委员会辅助总督管理。议会有权首先提名总督还有驻设在加尔各答的委员会的委员名单：加尔各答现今成为从前的马德拉斯，英国在印度举足轻重的一个殖民地。加尔各答市的法院最开始是为审理该市与靠近地区商业案件而设立的，后来随着帝国的扩张而渐渐扩大，他的司法审判权也随之扩大。现又减小他的权限，而且把他的权限局限在最开始设立的目的范围之内。替代它的是新成立的最高法院，它由国王亲自任命的首席法官和其他三名法官组成。

在欧洲，在股东大会上股东的投票资格是每股金500镑，也就是说，公司原本一股的价格，现提高到了1股金1000镑。为了要凭这个资格行使他的投票权，又规定这个资格假如是自己买来的，而不是继承的，那么起码要在拥有这个资格一年以后，而不再是6个月以后，才可以有效。

由24个董事组成的董事会过去是每一年改选一次，现在规定从今以后每个董事任期4年，每一年轮换六个。不仅这样，这六名董事不得在下年选举中连选连任。这样来改的目的是指望通过这个改变让股东大会和董事会能够比他们以前办事更郑重和更稳重。然而看上去要想通过任何改变让这两个会在每一方面可以胜任管理，甚至参与大帝国的管理是不可能的。因为绝大多数的成员总是对帝国的繁荣兴趣不大，所以也不可能去严肃地关注它，促进它。一个非常富有的人，有的时候甚至一个稍有钱财的人经常想购买1000镑东印度公司的股票，只是为了通过股东大会上的投票权可以有些影响力。有了这投票权，即便自己没有参加对印度的掠夺，也可让他参加对掠夺者的任命。

董事会尽管有权做出这个任命，然而多少还是一定要受到股东的影响，因为股东们不仅选举那些董事，有的时候还可驳回董事会对在印度的雇员们的任命。假如他可以享有几年这个影响力，假如他可以为了他的几个朋友享有几年这个影响力，而且他时常会不在乎红利，甚至对作为他的投票权的基础的股本的价值都不予足够的重视。相对于这个大帝国的繁荣来说，对于投票权所给他的那份参加管理的权力他更是全然漠不关心。从事物的本性来讲，从来没有一个君主能够像这个贸易公司的绝大多数股东那样（出于不可抵挡的道德原因）对他的臣民的欢乐和痛苦这样漠不关心，对他的领地的改良和荒芜，对他的行政当局的荣耀和耻辱这样全然漠不关心。这样的漠不关心可能还会因为议会调查结果而制定的某些规章愈益增强，反而不可能因为制定了那些规章而减少。

比方说，依照下院的一个决议案，声称当公司把所欠政府的债务140万镑偿清的时候，所欠私人债务降到150万镑的时候，也只有到那时，公司才可以对股本分派8%的股息。那么公司留在国内的收益和纯利可分为4份，之中3份交入国库由国家调节，第四份公司保留为进一步减轻债务或支付公司可能遭遇到的其他紧急用途的基金。假如公司的一切纯收益和利润均属于公司自己处置时尚且混乱不堪，那么当公司的3/4的收益和利润属于他人，剩下的1/4作为公司的资金也需要受到他人的监督，而且得到他人的许可后方可动用时，他的后果如何应该是可想而知的了。

从公司方面来说，在根据议会下院的决议在分派8%的红利后，和把剩余部分交给一批对决议持有异议的人的手中相比，倒还不如让公司的雇员和从属人员尽情地浪费和侵吞，可能对公司还更加方便痛快些。除此之外，那些雇员和从属人员的利益在股东大会里可能占有非常大的优势，以致有的时候他们能够让股东大会支持那些贪污舞弊直接破坏大会权威的人。对于大多数股东来说，维护大会的权威有的时候反而比不过支持破坏大会权威的人来得重要。

所以，1773年的规定并没有能够把东印度公司管理中的混乱的局面彻底结束。尽管这样，公司昙花一现的良好表现也让公司有一个时期在加尔各答的金库中积存了300多万英镑。除此之外，公司后来不仅扩大了领地，而且，也把公司的掠夺扩大到了印度某些最富裕的和最肥沃的广泛地区。然而所得到的这一切最终还都是浪费了和毁坏了。公司发现它毫无准备也完全没有能力阻止或抵抗海德·阿里的入侵。不仅这样，因为这些混乱，公司在1784年陷入了前所未有的更大的灾难。为了防止公司很快破产，公司又一次被迫向政府恳求支持。

为了能够改善公司的管理，议会中不同的政党提出了各种不同的计划。一切计划看上去都一致觉得公司完完全全不宜于管理他的所属领地。事实上，那总是非常明显的事实。甚至公司本身看上去都深信他们没有力量这样做，所以公司愿意把领地交给政府。

在偏远并且野蛮的国家里拥有要塞和驻军的权力必定和在这些国家拥有媾和和宣战的权力相连。已经拥有前一权力的股份公司也连续地在利用后一权力，而且经常要求清楚地把后一权力授予它。

然而公司大多数时候在利用这一权力时是如何不公道，如何残酷，如何任性，从最近所发生的一点事实已经是看得非常清楚了。

当一伙商人自冒风险出资和某一遥远而野蛮的民族建立新的贸易时，想要把他们组合成一个股份公司，不仅这样，在他们经营获取成功时，授予他们一定年限的贸易垄断权，可能不是那么不合理的。这是国家对他们冒险的危险并且费资巨大的尝试（不仅这样，日后国家能够从这个尝试中获取好处）所可以给予的最容易和最自然的补偿。对于这样的暂时的垄断权的授予能够用授予一件新的机器的发明者和一本新书的作者的所有权一样的理由来加以辩护。

然而在垄断权期限届满时，这个垄断就必然应该终止。要塞和驻军假如觉得是一定要设立的话，应该由政府接管，修建它们的费用应该偿还给公司，并且贸易应对国家一切臣民开放。

国家通过永久性的垄断对其他的一切臣民不啻用两种不同的渠道征收了极端荒谬的重税：

（一）货物的价格昂贵。因为在贸易自由的情况下，臣民们可能用便宜得多的价格来购买它们；

（二）他们完完全全被排斥在那个贸易部门之外，然而那个部门对他们中的非常多人来说是能够非常方便地进行的，也是有利可图的。

正是这些最没有价值的目的，或者说只是为了让公司能够支持他的雇员的粗心大意，浪费和贪污还有他们的胡乱行为，已让公司的红利没法多于自由贸易的平均利润率，不仅这样，还要时常低于那个平均利润率很多。然而，没有垄断，股份公司从经验上来看，仿佛又不可能长期经营任何一种对外贸易：在一个市场上买进，并希望在另一市场上卖出时可以获取一定的利润。当在两个市场上都有非常多的竞争者时，这样做就不仅需要注视需求上的偶然变动，而且需要注视竞争中的更大更时常的变动，也就是说要注视需求可能从其他人那里得到供应的变动，同时需要技巧和正确的判断，让各个品种的货物的数量和质量可以适应一切这些情况。这俨然是一种需要连续变化改变作战行动的战争，要想在这场战争中得到胜利，就一定要有高度的警惕和关注，然而这些是一个股份公司的董事们不可能长期做得到的。

东印度公司在偿还完他们的债务后还有在他们的专营特权终止时，依照议会的法令仍然有权持续作为一个股份公司存在，持续通过他们自己的力量和其他臣民共同进行对东印度的贸易。然而处于这样的境地，私人冒险者的高度警惕和关注完全可能不久就会让东印度公司对这个贸易感到厌倦。

一个对于政治经济学有着深入了解的著名的法国作者莫尔莱神甫曾经提出了一个从1600年起就在欧洲各地进行对外贸易的股份公司的名单。公司一共有55家，根据他的说法，这55家公司尽管享有专营特权，然而都因为管理不当失败了。然而55家公司中有两三家的历史他弄错了，它们不是股份公司，所以没有遭到失败。作为补充的就是有几家股份公司也失败了，他遗漏了没有提到。

看上去股份公司能够无须专营特权而成功进行的唯一的贸易就是那些一切营业活动都可缩减为所谓常规活动，也就是说能够用一个统一的方法而无须作任何变动的经营活动的贸易。这类贸易中，首先是银行业；其次是火灾、海难、战时被俘的保险业；再次是修建和维护通航航道或运河；最终，类似大城市的供水业。

尽管银行业的原理看上去有些深奥，然而他的操作却可以简化到一套严格的准则。无论在什么样的场合，如果脱离了这些规划，那么从事超额利润的投机总是极端危险的，不仅这样，对银行也是致命的。然而股份公司的章程通常让他们比任何私人合伙集团更可以遵守建立的准则。所以，这些公司看上去非常适宜于这个行业。因此，欧洲主要的银行都是股份公司，其中非常多没有任何专营特权也经营得非常成功。英格兰银行除了不像别的英国银行是股东由6个以上组成的外，没有任何其他特权，爱丁堡的两家银行也都是股份公司，没有任何专营权。

由于火灾、海难或战俘等危险引起的损失的价值尽管没法准确地估计出来，然而应该承认能够做出粗略的估计，因而让它在某种程度上可以简化为严格的准则和方法。所以，保险业能够由股份公司成功地经营，然而无须任何特权。不管是伦敦保险公司，还是皇家交易保险公司都没有任何特权。

一旦一条河道或运河修建成功，它的管理就会变得非常简单并且容易，不仅这样，还可以简化为一套严格的准则和方法。甚至它的修建过程也可以非常简单，因为可和承包人签订合同，多少钱修建一英里，多少钱修建一个闸。修建运河、沟渠或大城市的大的供水管道也是这样。所以，从事这些业务时常都能够由股份公司经营得非常成功，无须任何专营权。

然而，假如只是因为设立了一个股份公司，就能够让经营成功，或者说，让一部分特定的商人享受到他的邻人享受不到的特权；只是因为这一点他们就可以让他的业务繁荣，那必然不合理。要让设立一个股份公司完完全全合理化，一定要是他所经营的业务能够简化为严格的准则和方法，同时还需要两个附带的条件。那就是：

（一）应该有明显的证据，表明该公司所从事的业务比大多数的寻常贸易具有更大和更广泛的实用性；

（二）它要求的资金多于一个私人合伙集团所易于筹集的资金。假如一笔不太大的资金就足够开创经营的业务，那么很快该业务具有较大的实用性，也没法成为建立一个股份公司的充分的理由。因为在这样的场合，市场对所生产的东西的需求迅速和非常容易地被私人冒险者所带来。

在上面提到的四项业务中，都必须同时具备这两个条件。

假如银行业管理得谨慎，它的实用性既大且广。这一点在本书的第二篇中已经作了充分的说明。然而一个维持国家信用的国家银行，不仅在特殊的紧急时刻要向政府垫付某一税收的一切收益，可能他的数额会达几百万镑，却要待一两年后才可以收回，这就需要比任何一个私人合伙集团所可以筹集的大得多的资金。

保险业给私人的财产提出巨大的安全保证，不仅这样，还通过把一个可能毁灭一个人的损失分摊在非常多人的身上，让全社会把这个损失轻松地承担起来。然而，为了给予这个安全保证，保险业就一定要有一笔非常大的资金。在伦敦的两家股份保险公司建立之前，据了解，在总检察长的面前摊开了一张有150个私人保险业者的名单，他们在几年的时间就全都失败了。

通航河道和运河还有大城市所必需的供水工程都有非常广泛的实用性。然而同时它们经常要求比私人财产大得多的费用，这些都是非常明显的。

除了前面提到过的四种行业，我再提不出其他任何一个行业具备了可以让成立股份公司成为合理的全部三个条件。举例来说，伦敦的英国铜业公司、铅业公司、玻璃公司在它们所追求的目的中，根本就谈不到什么十分巨大的或是独一无二的实用性；在他所追求那个目的的过程中看上去也无须什么非常多私人没有方法达到的财富。至于这些公司所经营的业务是不是可以简化到一套严格的规章和方法，让他适宜于股份公司的管理；或者他们是不是有理由去吹嘘他们的不同寻常的利润，我不情愿假装明白。

矿业冒险家公司早就已经破产了，爱丁堡的大不列颠亚麻布公司的股票目前的售价远远低于它的票面价格，尽管现在比几年前还高了一点。至于为了促进某些特殊制造业还有基于爱国的精神而成立的几家股份公司，它们的业务也都管理得不怎么样，导致社会的总资本减少。在其他方面与此相同都是对社会利少害多。尽管这些制造业的董事们的意图非常诚恳，然而他们对某些特殊制造业不可避免的偏爱（然而这些制造业的当事人蒙骗了他们，欺骗了他们）是对余下的制造业的一个真正的打击，而且非要破坏在相反的情况下在明智的产业和利润间必定存在的自然比例，然而这个比例对于国家的总的工业来讲是一切鼓励中最大和最有效的鼓励。

第二项　青年教育机构的费用

青年教育机构能够用与此同样的方式为支付它们自己的费用而

创造足够多的收益。学生支付给教师的学费很容易就构成了这类收益。

也就是说，即便教师的报酬不是一切来自这一自然收益，它也仍然没有必要非要出自社会的总收益，因为在大多数国家这样的收益的征收和利用权，都是归属行政当局的。因此，在欧洲大多数国家对中小学和大学的捐款都不是从社会总收益中开支的，也就是说，或是有，也只不过是非常小的一部分。各地的教育经费主要是来源于地方或州的某些收益，来自某些地产的租金，或者来自某种指定专作为这项用途而且由专人管理的专款的利息。这项专款有的时候由君主亲自拨发，有的时候就由某个私人捐赠。

这些公共的捐款对实现教育机构的目的是不是有所促进呢？它们对于鼓励教师的勤奋和提高他们的力量，是不是有所裨益呢？它们对教育过程的指导是不是比听任它自行发展对个人和对社会都可以得到更多利益呢？对上面所说的任何一个问题，至少给予一个可能的答复看上去不应该是非常困难的。

在每一种职业中，从事该种职业的大多数人的努力程度总是和他们要求工作的程度成正比。对于职业的报酬是他们所倚赖的财富的唯一来源，甚至是他们日常收益生活费的唯一来源的人来说，工作要求的努力程度也最大。为了能够获取这个财富，或者说为了得到这个生活费用，在一年的时间里，他们一定要完成具有公认价值的必定量的工作：在自由竞争的地方，竞争的对手都是竭尽全力要把对方从工作岗位上挤出去，这样也就强迫任何一个人明确地努力进行工作。

在某一些特殊的职业部门里，只有通过成功才可以达到的伟大的目的毫无疑问有的时候可以激起少数具有不同寻常的精神和抱负的人的奋发。然而，为了激发最大的努力，且不一定需要什么伟大的目的。竞争就可让人达到卓越，甚至在一些寻常的职业里也可产生雄心勃勃的目的，而且，还经常可爆发出最大的努力。相反，单纯一个没有受到奋发的支撑的伟大目的是非常难激发任何极其大的努力的。在英格兰，在法律界的成功能够让人产生某些非常大的野心，然而哪怕是出身富家的子弟在英格兰可以在法律界出名的又有几个？

对中小学校和大学的捐款必定会在一定程度上减少教师对勤奋的必要性，由于他们的生活费来源于一个和他们职业上的成功和名誉全然无关的基金。

在有些大学里，薪金只构成且大多数时候还只构成教师报酬的一小部分。教师报酬的大多数来自学生所交纳的学费或酬金。勤奋的必要性尽管多少减少了一点，然而在这样的情况下并没有完完全全消失。职业上的名誉对于他来说仍然有些重要，他仍然有些依靠聆听他的教诲的人的钟爱，感激和称赞，然而他要得到这些称赞的评语，只有靠赢得它们，也就是说，凭他在完成他的每一项职责时所表现出的力量和勤奋。

在有些大学里，教师是禁止接受学生的学费或酬金的。教师的报酬构成了他从学校所可以获取的一切收益。在这样的情况下，教师的利益被置于和他的职责完完全全对立的地位。每个人的利益是生活得尽可能地悠闲，假如不管完成或不完成某种极端艰辛的职责，他的报酬全然一样，那么必然他的利益，至少被歪曲了的利益，就是全然对职责漠不关心。假如他的上级不允许他这样来做的话，那么他就会在他上级允许的范围内把工作完成得尽可能的草率和马虎。假如他天生爱动和热爱劳动，那么他的利益也是把他的气力用在他可以得到某些好处的地方，而不是用在他得不到任何好处的工作上。

假如他所应服从的上级是在他自己所在的一个法人团体里，学院或大学内，并且在那个法人团体内其他大多数的成员也就像他一样，都是或应该是教师，那么他们就可能会联合起来互相宽容，不仅这样，每个人都同意他的同事对自己的职责漠不关心，假如他自己也被许可对自己的工作漠不关心的话。在牛津大学里，大多数的知名教授许多年来都完完全全不通过教书自居。

假如他所应服从的那个权力并不在他自己所属的那个法人团体，而属于外部的某一法人团体；比方说，属于主教管区的主教、州长或者某一阁员，在这样的情况下非常可能就会禁止他对自己的工作疏忽大意。然而，一切这些上级所可以强迫他做的只不过给他的学生上几小时的征收，也就是说在一周或一年里不止一次征收。至于这些征收讲得怎样，仍然还需取决于教师的勤奋；然而这个勤奋非常可能也还是要和他努力的动机成比例。除此之外，这样的外来的管辖权非常可能是无知和任性的。就他的性质来说，是专横和随意的。行使这个权利的人本人既没有听教师的征收，可能还不懂教师所讲授的那门学科。他们非常少有能力做出正确的判断。

出于对职务的傲慢，他们常常对教师的教学情况漠不关心。不仅这样，非常容易让他们任性地、没有任何理由地谴责或开除教师。屈从于这样的管辖权的人必定要降低自己的人格，让他不是成为最受到尊敬的教师之一，而是成为社会上最卑贱和最受到人蔑视的人之一。因为只有借助有权势的人的保护，他才可以有效地保护自己避免随时可能受到的粗暴待遇，然而他最可能得到这样的保护的途径，又不是他的专业力量和在职业上所表现的勤奋，而是他对上级意志的顺从，而是他随时准备放弃他所在的法人团体的权利、利益和荣誉。凡是和一个法国大学的行政当局有过一段时期接触的人，必定有机会感受到这样的外界专横管辖必定产生的后果。

不论怎样，假如学生进入某一大学或学院是被强迫的，完完全全没有思考该校教师的学术成就或名望，就必定会在一定程度上减少教师对学术成就或名望的要求。

不论学校教师的学术成就或是名望如何，假如学生只要在某些大学里上几年学就能够得到法学、艺术、物理学，和神学毕业生的特权，那就必定会让一定数额的学生投奔那些大学。毕业生的特权也是一种学徒制度，就像别的学徒制度有助于技艺和制造业的改良一样，它也有助于教育的改良。

奖学金、补助金等的慈善基金必定会让一部分学生全然不顾某些学院教师的学术成就或名望而喜爱那些学院。假如得到这些慈善基金的学生能够选择他们最喜欢的院校，这样的自由可能会有助于激发不同院校间的竞争。相反，假如有一个章程不允许每个学院的独立成员，在没有首先经过申请而且得到他所想离开的学院的许可前不得自动离校，这个章程就会大大地扼杀那个竞争。

假如每个学院里讲授一切文学和科学的导师或教师不是学生自愿选择的，而是由院长指定的；假如在遇到教师失职，无能力或具有不良习惯时，学生在没有首先申请而且得到许可之前不许更换教师，那么这样的章程就将不仅大大扼杀同一学院不同教师间的竞争，而且还会大大减少教师的勤奋和他们对各自学生的关怀。这样一来教师即便学生支付的酬金非常高，他们也可能并不关心学生，就好像学生一点也没有给他支付酬金，或者他除了薪金再没有别的报酬一样。

假如这个教师恰巧是一位通情达理的人，当他在向他的学生讲授时，意识到讲的是一点废话或者是和废话相差无几的东西，他必定会感到不自在。当他见到他的大多数学生离开讲堂而去，或者对他的讲授表现出非常漫不经心、蔑视还有嘲笑，他必定也感到不愉快。假如他是被迫去讲授不止一次，然而没有什么别的利益，单纯是为了不发生那种不愉快，他也会忍受到一点痛苦，努力讲好那几节征收。

当然，他也可能采取一点应付的方法。然而，他们那么把有效地让一切激励奋发的刀刃变钝。那就是教师不努力向学生讲解他应向学生们讲授的科学，却向学生朗读某本有关该学科的书籍，假如那本书是用呆板的外语写的，他就可以把它翻译成学生的语言。或者为了更省事，他要学生们自己翻译给他听，自己只不时地做一些指正，然而自己欺骗自己说是在讲征收。

他只要有最起码的一点知识和只费一点点力气就能够这样来做了，而不可能让自己受到轻蔑，嘲笑和说出一点愚蠢、荒谬或可笑的东西。同时，学院的纪律可能让他可以强迫他一切的学生按时去听他的这样的讲授，而且在整个征收堂教学中保持着最良好的秩序和有礼貌的态度。

高等院校的纪律总体上来说不是为了学生的利益来制订的，更恰当地说，是为了教师的利益和教师的方便来制订的。它的目的是在一切情况下维护教师的权威，不管他对工作是疏忽大意还是认真履行自己的职责，都是要求学生对教师要像教师是通过最大的勤奋和才能在履行他的职责一样。这好像都是认定了一方具有完美的智慧和德行，一方那么具有最大的弱点和愚蠢。

然而，我相信当教师真真正正履行了他们自己的职责时，大多数学生是不可能对他们的讲授不予任何理睬的。大家都知道，真正值得用心去听的讲授，是没有必要用纪律来强迫学生出席的。毫无疑问的是，对于儿童或者非常年幼的孩子，为了强迫他们去上征收，接受到一些早期生活所必需的教育，可能在某种程度上需要一定的强制。然而对于十二三岁以上的学生，假如教师尽忠职守的话，可能就不需要进行任何强制教育了。大多数的青年人都是非常宽大的，只要教师真心实意地想帮助他们，他们是不可能轻视或蔑视教师的教诲的。他们大多数时候都会对教师在履行职责中的非常多错误给予原谅，有的时候甚至向公众隐瞒他们的巨大疏忽。

值得注意的是，公立学校所不承担的那部分教育大多数时候都教得非常好。当一个年轻人进入一个击剑学校或舞蹈学校学习时，尽管他并不是真心要想学好击剑或跳舞，然而他却非常少缺席。然而骑术学校的效果就大多数时候没有这么明显。骑术学校的费用非常高，以至于在大多数的地方它都是公立的。文化教育的三大基础部分：读、写、算，人们现在仍然多是在私立学校得到而不是在公立学校得到的，而且，也非常少出现一个人没有学到他所一定要得到的这些基础知识的现象。

在英格兰，公立的中小学校远比不上大学那么腐败。中小学校向年轻人传授，或者至少可能向年轻人讲授希腊文和拉丁文。也就是说，年轻人在那里能够学到一切教师声明要讲授的功征收，或者指望他们所讲授的功征收。然而在大学里，青年人既没有学到大学所应该教导他们的科学，也时常找不到能够学习这些科学的恰当手段。教师的报酬在大多数情况下都有所依赖，在有些情况下完完全全是依赖他们的学生的学费或酬金。学校没有特殊的特权，为了得到毕业文凭，一个人不需要持有在公立学校读过必定年限的证明。

假如在考试时他能够理解他在学校所学的东西，这时并不追问他是在什么地方学的。

大多数时候在大学里所传授的那部分教育，可能能够说都教得不非常好。然而假如没有这些大学，那他们就会完全接受不到那些教育，那么不管个人和社会都将会因为缺乏这些重要部分的教育而蒙受到非常大的损失。

现在欧洲的大学原本大多数都是教会团体为培养教士而设立的。它们是通过教皇的权威建立的，所以完完全全在他的直接保护之下，因而一切成员，不管是教师还是学生当时一切都享有教士的特权，也就是说他们完全不受到个别大学所在地的民事司法权的管辖，他们只服从教会的法制。大多数学校里所教的征收课程也完完全全服从于他们机构的目的，也就是说，神学或某些和神学相关的预备课程。

当基督教通过法律确立为国教以后，被乱用了的拉丁语成为欧洲西部一切国家的共同语言。因此教堂里朗读的《圣经》的译文用的全部都是那种被乱用了的拉丁文，也就是说，用教堂所在国的共同语言。在野蛮民族推翻罗马帝国入侵以后，拉丁文渐渐地在欧洲各地停止利用。在最开始引进而且让这些形式和仪式成为合理的环境不再存在的非常长一段时间后，因为人民的崇敬，那些宗教形式和礼仪很容易地保存了下来。所以，尽管拉丁文已没法为大多数人民所理解，然而宗教的仪式却仍然用拉丁文进行。因此在欧洲使用着两种不同的语言，他的方式有如古埃及一样，一种是传教士用的语言，一种是人民用的语言，一个是神圣的语言，一个是世俗的语言，一个是学者的语言，一个是非学者的语言。然而传教士就一定要懂得一点他们行使职务时所利用的那种神圣的和学者的语言。因此学习拉丁文从一开始就成为大学教育的基础课程。

然而希腊文和希伯来文却不是这样。教会准确无误地用命令宣布拉丁文译文的《圣经》，也就是大多数时候称作的拉丁文《圣经》，与此相同都是神灵所口述的，所以它和希腊文、希伯来文的原文具有同等的权威，因此通晓这两种语言就不是教士们的必备条件了。非常长一段时间以来学习这两种语言也就不是大学教育所必修的共同课程了。我能够肯定地说，西班牙的一部分大学从来就没有把希腊文当作共同课程的一个部分。

最开始的宗教改革者们发现《新约全书》的希腊言语本，甚至《旧约》全书的希伯来文本，都比拉丁文本《圣经》对他们的观点可以得到更多利益。非常容易地能够猜想得出，拉丁文本《圣经》已渐渐地被适应于用来支持天主教的教义。所以他们竭力披露译文中的许多错误，因此罗马天主教的僧侣就一定要出来捍卫和解释。然而要做好这件事，就一定要懂得原文的语言，因此拥护改革教义的人和反对改革教义的人都渐渐地把希腊文和希伯来文引入了大多数大学的课堂。

希腊文和古典学问的任何一个部门都有联系，尽管在最开始的时候主要是天主教徒和意大利人研究它，然而当它成为时髦，又恰好是改革的教义站住了脚跟的时候，大多数的大学在讲授哲学之前都是要先开设希腊文，这时也正好是学生学会一点拉丁文的时候。希伯来文和古典学问没有什么联系，除《圣经》外，没有任何一本有价值的书是用希伯来文写的，所以它大多数时候都是在学习了哲学后才开始开设，也就是当学生进入神学学习阶段时才开设。

在大学里，原本只讲授希腊文和拉丁文的最基本的知识，不仅这样，有些大学里现在仍然是这样做的，那么有些大学指望学生先至少要学习一种或两种这样的语言的基本知识，然而对它们的进一步的研究现已构成各地大学教育中的极其大的一个部分。

古希腊哲学分成三大分支：物理学，或称很容易哲学；伦理学，或称道德哲学还有逻辑学。这个总是的划分看上去完完全全符合事物的本质。

自然界的有一些大的现象，比如天体的演变，日食月食、彗星、雷，闪电还有其他不寻常的大气现象，生殖、生命、成长、植物和动物的死亡，这些现象必定会引起人们的惊异，所以它们很容易就会唤起人们的好奇心去探讨它的原因。迷信首先想要来满足这个好奇心，它把一切这些奇异的现象归结于神的直接的力量。随后哲学竭力想要解释它们，哲学用比上帝的力量更为常见、更为人类容易了解的原因来解释它们。因为这些大的现象是人类好奇的第一对象，所以试图解释它们的科学很容易就是哲学的第一个分支。所以历史上记载过的最早的哲学家仿佛都是自然哲学家。

世界上的任何一个年代和任何一个国家，人们必定要互相关注双方的性格、意图和行为，同时要确立非常多规范性的而且为大家所公认的规则和准则来指导人们的生活。一旦有了文字，睿智的人，或者自觉得睿智的人，很容易就会竭力扩充那些受到人尊敬的确立了的准则，通过表达他们对什么是恰当的行为，什么是不恰当的行为的看法，他们有的时候采用比较艺术的寓言形式，如我们所称道的《伊索寓言》，有的时候采用比较简单的格言形式。采用这样的形式的著作有《所罗门金言》及西奥尼斯、弗西里迪斯的诗，还有希西奥德的部分著作。

在一个不长的时期内，他们可能还会通过这样的方式扩大那些有关谨慎和道德的规则的数量，丝毫没有打算用任何一种明确的或有条理的方式把它们整理出来，更没有打算用一个比较通用的准则把它们连贯起来，然后依照那个准则就能够把它们推断出来，就好像从它们的自然原因推断出结果一样。把不同的观察通过几个共同的准则连接起来，再通过系统的整理所表现出来的美，第一次出现在古代有关哲学体系的一部分直率的短文中。随后在有关道德的一部分短文中也做了某种类似的尝试。有关共同生活的规则却是通过某种有条理的顺序整理的，不仅这样，通过一点共同的准则把一切联系了起来，他的方式就同他们以前把自然界的现象整理和联系起来时一模一样。研究和解释这些有联系的准则的科学就是道德哲学。

不同的作者对自然哲学和道德哲学提出了完全不同的体系。然而他们通过支持这些不同体系的辩论却时常不是论证，顶多也就是一点非常小的可能性，有的时候还只是一点诡辩。它们没有任何依据，只不过是一些不确切和模棱两可的语言。古往今来，人们采用的思辨体系都是为了一点非常琐屑的理由，为了一点非常小的金钱上的利益，它们对任何一个有常识的人的判断都没法起决定性的作用。纯粹的诡辩对于人类的看法，除了有关哲学和思辨的事情之外，从来就没有过什么影响。然而在哲学和思辨方面它却经常有着非常大的影响。

自然哲学和道德哲学的各个体系的拥护者很容易就竭力指出和自己体系相对立的议论中的弱点。在仔细研究这些辩论时，他们必定就会去思考可能和论证间的差异，幻想和结论间的差异，然而逻辑学，或者说有关好坏的推理的寻常规则的科学必定就在这类细致的观察中产生了。尽管它的产生晚于物理学和伦理学，这门科学一经产生就在大多数古代哲学学校里都开设了，不仅这样，先于物理学和伦理学，看上去已经形成了一种观念，也就是说，在进入对这些这样重要的课程推理之前，首先应该深入理会对好坏的推理间的差异。

古代哲学划分成的三个部分在欧洲的大多数大学里后来又划分成了五个部分。

在古代哲学里，有关人的精神和神学性质的教学是物理学体系中的一个组成部分。这些东西，不管你觉得它们的实质是由什么构成的，它们都是宇宙这个伟大的体系中的一部分，也就是能够产生非常多举足轻重影响的部分。不管人类推理有关这两部分可以做出的结论或推论如何，无疑它们是试图解释宇宙这个伟大体系的本原和演变的科学中的非常重要的两章。

然而在欧洲把哲学只当作对神学的一种辅助课程开设的大学里，这两章很容易比科学的其他任何章节要讲授得更为详细。因此它们渐渐地越来越大，又分成非常多小的章节，直至最终人们非常难认识的精神学说在哲学体系中占据了和人们能够认识的天体学说同样大的位置。因此有关这两个对象的学说被视为截然不同的两门科学。因此所谓的形而上学或精神学被安排在和物理学对立的位置上，而且不仅被看作是一门比较崇高的科学，而且对于某种特定的职业来说还是这两门科学中比较有用的一门科学。试验和观察的专门学科、通过细心地关注可能做出非常多有用的发明的学科反而差不多完完全全被忽视。相反，除了几个极其简单和差不多非常明显的真理外，最细心的关注也只可以发现一点模糊的和不确定的东西，结果只可以产生不可捉摸的诡辩的学科而且是大大地被培植了起来。

在这两门学科被置于互相对立以后，它们之间的比较又产生了第三种学科，也就是说，所谓的本体论，也就是对两门学科中的一点共同的性质和属性进行研究的科学。然而，假如说是不可捉摸和诡辩构成了学校讲授的形而上学或精神学的绝大多数内容，那么它们就构成了本体论这门学科的整个蛛网，本体论有的时候也与此同样叫作形而上学。

人的幸福和圆满到底是什么？当然这里所要思考的人不单单是一个单个的个体，而是作为家庭、国家和人类这个大社会的一个成员的人，是古代道德哲学所致力于探讨的对象。在那个哲学范畴里，人生的职责是作为从属于人生的幸福和圆满这个主题来进行研究的。然而当道德哲学和自然哲学都是作为从属于神学的课程来讲授时，人生的职责就主要是作为从属于来世的幸福来探讨了。在古代哲学当中，道德的完善对于具有这样的道德的人来说当然表示着今生能够得到最完美的幸福。在现代哲学中，道德的完善大多数时候被认作或差不多总是被认作是和今生的任何幸福不相调和的东西。天国是只有通过修行和禁欲，通过僧侣的苦行和谦卑才可以到达，然而没法通过人的慷慨大方、乐善好施的精神行为到达的。在大多数的场合，诡辩术和苦行的道德组成了学校中道德哲学的主要内容。哲学一切不同分支中举足轻重的东西就通过这样的方式变成了最被歪曲了的东西。

因此，在欧洲绝大多数大学里哲学教育的共同课就是这个样子。首先开设的是逻辑学，接着第二门开设本休学，包括有关人的灵魂和神的性质的理论的精神学是第三门，随后第四门是被歪曲了的道德哲学体系。它被叫作是和精神学理论，和人的灵魂不死还有因为神的公道来世所可以指望的奖惩有着直接的联系的学问。然后，通过简单而浅薄的物理学结束了这个课程。

欧洲大学通过这种对古代哲学课程所进行的修改，一切都是为了僧侣教育，而且让哲学成为神学学习的一个比较恰当的入门。然而附加的难于捉摸的东西比如诡辩，诡辩术和禁欲的道德，这些所加进去的东西必然没法让哲学更适宜于对绅士或通常世人的教育，也没法让哲学更可以促进对心灵的理解或心灵的修补。

这就是现今在欧洲绝大多数大学仍持续在讲授的哲学课程。依照每个大学的教学大纲的要求，教师在一定程度上勤奋地讲授着。在一些最富裕和捐赠基金最多的大学里，导师们也满足于讲授这个被歪曲了的课程的一点不相连贯的片断和章节；不仅这样，即便这些片断和章节，他们大多数时候讲授得也是极不经心而又肤浅。

绝大多数大学对现代哲学几个不同分支所进行的一点改进也都没有进行。有些大学尽管是进行了，然而绝大多数的大学甚至在有了这些改进后，也不热心于采纳这些改进。当那些被驳倒了的体系和成见在世界各地被驱赶得走投无路时，有几个学术团体却愿意为它们充当避难所和保护的圣殿。通常来说，这些最富裕和捐赠基金最多的大学总是对那些改进采纳得最慢，它们对已建立起来的教育计划总是最不情愿进行任何重大的改变。这些改进在有些比较贫穷的大学里实行起来反而容易些，因为在那些大学里，教师们的绝大多数生活费取决于他们的名望，从而也强迫他们更加关注世界流行的看法。

然而，尽管欧洲的公立中小学和大学原本都是为了某一特定的职业来进行的教育，也就是为培养僧侣来设立的；尽管学校对向自己的学生讲授他本身职业所必需的一点科学总是不很热情，然而它们渐渐地差不多把对所有人，特别是差不多所有的绅士和富人进行教育的责任也承担了起来。在人的幼儿期到人开始认真地从事一番事业，一个终身从事的事业之间，有一个非常长的间隙，怎么度过这个间隙，又让它对人多少有些益处，看上去没有比进学校更好的方法了。然而中小学和大学所传授的绝大多数知识仿佛又不是对他未来的事业的最合适的准备。

在英格兰，一天天逐渐流行的一个风尚就是年轻人在中学毕业后迅速就被送到国外去旅行，而不是进大学。据了解，我们的年轻人大多数时候经过一段时期的旅行，回国后就有非常大的长进。一个年轻人在十七八岁时到国外去，在21岁时回家。回家时比他出国时年长了三四岁，然而在那个年纪，在三四年里是非常容易得到非常大的长进的。在他旅行的过程中，他大多数时候得到了一两门外语的知识，尽管那点知识还不足够让他能够正确地说、写。至于其他方面，回家时他通常都比较自负，比较肆无忌惮，比较放荡，没法严肃地对待学习或工作。假如他在国内没有出去，他本是在一个非常短时期就能够学会这些东西的。这么年轻就出国去旅行，把生命中最宝贵的年华全都消磨在放荡中，远离父母和亲属的监督和控制，早年时期的教育原本可能在他身上形成的任何一个良好习惯，在出国的几年中不仅没有得到巩固，反而被淡忘或消失。事实上没有别的，就是对大学的不信任才让人们在生命的早年出国旅行。这样荒谬的一种做法变得声名鹊起。通过送自己的儿子出国，父亲就把儿子从失业、被人忽视和走向毁灭，这样一些令人难堪的局面中解脱出来，至少可以解脱一段时间。

这就是某些现代教育机构所产生的全部效果。

在其他年代和其他国家仿佛也曾产生过不同的教育计划和不同的教育机构。

在古希腊的各个共和国，任何一个自由民都是在地方行政长官的指导下来学习体育和音乐。体育是为了让他们有一个健壮的身体，培养他们的勇敢的品格，为应付战争的疲劳和危险做准备，然而希腊的民兵根据各种统计是世界上曾经存在过的最好的民兵。这足以说明他们所接受到的这一部分公共教育完完全全达到了它预期的目的。公共教育的另一部分——音乐，依照对这些机构进行了统计的哲学家和历史学家的提议，它的目的是让人的思想具有人性，性情变得温和，还有愿意为社会生活和个人生活尽些社会和道德的义务。

在古罗马提乌斯练武场的训练和古希腊体育训练的目的相同，不仅这样，仿佛也与此同样达到了非常好的效果。然而在罗马人的教育中，没有和古希腊音乐教育相对应的东西。罗马人的道德品行，不管是在私人生活方面，还是在公共生活方面，全都非常好，不仅这样，总的来说要比希腊人还好很多。有关罗马人在私人生活的道德方面比希腊人优越，我们有十分熟悉的这两个国家的两位作者波里比乌斯和哈里卡纳萨斯的狄奥尼西乌斯所提供的证据。

古希腊和罗马的总的历史就是有关罗马人公共道德高尚的一个见证。竞争派系间所表现的温和的脾气和举止看上去是一个自由民公共道德中最根本的要素。然而古希腊的各派之间差不多总是暴力和流血连续。反过来，直至格拉奇时代，罗马的党派争执从来没有流过血，不仅这样这时共和国能够说是事实上已经完完全全解体。所以，尽管柏拉图、亚里士多德和波里比乌斯有非常受到尊敬的权威，尽管孟德斯鸠先生为了支持他们的权威提出了非常睿智的理由，看上去古希腊的音乐教育并没有可以提高希腊人的道德。然而没有这些教育的罗马人，他们的道德在整体上却要高尚得多。

这些古代先贤对他们祖先的制度的尊敬可能让他们更加倾向于从古代的那些习俗，从那些从远古总是延续到社会有必定文明的时代的习俗中寻找到更多的政治智慧。音乐和舞蹈差不多是一切野蛮民族的最大的娱乐，同时也是他们款待友人的一大助兴方式。在非洲海岸的黑人中，他们今天仍然这样做。古代的塞尔特人还有古斯堪的纳维亚人也是这样。同时我们能够从荷马的史诗中明白在特洛伊战争前古希腊也是这样。当古希腊各部落形成小的共和国以后，学习这些余兴就很容易在非常长一段时间里成为整个社会和公共教育的一个组成部分。

在罗马，甚至在那些法律和习俗为我们最熟悉的古希腊共和国的雅典，教导年轻人音乐和军事操练的教师好像都是没有报酬，甚至也不是国家任命的。国家要求任何一个自由民在战时可以保卫国家，所以他们应该进行军事操练。然而他们没有任命的教师，只可能是可以找到什么人就向什么人学，不仅这样，为了军事训练的目的，国家除了提供一块可供操练的公共场地外，似乎再无别的什么提供。

在古希腊和罗马共和国的初期，公共教育的另一部分仿佛就只不过是学习读、写还有依照当时的算术的计算。比较富有的公民仿佛经常都是在家里在家庭教师的帮助下就已经学会了这些力量。这样的家庭教师通常不是奴隶，就是自由民。比较穷苦的公民就是在学校里通过教学为职业的教师教会的。然而，教育的这一部分完完全全是由每个学生的家长或监护人负责。仿佛国家对它从来没有进行任何形式的检查或指导。的确，依照梭伦法，父母假如忽视了让孩子接受某种可赚钱的职业，孩子们在父母年老时，就没有一定要供养他们的责任。

随着社会文明的日益加强，哲学和修辞学渐渐成为时尚。社会上比较富有的一批人就送他们的子弟到哲学和修辞学校去读书，从而修学这两门时髦的学科。然而这样的学校是没有国家支持的。非常长一段时间，它们只不过是被国家允许而已。在非常长一段时间内，对哲学和修辞学的需求也都非常小。第一批专业教师都找不到固定的工作，没办法不从一个地方游学到另一个地方。

埃利亚的芝诺、戈吉阿斯、普罗塔哥拉、希皮阿斯还有其他非常多的学者都过着这样的生活。随着需求的不断增加，哲学和修辞学校才成为固定的学校。首先是在雅典，随后在其他几个城市设立了这样的学校。然而，国家除了指定一个场所给他们讲学外，似乎没有给予更多的鼓励。然而那一切也都是由私人捐赠的。国家是给柏拉图拨了一个学园，给亚里士多德拨了一个会址，给斯多噶学派的奠基人芝诺拨了一个学府。而且伊壁鸠鲁把他自己的私人花园遗赠给了自己的学校。直到马卡斯安东尼马斯时代到来，教师仿佛都从来没有从公家那里得到过任何薪俸，或者说有过任何报酬，得到的只不过学生的学费或谢礼。据我们从鲁西安那里所知的，有个哲学家皇帝曾赏赐给一个哲学教师奖励金，然而在他死后可能也就终止了。

从这些学校毕业的学生并没有任何特权，单纯为了从事或进入某种职业完完全全没有必要进这些学校读书。假如对于这些学校的实用价值的舆论没法吸引学生来学习的话，法律是既不强迫任何人来这些学校读书，也不奖赏进过这些学校的人。教师对于他的学生没有一点管辖权，他们除了通过自己的崇高的道德和力量所得到的年轻人的信赖所造成的威信外，再无任何权威。

在罗马，学习民法成为某些特殊家庭的教育的一个部分，然而不是绝大多数公民教育的一部分。然而，想得到法律知识的年轻人没有公立学校可进，也没有其他的方法能够学习。唯一的途径就是进到他们据推测懂得法律的亲戚和朋友们家中去走动走动。可能值得指出的是12铜表法，尽管其中的非常多是从某些古希腊共和国抄录来的，然而在古希腊的任何一个共和国法律都没有发展成为一门科学。然而在罗马，它在非常早就成为一种科学，不仅这样，对于具有通晓法律的名声的人都做了极其程度的图片宣传。在古希腊的共和国，尤其是雅典，寻常的法庭都是由人数众多，因此也是毫无秩序的人民团体组成的，人们时常是乱做决定，或者是由争吵、党派精神做出判决。这样的裁绝不公正的丑行，当它落在500人、1000人（因为有些法庭就有这样众多的人）的身上时，一个人分担的责任就显得微乎其微了。

相反，在罗马主要的法庭也许只有一个法官，也许只有少数几个法官，特别是因为他们时常公开商议，裁决假如不公正或草率，就不可避免地要玷污他们的人格。遇到一些疑难案件，这类法庭为了避免因为判决不当丢脸和受到谴责，他们很容易就会竭力寻找之前的案例作为庇护，或者通过他们以前同一法院或某一法院的法官所做的判决作为范本。这样的对以前先例的重视必定就让罗马法形成了传到我们手上的这样的正规和有条理的体系。不仅这样，对于一切其他与此同样重视先例的国家的法律产生了同样的效果。波里比阿斯和哈里卡纳萨的狄奥尼西阿斯曾经谈论得非常多的所谓罗马人的品德比希腊人要好，非常可能就是因为他们法院的制度好些，而并不是因为那两位作者所提出的那些情况。据了解，罗马人有一非常明显的特点，就是他们对誓言十分极端的尊重。在办事勤奋而消息灵通的法庭面前起誓的人当然比在暴乱而无秩序的群众面前起誓的人对他们自己的誓言要重视得多。

古希腊和罗马人在行政和军事力量上应该说和任何一个现代民族的这样的力量至少是不相上下的。我们的偏见可能是喜欢把它们估计得过高。然而除了有关的军事训练外，国家仿佛并没有尽什么力量去培养国民的那些力量；因为我不可能去相信古希腊的音乐教育在培养他们的那些力量上可以有什么非常大的效果。然而，上流社会的人要学习上流社会必要或有用的各种艺术和科学，看上去就容易找到教师了。产生对于这类教育的需求，就总是会产生教授这些课程的人才。不仅这样，一个没有限制的竞争总是会激起那些人才向高度的完美发展，看上去也确是把那些人才推向了完美的高度。古代哲学家在激发学生注意力方面，在影响学生的思想和情操方面，在指导学生言谈和举止等方面看上去都要远多于现代的任何教师。

在现代公立学校，教师的勤奋（程度）多少总是要受到环境的腐蚀，因为他们的环境让他们没有必要依赖于他们在他职业上的成功和名望。他们的薪金也使得那些自称要和他们竞争的私立学校教师处于一种微妙的境地，就像一个不享有政府补助金的商人试图和一个享有政府极其大的补助金的商人竞争一样。假如他通过差不多同样的价格卖出他的货物，他就不可能得到与此同样的利润；假如他不破产，也会有灭顶之灾，至少是贫穷和乞讨。假如他想把价钱高非常多，他可能就会没有什么顾客，那样他的处境就不可能有多大改善。除此之外在非常多国家毕业所可以享受到的优惠对大多数从事有学问的职业的人来说是必不可少的。也就是说，对于有的时候需要受到过有学问的教育的绝大多数人来说是必不可少的和极端有用的。然而这样的优惠又可以通过听公立学校的教师的讲授得到。也就是说，哪怕是最认真地听一个私人教师的最好的讲授大多数时候也没法得到要求上面所说的优惠的资格。

正是因为这些原因，现今大学里大多数时候讲授任何一门学科的私人教师通常都被看成是文人中最低下的。一个真有才干的人再也找不到比它更丢脸更无利可图的职业了。有捐赠基金的中小学和学院通过与此同样的方式不仅腐蚀了公立教师的勤奋，而且也使得好的私人教师的存在差不多成为不可能。

假如没有公共的教育机构，那么没有必定需要的科学就不可能有人讲授，也不可能有什么体系。假如当时的环境没有让学习它成为必要或是实用的，或者至少是时髦的东西，那么它也不可能有什么体系和成为科学。私人教师假如讲授的是一种以前觉得有用然而现已被推翻了的科学或者一门广泛被觉得是一堆无用和迂腐的诡辩或是胡言乱语的科学，他从中也绝不可能得到任何好处。这样的体系，这样的科学只可能勉强存在于那些他的繁荣和收益在非常大程度上完完全全和教师的名望、教师的勤奋无关的教育社团里。假如没有公立的教育机构，那么一个绅士在经过努力完成了当时环境能够带来的最完整的教育课程后，他在进入社会时也不可能对社会上绅士和通常人谈论的寻常话题全然一无所知。

没有专门对妇女进行教育的公立教育机构，因此在妇女教育的共同课程中也就没有什么无用的、荒谬的或是异想天开的东西。对她们所讲授的都是她们的父母或监护人觉得她们所一定要学习或所要用的东西。除此之外便不再讲授其他的什么东西。她们的教育的每一部分都有一个十分明确的目的，或者是为了增进她们身体的天然魅力，或者是为了培养她们的含蓄、谦逊、高雅和节俭；让她们可以成为一个好的主妇，当她们成为家庭女主人时能够行为举止得体。一个女人在她的生活中，可以从她所受到的教育中感觉到方便或优势。然而一个男子在他生活的任何方面却非常少可以从他所受到的教育中最辛苦和最麻烦的某些部分中得到任何方便或优势。

所以，人们不免要问国家是不是不应该关注人民的教育。或者假如应该的话，在不同的阶层的人民中又应该关注教育的哪些部分？还有，应该通过什么方式来关注它们？

在有些情况下，无须政府的关注，社会的状态必定会把绝大多数的人置于这样而来的一种境地，那就是让他们自然而然地养成具有该社会所需要或者所允许的一切的力量和品德。在有些场合，社会状态没有把绝大多数的人置于这样一种境地；这时，为了防止大多数的人民完完全全腐化和退化，政府就一定要给予某些关注。

在劳动分工的进程中，绝大多数靠劳动为生的人，也就是说人民中的绝大多数，他们的工作都是只局限于几个极其简单的动作，大多数时候就是一到两个。然而绝大多数人的理解力量必定是通过他们的日常工作来形成的。一个整个一生只是从事几个简单动作的人，这几个简单动作的效果又总是同样，或者十分相近，很容易就没有机会要他去发挥他的理解力或发挥他的创造力，去寻找解决从没有发生过的困难的对策。所以，他很容易就丧失了这样的用脑筋的习惯，大多数时候就变成了人类可能变成的那种愚蠢和无知的人。他们头脑的迟钝让他们不仅没法欣赏或参与任何合乎情理的谈话，而且让他们没法拥有任何宽容、高尚或温柔的情感，最终也就没法对私人生活中的非常多日常义务形成任何公正的判断。

对于一个对自己国家的重大的和广泛的利益全然没有办法判断的人，除非是对他费了非常大的努力，不然他在战时与此相同都是没法去捍卫自己的祖国。他的停滞的生活的单调性很容易腐蚀了他思想的勇气，让他对士兵的无规律的、不确定的和充满冒险的生活感到憎恶。那个单调性也腐蚀着他肉体的活动力量，让他除了从事他已经习惯了的工作之外，没有朝气，也没有不屈不挠的耐性去从事任何其他工作。他对他自己特殊行当的熟练和技巧看上去就是通过这样的方式放弃自己的智力、社交和尚武等品德为代价而得到的。然而在任何一个进步的文明社会里，这正是贫苦的劳动者，也就是人民中的大多数必定陷入的状态，假如政府不采取措施防止的话。

在大多数时候所称作的狩猎、放牧的野蛮社会还有在制造业发展以前和对外贸易扩张以前的农业原始状态中，情况完完全全不同。在那些社会里，每个人各式各样的工作迫使每个人充分发挥他的才能，想出摆脱连续发生的困难的对策。创新力量始终保持着活力，人的思想也没有，堕入那种昏昏欲睡的愚蠢状态，就像文明社会里差不多一切下层人民的理解力都不起作用那样。

在那些所谓的野蛮社会里，就像前面已经指出过的，任何一个人都是战士。任何一个人在某种程度上又是一个政治家，他们对于有关社会的利益和统治者的行为都可以做出一个能够接受的判断。他们的首领在和平时期是一个多么好的裁判官，或者在战时是一个多么好的领导，差不多他们中的任何一个人都可以观察得清清楚楚。在这样一个社会里，确实有人能够得到在一个比较文明的社会里少数人所具有的那种高度的理解力。尽管在原始社会里每个人的职业多种多样，然而整个社会却没有那么多的职业。差不多任何一个人从事，或者能够从事任何其他一个人可从事或能够从事的工作。

每个人都有极其多的知识，创新和发明力量，然而又没有一个人可以有非常多的知识和创新，发明的力量。大多数时候每个人所具有的程度就是进行社会的一切简单的事务。相反，在一个文明的社会，绝大多数个人的工作差别不大，然而整个社会的工作却多种多样，千差万别。

这些多种多样的工作给那少数的一点人带来了差不多是无限的思考对象。那些人因为不附属于某一固定的工作，他们有闲暇和心思来考察研究其他人的工作。对这样多种多样的对象进行思考，他们的头脑必定要进行没完没了的比较、组合，也必定使得他们的理解力敏锐而全面。然而，除非这少数人可以被置于某些特殊的位置上，否则他们的伟大才能尽管对他们自己非常光荣，然而对社会的良好管理和幸福却没有什么贡献。尽管这少数人具有伟大才能，然而人类品质的一切比较高尚的部分可能在非常大的程度上消失在大多数的人民之中。

可能在一个文明和商业社会里，对寻常百姓的教育比对某些富有阶层的人的教育更需要国家的关注。某些富有阶层的人大多数时候在他们进入想借以青云直上的某一特殊职业或商业之前已经十八九岁。在这以前他们有充分的时间去获取，或者至少也是有足够充分的时间去准备自己日后去获取可以让他们博得社会尊敬或让他们值得尊敬的一切知识。他们的父母或他们的监护人大多数时候都急切地指望他们能够获取一点知识，因而在大多数场合也完完全全愿意付出必要的花销。

假如他们总是没有可以受到最好的教育，那也不是因为他们在教育上花费的不足，而是因为费用运用不当。也不是因为缺少教师，而是因为他们所雇佣的教师的疏忽和无知，或者是因为在目前的情况下非常难甚至不可能找到一个更好的教师。除此之外，某些富有阶层的人一生中大多数时间所从事的职业也不就像寻常百姓所从事的职业那样简单和单调。它们差不多全都非常复杂。

他们更多的是要用脑，而不是用手。从事这类工作的人，他们的理解力就绝不可能因为缺少利用而变得迟钝。除此之外，富有阶层的人的职业也不可能从早到晚总是折磨他们。他们大多数时候有非常多闲暇，在这个闲暇时间里，他们能够进一步钻研各种有用的知识或装饰性的知识。因为他们在那些方面都已经有了一定基础，或者说对那些知识他们在早年的生活中就曾有过一点嗜好。

寻常百姓的情况就完完全全不同了。他们没有空余的时间去学习。甚至在他们的童年，父母都养活不了他们。一到他们能够干活的时候，他们就一定要去寻找一种能够谋生的行当。那个行当大多数时候也是非常简单和单调，无须运用脑子。同时，他们的劳动时间又是这样之长，劳动又是如此严峻，不给他们留下一点闲暇，让他们少有心思去思考劳动之外的任何东西。

然而，在任何一个文明的社会里，尽管寻常百姓不可能就像富有的阶层一样受到良好的教育，然而最基本的教育——读、写、算——还是能够在生活的早期得到的。他们中的绝大多数还是有机会受到基本的训练，让他们能够适应最下层的工作，也就是说，在他们可能被雇佣从事那些工作以前，他们还是有时间来得到那些基本教育，因为国家只需花费极少的费用就可以方便、鼓励，甚至强迫大多数人民得到这些最基本的教育。

国家通过在任何一个教区或地区建立一所小学就能够非常方便地做到这一点了。小学的收费低一点，让任何一个寻常劳动者都可以负担得起。教师能够由国家负担部分，而不是一切由国家负担。因为，假如他是一切甚至主要是由国家负担，他迅速就会学会对工作不负责任。在苏格兰建立的这类教区小学差不多教会了一切老百姓认字，其中非常大的一部分人还学会了写和算。

英格兰建立的慈善小学也获取了同样的效果，尽管没有苏格兰那么普及，因为慈善小学没有那么普及。假如在这些小学里教孩子们识字的课本比他们现行的课本启发性更强一点，假如不盲目地教他们那一点拉丁文（寻常百姓的孩子有的时候在那些学校里要学拉丁文，事实上拉丁文对他们不可能有任何用处），而教会他们一点几何和机械学的基础知识，那么这个阶层的人民的文化教育可能还会更全面。差不多没有一个寻常的行业有的时候不需要运用一点几何和机械学的基本原理，因此也可渐渐训练寻常百姓和提高寻常百姓对这些原理的运用，它们是最崇高还有最有用的科学的入门。

国家还可以向那些学习成绩十分优良的学生颁发小额的奖金和荣誉奖章鼓励寻常百姓子女学好这些最基本的课程。

国家可以迫使每个人在获取加入任何一个联合组织的权利，或者被批准在农村和城镇经营某种企业以前一定要通过考试或试用，要求一切人民一定要接受这些最基本的教育。

古希腊和罗马共和国正是通过这样的方式方便和鼓励一切人民从事军事和体育训练，甚至要求一切人民一定要学习军事和体育，保持了各国公民的尚武精神。它们通过指定一地方为学习和操练的场所，通过授予某些教师在那些地方教练的特权来方便人民得到军事和体育训练。那些教师好像都是既没有薪金，也没有其他任何独有的特权。他们的报酬一切来自他们学生的学费。

同时在公共体育场里面学习军事和体育课程的公民与私自学习军事和体育课程的公民也没有什么法定的优势相比，假如后者学得和前者同样好的话。那些共和国是通过授予学生中成绩优异的学生很少的奖金和荣誉奖章来鼓励公民完成这些繁重的训练的。在奥林匹克运动会、地峡运动会或者是纳米安运动会获奖，不仅要给获奖者本人，还要给他的全家和亲属一定的表彰和宣传。假如受到了指派，每个公民都有在共和国的军队中服役必定年限的义务。这个义务就充分说明了学习军事和体育的重要性，要不然他就没有资格服役。

在军事训练连续改进的过程中，假如没有政府的大力支持，这样的军事训练就会渐渐走向衰退，随之一起渐渐衰退的还有人民的尚武精神。现代欧洲的例子就已经充分说明了这一点。然而每个社会的安全总是倚赖于人民的尚武精神。的确，在目前，单纯的尚武精神，没有一个纪律严明的常备军的支撑，可能还不足够保卫任何一个社会的安全。然而在任何一个公民都具有战士精神的地方，必然只需要一个较小的常备军就能够保卫国防了。除此之外，这样的尚武精神必定也会大大减少大多数时候人们所觉得的常备军对自由所带来的威胁，不管这样的威胁是真正的还是想象的。因为这样的尚武精神在反对外来的侵略中可以大大地方便常备军的军事行动，因此在一旦不幸发生军队违反国家宪法时，人民的这样的尚武精神也能够制止他们。

为了维持人民总体的尚武精神，古希腊和罗马的古代机构看上去总是都比现在建立的所谓民兵制要有效得多，它们也要相对简单得多。当它们一旦建立起来，它们就可以自己运转，不需要政府的特殊关注去维持它们的无穷活力。然而要让现代民兵制的复杂规章维持一定的运转，就需要政府连续的努力和关注。没有政府连续的关注和努力，它们就会长期陷入完完全全被忽视或废弃的境地。除此之外，古代机构的影响也广泛得多。通过那些机构，一切人民都完完全全学会了利用武器。可能除了瑞士之外，只有非常小一部分人民可以通过现代民兵制的规章接受这样的训练。然而一个没法保护自己或为自己复仇的胆小鬼明显是缺少了人性中最主要的品质之一。

一个在精神上的残疾、畸形和一个在肉体上丧失了举足轻重的肢体中的某一部分或肢体失去了作用的人完完全全没有差别。然而在这两者中明显前者更为可怜、更为可悲。因为幸福和痛苦同时存在于精神之中，它们必定更多的是倚赖于一个健康的或者不健康的精神状态，一个残疾的或完完全全好的精神状态而不是主要依赖于身体健康或不健康、残疾或不残疾。也就是说，即便是人民的尚武精神对保卫社会无用，而防止胆小鬼所必定具有的那种精神上的残疾、畸形和不幸在人民大众中的散播仍然非常值得政府的高度关注，就像防止麻风病或其他讨厌的疾病在人民大众中传播值得政府的高度关注一样。尽管这些疾病不是致命的，也没有生命危险，尽管这样的关注不可能对社会再有什么其他大的好处，只能是防止这样一个重大公害的传播。

对于在文明社会中看上去经常让一切下层人民的理解力麻痹的无知和愚昧，我们也能够这样来看待，一个人假如不对他的智力功能给以恰当的利用（假如能够这样来说的话），那比一个胆小鬼还更可鄙，就好像都是人性的品质中更基本的部分残废和畸形了。尽管国家从对下层人民的教育中没法得到什么好处，然而对下层人民的教育仍然很值得国家的关注，让他们不至于完完全全没有受到过一点教育。不仅这样，国家还是可以从对他们的教育中得到必定的好处的。

他们受到的教育愈多，他们就愈不可能受到狂热和迷信的迷惑。这样的迷惑在愚昧的民族中常引起最可怕的骚乱。除此之外，有教养、有理智的人民的行为总是要比愚昧和愚蠢的人民行为更为得体和有秩序。他们任何一个都感到自己表现的体面些，就更可能得到他们守法的上级的尊重，因此他们也更乐于尊重那些上级，他们也更乐于分析和更有力量看透闹派别和煽动暴乱的人怀有私心的抱怨和牢骚。所以他们也就不易被误导而平白无故或完完全全没有必要地去反对政府。在自由的国家里，政府的稳定在非常大程度上就是依赖于人民对政府的行为可以做出赞同的判断。举足轻重的就是没法让人民对政府的行为做出轻率或反复无常的判断。

第三项　对各种年龄人民进行教育的机构的经费

对于不同年龄的人民进行教育的机构大部分是那些进行宗教教

育的机构。这是一种十分特殊的教育，它的目的不是要让人们在这个世界上成为好的公民，而是为他们在另一个更好的世界上（也就是他们的来世）做准备。讲授包含这样的教育的教义的教师也就像其他教师一样，他们的生活来源是完完全全依靠听讲人的自愿捐献；也能够是来自依照国家的法律专门指定的某一基金，它们能够是地产、什一税或土地税，一种国家的薪金或者是补助。处在前一种场合的教师的敬业精神、热情和勤奋可能比处在后一种情况下的教师要高得多。在这一方面，新教的教师在反对那些古老的过去的体制时总是拥有极其大的优势，过去的教的牧师躺在他们的圣俸上，忽视了维持大多数人民对信仰和礼拜的热情，不仅这样，听任自己懒散，最终变得完完全全没法来捍卫自己的教会。

国教和捐赠基金富有的教会的牧师经常变成了有学问和高雅的人士，他们具有绅士的一切品德，或是让他们博得绅士的尊敬的品德。然而他们却渐渐趋向于丧失过去让他们在下层人民中间得到威信和影响的那些品质，那些品质可能是他们的宗教成功和得以成为国教的原始基础。

这样的牧师在受到一群群众欢迎而又勇敢的狂热分子（尽管他们也可能是无知而愚昧）的攻击时，他们就感到自己毫无防卫力量，就像亚洲南部的那些懒散、柔弱而吃得非常好的民族，在遭遇到北方的活跃、坚忍然而饥饿的人的入侵时一样。这样一来的牧师在这样的紧急关头大多数时候没有别的方法，只有请求当地行政长官把他们的对手作为破坏社会治安的暴徒而加以迫害、消灭或驱赶。

罗马天主教的神甫就曾经这样呼吁地方行政当局迫害新教徒；英格兰的教会就曾这样迫害他们的不信奉国教者。通常来说，任何一个宗教的教派，当它一旦享有一个世纪或者是两个世纪的合法机构的保护，它会发现自身已经没法对任何向它的教义或原理进攻的新派进行十分有力的反击和自卫。在这样的场合，就学问和写作方面，有的时候国教可能会占优势。然而在争取群众的艺术，争取改变宗教信仰的人在艺术上却总是要输给对手。在英格兰，这些艺术早已经被国教里面拥有富裕捐赠基金的牧师所忽视。

现在关注和运用它们的主要是不信奉国教者和卫理公会教徒。然而，在非常多地方现在通过自愿捐赠、委托权和其他逃避法律的方式为不信奉国教的牧师所筹措的独立供给看上去也大大减低了那些牧师的热情和活力。他们中的非常多人也变成了非常有学问、有独创和受到人尊敬的人，然而同时他们却已经不再是受到人欢迎的传教士。卫理公会教徒不具备那些不信奉国教者一半的学问，却成为当前最走红的人。

罗马教会通过自身利益的十分有力的驱动，可能让低层教士的勤奋和热情比任何耶稣教教会中的牧师都可以保持着更大的活力。教区中的牧师，他们中的许多人的极大一部分生活资料是从人民的自愿的供奉中获取的。然而忏悔又给增进这个收益的来源非常多新的机会。托钵教团就像有些军队中的轻骑兵和轻步兵不进行掠夺就没有薪金一样，他们的一切生活资料都是取自这样的供奉。

教区牧师就像他的报酬部分依靠薪金，部分依靠收受到学生的学费或酬金的教师一样，他们必定总是要依靠他们的勤奋和名望。托钵教团就像他一切生活来源完完全全依靠他自身的勤奋的教师。所以他们一定要尽各种艺术来激发寻常百姓的热诚。据马基雅弗利的观察，在13和14两世纪时期里建立起来的圣多米尼克和圣佛兰西斯两大托钵教团曾经让人民对天主教的日益减少的信仰和虔诚重新恢复起来。在罗马天主教的国家里，虔诚的精神就完完全全是靠僧侣和比较贫穷的教区教士支撑的。教会中具有绅士和通达世故的人的一切才艺，有的时候甚至具有有学问的人的一切才艺的高层神职人员，尽管都非常留意维护对下级必要的纪律，然而对百姓的教育那么不屑一顾。

当代最杰出的哲学家和历史学家提到过，一个国家的大多数手艺和职业都具有这样一种性质，那就是当它们在促进社会利益时，同时也对某些个人有用或有利。在这样的情况下，地方行政官的一条固定不变的准则可能就是在引进一种技艺以后，就顺其自然，听任从中受益的人去自由发展。当手艺人渐渐发现他们的利润会因他们的顾客的青睐而提高时，他们就会尽可能提高他们的技巧和勤奋，同时因为事物没有受到任何不明智和错误的干扰，他们的商品必然在任何时候都会差不多和需求成比例。

也有一部分行业尽管对国家有用，甚至是必不可少的，然而对任何个人不带来任何好处或快乐，然而最高当局却又没办法不对这些职业的从业者采取灵活的政策。它一定要给他们公开的鼓励让他们能够生存。为了防止他们非常容易地流于怠慢，还一定要给那种职业一种特殊的荣誉，建立起长时期的等级和严格的依赖关系，或采取其他的对策。从事财经、海军和行政的人员基本就属于这一类。

乍看上去，我们可能很容易地认为神职人员属于第一类职业。与律师和医生的职业一样，对于他们的鼓励，我们能够放心地把它看成是个人的慷慨，那些人遵循他们的教义，从他们的精神上的指引和协助中找到益处和安慰。毫无疑问的是，他们的勤奋和警惕将会从这样一个附加的动机里得到增强：他们职业上的技能还有他们调节人们思想的灵巧将会从他们日益增加的实践、学习和留心中连续增长。

然而假如我们对这件事情可以观察得更仔细一点，我们将会发现牧师们的这样的怀有私心的勤奋正是任何一个明智的议员所要极力研究和防止的。因为在每一种宗教里面，除了真理，都是非常有害的，因为它通过把迷信、愚昧和幻想相互混合在一起形成了一个歪曲真理的很容易产生的倾向。任何一个宗教从业人员为了让自己在他的信徒的眼中显得更庄严和神圣，总是向他们宣讲其他一切教派如何凶暴可憎，而且竭力通过一点新花样激发他的听众的已有些倦怠的热诚。

在他反复灌输的教义中将会全然不顾真实、道德或礼仪，而采用最可以扰乱人类感情的教条。为了吸引听众参加他的任何一个集会，他总是更加勤奋地想尽办法影响群众的感情和成功骗取他们的信任。结果就是，地方行政长官将会发现他为了节省牧师固定薪俸这样的表面的节约却付出了极为沉重的代价。同时他会发现事实上他可以和这些精神上的向导所达成的最恰当和最有利的妥协方式是收买他们的懒散，对他们的职业指定一定的薪金，让人们感到除了为了防止羊群在寻找新的牧场时误入歧途外，其他更多的活动都是多余的。这样一来教会的固定薪俸尽管最开始是出于宗教的观点，然而最终证明对社会的政治利益却是有利的。

然而，不论牧师的独立给养会带来什么样的好的或坏的效果，可能，对这个制度大加赞赏的人并不是从这些后果出发。宗教矛盾极端尖锐的时代与此同样也是政治派别矛盾冲突的时代。在这样的场合，任何一个政党都感到或者觉得为了他自身的利益，他们应该和某一竞争的宗教派别联手。然而要做到这一点，就只有去接受，或者至少支持那一派别的信条。运气好的情况下可以和取胜的政党联合的教派分享他盟友的胜利，凭借盟友的支持和保护，它迅速就可让他对手沉默和屈服。这些对手大多数时候也都和取胜党的敌人成了联盟，因此同样成为取胜党的敌人。这时取胜的教派的牧师完完全全变成了这个领域的主人，他们对广泛群众的影响和权威已经达到了顶点，他们的权力足够震慑他们自己党内的领袖，而且也足够让地方长官尊重他们的看法和意向。他们的第一个要求大多数时候都是地方长官应让他们一切的对手沉默和屈服，他们的第二个要求就是地方长官应该给他们拨发独立的给养。因为他们对胜利做出了非常大的贡献，他们应该分享某一部分战利品也是完完全全合理的。

除此之外，他们对于为了生活来哄骗人民和依赖于人民的处境必定感到了厌倦。所以在提出这样的要求时，他们思考的是他们的安逸和舒适，完完全全没有操心这样来做未来会对他们教会的影响力和权威产生什么样的可能的后果。然而地方行政长官要满足这些要求，就只有把他本来想要获取或留给自己的某些东西分给他们，因而他是不可能热心于批准的。然而，结果总还是强迫他最终屈服，尽管经常会有非常多的拖延、回避和用矫揉造作的借口推脱。

然而，假如政治斗争没有要求宗教的援助，取胜党并没有采用任何一个教派的信条，那么当取胜党赢得胜利时，它可能就会对一切不同教派一视同仁，做到公正无私，同时会允许每个人去选择自己觉得合适的牧师和宗教。在这样的场合，无疑会有非常多宗教教派。差不多任何一个不同地区的教徒就能够自己构成一个教派，或者信奉自己的某些特殊信条。任何一个牧师无疑都会想到一定要做出自己最大的努力和利用一切技巧来保持和赢得更多的信徒。

然而，因为其他的牧师与此同样感受到到这样的压力，与此同样的努力，因此没有一个牧师或一个教派的牧师能够获取非常大的成功。牧师的利己和积极的热情只有在仅仅允许一个教派的社会里，或者是整个社会虽然分成两三个大教派，然而各教派有正规的纪律和正规的从属关系，这样的牧师，协同一致的行动才可能造成危险和麻烦。然而在一个分成了两三百，甚至分成了数千个小的教派的社会，那里没有一个教派的势力足够扰乱社会的安宁，牧师的热情就必定是无害的了。

当一个教派的牧师见到自己四周大多都是对手而不是朋友，他们就必定要学会那些在大教派的牧师中非常难见到的诚实和谦恭。因为那些大的教派的信条得到了地方长官的支持，受到了王国或帝国的差不多一切居民的尊敬，因此牧师们所见到的各个地方都是他们的追随者、信徒和谦卑的崇拜者。然而任何一个小的教派的牧师发现他们差不多就是自己几个人，被迫没办法不尊敬差不多一切各教派的牧师，不仅这样，他们会感到互相让步对双方都有利，也愉快。

可能到时候他们会把绝大多数的教义中所包含的荒谬、谎言或臆想的混合物都丢掉，而只留下宗教中纯粹并且合理的部分，也就是说，世界上各个世纪的圣贤们所希望见到的宗教。然而成文的法律可能还从来没有建立过这样的宗教，这样的宗教也不可能在任何一个国家真正建立起来。因为有关宗教的法律总是可能将会永远是在一定程度上要受到流行的迷信和热情的影响。这样的教会管理方案，或者更确切些说，就是根本没有什么管理方案，也就是说，所谓的独立教派，它无疑是一个特别狂热的教派，有人在内战结束时建议在英格兰成立，假如它成立了，尽管它的起源是非常不合于哲理的，可能到现在它就会让一切宗教的教义都出现最合乎哲理的十分和睦和节制精神。它在宾夕法尼亚已经建立了，那里尽管教友派占绝大多数，然而法律在事实上不偏袒任何一个教派，据了解，在那里就产生了这样的合乎哲理的和睦和节制。

然而，尽管这样的平等对待不可能在一个国家的一切教派内，甚或绝大多数的教派内产生这样的和睦和节制，然而假如这样的教派数量极其大，不仅这样，其中任何一个又小得不足够扰乱社会的安宁，那么任何一个教派对他的信条的狂热也就不足够产生任何有害的影响，相反倒会产生一点好的影响。而且假如政府决定让一切宗教自由，同时也要求任何教派没法干涉其他教派，那么也就不存在它们会被强行分裂，然后一下子变成为数众多的教派的危险了。

在任何一个文明的社会里，在任何一个建立了严格的等级制度的社会里，总是在同一时期流行着两种全然不同的道德体系：其中的一个能够叫作严格的或者朴素的体系；另一个能够叫作自由的，或者也可叫作放任的体系。

前者大多数时候受到寻常百姓的赞赏和敬重。后者大多数时候为所谓上流社会的人士所尊重和使用。轻浮，这是一种在过度繁荣、过度欢乐和想入非非时很容易产生的恶行。对于轻浮这样的恶行，我们应该在多大程度上给以赞成，看上去构成了这两个对立体系之间的主要区别。

在自由的或放任的道德体系里，对于放荡、奢侈、胡乱的取乐、某种程度的放纵、至少是两性中的一方破坏贞节等，只要它们不伴随着非常严重的不得体并且不导致虚伪或不义，通常都会采取极其容忍的态度，或者非常容易受到人们的原谅或宽恕。相反的是，在严格的体系里，那些过度行为全都被看成极端可憎和讨厌的东西。轻浮的恶行对于寻常百姓总是具有毁灭性的，一个礼拜的轻率和浪费经常就足够应用来毁坏一个贫苦工人的一生，足够过驱使他在绝望中犯下不可饶恕的罪行。

所以寻常百姓中比较睿智和善良的人总是对这些过度行为怀有非常大的憎恨和厌恶。因为他们过去的经验告诉他们，那些行为对于处在他们这样的条件下的人来说是能够很快致命的。与此相反的是，几年的胡乱生活和浪费却并不可能毁灭一个上流社会的人，不仅这样，那个阶层的人非常容易把某种程度的放纵看成是他们财富的一种优势。他们有这样作乐的自由，不需要受到谴责，这是属于他们地位的一种特权。因此，同他们处在同一地位上的人，他们对这样的过度行为只表示轻微的不赞成，或十分轻微的指责或全然不予指责。

差不多一切的宗教派别都是始发于寻常百姓之中。从他们当中，那些宗教派别大多数时候吸引了它们最开始的同时也是它们最多的新的信徒。所以，严格的道德体系，除极少数例外，差不多总是被那些教派所采用。因为这个体系最可以让它们博得最开始提出对已建立起来的体系实行改革计划的那一阶层人民的欢迎。他们中的非常多人，可能是他们中的绝大多数，总是通过对这个严格的体系提炼，甚至是通过让它达到几分愚蠢的程度来博得那些人的信任。不仅这样，这样的极端的努力常常让他们做任何其他事情更可以得到寻常百姓的尊敬和崇拜。

一个有财产的人因为他所处的地位是社会中十分显要的一员，社会注意着他的一举一动，因此社会也强迫他注意自己的一切。他的威信和对他的尊敬非常大地取决于这个社会对他的尊重。他不敢做任何将会有损于他的名誉和信誉的事，因此他一定要严格遵守那个社会觉得合乎他那个阶层的人的身份的道德规范，不管它是自由的还是严格的。与此相反的是，一个地位卑微的人远不是任何社会中的显要一员。当他还是留在乡村的时候，他的行为举止可能还有人注意，他也可能没办法不注意自己的举止。在这样的境地，也只有在这样的境地，他能够有所谓丧失人格的问题。

然而一旦他进入大城市，他就陷入模糊和黑暗之中。他的行为举止就不可能被任何人所注视，因此他也非常可能就不再检点。他就会开始放纵自己，甚至不惜干出各种邪恶的丑事。只有当他成为一个小小的宗教教派的一员之后，他才可能从混浊中走出来，他的举止才会开始引起任何一个受到人尊敬的社团的注意。从这个时候起，他才得到了他从没有过的尊重。他的一切教友为了教派的信誉才会有兴趣来观察他的行为举止。假如他惹起了什么乱子，假如他远离他们互相要求遵守的严格的道德原则，就会受到十分严厉的惩处，或是把他从教派中开除出去，尽管这样的惩罚不可能有什么世俗的非宗教的效果。因此，在小的宗教教派里，寻常百姓的道德差不多总是非常正规而又有条有理，大多数时候比在国教的教会里还好些。这些小的教派的道德确实经常没有过于严厉和过于不近人情。

然而，国家不需要利用暴力，只要通过两种非常容易和有效的"药物"的联合行动，就能够把这些分裂国家的宗教派别的道德原则中过于严厉和过于不近人情的东西纠正过来。

这两剂"药物"中的第一剂就是认真学习科学和哲学。这一剂"药"，国家差不多能够寻常地开给一切中产或比中产还高的阶层的人民。它不是通过给教师薪金而让他们对教学漫不经心而懒惰，而是通过在高级或较难的科学中设立某种检查或考试的方式，每一个人在从事任何一项自由职业之前，或者在将要被提名为某种有报酬的或名誉的职务之前都一定要经过检查或考试。假如这一阶层的人一定要学习，国家也不需要费神去为他们带来适宜的教师，他们迅速就会为自己找到比国家可以为他们带来的还好的教师。科学对于狂热和迷信是强有力的解毒药。在一个一切上层人民都免除了这样的毒害的国家里，下层人民也就不可能受到它的多大毒害了。

第二剂就是时常性的公共娱乐和欢乐。国家通过某种鼓励，也就是让一切的人民依照他们自己的兴趣和意愿通过诗歌、音乐、绘画、舞蹈来实行娱乐，让人的消遣有完完全全的自由，只要他们不搞出乱子或有什么很不得体的行为。通过形式丰富的戏剧表演和展览会，能够非常容易地排遣绝大多数人民心中的郁闷和灰色情绪，然而这些又差不多总是群众性的迷信和狂热的原因。公共性娱乐总是群众性狂乱的狂热提倡者所害怕和憎恨的对象。公共性娱乐所鼓舞的欢乐和良好情绪都是和那些提倡者的目的所要求的或者说他们最可以影响的那种思想情绪完全不相容的。除此之外，戏剧表演时常揭露他们的诡计从而让公众嘲笑，有的时候甚至让公众咒骂他们，所以戏剧表演比其他任何娱乐形式更成为他们憎恨的对象。

在法律不能够偏袒任何一个宗教的牧师的国家里，任何一个宗教的牧师也就都没必要直接依赖君主或行政权力，也就是说君主不需要在他们职务的任免上做任何事情。在这样的情况下，君主只需维持他们间的相安无事，就像维持他的其他臣民中的相安无事一样。也就是说，不让他们互相迫害、侵犯或压迫。然而在一个确定了国教或者统治宗教的国家，情况就完完全全不同了。在这样的情况下，君主假如没有方法在极其大的程度上影响那个宗教的绝大多数的牧师，他就永远也不可能安宁、无忧无虑。

任何一个国教教会的牧师构成一个十分庞大的法人团体。他们能够一致行动，依照一个计划用一种精神追求他们的利益，就像他们是在一个人的指挥下一样。不仅这样，他们也时常是在这样来的一个指挥下。他们的利益作为一个法人团体，是从来也不可能和君主的利益一致的，有的时候甚至与此截然相反。他们的最大利益就是维护他们在人民中的威信。然而这个威信又取决于两种假设：

（一）如果他所谆谆教诲的教义是真正的；

（二）如果对他所宣扬的教义的绝对信仰和履行就可永远解脱人世的痛苦。

假如君主行为草率，对他们教义的细微的部分有所嘲弄或有所怀疑，或者出于人道试图保护对教义实行某些嘲弄或有所怀疑的人，那么对君主没有什么可以依赖的拘泥小节的牧师迅速就可宣布君主是亵渎神灵的人，而且会运用宗教的一切恐怖手段迫使人民把他们的忠诚移向某一更正统和更顺从的君主。假如君主对他们的任何要求或侵占行为有所反对，也具有与此同样大的危险。

敢于通过这样的方式反对教会的君主，不论他怎样严肃地宣称他对教会觉得他应该遵守的信条是如何绝对信仰和谦卑地顺从，除了被判通过叛逆罪之外，大多数时候还要判以信奉邪教的罪名，宗教的权威超过其他任何的权威。教会所带来的恐惧多于一切其他，然后又通过各种奸计和借口把每个主教管区内的下层俸有圣职的任命权都揽到手中，给主教只留下维持他在他的牧师中应有的权威所必需的一部分权力。经过这样的安排后，君主所处的境地就变得比以前更糟。

欧洲一切国家的牧师或教士因此形成了一种心灵上的军队，尽管分散在各个国家驻扎，然而他们的一切行动和运行现在能够直接由一个首领领导，依照一个统一的计划行动。各个不同国家的教士能够看成是那个军队的一个分队，任何一个分队的行动能够非常容易地得到驻扎在周边各国的其他分队的支援。任何一个分队不仅独立于它所驻扎的而且从那得到给养的国家的君主；反过来依赖于一个外国的君主，这个君主随时能够叫他们把武器指向他自己国家的君主，而且用其他一切分队的武力来支援他们。

那些武器是我们所可以想象得到的最可怕的了。在古代欧洲，在技术和制造业创立以前，牧师的财富让牧师对寻常百姓拥有和大贵族对他自己的仆从，佃农和扈从同样的影响力。他在君主和一点私人因为错误的虔诚而捐赠给教会的大片地产上具有和大贵族领地类似的管辖权。在这些十分庞大的地产上，牧师或者他们的执事不需要国王或任何人支持就能够非常容易地维持和平；与此相反的是，没有牧师的支持和协助，任何国王或个人却没法维持和平。所以牧师的管辖权在他们所在的贵族领地和庄园都是与此相独立的，就像大的世俗的领主的管辖权一样，与此同样不服从于国王的法院的权威。牧师们的佃农就像大贵族的佃农一样都是自愿租佃的，完完全全依赖于他们的直接主人，所以牧师们能够随意叫他们出去参加牧师们觉得他们应该参加的殴斗。

除了这些地产的地租，牧师们还从什一税中得到欧洲一切王国里一切地产的地租中一个非常大的份额。从这两种地租中得来的收益，之中的绝大多数是通过实物如谷物、牲畜、家禽、酒等交纳的。他的数量远远多于牧师们自己所可以消费的，然而当时又没有什么别的他们可以用他的剩余产品和被人交换的艺术品和制造品。牧师们从这庞大的剩余生产物中所得到的好处没有别的，就是像贵族们一样利用他们收益中的剩余部分大宴宾客，大施善行。因此，古代牧师们中好客和行善据了解非常流行。他们不仅维持了差不多各个王国的整个穷苦人民的生活，不仅这样，非常多骑士和绅士因为无以为生，也经常没办法不借口虔诚奔走于各寺院之间，实质上是为了得到教士的款待。

有些高级教士的扈从经常和领主的扈从一样数量众多。然而在教士之间大多数时候比大领主之间总是更加团结，前者是有一个正规的纪律，而且从属于罗马教皇的权威。后者没有正规的纪律，也没有从属关系，差不多总是互相妒忌，甚至妒忌国王。所以尽管教士的佃农和扈从在数量上没有大的领主的佃农和扈从那么多，而且他们的佃农可能在数量上还要少得多，然而教士们的团结使佃农们感到更加可怕。

教士们的好客和善行也不仅让他们能够对世俗力量有非常大的控制权，而且大大地增加了他们精神武器的重量。这些德行使他们赢得了下层人民中非常高的尊重和崇敬，不仅这样，因为下层人民中有不少的人甚至可以说总是由他们所赡养。属于或是和这样一个受到群众欢迎的阶层有关的任何东西，包括它的财产、它的特权。它的教义必定在寻常百姓的眼中显得极为神圣，对它们的任何侵犯不管是真正的，还是随意编造的，都是最亵渎神灵的恶行。这样而来，假如君主对抵抗少数几个大贵族的同盟都感到困难，我们就不可能奇怪，他要抵抗他自己领地内然而又受到四邻领地的支持的教士的联合力量就感到更加困难了。在这样的情况下，奇怪的倒不是他有的时候被迫投降，而是他竟然有力量抵抗。

在当时那个时候，教士的特权在我们生活在今天的人看上去是十分荒谬的。比方说，他们对于世俗的司法审判所拥有的豁免权，也就是说英格兰的所谓牧师的特权，正是上面所说的情况很容易产生或是必定的结果。假如整个教士阶层都有意保护一个犯有罪行的教士，而且指出证据不足够惩处这样神圣的一个人，或者指出惩处对于一个宗教已经让他成为神圣的人过于严厉，君主要想对他施加惩处必定是非常危险的。在这样的情况下，君主除非把他交给教会法庭去审判外，别无其他更好的方法。为了他们自己阶层的荣誉着想，教会法庭总是尽可能抑制任何一个牧师不犯大罪，或是不做会引起人民恶感的丑事。

在欧洲的绝大多数地区，在整个10、11、12或13世纪与在这前后的很长一段时期，罗马教会的法规能够被看成反对政府的权威和稳定还有反对人类自由、理性和幸福（这些只有在政府有力量保护它们的地方才可以得到保障）的一个最可怕的结合体。在那个法规里面，最荒谬的迷信的臆想都受到了大多数人的私利的支持，让它受不到人类理性的攻击。因为人类的理性尽管可能向寻常百姓揭穿某些迷信的臆想，然而它却没法瓦解个人私利的纽带。假如这个法规没有受到其他敌人的攻击，只有人类理性的无力的攻击，那么它必定会永存下去。然而这个一切人类的智慧和德行都没有方法动摇更没有推翻的且编织得非常好的结构在事物的自然进程中首先受到了削弱，然后部分被摧毁，现在看上去再有几百年它可能就会完完全全倒塌成为一堆瓦砾。

技术、制造业和商业的渐渐发达曾经摧毁了大贵族的势力，后来通过与此同样的方式在欧洲大多数的地区摧毁了教士的世俗权力。教士就像大贵族一样，发现在技术，制造业和商业的产品中他们有非常多能够用自己的原生产物交换的东西，因此他们也发现了非常多能够花费他们个人收益的方式，而不需要再把它们和其他人分享。他们的善行的规模变得越来越小，他们的好客也不再像从前那么慷慨和那么挥霍，他们的扈从也渐渐变得少了，而且渐渐地完完全全化为了乌有。

教士们也像很多大的贵族一样希望从他们的地产中得到更多的地租，为了花费这些地租，他们通过与此同样的方式去满足他们个人的虚荣和放荡。然而要增加地租，他们就没办法不授予他们的佃农租佃权，这样一来佃农也变得在很大的程度上独立于他们了。那根曾经把下层人民和教士捆绑在一起的纽带因此就被打破和瓦解得更快了。因为教会的封地，之中绝大多数的封地，远比大贵族的地产小得多，每个封地的拥有者不用很久就能够把他个人的一切收益花费精光。

在14和15世纪大多数的时间里，大贵族的权力在欧洲的绝大多数正是昌盛时期，然而教士的世俗权力，他们对广泛人民曾经有过的绝对统治却已经很大程度地衰退。这个时候，教会的权力在欧洲的绝大多数地区差不多就衰减到只剩下心灵上的权威了，不仅这样，当这个心灵上的权威在没有了教士的善行和殷勤好客的支持后也很大程度地受到削弱。下层人民不再就像以前那样把他们看成他们痛苦的安慰者、贫穷的救济者。与此相反的是，比较富裕的教士的虚荣、奢侈和浪费又很容易激起下层人民的愤怒和厌恶，因为他们在拿以前一向被看成贫苦人的祖传财产供自己取乐。

在这样的情况下，欧洲各国君主在每个主教管区的教长和牧师会通过恢复他们选择主教的古老权利，从而恢复每个修道院里修道士选举院长的古老权利，而且竭力恢复他们曾经在一段时间内享有的对处置教会大的俸职的影响。是英格兰在14世纪通过几个法令得以恢复这个古老的制度，特别是所谓圣职委任法令的目的。同时这也是法国在15世纪颁发国事诏书的目的。为了让选举有效，候选人事先需征得君主的同意，事后又需得到君主对当选人的确认。

尽管这样的选举仍然可说是自由的，然而君主的地位能够给他带来各种间接方式来影响自己领地范围之内的教士。在欧洲的其他部分也建立了有类似倾向的其他法规。然而教皇对委任教会有圣职的权力仿佛在改革以前没有一个地方像在法国和英格兰这么有效和这么广泛地受到过遏制，在16世纪的时候，教皇和各国教会所达成的协议给予法国国王有向一切重要圣职，也就是说，所谓的天主教，教会议会上院的有圣职推荐人选的绝对权力。

自从颁发国事诏书还有教皇和各教会达成协议以后，法国的教士总体来说对教皇法院所颁布的教令的尊敬就比其他任何天主教国家差了很多。在一切君主和教皇的争论中，教士差不多总是站在君主一边。法国教士对罗马法庭的独立性仿佛主要就是建立在国家诏书和教皇和各国教会所达成的协议的基础上。在君主制度的初期，法国的教士就像其他国家的教士一样对教皇非常忠诚。当克培王室的第二王子罗伯特极不公正地被教皇法庭逐出教会时，据了解，王子的仆人曾经把他餐桌上的食物扔给了狗吃，他们表示拒绝食用处在他那种位置的人接触过的任何东西。他们之所以这样做，能够绝对无误地推测是由于受到了他们领地的教士的教唆。

教会对于十分重要的有圣职的委任权的要求（为了能够捍卫这个要求，罗马教皇宫廷经常动摇，有的时候甚至推翻了基督教世界中几个最大的君主的王位），就是这样，在欧洲的非常多地方，甚至在宗教改革以前被遏制或修改，甚至完完全全被放弃。因为教士现在对于人民的影响较小，所以国家才对教士有了更大的影响，教士们扰乱国家的势力和意图也就大大减少了。

当引发宗教改革的争论开始于法国而且迅速传播到欧洲各地时，罗马教会的权威正是处在这样的衰退的状态。新的教义在很多地方受到到了群众高度的青睐。宣传新教义的人大多数时候通过一个党派在向既定的权威发动进攻时派性所可以激发的一切热情实行宣传。宣传这些教义的教士尽管可能在其他方面并不比许多捍卫过去的教的教士们更有学问，然而大体上他们对于教会的历史，教会权威所树立的思想体系的起源和沿革更为熟悉，所以他们在差不多一切的争论中都占着某些优势。寻常百姓在把他们朴实严格的行为举止和他们自己绝大多数教士的放荡和没有法纪的生活实行对比后，他们举止的简朴严肃在寻常百姓中赢得了威信。他们也掌握了一整套博取群众欢心和争取信徒的艺术，而且远甚于他们的对手。然而教会的那些高尚并且尊贵的弟子们因为那些艺术对他们长期的无用而荒疏了。新教义的理性让有些人喜欢它，新教义的新颖令非常多人热爱它。国教教士对它的憎恨和鄙视让更多的人爱上它。各地宣扬、推介新教义的信徒的热情洋溢，动人而且狂热（尽管经常也有些粗野下流）的口才让绝大多数的人民都为之折服。

新教义差不多在各地都得到了非常大的成功，当时和罗马教皇宫廷有些龃龉的君主借助它十分轻松地就在自己的领地内推翻了已经在下层人民中失去尊敬和尊崇然而又没法作任何抵抗的教会。罗马教皇宫廷曾经得罪了德意志北部某些较小的君主，当时宫廷可能是觉得他们无足轻重不值得理睬。因此，他们广泛地在自己的领地内实行了大刀阔斧的改革。特罗尔的克雷蒂恩二世和阿普沙尔大主教的残酷暴虐使得卡斯塔瓦·瓦萨能够把他们两个从瑞典驱逐了出去。

因为教皇青睐暴君和大主教，所以卡斯塔瓦没有遇到任何困难就在瑞典实行了改革。克雷蒂恩二世后来又被从丹麦的王位上废黜了，因为在那里他的行为仍然就像在瑞典一样可憎，然而，教皇依然非常青睐他，因此继登王位的霍斯泰恩的腓勒德烈为了报复教皇，效仿卡斯塔瓦·瓦萨实行了宗教改革。伯尔尼和苏黎世的行政长官从来没有和教皇有过什么冲突，不久前因为有些教士做了一点越规的欺诈行为，让整个教士阶层令人鄙视。因此两地的行政长官也十分轻松地在各自的州里实行了改革。

在这个十分危急的情况下，教皇宫廷没办法不大力培育和法国、西班牙两个强有力的君主的友谊，后一个还是当时的德国皇帝。在他们的协助下，尽管有非常多困难，血流成河，教皇最终完完全全镇压或者很大程度阻止了在他们领地内的改革的进程。对英格兰的国王，教皇也是百般讨好。然而由于当时的形势，因为不想得罪更为强大的君主西班牙国王和德意志皇帝查理五世，讨好英格兰国王却很难做到。所以，英王亨利八世，尽管并不全然拥护改革的大多数教义，然而借助于新教义的广泛盛行，镇压了一切寺院，在他的领地内打倒了罗马教会的权威。

原本他应该走得更远一点，然而他没有这样来做。他只给了改革的拥护者一定程度的满足，在他的儿子和继承人执政的时间内，改革派才控制了政府，然而他的儿子没有遇到任何困难就完成了他父亲开始了的工作。

在有些国家里，比如苏格兰，那里的政府十分软弱，不受到群众欢迎，非常不稳固，改革力量足够推翻罗马教会，不仅这样，还足够推翻试图支持罗马教会的国家。

在分散在欧洲各国的那些改革的追随者中，没有一个可以像罗马教皇的法庭或一切教会议会的共同法庭那样能够解决他们间的纷争，而且通过不可抵制的权威给他们划定正教的明确界限，因此当一个国家的改革派的追随者和另一个国家的弟兄发生意见分歧时，因为他们没有共同的法官能够去申诉，纷争永远没法得到解决。然而在他们中间又产生了很多这样的纷争。有关教会的管理机构和教士有俸圣职的授予权的纷争，可能是和世俗社会的和平、福祉关系最密切的纷争了。因此在改革派的追随者中间产生了两个重要的派系：路德派和加尔文派。这两个派系是在欧洲任何一个地方众多的教派中，教义和纪律已经由法律给以规定了的仅有的两个教派。

路德教派的信徒和所谓的英格兰教会一起保留了教会团的管理机构，在牧师中间建立了一种从属关系，给予君主在他的领地内任免一切主教和其他高级有俸圣职的权力。这样一来，也就让君主成为教会的真正首领，同时也并没有剥夺主教在他所主教管区内委托较低层次的有圣职的权力，不仅这样，还鼓励君主和一切其他有圣职授予权的人实行推荐。这样的教会管理体系从一开始就有利于和平和秩序，同时有利于服从世俗的君主。所以在建立了这样的体系的国家，从来就没有发生过任何一场动乱和内讧，特别是英格兰的教会总是通过非常大的理性自夸对他所信奉的原理无限的忠诚。

在这样的一种管理制度下，牧师很容易会竭力讨好君主，讨好宫廷还有国内的贵族和绅士。牧师们主要是期望通过他们的影响可以得到升迁。牧师们为了能够讨得那些有圣职授予权人的欢心，无疑有的时候也要借助阿谀奉承和曲意迎合这些最差劲的手段。然而经常也运用他们掌握的一点最能博得有钱人尊重的技巧。他们运用他在各个不同领域的有用的知识，谈话的幽默还有他们对狂热者喋喋不休宣扬和假装要实践的荒谬、虚伪的苦行的蔑视博得人们的尊敬，煽动寻常百姓对那些没法实践他的教义的部分有钱人的憎恨。然而，这样的牧师在他们通过这样的方式讨好于上层阶层的时候，却很容易全然忽略维持他们在下层人民中的影响和权威。他们得到了他们的上级的重视和尊重，然而在他们的下级面前，他们经常是没有方法有效地让听众信服地捍卫最愚蠢的狂热分子对他们有节制和温和的教义的攻击。

那些茨温克利的追随者，或者更确切些说是加尔文的追随者却与此相反。只要什么地方的教会出了一个空缺，他们就把他们选举自己的牧师的权力授予给那个教区的人民，不仅这样，同时在牧师中间建立了最完完全全的平等。这个制度的前一部分，也就是自行选举那一部分，在它的实施期间，仿佛除了制造混乱和驱使牧师和人民道德趋向腐败之外，别无任何其他结果；然而制度的后一部分，也就是牧师间的平等，仿佛除了完完全全和谐之外也再无任何其他效果。

只要任何一个教区的人民保有选举他们自己的牧师的权力，人民差不多总是要受到牧师的影响，然而大多数时候又总是受到最热闹派系和最狂热的牧师的影响。牧师为了保持他们在群众选举中的影响，他们中的大多数都变成或受到影响而后变成了狂热分子，在人民中鼓吹狂热主义，不仅这样，人民总是对最狂热的候选人更加青睐，就像任命教区牧师这样的一件小事都总是要引起狂暴的竞争。不仅是在一个教区，而且在一切不参与这场斗争的相邻的教区都要引起竞争。

假如这个教区恰好是处在一个大城市，它就要把一切的居民分成两派；假如那个城市就像瑞士和荷兰的非常多城市曾经有过的那种情况，恰好它自己本身构成一个共和国，或者是一个小共和国的首都，那么这类毫无价值的纷争除了激起一切党派的敌意外，还要在教会内留下一个完全新的宗派，在国内留下一个完全新的派系。所以，在那些小的共和国里，地方行政长官就迅速发现，为了保持社会安定，一定要把推荐一切有俸圣职的权力拿在手中。在英格兰，这个建立了长老会管理形式的国家，在威廉三世统治的开始一段时间就通过建立长老会的法令，事实上已废除了教会对圣职的授予权。那个法令至少是把这个授予权放到了每个教区的某些阶层手中，让他们可以通过一个非常小的价格就收回了选举他们自己的牧师的权利。

根据这个法令所建立起来的制度存在了大概22年，然而因为这个比较受到群众欢迎的选举模式差不多在各地都引发了混乱和无秩序现象，因此安妮女王第10年通过第12号法令把它废止了。然而，在苏格兰，一个幅员这样辽阔的国家，偏远教区的骚乱是不可能就像在一个小国里一样足够给政府造成扰乱的。因此安妮女王在第10年又恢复了圣职的选举权。然而在苏格兰，这个法令对于有圣职授予权推荐的人，虽然无例外地授予了有俸圣职，然而教会有的时候要求（因为教会在这方面和它的决议不完完全全一致）在教会授予被推荐人口口声声所谓灵魂的教化，或教区教会管辖权之前，需得到人民的同意。

教会有的时候至少出于对教区安定的假装的关心，常把这个委任一直拖延到在人民中间得到了同意然后才任命。靠近的有些牧师有的时候是为了得到这个同意，更多的是为阻止这个同意，而实行私下收买，还有为了在这样的场合能够更有效地产生影响，他们所操练出的博取群众欢心的艺术可能就是苏格兰牧师和人民中间依过去的保留着古老的狂热精神的主要原因。

长老会管理形式在牧师中间建立起来的平等首先包括权力或教会管辖权的平等，接着是圣俸的平等。在一切长老会的教会里权力是完完全全平等的，然而圣俸的平等就不完全这样了。圣俸之间的差别大多数时候也不太大，不足以让圣俸小的人要用阿谀奉承等无耻手法去讨好有权推荐圣职的人，从而求得一个圣俸更高的职位。在一切已彻底建立圣职推荐权的长老会教会中，大多数时候牧师要想能够得到上级的青睐，只有通过比较高尚和比较文雅的方法：他们的学识，他们无可指责的非常有规律的生活还有履行职责的忠诚和勤勉。他们的推荐人甚至常常抱怨他们的独立精神，不仅这样，推荐人非常容易把这样的精神上的独立性理解成对过去的恩惠的忘恩负义，然而最糟的是因为意识到不可能再有什么恩宠能够期望，而很容易产生对他们的淡漠。在欧洲的任何地方，可能再也找不到比荷兰、日内瓦、瑞士和苏格兰的长老会的大多数牧师更有礼节、更有学问、更具独立精神和更为受到人尊敬的人了。

教会的圣俸差不多是平等的，其中没一个圣俸非常大的地方，这样的圣俸的平等，尽管可能是做得过了头一点，然而却有一点非常好的效果。那就是高度的模范性的道德能够让一个小有财产的人受到非常大的尊重。然而轻浮和虚荣的恶行必定就会让他受到人嘲笑。除此之外，那些恶行对于他和对于一切寻常百姓一样差不多具有与此同样的毁灭性。所以，在他的个人行为中，他就一定要遵循寻常百姓最尊重的道德体系。他得到了百姓的尊敬和爱戴，是因为他遵循了他的利益和地位要求他遵循的生活方式。

寻常百姓对他怀着我们对处在和自己同一境地的人（然而我们又觉得他应该是比我们高一等的人）所很容易具有的亲善。他们的亲善很容易又引起了他的亲善。他变得更加细心地教导他们，热心帮助他们和解救他们。他甚至对那些对他非常亲近的人的偏见也不可能鄙视，也从来不可能用我们在那些富裕而又捐赠基金多的教会里常遇到的地位高而又傲慢的人一切的轻蔑和粗野的态度来对待他们。所以，长老会的牧师对于寻常百姓的思想的影响可能要比任何其他国教教会的牧师对他们的影响都要大。因此只有在长老会的国家，我们才能够见到寻常百姓不受到强迫而自动地、差不多没有一个例外地完完全全地皈依国教。

在教会圣俸都不是非常高的国家，大学里的一个职位通常都优于一个有俸圣职。在这样的场合，大学就经常从全国的牧师中挑选和选择他们的教师。因为在任何一个国家里牧师构成了人数最多的一个学者阶层。与此相反的是，假如一个地方，那里的圣俸极其的丰厚，那里的教会就会很容易地从大学里拉走绝大多数卓越的学者。他们大多数时候会发现一部分有权推荐圣职的人，他们以能够为人们得到升迁为荣耀。在前一种情况，我们可能发现大学里充满了国内所可以找到的有学问的人。在后一种场合，我们可能发现大学中非常少有几个卓越的学者，然而那为数不多的几个最年轻的教师也可能在他们得到足够运用的经验和学识之前就被教会拉走。

据伏尔泰的观察，耶稣会教徒波雷在学术界并不怎么著名，竟然还是法国唯一的一个著作值得一读的教授。在一个产生了这样众多的卓越学者的国家，必定会让人觉得有点奇怪，之中竟然没有一个是大学教授。著名的加桑迪在他生活的早期曾是艾克斯大学教授。在他的天才初露曙光时，就有人推荐他到教会里去，说在那里他能够非常容易地找到一个远为安静和远为舒适的生活，不仅这样，也可以找到一个研究学术的更好的环境。因此他迅速接受了这个劝告。我相信，伏尔泰的观察不仅能够适用于法国，与此同样，也适用于一切其他罗马天主教的国家。我们非常少在这些国家中发现一个十分杰出的学者是一个大学的教授。可能法律和物理这两门职业可以除外，因为教会不大从这些职业当中吸收人才。除了罗马教会之外，英格兰的教会在一切基督教国家中是最富有和捐赠基金最多的。因此在英格兰，教会总是连续地把大学里一切最好的和最有力量的成员吸引过去，所以在英格兰就像在罗马天主教国家一样，非常难找到一个老的导师是欧洲著名的和卓越的学者。与此相反的是，在日内瓦，在瑞士奉行新教的各州，还有在德国、瑞士，瑞典、荷兰、丹麦这些新教国家产生的最有学问的人，尽管不是所有人，然而之中绝大多数都是大学的教授。在这些国家里，大学连续地把教会里一切最杰出的学者都吸收了进去。

可能还一定要指出，那就是假如我们除去诗人、为数不多的几个演说家和几个历史学家外，不管是在古希腊还是在罗马，绝大多数的其他知名学者仿佛不是公立教师就是私立教师，不仅这样，大多数时候不是哲学教师就是修辞学教师。从里伊索克拉底、西阿斯、柏拉图和亚里士多德的时代开始，直至普鲁塔克和埃史蒂塔斯，还有苏埃托尼乌斯和昆体良时代，总是存在着上面指出的那个现象。让一个人年复一年地讲授一门科学，事实上看上去是让他完完全全精通那门科学的最有效的方法。通过强迫一个人每一年都在同一场地上走一遍，假如他还是一个可以做些事的人，经过几年后，他必定对那个场地的每一寸土地都非常熟悉了，假如他在某一年对某一问题的观点还不十分成熟，那么他来年再讲到这个部分的时候，他非常可能就会纠正它。当一个科学教师实在是一个有学问的人的天然职业。可能，这也正是最可以让他成为一个有坚实的学问和有知识的人的教育。在一个教会圣俸只不过中等的国家，它很容易有助于让绝大多数有学问的人去从事他们能够对社会最有用的工作，同时也可以给予他们最好的教育的工作。它有助于让他们的学问尽可能地扎实，也尽可能地有用。

应该指出的是，每个国教教会的收益，除去来源于特定的土地和庄园的那些部分，应该是国家总收益的一部分，只不过它从国防转移到了一个完完全全不同的用途。举例来说，什一税是一种真正的土地税，教会假如不把它从土地的拥有者的权力中拿走，它就能够对国防做出非常大的贡献。然而，据有的人的说法，土地的地租是一切大的君主制度国家中国家紧急支出最终一定要依靠的唯一基金，那么有的人说是主要基金。这个基金给予教会的愈多，明显给国家的就会愈少。能够确定这样一个准则，那就是说，假如其他的一切东西都是平等的，那么教会越富有，君主或人民就必定越穷。不仅这样，不论怎样，国家防卫自己的力量就必定越差。

在几个新教的国家，尤其是在瑞士的一切新教的各州，古代属于罗马天主教教会的所有收益，如什一税和教会土地的一切收益，已被发现是一个十分庞大的基金，它们不仅有力量对国教牧师带来充分的薪金，而且只要稍加补充甚至不需要补充，就能够支付国家的一切其他费用。特别是强大的伯尔尼州的地方行政长官，从这个基金的节余里已经积累了一笔数量非常大的金额，据推测可达几百万。之中一部分存放在国库内，一部分投资在所谓的欧洲各债务国的国债，事实上主要是法国和大不列颠的国债。伯尔尼或其他任何一个新教州的教会花去国家的一切费用可能是多少，我不敢妄言。

依照一个十分确切的统计，在1755年苏格兰教会牧师的一切收益，包括他们的基督教牧师享用的土地或教会土地还有他们的牧师住宅的房租，依照合理的估价达68514镑1先令57便士。这样的一个中等的收益为944名牧师带来了一个还不错的生活。教会的一切费用，包括偶尔对教堂的建造和修葺还有牧师住宅的建造和修葺，估计一年也不多于8万镑或8.5万镑。然而基督教世界里最富有的教会在维持大多数人民的信仰的统一，献身的热情、守秩序、正规和严格的道德精神方面却比不过苏格兰这个捐赠基金极少的贫穷教会。

凡是一个国教教会所可以产生的所有好的效果，不管是非宗教的和宗教的，其他任何一个教会所可以产生的，苏格兰教会都能够产生。瑞士的新教教会也不比苏格兰教会富裕到哪里去，然而产生这样的良好效果还更多些。在信奉新教的大多数州里，找不出任何一个人不愿意承认自己是国教教会的信徒。假如他承认他是属于此外别的教会，法律就一定会要求他离开那个州。然而这么严厉，或者说这样具有压迫性的法律在这样自由的国家，假如不是牧师们的勤奋事先让人民中的大多数——少数个别分子除外——都皈依了国教的话是绝不可能实行的。所以在瑞士的某一部分地区，因为新教和罗马天主教的偶然联合，可能改变宗教信仰的人就不像其他地方那么广泛，所以两个宗教不仅为法律所容忍，而且也都是法律所承认。

认真履行了每一种职责必定要求他的报酬应尽可能准确地和该项职责的性质相对应。假如对任何一项职责所付的报酬太低，那项服务就非常容易因为被雇佣从事那项职责的大多数人的平庸和无知，然而会受到比疏忽大意和怠惰更大的损害。不管什么职业，一个收益非常大的人都会觉得他应该过像其他收益非常大的人一样的生活，然而把他大多数的时间消耗在寻欢作乐、虚荣和放荡上。在一个牧师身上，这样的生活就不仅会消磨掉他本应用于履行他的职责的时间，还会完完全全毁掉他在寻常百姓眼中的人格的尊严，然而正是这个人格的尊严让他可以具有正当的力量和权威来履行他的职责。

第四节　维护君主尊严的费用

除了为了让君主能够履行他的各种职责的费用之外，还需要一定的费用来维护他的尊严。这笔费用的多少在发展进程的不同时期有所差别，政府的形式不同亦有所差别。

在一个十分富裕和文明的社会，处于不同阶层的人民在他们的家具、饮食、住宅、服装和马车与扈从上的费用一天比一天多，我们不可能期望君主一个人能够抵制这样的时尚。所以，非常自然，他在一切这些不同项目上的开支也必定越来越大，甚至他的尊严也要求他这样来做。

就尊严这两个字而言，君主对于他的臣民比任何共和国的首席行政长官对他的公民都要更高，因此为了维护他的更高的尊严就需要花费更多的费用。我们当然希望国王的宫廷可以比总督或是地方长官的官邸华丽。

结论

社会或国家的防务费用还有维护首席行政长官的费用全部是为了全社会的共同利益而必需的开支。所以，它们应该由全社会的共同贡献来支付，并且是完完全全合理的。然而社会一切不同成员应尽可能按他们自己的力量按比例分摊。

司法行政的费用无疑也能够看成为整个社会的利益而开支的。所以它由全社会的共同贡献来支付也没有任何不妥之处，然而，造成这样的费用的人大多数时候就是那些在这个或那个方面有了不公正的行为一定要寻求法院的纠正或保护的人。然而从这个费用中最直接受益的人就是法院恢复了他们的权利或维护了他的权利的人。所以，司法行政费用完完全全能够依照不同情况，要求由诉讼双方或之中一方来做特殊贡献，也就是通过法院的手续费来支付。它不一定要求全社会的共同贡献来支付。然而那些自己没有任何地产或基金足够支付这些手续费的罪人能够除外。

所有仅对地方或州省有利的地方或州区费用（比方一个市镇或地区的警察的费用）应该全部由地方或州区收益开支，不应该成为社会通常收益的负担。对于只不过是对社会某一部分有利的事项的开支要全社会来分显然不公平。

维护道路交通通畅毫无疑问对整个社会是有利的，所以由整个社会来共同负担没有任何的不公。然而这个费用的最直接的受益者是那些到各地旅游或者把货物从一地运往另一地的人，是那些消费这些货物的人，所以英格兰的道路通行税，还有其他国家所谓的路捐税一切都应该落在这两种人身上。这样一来，社会共同负担的就减轻了很多。

国家的教育机构和宗教机构尽管都是对社会有利的，它们的费用当然可由社会的通常收益来开支。然而，假如这些费用由直接受到宗教利益和教育利益的人来支付，或者由那些自觉得必定会受到教育利益和宗教利益的人自觉地出钱支付，看上去也并没有任何不妥之处，可能还会有某些其他好处。

凡是对全社会有利的各种机构或土建工程，假如没法一切由那些最直接受益的人出资维护，或者不是一切由他们出资维护，那么不足的费用就应由全社会的通常收益弥补。所以，社会的共同收益除了开支国防费用还有维持君主的费用外，还须弥补非常多的特殊收益的不足。至于社会公共的通常收益或收益的来源，作者将会在下章作详细的说明。

第二章　论一般收入或公共收入的来源

社会的收益不仅一定要用来支付社会的防务费用和维护元首尊严的费用，还需要支付政府的一切必要开支。因为国家的宪法并没有为这些开支规定任何特殊的收益。所以，社会的这个收益能够有两个来源。

第一，专门属于君主或国家的某种基金，它和人民的收益无关；

第二，人民的收益。

第一节　专门属于君主或国家收益的基金及来源

专门属于君主或国家的收益的基金或来源由资本和土地构成。

君主就像任何资本的拥有者一样，能够通过自己运用资本或放贷资本获取收益。

他的收益在前者是利润，在后者是利息。

小的共和国有的时候可从商业项目的利润中获取极其大的收益。据了解，汉堡共和国的收益就是从公共酒窖和药店的利润中获取的。这样的国家不可能非常大，这样一来，君主才可以有闲暇从事酒店或药店的买卖。公共银行的利润曾经是更大一点的国家的收益的来源。不仅汉堡曾经是这样，威尼斯和阿姆斯特丹也是这样。

非常多的人觉得就是大不列颠这样一个大帝国也并没有忽视过这样的收益。

英格兰银行的每一年平均红利为5.5%，它的资本是1078万镑，以此计算，据了解，除去管理费用外每一年净利润应该有59.29万镑。有人曾经妄下断言，政府能够用3%的利息把这笔资本借到自己手中，一年就可以获纯利润26.95万镑。从经验上来看，就像威尼斯和阿姆斯特丹这样的有条有理、警惕性高而又节俭的贵族政治非常适宜管理这样的商业项目。英格兰的政府也可能有他的长处，然而从来都不善于理财，在和平时期里，它习惯于君主政治很容易形成的怠惰和疏忽，战争时期又常沦落于民主政治容易有的轻率和浪费。因此可否放心地委托像英格兰这样的政府来管理这样一个项目，是非常值得怀疑的。

邮局原本就是一种商业企业。政府垫支了设立各地邮局而且购买或租用必要车马的费用，从所运物品收取的邮费得到偿还，而且带来巨额利润。我相信，这可能是各种政府所成功地经营的唯一商业企业。垫支的资本不是非常大。这样的业务中没有什么秘密。收益不仅是必然的，而且是立即能够得到的。

然而，君主也经常经营非常多其他的商业企业，而且想和私人一样，通过成为寻常商业部门的冒险者来改善自己的财产状况。他们非常少可以成功。君主事务管理中时常出现的浪费，让他们差不多不可能成功。君主的代理人觉得自己主人的财富是无穷无尽的，他们不关心按什么价格买入，按什么价格卖出，不关心从一地往另一地运输货物的费用是多少。这些代理人经常过着和君主一样的浪费生活，有的时候尽管有这样的浪费，也可以用恰当的方法去弥补他们的账目，而且能够得到君主那样大的财产。马基雅弗利告诉我们，梅迪契的洛伦佐（不是一个没有力量的君主）的代理人就是这样来经营他的商业的。弗罗伦斯共和国没办法不止一次偿还这些代理人的浪费让他卷入的债务。所以，洛伦佐发现放弃商人的业务是有好处的，然而商业是他的家族最开始致富的根源。在他的后半生，他利用自己剩下来的财产，还有他所可以调节的国家收益，去从事更适宜于他的地位的企业和用途。

商人性格和君主性格的互不相容，仿佛达到了无以复加的程度。假如说英格兰东印度公司的商业精神让他们成为非常坏的君主，那么君主精神仿佛也让他们成为与此同样坏的商人。当他们只不过是商人时，他们把自己的商业经营得非常成功，还可以从利润中向资本拥有人支付适度的一笔股息；自从他们成为君主以后，据了解，有着原本在300万英镑以上的收入，却没办法不要求政府的非常援助，以避免很快就破产。在他们的前一种情况下，他们在印度的人员觉得自己是商人的职员；在现在这样的情况下，这些人员觉得自己是君主的大臣。

国家有的时候也能够从货币的利息得到一部分公共收入，也就像从资本的利润得到这样的收益一样。假如国家积累了一宗财富，能够把它的一部分借给外国，或者是借给自己的臣民。

伯尔尼郡把自己财富的一部分借给外国，从而可以得到非常大的收入，也就是说把他用来购买欧洲各债务国的公债，大部分是法国和英格兰的公债；这样的收益是不是足够安全？第一，依存于那种公债是不是安全，或者说依存于管理这样的公债的政府的信用如何；第二，依存于和债务国持续保持和平的确定性或可能性。假如发生战争，债务国方面的最开始的敌对行动就可能是没收它的债权国的资产。就我所了解的，向外国贷出货币的政策是伯尔尼郡所特有的。

汉堡市设有一种公共当铺，把钱借给有担保品的自己国家的臣民，按6%来计算利息。据了解，这样的当铺或称为“朗巴德”，给国家带来了15万克朗的收益，按每克朗4先令6便士计，总共合33750英镑。

宾夕法尼亚政府没有可以积累财富，于是发明了一种向臣民贷款的方法，当然不是货币，而只不过是货币等价物。借给私人的是信用证券，计算一定利息，用双倍价值的土地作担保，15年后赎回，能够就像银行券一样流通，用议会法律宣布为省内居民间一切支付的法定手段，政府于是得到了一笔不大的收益，足够支付这个节俭的和有秩序的政府每一年大概4500镑的一切寻常支出的大多数。这样的方法的成功必定依存于以下三种情况：第一，除了金银币之外，对某种其他交易媒介的需求，换句话说，也就是说，对一定要把大多数金银币送往国外才可以购买的消费品的需求；第二，利用这样的方法的政府的良好信用；第三，利用这样的方法的适度性，不多于在没有信用债券时为实行流通所必要的金银币数量。在不同的场合曾由此外几个美洲殖民地采用这样的方法，然而因为缺乏一种适度性，大多数所造成的混乱多于便利。

然而，资本和信用所具有的不稳定、不经久的性质，让它们不适于充作确实的、稳定的和持久的收益的主要来源，然而只有这样的收益可以给予政府以安全和尊严。任何多于游牧状态的大国政府，从来没有从这样的来源得到它的大多数公共收益的。

土地是具有更为稳定、更为持久性质的资源，所以，公有土地的地租是多于游牧状态的许多大国公共收益的主要来源。古代希腊和意大利各个共和国，在相当长时期内，从公有土地的产物和地租得到了大多数用来支付国家必要支出的部分。王室土地的地租，在长时期内构成欧洲古代君主的大部分收益。

在现代，战争和战争的准备是造成一切大国的大多数必要开支的两种情况。然而在古代的希腊和意大利各共和国，任何一个公民都是一个战士，自己出钱来服兵役和准备自己去服兵役。

所以，这两种情况没法给国家造成任何非常重大的开支。一宗不是很大的地产的地租，就足够支付政府的其他必要费用。

在古代的欧洲君主国家里，当时的风俗习惯就让人民大众对战争时刻有充分的准备，当他们走上战场时，依照他们的封建租地条件，他们是由自己或自己的直属领主所支付的钱来维持的，不可能给君主带来新的开支。政府的其他支出，大多数都非常小。已经提到过，司法行政不仅不是支出的原因，反过来是收益的来源。乡村人民在收获以前和收获以后各带来三天的劳动，这被觉得是一种资源，足够用来建造和维修一切的、国家商业所需要的桥梁、公路和其他公共工程。在当时，国王的主要支出仿佛是他自己家庭和宫廷的维持费。他宫廷的官吏，就是当时的国家的大员。财政大臣替他收地租。宫内大臣和内务大臣替他管理他的家庭支出。治安大臣和警卫大臣替他管理他的马厩。他的住宅的一切是用堡垒的形式建筑的，仿佛是他拥有的主要要塞。这样的住宅或堡垒的看守人能够被看成是一种卫戍总督。他们仿佛是在平时所必须维持的唯一军事官员。在这样的情况下，一笔大地产的地租在寻常场合就完完全全能够支付政府的一切必要开支。

在大多数欧洲文明君主国的目前状态下，全国一切土地的地租，假如管理得像全都属于一个地主拥有那样，可能也达不到他们在平时向人民征收的寻常收益的数量。举例来说，大不列颠的寻常收益，不仅包括支付当年日常费用所必要的，不仅这样，还包括支付公债利息与偿还一部分公债所必要的，每一年共达1000万镑以上。然而土地税，按每磅征收4先令计算，还不到每一年200万镑。

然而，这样的所谓的土地税，很多人觉得不仅是一切土地地租的1/5，不仅这样，还是一切房屋租金的1/5，还有一切大不列颠资本利息的1/5，只有借给国家或用作耕种土地的农业资本的那部分资本除外。这样的赋税的非常大一部分来自房屋租金和资本利息。举例来说，伦敦市的土地税，按每磅征收4先令计算，共达123399镑6先令7便士。威斯敏斯特市的土地税为63092镑1先令5便士。白厅宫和圣詹姆斯宫的土地税为30754镑6先令3便士。土地税的必要部分是按同一方式向国内一切其他大小城市征收的，差不多完完全全是从房租得来，或从被认为是商业资本或借贷资本的利息得来。所以，据估计，大不列颠征收的土地税，也就是说，从一切土地的地租、一切房屋的租金、一切资本的利息（借给国家或用来耕种土地的那部分资本除外）征收的一切土地税收入；每一年不多于1000万镑——政府在平时每一年向人民征收的寻常收益。大不列颠每一年为征收土地税的对各种收入所做的估计，按全国平均计算，无疑是很大程度低于真正价值，尽管在某几个郡和地区据了解差不多等于真正价值。单是土地地租，不计算房屋租金和资本利息，许多人估计为

2000万镑，这样的估计在非常大程度上是随意做出的，我觉得可能超过或低于真正价值。然而假如大不列颠的土地按现在的耕种状况还没法带来每一年2000万镑以上的地租，那么假如这样的土地全都属于一个地主，由他的代办人和代理人去实行那种疏忽的、浪费的和专横的管理，就可能没法带来2000万镑的一半的地租，最可能的是没法带来1/4的地租。大不列颠的王室土地现时带来的地租，不与假如为私人财产时所可以带来的地租的1/4。假如王室土地更为广泛，那么它们的管理可能就会更坏。

人民大众从土地得到的收益，不是同土地的地租成比例，而是同土地的产物成比例的。一国土地的一切年产物，假如我们把留作种子的除外，就是人民大众每一年所消费的或用来交换由他们消费的某种其他东西的。凡是让土地产物低于他可能达到的水平的事情，也会让人民大众收益的降低比让地主收益的降低更多。

土地的地租，也就是归于地主的那部分产物，在大不列颠任何地方都被觉得不多于一切产物的1/3。假如土地在一种耕作状态下每一年只可以带来1000万镑的地租，然而在另一种耕作状态下却可以带来2000万镑的地租；在两种情况下，地租假定为产物的1/3；地主的收益在一种情况下比在另一种情况下每一年少1000万镑，然而人民大众的收益每一年会少3000万镑（扣除留作种子所必要的）。国家人口减少的数量，是每一年3000万镑（扣除种子）所可以维持的人数，依照余数在当中分配的不同阶级人民的具体生活和花费方式来定。

尽管现时在欧洲没有任何一个文明国家从国有土地的地租得到大多数的公共收益，然而在一切欧洲的大君主国，依过去的有大片土地属于王室。它们都是林地；这样的林地有的时候你走几英里也看不到一棵树；从产物和人口两方面来看，它们只不过荒地和国家的损失。在任何一个欧洲大君主国，卖出王室土地会得到非常大一笔金钱，假如用来偿还国债，既可收回担保品，又可带来一笔比这样的土地过去为王室带来的更大的收益。在土地改良和耕种达到非常高程度、卖出时可以产生丰厚地租的国家，寻常按照三十倍年租的价格卖出土地，然而没有改良、没有耕种和地租低的王室土地，预期会按等同于四十倍、五十倍或六十倍年租的价格卖出。王室能够很快享受到这样的巨大价格在赎回担保品后带来的收益。在几年之中，它还会享受到另一笔收入。当王室土地变为私有财产时，会得到非常好的改良和耕种。这些土地的产物增加，因为增加了人民的消费和收入，也会增加全国的人口。王室从关税和货物税得到的收入，必定随着人民收益和消费的增加而增加。

在任何一个文明的君主国，国王从王室土地得来的收益尽管看起来并没有花费个人的钱，然而在事实上社会所付的代价多于对国王所享受到的任何其他同等收益所付出的代价。在一切的场合，为了社会的利益，应该用某种其他的收益去替代王室的这样的收益，把土地在人民中分配，然而最好的分配方法可能就是向人民公开卖出。

用于旅游和观赏的土地，比如公园、林圃、散步场所等等，在各个地方都被觉得是支出的原因而不是收益的来源，这些仿佛是在一个文明大君主国应该属于王室的唯一土地。

很明显，特殊属于君主或国家的两种收益来源，也就是公共资本和公共土地，作为支付文明大国必要费用的资源是既不恰当又不充足的；这样的费用的大多数一定要由各种赋税来支付，人民把自己私人收益的一部分贡献出来，构成君主或国家的公共收益。

第二节　论赋税

在本书的第一卷已经解释过，个人的私人收益最终是从三种来源产生的：地租、利润和工资。每一种赋税，最终必定是由这三种收益来源之一支付，或由它们共同支付。我将会对下面各点尽可能做最好的说明：

第一，计划落在地租上面的赋税；

第二，计划落在利润上面的赋税；

第三，计划落在工资上面的赋税；

第四，计划无差别地落在私人收益的一切这三种来源上的赋税。

对这四种赋税的每一种的非常考察将使本章第二部分为四项，之中三项又分为若干细节。从下面的评论能够看出，非常多赋税最终不是由计划落在它上面的资源或收入来源支付的。

在我着手考察各种赋税以前，一定要先提出有关通常税收的以下四个原则。

一、任何一个国家的国民应该尽可能地依照各自力量的大小，也就是说，按他在国家保护下所得到的收入的比例，对维持政府做出的贡献大小提供赋税。一个大国政府的支出对于个人来说，也就像一宗大地产的管理费用对共同的佃农一样，佃农们应该依照各自在地产中的利益的大小来对管理费用做出贡献。遵守或忽视这个准则，构成所谓的征收赋税中的平等或不平等。每一种最终只落在上面所说的三种收益来源之一，上面的赋税，就他不影响其他两种来说，必定是不平等的，我在此尤其指出这一点；在接下来考察各种赋税时，我不再注意这样的不平等，然而只讨论某种税收是怎样不平等地落在它所影响的某种私人收入上面。

二、每个国民一定要缴纳的赋税应该是确定的，没法是不定的。缴纳的时间、缴纳的方式、应该缴纳的数额，对任何一个纳税人和对一切其他的人都应该是清楚清楚的。如果不是这样，任何一个纳税人就会在一定程度上受到征税人员权力的调节，后者能够对令人讨厌的纳税人加重税额，或用加税的恐吓来索取礼物或是贿赂。征收赋税的不确定性会鼓励这一类人的专横，甚至促进他们的腐化；这一类人哪怕是既不专横也不腐败，也很容易是不受人欢迎的。在征收赋税中，任何一个人应该缴纳的赋税的确定性是一件十分重要的事情，我相信，从很多国家的经验来看，非常大程度的不平等也不像非常小程度的不确定的害处那么大。

三、每一种赋税应该按纳税者最方便缴纳的时间和用他们最方便缴纳的方式去征收。对地租或房租征收的赋税在支付地租或房租的时期去征收，是最方便纳税人缴纳的，或者说，这是他最有钱纳税的时候。对作为奢侈品的消费品征收的赋税，最终全都是由消费者支付的，通常说来这样的方式对他是非常方便的。他需要购买货物时，一点一点地纳税。他有随意买或不买的自由，假如他对这样的赋税感到有什么重大的不便，那就是他自己的错误了。

四、每种赋税应该这样来设计，让它从人民口袋中取出的钱或阻止人民得到的钱，超出它送入国库中的钱尽可能地少。一种赋税可能因为下述四种方式让它从人民口袋中取出的钱或阻止人民得到的钱很大程度多于它送入国库中的钱。第一，征税可能要求有非常多人员，他们的薪水可能吞掉大多数的税收，他们的额外索取可能对人民是一种额外增加的赋税。第二，赋税可能妨碍人民的勤劳，抑制他们去从事某一业务部门，然而这一部门原本是能够维持和雇佣大量的人手的。当赋税迫使人民去纳税时，它可能减少或消灭可以让人民比较容易地去从事上面所说的业务的一部分资源。第三，对试图逃税而没有成功的不幸的人实行没收和罚款经常让他们破产，从而让社会可能从他们的资本运用中得到的利益化归乌有。一种欠思考的赋税是对走私的巨大引诱。然而对走私的惩罚必定随引诱的加强而增加。和一切的寻常公平准则相反的是，法律首先造成了引诱，然后又惩罚受到引诱的人；法律通常还按对犯罪引诱的大小去加重惩罚，然而这样的情况原本是应该减轻处罚的。第四，让人民受到征税人员的时常访问和讨厌的检查，因而让他们遇到非常多没有必要的麻烦、困扰和压迫，尽管困扰并不费钱，然而严格说来，它必然等于任何一个人愿意用来摆脱这样的困扰的支出。因为这四种方式中的这一种或那一种，赋税经常给人民带来的麻烦多，给君主带来的好处少。

上例各种准则的公平和效用是非常明显的，因而在一定程度上引起了很多国家的注意。几乎所有国家均依照自己最佳的判断，想要把自己的赋税设计得尽可能地平等，尽可能地确定，在缴纳的时间和方式上尽可能地方便纳税人，在带给国王的收益的比例方面尽可能地减少人民的负担。下面对不同时代和国家的一点赋税的简单评述将要表明，一切国家的努力在这些方面并没有获取同等的成就。

第一项　租金税、土地地租税

对土地地租的赋税能够按某一标准征收，也就是说，对每个地区评定固定数额的地租，然后就不变更；也能够让税额随土地实际地租的变化而变化，随着土地耕种的改良或恶化，赋税也会有增有减。

土地税，假如像不列颠的土地税那样，每个地区按某种不变的标准征收，尽管在最开始规定时是平等的，必定随着时间的推进而变得不平等，随全国各地区耕种的改良或被忽视的不平等程度的差异。在英格兰，各个郡和教区应征收的土地税是依照威廉和玛利第四年的法律评估的，在一开始规定时就非常不平等。所以，这样的赋税是不符合上面所说的第一条准则的。它完完全全符合其他的三条准则。它是完完全全确定的。纳税的时间就是交租的时间，对纳税人是极为方便的。

尽管在一切的场合地主都是实际纳税人，然而税款大多数时候是由佃户垫付的，地主一定要在纳租时把他扣除。这样的赋税的征收，所用收税人员比任何其他会带来接近同样收益的赋税的征收所用人员少。因为这项赋税在每个地区不随地租的上调而上调，而且君主不分享地主从土地改良所得的利润。这样的改良诚然有的时候造成区内其他地主的破产。然而这有的时候会造成的对某一地产的赋税的加重总是非常小的，绝不可能阻碍这样的改良，也不可能让土地产物降到原本会有的水平下面。因为它没有减少产物数量的趋势，所以它也不可能有提高产物价格的趋势。它不可能妨碍人民的勤劳。除了纳税的不可避免之外，它没有让地主受到其他的不便。

地主从大不列颠一切土地按不变的固定评估征收赋税所得的利益，主要是因为和赋税性质完完全全无关的某些外部情况。

部分地因为国家的差不多每个地区的巨大繁荣，大不列颠的差不多一切地产的地租自从这样的评估第一次确定以来就在连续上调，其中没有一处的地租是在下降的。所以，地主差不多全都得到了依照他们地产现在的地租所应该缴纳的赋税和依照往时评估的地租他们实际缴纳的赋税之间的差额。假如国家的状况有所差别，假如地租因为耕种的恶化而渐渐下降，地主就会差不多全都失去这样的差额。在革命以后所发生的事态下，地租评估的固定性对地主有利，对君主有害。在不同的事态下，它可能对君主有利，对地主有害。

因为赋税是用货币缴纳的，所以对土地的评价是用货币表示的。自从这样的评估确定以来，白银的价值几乎没有什么变化，铸币的标准在重量上或者是纯度方面都没有什么改变。假如白银的价值很大程度上调，就像在美洲银矿发现以前的两个世纪中仿佛发生的情形那样，评估的固定性可能证明是对地主非常有害的。假如白银的价值很大程度下降，美洲银矿发现以后至少有大概一个世纪的情况必然是这样的，土地评估的固定性就会让君主的这一部分收益大幅度减少。假如货币标准有了某些重大改变，降低同样多的白银的货币面额或提高它的货币面额，举例来说，假如1盎司白银不是铸成5先令2便士而是铸成2先令7便士或10先令4便士，在前一种情况下会损害地主的收益，在后一种情况下会损害君主的收益。

很明显，在和实际发生的情况稍有不同的情况下，这样的评估的固定性对纳税人或对国家可能是非常大的困难。然而，在时代的变迁中，这样的情况在某个时候是必定会发生的。然而帝国尽管就像人类一切的其他创造物一样，目前为止证明全都是要灭亡的，每个帝国都想要长期存在下去。所以，每一种制度（用意在和帝国本身一样长期存在下去）不仅应该在某种情况下是方便的，而且应该在一切的情况下都是方便的；不仅应该适宜于暂时的、有的时候的或意外的情况，而且还应该适宜于一定的因而总是同样的情况。

法国有几位自称为经济学家的学者，曾经建议采用一种随地租的变化而变化的土地税，也就是随着耕作的改良或被忽视而有升有降的税。他们觉得，一切的赋税最终都落在土地的地租上，因此应该对一定要最终纳税的资源平等地征收。说一切的赋税应该尽可能平等地落在一定要最终交税的资源上，这必然是对的。然而他们用来支持自己非常微妙的理论的，是形而上学的论证，我们没有必要实行这样的令人不愉快的讨论，只从接下来的评论就能够充分表明，什么是最终落在土地地租上的赋税，什么是落在某种其他资源上的赋税。

在威尼斯的领土内，农场主租赁的一切可耕地都是按地租的1/10征收赋税的。租约登记在公家登记簿上，由各省或各地区的赋税官员来保管。当地主自己从事耕种时，地租按公平的评估来定值，而且降低税额的1/5，所以对这样的土地地主只按假定地租的8%而不是10%纳税。

这样的土地税必然比英格兰的土地税更加平等。它可能不完完全全是那么确定，赋税的评估可能经常给地主带来非常大的麻烦。它在征收上也可能更为费钱。

然而，这样的管理制度可能这样来设计，以便在非常大程度上防止这样的不确定和减少这样的费用。

举例来说，能够规定地主和佃户一定要共同在公家登记簿上登记他们的租约。能够规定对隐瞒或篡改出租条件的给予恰当的惩罚；假如将罚款的一部分给予两方中揭发或控告另一方有隐瞒或篡改行为的一方，就能够有效地阻止他们联合起来诈取公共收益。从这样的记录簿上，能够完完全全了解租赁的一切条件。

有些地主不提高租金，然而在重订租约时收取罚金。这样的做法在大多数场合都是浪费的方法，他为一笔现款，卖出价值要大得多的没有收益。所以，这在大多数场合是有害于地主的。它经常有害于佃户，总是有害于社会。它经常从佃户取走那么大一部分资本，从而让他耕种土地的力量减少那么多，以致使得他发现支付一笔小地租比他原本是能够支付的一笔大地租更难。凡是降低他的耕种力量的事情，必定会让社会收益的举足轻重部分降低到它原本会有的水平下面。假如对这样的续租金的征收赋税比对大多数时候地租的征收赋税重得多，就可能阻止这样的有害的做法，这对一切有关每一方，对地主、对佃户、对君主、对整个社会都有非常大的好处。

有些租约对佃户规定整个租佃期间要实行必定的耕种方式和必定的作物轮耕方法。这样的条件通常是因为地主自负有高超的知识（这样的自负在大多数场合都是没有依照的）产生的结果，永远应该被看成是一种额外的地租，是用劳务支付的地租而不是用货币支付的地租。为了阻止这样的做法（这通常是愚蠢的做法），对这样的地租应该评价非常高，因而对它征收赋税比对大多数时候货币地租征收稍微重些。

有些地主不要求用货币而要求用实物支付地租，用谷物、牲畜、家禽、葡萄酒、油类等等，此外的地主还要求用劳务支付地租。这样的地租对佃户的害处总是多于对地主的好处。他们过去口袋中取出的或者阻止他得到的，总是比送入后者口袋中的多。在任何一个实行这样的方法的国家，佃户总是穷到乞丐一样，实行越严格，贫穷就越严重。与此同样，对这样的地租估价略高，从而对它征收赋税比对大多数时候货币地租略高，可能足够抑制这样的对整个社会有害的做法。

当地主自行耕种一部分土地时，能够依照靠近农场主和地主的公平裁判来估定地租的价值，给予他适度的减税，就像在威尼斯领土内所做的那样；只要他所占用的土地的地租不多于必定的数额。重要的是应该鼓励地主耕种一部分自己的土地。他的资本通常比佃户大，技术虽然比较差，却常可以带来较大的产物。地主有力量实行实验，通常也愿意实行实验。实验不成功只对他自己有不大的损失。实验成功，就可以对整个国家的土地改良和良好耕种做出贡献。然而，重要的是，赋税的减少只应该鼓励耕种到必定限度为止。假如大多数的地主被诱使去耕种他们的一切土地，那么，国家就会充满懒惰和浪费的地主管家（然而不是审慎和勤勉的租户，他们为自己的利益所驱使，在自己的资本和技能许可的范围内耕种得非常好），他们的胡乱的经营不久就会让耕种质量降低，让土地的年产物缩减，不仅让他们主人收益减少，而且让整个社会的举足轻重的那部分收益也减少。

这样一种管理制度可能可以让这样的赋税摆脱因为不确定性而对纳税人造成的压迫或不便，同时可能在大多数时候土地管理中引进一种有助于全国通常改良和良好耕种的计划或政策。

征收随地租变动而变动的土地税，会比征收总是按固定评估征收的土地税费用稍微高些。需要在全国各地区安排登记官员，对地主自行耕种的土地有的时候需作出评估，两者均一定要有额外的支出。然而一切这儿的支出可能是非常小的，远比征收非常多其他赋税的支出更低，后者和土地税容易带来的收入相比较，所可以带来的收益是非常小的。

对这样一种可变土地税可能提出的举足轻重的反对理由，仿佛是它会妨碍土地改良。君主对改良支出没有做出贡献，却分享它的利润，地主必然不情愿实行改良。也就是说，哪怕是这样反对，可能也能够这样来排除：允许地主在着手改良以前，和税收官员一道，依照双方平等选出的一定数量的靠近地主和农场主的公平裁决，确定他的土地的实际价值；然后在若干年内依照这样的评估征收赋税，让他完完全全够对他的改良支出做出一切补偿。这样的土地税提出的主要好处之一是，让君主从关心他自己的收益出发，注意土地的改良。所以，为对地主做出补偿所允许的期限没法比为此目的所必要的更长，要不然地主享受到这样的利益的时期太久，会很大程度上挫伤君主的注意。然而，和他定得太短比，不过定得略长一点。

促进君主注意的刺激再大，也没法抵偿对地主注意的最小抑制。君主的注意，最多只不过是对什么事情有助于他的大多数领土的更好的耕种做出通常的广泛的思考。然而地主的注意，那么是对他地产上每寸土地的最有利的利用做出具体的详细的思考。君主的注意应该是，用他权力范围内的一切手段，去鼓励地主和农场主；让他们按照自己的方式、依照自己的判断去追求他们自己的利益；

给予他们通过享受到自己劳动的一切报酬的最完完全全的保障；为他们的每一部分产物开辟最广泛的市场，所以须在他自己领土以内的每个地区建立陆上和水上的最方便最安全的交通，而且确立对一切其他君主的领土出口的最不受到限制的自由。

假如这样的一种管理制度可以让这样的赋税对土地改良不仅不可能造成妨碍，反而给予鼓励，那它就不可能对地主造成任何的不便，除了一定要纳税这样的总是不可避免的不便之外。

不管社会状态如何变化，不管是农业改良还是农业衰退，也不管白银价值和铸币标准如何变化，这样一种赋税没有必要加以任何注意就可以非常容易地和实际的情况相适应，不仅这样，在一切的变动下都与此同样公平合理。所以，它比任何总是依照某种评估征收的土地税远更适合作为一种永久的和不变的规定来建立，或者说作为某种所谓的国家基本法来建立。

有些国家不是采用登记租约的简单明了的方法，而是采用对全国土地实行实际测量和评估这样的费力费钱的方法。他们可能是怀疑，出租人和承租人可能会为了诈取公共收入，联合起来，隐瞒租约的实际条件。《英格兰土地勘查记录书》仿佛就是这样的非常准确的测量的结果。

在古代的普鲁士国王的领土内，土地税是按实际测量和评估的结果征收的，这样的结果不时给予审查和修正。依照这样的评估，世俗地主按照收入的20%至25%纳税，教士按40%至45%纳税。西里西亚的测量和评估是依照当今国王的命令做出的，据了解，非常准确。依照这样的评估，布勒斯洛主教的土地按地租的25%征收赋税，新过去的两教教士的其他收益按50%征收赋税，条顿骑士团和马耳他骑士团的采邑按40%征收赋税，贵族保有地按38%征收赋税。平民保有的土地按35%征收赋税。

据了解，波希米亚的测量和评估经过了100多年的工作，直到1748年的和平以后，依照现今女王的命令才完成。从查理六世的时候开始的米兰公国的测量，1760年以后才完成。它被誉为从未有过的最准确的测量。萨沃伊和皮德蒙特的测量是依照已故萨迪尼亚国王的命令实行的。

在普鲁士国王的领土内，对教会收益的征收赋税比对世俗地主的高。教会的收益大多数取自土地的地租。教会收益非常少用于土地改良，或用来在任何方面对增加人民大众的收益做出贡献。所以普鲁士国王可能觉得，教会收入对解救国家急难作出更大贡献是合理的。在某些国家，教会土地免纳一切赋税。在其他国家，对教会土地比对其他土地征收赋税较轻。然而在米兰公国，教会在1575年以前拥有的土地只按他的价值的1/3征收赋税。

在西里西亚，对贵族保有地比对平民所有地征收赋税高3%。普鲁士国王可能觉得，前者拥有的各种荣誉和特权，足够用来补偿他略重的纳税，同时后者的卑微屈辱能够由纳税较轻而在某种程度上得到缓解。在其他国家，征收赋税制度不是减轻而是加重这样的不平等。在萨迪尼亚国王的领地，还有在法国征收所谓贡赋的各省，赋税完完全全落在平民所有的土地上。然而贵族所有的土地免税。

按通常测量和评估征收的土地税，不论在起初是多么平等，必定在一个非常短促的时期内变成不平等。为了防止它变成这样的情况，需要政府对国内每个农场的详细状况和产物的一切变化做出连续的和耐心的注意。普鲁士、波希米亚、萨迪尼亚和米兰公国的政府事实上都做出了类似的注意，这是一种和政府的性质不相适宜的注意，它不可能是长期持续的，也就是说，即便可以长期持续，它在长期内给纳税人造成的麻烦和困扰或常常多于给他们带来的救济。

1666年，蒙托班税区对贡赋的征收，据了解是依照一项非常准确的测量和评估。到1727年，这样的评估变得完完全全不平等。为了补救这样的不便，政府没有其他方法，没办法不对全税区额外征收12万利弗的税。这样的额外的税是依照过去的评估对一切应纳贡赋各地区征收的。然而只对实际状况因为那种评估而征收赋税太低的地区征收，用来救济因为同一评估而征收赋税较高的地区。举例来说，有两个地区，依照实际状况一个应征收赋税900利弗，另一个应征收赋税1100利弗，然而依照原本的评估都征收1000利弗。两个地区依照额外的征收赋税均定为征收1100利弗。然而这样的额外的税只对纳税低的地区征收，完完全全用来救济纳税高的地区，后者因此只付900利弗。政府从额外的税既无所得，亦无损失，这样的税完完全全用来补救因为过去的评估所产生的不平等。然而这样的方法的运用完完全全由税区行政长官自由裁夺，因此在非常大程度上必定是独断专行的。

不和地租成比例而和土地产物成比例的税对土地产物征收的赋税事实上就是对地租征收的赋税，尽管最开始是由农场主垫支，最终还是由地主支付的。当产物的一部分一定要作为赋税付出时，农场主尽可能地计算这一部分的价值各个年份平均来说可能会是多少，把这部分从他同意付给地主的地租中按比例扣除。没有一个农场主不事先计算教会的什一税（这就是这一类的土地税）各个年份平均可能是多少的。

什一税，还有每一种其他的这类土地税，表面上是完完全全平等的，事实上是非常不平等的税；在不同的情况下，固定有一部分的土地产物等于很多不同部分的地租。在某些非常肥沃的土地上，产量非常大，它的一半就完完全全足够补偿农场主在耕作中所利用的资本，还有等同于靠近地区农业资本的大多数时候的利润。其他的一半产物，或者说另一半产物的价值（二者是一回事），假如没有什一税，他就能够用来向地主支付地租。然而假如产物的1/10取走，作为什一税，那他就必定会要求减少地租的1/5，否则他就没有方法收回资本还有大多数时候的利润。

在这样的情况下，地主的地租就不是一切产品的一半或5/10，而只不过是它的4/10。反过来，在比较贫瘠的土地，土地的产量有的时候非常小，然而耕种费用非常大，要求有一切产物的4/5来补偿农场主的资本还有大多数时候的利润。在这样的场合，也就是说，即便没有什一税，地主的地租也只不过是一切产物的1/5。然而假如农场主用产物的1/10来支付什一税，他必定会要求地主的地租减少同样的数额，因此，地租减到只占一切产物的1/10。在肥沃的土地上，什一税有的时候只不过是占每磅的1/5的税，或每磅4先令；然而在比较贫瘠的土地上，它有的时候可能是占每磅的一半的税，或者是每磅10先令。

什一税经常是一种对地租征收的非常不平等的赋税，所以它总是对地主改良土地和对农场主耕种土地的最大抑制。当教会负担改良和生产的费用任何一部分，却要分享利润的巨大份额之时，地主不敢去从事十分重大的改良，这大多数时候是最费钱的改良；农场主不敢去生产最有价值的作物，这通常也是最费钱的作物。因为什一税，茜草的栽培在长时期内仅限于荷兰联邦，那是一个长老教会国家，因此免征这样的破坏性的赋税，对欧洲余下的地区享有生产这样的有用染料的垄断权。后来在英格兰尝试引进这样的植物的栽培，那是因为有法律规定，种植茜草每英亩只要纳税5先令，以此替代各种的什一税。

就像在欧洲大多数地区教会主要由一种不和地租成比例却和土地产物成比例的土地税所支持一样，在亚洲的非常多国家，政府也主要是由这样一种土地税来支持的。

向土地产物征收的赋税，能够征收实物，或按某种评估征收货币。

一个教区的牧师，或一个住在自己地产上的小产业绅士，可能有的时候会感到用实物来收取什一税或地租有某些好处。这样的话，征收的数量和收取的地区都非常小，他们能够亲自监督应该缴纳的数额每一部分的征收和处理。一个住在首都的大地产绅士，假如位于遥远省份的一宗地产的地租也用实物支付，他就有可能受到他的代办人或代理人的疏忽，更多的是谎言的危险。君主因为他的征税人员的营私舞弊和巧取豪夺所受到的损失必定要大得多。最疏忽大意的私人拥有主，比起最谨小慎微的君主来，前者的仆人比后者的仆人更多地处在主人的监督之下；用实物支付的公共收入可能会受到收税人员管理不当的影响，通过这样向人民征收的赋税只有非常小一部分可以进入君主的国库中。

对土地产物征收赋税能够用货币征收，或是依照随市场价格的变动而变动的评估，或是依照一种固定的评估，举例来说，对每一蒲式耳小麦永远按同样的货币价格估值，不管市场情况如何。按前一种方法征收的赋税数量只随土地实际产物的变动而变动，后者依照对耕种的改良或疏忽而变化。按后一种方法征收的赋税数量，不仅随土地产物的变动而变动，而且随贵金属的价值还有同一面额的铸币在不同的时候所含的贵金属的数量的变动而变动。前者的数额和土地实际产物的价值永远保持同样的比例。那么后者的数额在不同的时候可能和产物的价值保持非常不同的比例。

不是用土地产物的一定部分，或一定部分的价格去纳税，而是用一定数量的货币去完完全全补偿一切的赋税或什一税时，这样的赋税就变得和英格兰的土地税在性质上完完全全相同。它不随土地的地租而上调或下降。它既不鼓励也不抑制改良。在大多数时候用必定货币去替代一切其他什一税的教区所征收的什一税就是这样的性质的税。在孟加拉的回教政府下，不是按产物的1/5用实物去支付，然而，据了解，是在全国大多数地区规定一种非常适度的货币额缴纳土地税。有些东印度公司工作人员借口让公共收益恢复到它的应有价值，在某些省份把这样的货币额改为用实物支付。在他们的管理下，这样的改变既抑制了耕种，又让公共收入的征收中有了新的舞弊机会，结果，据了解赋税收入很大程度低于他们当初接管时的水平。公司人员可能从这样的改变得利益，然而可能损失他们的主人和国家的利益。

房租税

房屋的租金能够分成两部分：一部分称为建筑物租金，另一部分大多数时候称为地皮租金。

建筑物租金是用于房屋建筑上的资本的利息或利润。为了让建筑业和其他行业处在同一水平上，这样的租金一定要足够：第一，支付他把资本在有良好担保品贷出时所可以得到的利息；第二，让房屋时常保持维修，或者说在必定年限内恢复他在建筑上所利用的资本。所以，建筑物租金，或者说建筑物的大多数时候利润，在各个地方都是由货币的大多数时候利息规定的。在市场利息率为4%的地方，房屋租金除支付地皮租金之外，假如还可以支付一切建筑费用的6%或6.5%，那就可能能够为建筑人带来足够的利润。在市场利息率为5%的地方，可能就需要支付7%或7.5%。假如依照货币利息的比例，建筑者的行业在任何时候带来的利润比这更大得多，它不久就会从其他行业吸引非常多资本过来，让利润降到它的应有水平下面。假如它在任何时候带来的利润比这更少得多，其他行业不久就会从它吸引去非常多资本，让它的利润重新提高。

一切房屋租金中多于足够带来这样的合理利润的部分，很容易归于地皮租金；在地皮一切人和房屋所有人是两个不同的人时，在大多数场合，这一部分完完全全付给前者。这样的剩余租金是房屋居住者为某种真正的位置利益而付出的。在离任何大城市非常远、那里有非常多地皮可供选用的乡村房屋，地皮租金差不多是等于零，或者不多于房屋占用地皮假如用于农业时所可以得到的数量。在大城市附近的乡村别墅，地皮租金有的时候要高得多，在那里特殊的便利和位置的优美经常得到非常好的报偿。地皮租金最高的地方是大都市，还有大都市中对房屋的需求最大的地区，不问这样的需求的原因是什么，是为了贸易和营业，为了娱乐和社交，或者只不过为了虚荣和时髦。

对房屋租金征收的赋税，如由承租人支付而且和每所房屋的一切租金成比例，那就不可能影响建筑物租金，至少在非常长的时期内是这样。假如建筑人得不到他的合理利润，他就没办法不离开建筑业，这就会提高对建筑物的需求，在短时期内让他的利润回到和其他行业的利润所保持的应有水平，这样的赋税也不可能完完全全落在地皮租金上面，而是会这样自行划分，一部分地落在房屋住户身上，一部分地落在地皮拥有人身上。

作为举例，让我们设想，某人判断，自己每一年可以出得起60镑的房屋租金；再让我们设想，对房屋租金征收赋税为每磅4先令，或1/5，由住户支付。在这样的情况下，一所租金60镑的房屋每一年需要花费72镑，比他如果自己可以出得起的多12镑。所以，他把满足于一所差一点的房屋，或一所租金的房屋，还有他一定要缴纳的10磅税，共计每一年60镑，就是他判断自己可以出得起的数量，为了付税，他将要放弃的部分从每一年租金高出10镑的房屋所可以得到的额外便利。我说的是，他将要放弃一部分这样而来的额外便利，因为他不可能被迫放弃一切便利，然而只不过因为征收赋税，得到一所每一年50镑的在比没有赋税时所可以租到的较好房屋。因为，这样的税来排除这一竞争者，必定会减少对租金60镑房屋的竞争，也必定会与此同样减少对租金为50镑的房屋的竞争，还必定会与此同样减少对一切各种租金的房屋的竞争，除了最低租金的房屋之外，对这样的房屋在一段时期这将会增加竞争。

然而竞争减少的每一类房屋的租金，必定会在一定程度上下落。然而，因为这样的减少的任何部分至少在极其长时期内不可能影响建筑物租金，所以在长时期内必定一切落在地皮租金上面。所以，这样的赋税的最终支付的钱会部分地落在住户身上，他为了支付自己的份额，没办法不放弃自己的一部分便利；部分地落在地皮拥有人身上，他为了支付自己的份额，没办法不放弃自己的一部分收益。在他们之间最终支付的比例来说如何划分，可能不是更容易确定的。在不同的情况下，这样的划分可能非常不同，依照这些不同的情况，这样而来一种税对房屋住户或地皮一切人可能产生非常不平等的影响。

这样的税落在不同地皮租金拥有人身上的不平等，完完全全是因为上面所说的划分的偶然不平等造成的。然而它落在不同房屋住户身上的不平等，除此之外还有其他的原因。房租的支出在整个生活费用中所占的比例，在不同的财产大小程度中是不同的。在财产最多时，这一比例最高；以后财产渐渐减少，这一比例亦渐渐下降；直至财产最低时，这一比例通常最低。生活必需品是穷人的最大支出。他们发现难于得到食物，他们微薄收入的绝大多数都用在食物上。生活奢侈品和虚饰品是富人的主要支出；一所壮丽的住宅让他们拥有的一切其他奢侈品和虚饰品得到衬托，益发增光。所以，对房租征收赋税，通常落在富人身上最重；然而在这样的不平等中，可能没有什么非常不合理的事情。富人不仅应该依照他们收益的比例对公共开支做出贡献，而且应该比这个比例贡献略多，这并不是非常不合理的。

房屋租金尽管在某些方面和土地地租有些相似，但是在一个方面却有本质上的不同。土地地租是为利用一种有生产力的东西来支付的。支付地租的土地，自己生产这样的地租。房屋租金是为利用一种没有生产力的东西而支付的。房屋或是房屋占用的地皮都不生产什么东西。所以，支付租金的人一定要从某种其他收益来源提款，这样的来源是和这样的东西不同的、无关的。对房租征收的赋税，就他落在住户身上来说，一定要从和租金本身同样的来源提款，一定要从他们的收入当中去支付，不管这样的收益是来自劳动的工资、资本的利润或土地的地租。就他落在住户身上来说，它是这样的赋税之一，也就是说，它们不是落在某一种收益来源上，而是没有差别地落在这一切三种收益来源上，它在任何一个方面都具有和对任何其他消费品征收的赋税同样的性质。通常说来，要对一个人的一切支出的奢华或是节俭作出判断，可能没有一件东西可以比得上他的房租。对这一特殊支出项目征收比例税，所得收益可能比在欧洲任何地区迄今从其他赋税所得的收益更大得多。诚然，假如这样的税非常高，大多数的人民会想要尽可能地避税，满足于较小的房屋，把自己的大多数支出转用在其他的渠道。

运用和确定土地的大多数时候地租所必要的那样的政策，对房租能够非常容易非常精确地给予确定。没有人住的房屋不应征收赋税。对这样的房屋征收赋税会完完全全落在一切人身上，因此是对既不为他带来方便也不为他带来收益的东西征收赋税。由一切人居住的房屋不应按建筑房屋时可能需做的支出征收赋税，然而应按假如出租时由公平裁定觉得可能带来的租金征收赋税。假如按建筑房屋时他们可能做出的开支征收赋税，那么每磅3先令或4先令的税，还有其他赋税，就会让这一国家、我相信会让一切其他文明国家差不多一切的富人和大家族全都破产。凡是仔细考察过这一国家的某些最富有的大家族的不同的城市房屋和乡村房屋的人，都会发现，假如按照最开始建筑费用的6.5%或7%征收赋税，他们的房租就将要等于他们地产所收的一切净租金。诚然，建房是连续几代人的积累的支出，用在非常美丽和壮观的目的上，然而，依照他们的成本的比例，交换价值却非常小。

地皮租金比房屋租金是更恰当的征收赋税对象。对地皮租金征收赋税不可能抬高房屋租金。它会完完全全落在地皮拥有人身上，地皮拥有人总是就像一个垄断者那样行事，对利用他的地皮勒索可能得到的最大租金。他可以得到多少，依照竞争者为富人或穷人来定，或依他们有力量付出或大或小的价钱来满足他们对某一特殊地点的爱好来定。在任何一个国家，最大数量的富人竞争者都在大都市中，所以在那里的地皮租金总是最高的。因为这样的竞争者的财富在任何方面都不可能因为对地皮租金征收赋税而有所增加，所以他们不可能倾向于为利用地皮而支付更多。赋税是由住户垫支，还是由地皮拥有人支付，是无关紧要的。住户越是没办法不付税，他们就越不情愿为地皮缴税，因此赋税的最终付出就会完完全全落在地皮拥有人身上。无人居住房屋的地皮租金不应纳税。地皮租金和土地的大多数时候的地租，在非常多场合，都是拥有人自己没有必要去关心或注意就可以享受到的一种收益。尽管这样的收益的一部分一定要为支付国家开支而取走，却不可能挫伤任何一种产业。社会每一年的土地和劳动产物，也就是说，广泛民众的真正财富和收入，在纳税后可能和过去一样。所以，地皮租金还有土地的通常的地租，可能是最可以承担向它们征收一种非常赋税的收入。

在这方面，地皮租金仿佛甚至是比大多数时候的土地地租更恰当的征收赋税的对象。大多数时候的土地地租在非常多场合至少部分是因为地主的注意和良好经营。一项非常重的赋税可能会过分地抑制这样的关注和良好经营。然而地皮租金按照他多于大多数时候的土地地租来说，完完全全是因为君主的良好治理，它因为保护了所有人民的或某一特定地方居民的产业，让他们可以比自己建筑房屋所用地皮的实际价值支付更多，或者说对地皮拥有人所支付的比利用地皮可能受到的损失更多。对因为国家的良好治理而存在的资源应该征收非常赋税，或者说这样的资源应比大多数其他资源对支持政府做出更多的贡献，这是最合理的事。

尽管在欧洲的非常多国家对房屋租金征收赋税，然而我不明白有任何一国把地皮租金看成是分别的征收赋税对象。赋税设计人可能感到，要确定哪一部分租金应视为地皮租金，哪一部分租金应视为建筑物租金，不免有些困难。然而，要区别这两部分租金仿佛并不可能有非常大的困难。

在大不列颠，依照所谓的年土地税，房屋租金和土地地租按同样的比例征收赋税。依照任何一个教区和地区对年土地税的评估，两者的税率总是同样的。这样的评估最开始是极不平等的，现在也依过去的是这样。在王国的大多数地区，这样的税落在房屋租金上比落在土地地租上较轻。只在少数几个地区，原本税率非常高，房屋租金大为降落，每磅3先令或4先令的土地税才被说成是和房屋的实际租金比例相同。无人租用的房屋尽管依照法律也与此同样征收赋税，然而在大多数地区估税员特准免税；这样的豁免有的时候让某些房屋的税率稍有变化，尽管全区的税率总是同样。因为新建筑物、修缮等等造成租金提高，然而房租税却没有提高，造成了某些房屋税率的进一步变化。

在荷兰，每所房屋按它的价值征收2.5%的税，不管实际支付的租金是多少，也不管有无人租住。强迫拥有人对没法从而得到任何收入的无人租用的房屋缴税，尤其是一种非常重的税，仿佛是一种苛刻。在荷兰，市场利息率不多于3%，对房屋的一切价值征收2.5%的税，在大多数场合必定会等于建筑物租金的1/3以上，可能等于一切租金的1/3以上。诚然，对房屋征收赋税的评估尽管是非常不平等的，据了解总是低于实际价值。当房屋重建、改良或扩大时，重新评估，从然而按新值征收赋税。

英格兰在不同时期对房屋征收的各种赋税的设计人仿佛觉得，要极其准确地确定每所房屋的实际租金有巨大的困难。所以，他们按某些比较明显的情况来规定税额，他们可能觉得，在大多数场合，这些情况同租金保持某种比例。

第一种这样的税是炉捐，或每个火炉征收赋税2先令。为了确定一所房屋有多少火炉，收税员一定要进入任何一个房间。这样讨厌的访问让这样的税令人讨厌。所以，在革命后不久，它被作为奴隶制度的标志而废除。

第二种这样的税是每栋有人居住的房屋征收赋税2先令，有10个窗户的房屋加征收4先令，有20个和20个以上窗户的房屋增收8先令。这样的税嗣后加以修改，凡有20个然而不到30个窗户的房屋征收赋税10先令，30个与以上窗户的房屋征收赋税20先令。窗户的数量在大多数场合能够从外面数清，在一切的场合都没有必要进入房屋的每个房间。所以，收税员的访问在这样的税比火炉税较少令人不快。

这样的税以后被取消，取而代之的是窗户税，它也经历了不止一次改变和增加。现在（1775年1月）实行的窗户税，是在英格兰每所房屋征收赋税3先令、苏格兰每所房屋征收赋税1先令之外，再对每个窗户征收赋税，在英格兰，从不多于七个窗户的房屋的最低税率2便士，渐渐增至25个与以上窗户的房屋的最高税率2先令。

对一切这一类税的主要反对理由是它们的不平等，一种最差劲的不平等，因为它们经常落在穷人身上会比落在富人身上更重。一所在乡村市镇上通过10镑出租的房屋，有的时候比一所在伦敦通过500镑出租的房屋有更多的窗户；尽管前者的住户比后者的住户可能要穷得多，然而就他的贡献是按窗户税的规定来说，他一定要对维持国家做出更多的贡献。所以，这样的税是直接违反上面所说的四个原则中的第一个原则的。它对其他三个原则仿佛并不违背。

窗户税还有一切其他向房屋征收的赋税的很容易产生的趋势，是降低租金。非常明显，一个人缴税越多，他所可以支付的租金就越少。然而，自从征收窗户税以来，我所明白的大不列颠的差不多每个城市和乡村的房租大体上都多少有所上调。在每一处，对房屋的需求均有增加，导致房租的增长比窗户税所可以让之降低的程度更大，这是国家巨大繁荣和居民收益增长的非常多的证据之一。

第二项　利润或资本收益税

由资本产生的收益或利润很容易分成两部分：用来支付利息、属于资本拥有人的部分；一定要用来支付利息的剩余部分后者多余前者。

利润的后一部分明显没法是直接征收赋税的对象。它是对利用资本的风险和麻烦的补偿，在大多数场合只不过是非常微薄的补偿。利用者一定要有这样的补偿，要不然他就没法持续这样的用途而又和他自己的利益相符合。所以，假如按他的一切利润的比例直接征收赋税，他就没办法不提高他的利润率，或把赋税转到货币利息上。假如他按照赋税的比例提高他的利润率，那么一切赋税尽管可能由他垫付，最终还是由两种不同的人中的一种人去支付，依他如何利用自己所拥有的资本来定。

假如他把他用作农业资原本耕种土地，他只可以靠保留土地产物的较大多数或土地产物较大多数的价格（二者是一回事）来提高他的利润；然而要这样来做就只可以靠减少地租，所以赋税的最终支付就会落在地主身上。假如他把他用作商业或制造业资本，他只可以靠提高他的货物的价格来提高他的利润率，在这样的场合，赋税的最终支付会完完全全落在货物消费者身上。假如他没有提高他的利润率，他就没办法不把一切赋税转到利润中用作货币利息的部分之上。他对借人的资本只可以讨较少的利息，在这样的场合赋税的一切负担最终会落在货币利息上面。假如他没法用一种方式让自己免于缴税，他就没办法不用另一种方式去让自己免于缴税。

乍看起来，货币利息和土地地租仿佛是可以与此同样直接征收赋税的对象。就像土地地租一样，货币利息是完完全全支付利用资本的一切风险和麻烦以后的净产物。对土地地租征收赋税不可能提高地租，因为支付农场主资本还有他的合理利润以后剩下来的净产物，在纳税以后不可能比在纳税以前更大；依照同样的理由，对货币利息的征收赋税也不可能提高货币的利息率，因为一国资本或货币的数量，就像土地的数量一样，在征收赋税以前和征收赋税以后是保持不变的。

在第一编的时候已经指出，大多数时候利润率在各个地方都是由可以提供利用的资本量对于利用的数量或一定要用资本实行的营业量的比例规定的。然而利用的数量或应由资本完成的营业的数量不可能因为征收在货币利息上的赋税增加或减少。所以，假如可供利用的资本数量不因为赋税而增加或减少，大多数时候利润率必定会保持不变，然而补偿利用者的风险和麻烦所必要的这一剩余部分也与此同样会保持不变，因为这样的风险和麻烦在任何方面都没有变化。所以，属于资本拥有人的、用来支付货币利息的那部分余额，也必定会保持不变。所以，乍看起来，货币利息也就像土地地租一样，仿佛是适合直接征收赋税的对象。

然而，有两种不同的情况，令货币利息远远不像土地地租那样适合作为直接征收赋税的对象。

第一，任何一个人拥有的土地的数量和价值不可能是秘密，总是能够非常准确地给予确定。然而他所拥有的资本总量却总是一种秘密，非常难极其准确地给予确定。除此之外，它还差不多是连续变化的。在一年之中，经常是在一个月之中，有的时候是在一天之中，它都在一定程度上有增有减。调查任何一个人的私人情况，为了让赋税与之相适宜，一定要去监视他的财产的一切波动情况，这会给人造成连续的和无止无休的苦恼，是任何人所没法承受的。

第二，土地是没法移动的对象，然而资本却非常容易迁移。土地拥有人必定是他的地产所在的某一国的公民。那么资本拥有人能够说是世界公民，他不必属于任何一个国家。他会放弃这样的一个国家，在那里他受到令人苦恼的调查，对他征收苛重的赋税；他会把资本移往另一个国家，在那里他可以更加容易地实行营业，或享受到自己的财富。通过转移资本，他会终止他在离去国家所维持的一切产业。资本耕种土地；资本雇佣劳工。一种把资本从任何一国驱赶出去的赋税，会让君主和社会的每一种收益来源枯竭。不仅资本的利润，而且土地的地租和劳动的工资，都必定会因资本的移出而在一定程度上有所减少。

所以，试图对资本收益征收赋税的国家，不是采用那种非常严格的调查方法，而是没办法不满足于采用某种非常宽松的、因此在一定程度上是武断的估计方法。用这样的方式估计征的赋税的极端不平等和不确定，只可以用它的极端轻微去补偿，所以，任何一个人发现对自己的征收赋税很大程度低于他的实际收益，尽管他的邻人比他纳税稍微低些，他也不让自己感到烦恼。

依照英格兰的所谓土地税，资本应和土地按同一比例征收赋税。当土地征收赋税为每磅4先令或推定地租的1/5时，资本征收赋税应为推定为利息的1/5。当现行年土地税第一次建立时，法定利息率为6%。所以，每100镑资本假定应征收赋税24先令，也就是说，6镑的1/5。自从法定利息率降至5%以来，每100镑资本假定只征收赋税20先令。通过所谓土地税筹集的总数，是在乡村和主要城市间划分的。大多数的钱取自乡村；在取自城市的那一部分中，大多数又向房屋征收。剩下来向城市的资本或营业征收的税收（因为不计划对用于土地的资本征收赋税），远远低于那种资本或营业的真正价值。所以，不管最开始的评估可能是多么不平等，也不可能引起什么骚动。任何一个教区和地区依过去的按照最开始的评估来对它的土地，对它的房屋和对它的资本征收赋税；然而国家的广泛繁荣在大多数地方都让所有这一切的价值大为提高，让这样的不平等现在更不重要了。任何一个地区的税率依过去的总是一样，这样的赋税的不确定性，就他可能向任何个人的资本征收来说，也已经大为减少，而且变得不那么重要了。假如说英格兰的大多数土地是按实际价值的一半来征收土地税的，那么，英格兰的大多数资本可能是按实际价值的1/50来征收土地税的。在某些城市，一切土地税向房屋征收；比如在威斯敏斯特，资本和营业是不征收土地税的。伦敦却不同。

在一切国家，想要避免对私人情况实行严格的调查。

在汉堡，任何一个居民一定要向国家支付自己一切的0.25%；因为汉堡人民的财富主要是资本，这样的税能够看成是对资本征收的税。任何一个人自己估税，在地方长官面前，每一年把必定数量的货币投入公库，通过宣誓，宣布这是他所拥有一切的0.25%，然而不宣布总数量多少，就这件事也不接受到任何考察。通常觉得；这样的税的缴纳是非常忠实的。在一个小共和国里面，人民对他们的地方长官怀有充分的信心，深信有必要为维持国家而纳税，而且相信税款会被忠实地用于那个目的，这样的凭良心的和自愿的支付有的时候是能够预期的。这也不是汉堡人民所特有的。

瑞士的翁德沃尔德州经常受到暴风雪和洪水的灾害，因此常需做出非常的开支。遇到这样的情况，人民聚集起来，据了解，任何一个人用最大的坦诚宣布自己的一切共值多少，方便于征收赋税。在苏黎世，法律规定任何一个人应依照他的收益的比例征收赋税，收益总额他一定要通过宣誓来宣布。据了解，他们毫不怀疑自己的任何同胞会对他们说谎。在巴西尔，国家的主要收益来自对出口货物征收的小额关税。一切的公民都宣誓，他们每三个月支付法律规定的一切赋税一次。一切的商人，甚至一切的旅店主人，都受到托自己记载在境内外卖出的货物。每三个月末他们把这样的记录送交财务官，在记录接下来计算出应纳税额。没有人怀疑收入将会因这样的信托而受到损失。

让任何一个公民通过宣誓来宣布自己的财产数量，在瑞士的这些州中，仿佛并不算是什么困难。然而在汉堡，那就会算是最大的困难。那些从事冒险的贸易计划的商人，想到要在一切的时候暴露自己的实际情况，都会感到十分战栗。他们预见到，这样来做的结果，时常是信用的破产和计划的惨败。一种谨慎的节俭的人民，从来不从事一切的这类计划，而且不感到他们有必要去做出这样的隐瞒。

荷兰在奥伦治王子就任总督后不久，对每个公民的一切财产征收2%的税，也就是说，所谓五十便士取一。每个公民自行估税，按和汉堡同样的方式缴税；通常觉得，纳税是非常忠实的。当时人民对他们的新政府十分爱戴，这是他们通过一次总暴动刚刚建立的。税只付一次，方便于解救国家的非常急需。诚然，它太重了，没法永久持续。在一个市场利息率非常少超过 3%的国家，2%的税达到大多数时候从资本所得的最高净收益的每磅 13先令4便士。对这样的税，不在一定程度上侵蚀自己的资本，非常少有人可以付得起。在特殊的紧急状态下，人民出于巨大的爱国热情，做出巨大的努力，甚至放弃一部分资本，去拯救国家，他们不可能在长时期内持续这样做；假如他们这样来做的话，赋税不久就会让他们倾家荡产，完完全全没有力量去支持国家。

英格兰通过土地税对资本征收的赋税，尽管和资本成比例，却并不计划要减少资本或取走他一部分。它只不过想要成为一种对货币利息征收的税，他的比例和对土地地租征收的税同样；所以，当后者为每磅4先令时，前者也可能为每磅4先令。汉堡的税，还有翁德沃尔德和苏黎世的更轻的税，用意也与此相同，不是对资本征收赋税，而是对资本的利息或净收益征收赋税。荷兰的税用意是在向资本征收赋税。

特殊用途资本的利润税

在某些国家，对资本利润征收特殊的赋税，有的时候是当资本用在特殊的贸易部门上，有的时候是当资本用在农业上。

属于前一种的，在英格兰有对沿街叫卖的小贩和巡回小贩征收的税，有对出租的马车和轿子征收的税，有对酒店主为获取零售麦酒和火酒执照征收的税。在最近一次战争中，曾经提议对店铺征收另一种同样的税。据了解，实行这次战争是为了保卫国家的贸易，因而因这次战争得到利益的商人应该对支持战争做出贡献。

然而，对利用在任何特殊商业部门的资本的利润征收赋税，不可能最终落在商人身上（他们在大多数时候情况下一定要有自己的合理利润；然而在实行自由竞争的地方，所得也不可能多于这样的利润），总是落在消费者身上，他们一定要在商品价格中支付商人垫支的赋税，通常还带着一点超额。

当这样的税和商人的营业成比例时，最终由消费者支付，不可能造成对商人的压迫。然而当他不和商人的营业成比例而是对一切的商人与此同样征收时，尽管最终也是由消费者支付，然而优惠大商人，对小商人造成一点压迫。对每辆出租马车每星期征收赋税5先令，对每辆出租轿子每一年征收赋税10先令，当他由这样的马车和轿子的拥有人垫支时，和他们各自的营业范围保持颇为准确的比例。既不给大商人优惠，也不压迫小商人。对卖出麦酒的执照每一年征收赋税20先令，对卖出火酒的执照每一年征收赋税40先令，对卖出葡萄酒的执照每一年征收赋税80先令，对一切的商人都是一样。必定会让大商人得到一点好处，对小商人造成一点压迫。前者比后者会感到更容易从自己货物的价格中找回所垫支的赋税。然而，税额的轻微让这样的不平等不是那样重要，而且在很多人看上去，稍稍抑制小麦酒店的增多也不是不合适的。

对商店的征收赋税用意在对一切的商店征收赋税同样。它不可能不是这样。要让赋税和商店营业的大小保持极其准确的比例，就没办法不实行调查，然而这在一个自由国家是完完全全没法接受的。假如赋税非常重，它会压迫小商人，迫使差不多一切零售业落入大商人手中。前者的竞争既已消除，后者就会享受到这样的营业的垄断权，就像一切其他的垄断者的一样，他们不久就会联合起来，提高他们的利润，很大程度多于为支付赋税所必要的。最终的支付不是落在店主人身上，而是落在消费者身上，在店主的利润上加上非常大的超额。因为这些原因，就把对商店征收赋税的计划搁置起来，取而代之的是1759年的补助税。

法兰西的所谓个人贡税，可能是欧洲一切地区对农业资本的利润征收中的举足轻重的赋税。

在封建政府盛行时的欧洲混乱状态下，君主没办法不满足于对无力拒绝纳税的弱小人民征收赋税。大领主尽管愿意在特殊紧急状态下帮助君主，然而拒绝缴纳任何日常的赋税，君主又没有强大到足够强迫他们。一切欧洲的土地拥有者最开始大多数都是农奴。在欧洲的大多数地区，他们渐渐得到解放。他们中有些人得到了地产的财产权，通过便宜奴隶条件拥有地产，有的时候是在国王后面，有的时候是在某个其他的大领主后面，就像英格兰古代的依据官文享有不动产者一样。其他没有得到财产权的人，对他们在自己的领主下所占用的土地得到了必定年限的租地权，因此变得不依附于他的领主。大领主们仿佛满怀恶意，对这样的下层人民这样来享有的繁荣和独立程度，既感到愤怒，又非常轻视，乐于同意君主向他们征收赋税。

在某些国家，这样的税只限于依照便宜奴隶条件所有的土地，在这样的场合，贡税据了解是不动产的贡税。萨的尼亚过去国王设立的土地税，在普罗旺斯、朗格多克、多菲那和布列塔尼各省，在蒙托邦征收赋税区，在阿让和康顿选举区，还有在法兰西某些其他地区征收的贡税，就是对通过便宜奴隶条件所有的地产征收的赋税。在其他国家，赋税是向一切拥有农场或属于他人的土地（不管他所有条件如何）的人的推定利润征收的，在这样的场合，贡税被说成是个人的贡税。在法兰西的大多数称为“选举区”的各省，贡税就是这一种。不动产的贡税只对国内的部分土地征收，必定是一种不平等的税；然而它并不总是一种武断的税，尽管在某些场合它是武断的。个人的贡税，用意是在和某类人民的利润成比例，然而这样的利润的大小只可以猜测，所以必定既是武断的，又是不平等的。

在法国，现时（1775年）每一年向20个征收赋税区（称为“选举区”）征收的个人贡税共达40107239利弗16苏。这个总数在各个省份分摊的比例，每年不同，依照国王枢密院所收到的有关作物丰歉与其他可能增加或减少它们各自的纳税力量的情况的报告来定。

每一征收赋税区又分为若干小选举区，对全区征收的税收总额在各小选举区间的分配也是每年不同，依照向枢密院提出有关各自力量的报告来定。枢密院就是有最好的愿望，也不可能极其准确地让这两种估计和征收赋税省份或地区的真正力量成比例。愚蠢和误报总是会在一定程度上误导最正直的枢密院。

任何一个教区应该分摊的对整个选举区征收的税额，任何一个人应该分摊的对他的教区征收的赋税总额，与此同样每年不同，依照环境被觉得如何要求来定。这样的环境，在一种情况下由选举区官吏判定，在另一种情况下由教区官吏判定，两者都在一定程度上受到省长的指引和影响。据了解经常误导这样的评估的，不仅有愚蠢和误报，还有友情、党派仇恨和私人仇恨。

非常明显，非常少有应该纳税的人在评估以前可以明白他应该缴纳的是多少。甚至在评估以后他也没法确切明白。假如有任何应该免税的人。被征收赋税，假如有任何人被征收的税多于他的应税比例，尽管他当时一定要缴税，然而假如他们提出申诉，而且可以证明他们的申诉是有理的，下一年整个教区就被重新征收赋税去偿还他们。假如任何纳税人破产或无支付力量，收税员就一定要代他缴税，然后在下一年对整个教区征收赋税去偿还收税员。假如收税员自己也破产，选举他的教区一定要就他的行为对选举区的总收税官负责。然而，因为总是收税官对整个教区提起诉讼是件麻烦的事，所以他选定五六个最富的纳税人，命令他们补偿因收税员的没有支付力量而失去的款项。随后教区重新征收赋税，去补偿这五六个人。这样的重新征收赋税经常多于征收赋税年份的贡税。

当一种税征收在某一特殊贸易部门的利润之上时，商人们全都小心不让送往市场的货物多于他可以通过足够补偿垫支税额的价格卖出的数量。有些人从这样的贸易中抽回自己的一部分资本，因此市场的供应比以前较少，因此货物的价格上调，赋税的最终支付就落在消费者身上。然而当赋税征收在农业资本的利润之上时，从农业中抽回自己的任何一部分资本是不符合农场主的利益的。每个农场主占用必定数量的土地，为此他们支付地租。为了合适地耕种这样的土地，需要有一定数量的资本；抽回任何一部分这样的必要的资本，农场主不可能更有力量去支付地租或赋税。为了支付这样的赋税，他的利益绝不在于减少产物的数量，从而让市场的供给比以前更少。所以，赋税没法让他提高自己产物的价格，把最终的支付推给消费者而让自己得到补偿。

然而，农场主也就像任何一个其他的商人一样，一定要得到自己的合理利润，要不然他就没办法不放弃这个行业。在征收此种赋税以后，他只有向地主少付地租才可以得到他的合理利润。他一定要付出的赋税越多，他所可以付出的地租就越少。当租约有效期间征收这样的赋税时，无疑地可能让农场主陷入困境或破产。在重新订立租约时，赋税必定会落在地主身上。

在征收个人贡税的国家，对农场主应该按照他在耕种中所利用的资本的比例征收赋税，所以，他经常不敢拥有良好的马群或牛群，而是想要用最恶劣、最没有价值的农具去耕种土地。他不信任评估员的公正，所以假装贫穷，愿意看起来就好像无力支付任何东西，因为恐怕没办法不支付太多。因为这样的可怜的方法，他可能没有总是用最有效的方式去思考他自己的利益，通过减少他的产物所损失的，可能比通过减少他的缴税所节俭的更多。尽管因为这样的不良的耕种让市场的供给无疑地要稍微差些，然而这样造成的价格的小小上调甚至没法补偿农场主的产物的减少，那就更没法让他向地主支付更多的地租。公家、农场主和地主全都是因为他的耕种退步而受到损失。有关个人的贡税通过非常多不同的方式抑制耕种，因此让任何一个富裕国家的主要财富来源枯竭，我已经在本书第三编做出过评述。

在北美的南方各州还有在西印度群岛有所谓人头税，每一年向任何一个黑人征收赋税若干，是真正向农业中利用的某种资本的利润征收的赋税。因为种植人大多数既是农场主又是地主，所以，赋税的最终支付落在作为地主的他们身上，没有任何补偿。

对耕种中利用的奴隶每人征收赋税若干，仿佛从古以来在全欧洲就非常常见。在俄罗斯帝国，现今依过去存在这样一种赋税。可能是因为这个原因，一切各种人头税常被说成是奴隶的标志。然而，对纳税者来说，每一种税不是奴隶的标志，而是自由的标志。诚然，赋税表明他隶属于一个政府，然而，既然他有些财产，他本人就不可能是一个主人的财产。对奴隶征收的人头税和对自由人征收的人头税完完全全不同。后者是由被征收的人自己支付的，前者是由此外一种人支付的。后者在大多数场合既是完完全全武断的又是完完全全不平等的；前者在某些方面尽管是不平等的，因为不同的奴隶都具有不同的价值，却在任何方面都不是武断的。每个主人都明白自己有多少奴隶，准确地明白自己要纳多少税。然而，这些用同一名称表示的不同的税，却被觉得具有同样的性质。

荷兰向男仆和女仆征收的税，不是对资本的征收赋税，而是对支出的征收赋税，和对消费品征收的赋税相似。在大不列颠最近向每个男仆征收的1基尼的税，就是这样一种税。它落在中等阶级的人身上最重。一年收益200镑的人可能雇佣一个男仆，一个收益1万镑的人不可能雇佣50个男仆。这样的税不可能影响穷人。

对特种用途中的资本的利润征收赋税，绝不可能影响到货币的利息。没有人会对把钱用在征收赋税用途中的人比对把钱用在不征收赋税用途中的人收取较少的贷款利息。对从各种用途的资本产生的收益征收赋税，在政府想要比较准确地征收的地方，在非常多场合都落在货币利息上。法兰西的20便士取一的税，和英格兰的土地税是一种类似的税，是同样向来自土地、房屋和资本的收益征收的。就它的影响资本来说，它比英格兰土地税征收在同一资源上的部分评估更为准确，尽管不是非常苛刻。它在非常多场合完完全全落在货币利息上面。在法兰西，货币经常被投入一种所谓“年金契约”，也就是说，一种永久年金，债务人如果可以偿还原来借的数量，随时均可赎回，然而债权人除非在特殊场合，没法赎回。二十取一的税仿佛没有提高这样的年金率，尽管它是完完全全依照这样的年金征收的。

第一项及第二项附录　土地、房屋和资财的资本价值税

当财产保留在同一个人手中时，不论对它征收什么永久性的赋税，目的都不是要减少它的资本价值或取走资本价值的一部分，而只不过在取走从中产生的收益的一部分。然而当财产转手时，也就是说，从死者转到生者、或从生者转到生者手中时，向它征收的赋税经常必定要取走它的资本价值的一部分。

一切各种财产从死者向生者的转移，还有不动产也就是土地和房屋从生者向生者的转移，都是在性质上公开的、众所周知的交易，或是没法长久隐瞒的交易。所以，对这样的交易是能够直接征收赋税的。资本或动产从生者转移到生者采取贷款形式的交易，经常是秘密的交易，能够永远让之成为秘密的交易。所以，对它不容易直接征收赋税。对它曾用两种不同的方式间接地征收赋税：第一，要求包含偿还义务的契约写在支付过一部分印花税的使用纸（或羊皮纸）上，要不然就无效；第二，要求这样的契约登记在公开的或秘密的登记簿上，在登记时征收必定的税，要不然就无效。印花税和登记税经常征收在把一切各种财产从死者转移给生者、或把不动产从生者转移给生者的契约上，这样的交易可能是不容易直接征收赋税的。

由奥古都特向古罗马人征收的二十便士取一的遗产税是对从死者向生者转移财产征收的税。一位就这个题目做过详明叙述的作者是狄翁·卡修斯山，他说，这样的税是向因为死亡而发生的继承、遗赠和赠予征收的，只有对受惠的近亲和穷人是例外。

荷兰的继承税也属于同一种类型。旁系继承按亲疏的程度征收赋税，从继承总价值的5%至30%。对旁系的遗赠，征收同样的税。丈夫向妻子、妻子向丈夫的遗赠，征收1/15的税。前辈对后辈的悲哀继承只征收二十便士取一的税。直接继承，或者是后辈对前辈的继承，不纳税。父亲的死亡，对和他同住的子女来说，非常少会增加

收益，经常会很大程度减少收益，这是因为失去了他的劳动或他可能拥有的官职或某种什么终身年金。从他们所继承的东西当中取走任何一部分会加重这样的损失，这样的税会是残酷的和压迫性的。然而对罗马法中所说的解放了的子女和苏格兰法律中所说的分了家的子女来说，情形有的时候可能有所差别；他们已经得到了自己的一部分财产，有了自己的家庭，是通过和父亲的资源分离的和独立的资源来维持的。这样的子女的继承部分不论有多少，总是对他们财产的实际增加，因此对他们的继承征收赋税，不可能比一切这样的赋税原本就有的不便造成更多的不便。

依照封建法律，土地从死者向生者转移，或者是从生者向生者转移，都要征收赋税。在古代，这样的税构成欧洲每个地区国王收入的主要部分。

国王的任何一个直接封臣的后代在继承采邑时都要缴纳一定的赋税，通常为一年的地租。假如后代尚没有成年，在整个没有成年期间一切地租都归国王，除了维持年幼的后代与支付寡妇应得亡夫的遗产（当土地上有应享有遗产的寡妇时）外，国王不需要做任何开支。到幼年人达到成年时，需要向国王缴纳另一种税，称为交代税，通常也是一年的地租。非常长的幼年期在现代经常让一宗大地产解除它的一切债务，而且让宗族恢复他往日的光荣，在当时却不产生这样的效果。幼年期长的大多数时候效果是地产的荒芜，而不是解除债务。

依照封建法律，不得到他的领主同意，封臣没法转让地产，领主在给予同意时大多数时候勒索一笔钱。这样的款项在起初是随意索取的，后来在非常多国家规定为土地价格的一定部分。在有些国家，大多数的其他封建惯例已经废弃不用，然而对土地转让的这样的赋税依过去的是君主收益的非常大一部分。在伯尔尼州，它达到所有一切贵族所有地价格的1/6，所有一切平民所有地价格的1/10。在卢塞恩州，对卖出土地征收赋税不是广泛的，只在某些地区实行。然而假如任何人卖出土地，方便于从境内迁出，他一定要按一切售价的1/10纳税。对卖出一切的土地或对卖出按某种条件所有的土地，在非常多其他国家也征收同样的税，这样的税构成君主收益的或大或小的一部分。

对这样的交易，能够用印花税或用登记税间接地征收赋税；这样的税能够同转移对象的价值成比例，也可不成比例。

在大不列颠，印花税的高低如果说是依转移财产的价值（最大数量的债券18便士或30便士的印花就足够）来定，还不如说是依契约的性质来定。最高不多于每张用纸或牛皮纸6镑；然而这样的高税主要落在国王的特许状或某些法律诉讼书上，不思考对象的价值。在大不列颠，对契约或文书的登记不征收赋税，除了保管登记册的官员的手续费之外，然而这样的手续费只不过是对他们劳动的合理报酬。国王不从他那里得到任何收益。

在荷兰有印花税和登记税，在有些场合和转移财产的价值成比例，在其他场合不和它成比例。一切遗嘱都一定要写在贴了印花的纸上，它的价格和处理的财产成比例，每张纸的印花从3便士或3斯泰弗到300佛洛林，大概合我国货币27镑10先令。假如印花的价格低于立遗嘱人应该利用的数量，继承财产便被没收充公。这是他们对继承征收的一切其他赋税之外的税。除了汇票和某些其他的商业票据，一切契约、债券和合同均须交印花税。然而，这样的税不随对象的价值成比例地上调。一切土地和房屋的卖出还有两者所有的抵押，全部一定要登记，在登记时向国家缴纳等同于卖出价格或抵押品价格2.5%的税。这样的税推广应用于载重2吨的船舶的卖出，不管他有无甲板。这些仿佛被看成是一种水上房屋。动产的卖出，当他是因为法庭命令时，也应征收2.5%的税。

在法国有印花税和登记税。前者被觉得是货物税的一部分，在征收这样的税的省份，由主管货物税的官员来征收。后者被觉得是国王收益的一部分，由一批不同的官员来征收。

这样的用印花税或登记税征收赋税的方式是非常晚的发明。然而，在不多于一个世纪的时间内，印花税在欧洲已经变得差不多是广泛存在，登记税也是大多数时候采用的。一个政府向其他政府学习的技术之快，莫过于从人民口袋掏钱的技术。

对由死者向生者转移财产的征收赋税，最终直接落在接受财产的人身上。对卖出土地的征收赋税完完全全落在卖主身上。卖主差不多总是处在一定要出卖的境地，因此一定要接受所可以得到的价格。买主非常少处在一定要购买的境地，因此只给予他所愿意给予的价格。他思考赋税和价格加在一起，土地对他将会值多少。他所要付的税越多，他愿意出的价格就越小。因此这样的税差不多总是落在处境困难的人身上，所以经常是非常残酷的和压迫性的。对卖出新建房屋的征收赋税，在不连地皮卖出建筑物时，通常落在买主身上，因为建筑人通常一定要有他的利润，不然他就没办法不放弃这样的行业。所以，假如他垫支赋税，买主通常一定要偿还给他。对卖出过去的屋的征收赋税，和对卖出土地征收赋税的理由一样，通常落在卖主身上，在大多数场合，或是因为方便，或是因为必要，他没办法不卖。每一年推向市场的新建房屋的数量，在一定程度上是由需求调节的。除非需求可以向建筑人带来利润，不然他就不可能建筑更多的房屋。在任何时候推向市场的过去的房屋数量，是由大多数和需求无关的偶然事故决定的。

在一个商业城市，两三次的大破产就会有非常多的房屋卖出，它们一定要按所可以得到的价格卖出。对地皮租金卖出的征收赋税完完全全落在卖主身上；对土地卖出的征收同样赋税。对债券和借款合同征收的印花税和登记税完完全全落在借款人身上，事实上总是由他来支付的。对法律诉讼征收的同一种税落在诉讼人身上。这样的税对原被告双方都会减少诉讼对象的资本价值。能够得到任何财产的成本越高，所得到的财产的净价值就可能会越小。

一切对各种财产转移征收的赋税，就它减少该财产的资本价值来说，均有减少用来维持生产性劳动的资源的倾向。它们全都在一定程度上是增加国王收益的不节俭的赋税，它们所维持的只不过是非生产性的劳动者，所放弃的是人民的资本，然而资本所维持的只不过是生产性的劳动者。

这样的赋税，哪怕当它和转移财产的价值成比例时，也是十分不平等的；同等价值的财产的转移次数不总是同等。当他不是和这样的价值成比例时——大多数的印花税和登记税都是这样——就更加是不平等。它们在任何方面都不是十分武断的，在一切的场合它们都是或可能是清楚清楚的。尽管它们有的时候落在不是非常有力量纳税的人身上，然而缴税的时间在大多数场合对他都是方便的。当付款期到来时，在大多数场合他们必定有用来支付的货币。它们的征收费用非常小，通常说来，纳税人除了一定要纳税之外，并没有什么其他的不方便。

在法国，人们对印花税不很抱怨。对登记税人们却非常抱怨。有人这样觉得，它们让包税总管的收税人员有勒索的机会，这样的税在非常大程度上是武断的和不确定的。在大多数反对法国现行财政制度的小册子中，登记税的流弊是一个非常主要的题目。然而，不确定性仿佛不一定是这样的赋税的内在本质。假如群众的抱怨是有依照的，那么流弊不是因为这样的赋税的性质而产生的，然而是因为征收赋税命令或法律在措辞上的缺乏准确和明晰产生的。

抵押的登记还有通常一切有关不动产权利的登记，因它可以给予债权人和购买人巨大的保障，对公众是十分有利的。大多数其他种类契约的登记对个人经常是不方便的甚至是危险的，对公众也没有任何好处。大家承认，一切应该保持秘密的登记簿根本就不应该存在。个人信用的安全必然不应该依存于下级税收人员的正直和良心这样的非常薄弱的保障。然而在登记费作为君主收益来源的地方，登记机关广泛无止无休地增多，应该登记的契约要登记，不应该登记的契约也要登记。在法国，有几种不同的秘密登记簿。这样的弊病尽管可能不是必定的，却一定要承认，它是这样的赋税很容易产生的结果。

就像英格兰的对纸牌和骰子、对新办的报纸和定期刊物等征收的印花税，合适地说是对消费的征收赋税；最终的支付落在利用或消费这样的商品的人身上。也就是说，花税，就像对零售麦酒、葡萄酒和火酒的执照征收的印花税一样，尽管目的可能是落在零售商的利润上，却同样都是由这样的酒类的消费者最终支付的。这样的赋税，尽管和上面所说的对财产转移征收的印花税利用同一名称，由同样的官吏用同样的方式征收，却具有完完全全不同的性质，落在完全不同的资源上面。

第三项　劳动工资税

我在本书第一编已经想要表明，低级工人的工资在各个地方必定是由两种不同的情况规定的：对劳动的需求，食物的平均价格。对劳动的需求，依照它的增加、停滞或减少，或依它的要求有增加、停滞或减少的人口，来决定劳动者的生活资料，决定这样的生活资料的丰富、通常的或缺少程度。食物的平均价格，决定着一定要支付给工人让他一年平均可以购买这样的丰富的、通常的或缺少的生活资料的货币数量。所以，当对劳动的需求和食物的价格保持不变时，对劳动工资的直接征收赋税除了提高工资比税额略大之外，没有其他的效果。

举例来说，如果在某地对劳动的需求和食物的价格让一星期10先令成为大多数时候的劳动工资；对工资征收1/5或每磅4先令的税。假如对劳动的需求和食物价格保持不变，在那个地方劳动者依过去的一定要赚得每星期用10先令所可以购买的生活资料，或者说在缴税以后他一定要有每星期10先令的自由调节的工资。而为了让他缴税以后还有这样的自由工资，劳动价格在该地不久就会上调，不仅是升到每星期12先令，而是升到12先令6便士，也就是说，是说为了让他可以支付1/5的税，他的工资不久就必定上调，不仅是1/5，甚至提高至12先令6便士。不论赋税的比例来说，劳动工资在一切情况下不仅按那个比例上调，而且还是按较高的比例上调。

举例来说，如赋税为1/10，劳动工资不久必定上调、不仅是

1/10，而且是1/8。很明显，对劳动工资的直接征收赋税，尽管可能由劳动者自己付出，甚至还不能够说是由他垫支的，至少是在缴税以后对劳动的需求和食物的平均价格仍和纳税以前保持不变的时候是这样。在一切这样的场合，不仅赋税，而且有比赋税更多的款项，事实上是由直接雇佣他的人垫支的。最终的支付，在不同的场合落在不同的人身上。这样的税造成的制造业劳动工资的上调是由制造业主垫支的，他有权但没办法不把垫支的赋税加在他的货物价格上，还有所应得的利润。明显，工资的这样的上调，还有制造业主的额外利润，会落在消费者身上。

这样的赋税可能造成的乡村劳动工资的上调，由农场主垫支，他为了保持和以前同样的劳动者人数，没办法不投入更大的资本。为了收回他的更大的资本，还有资本的大多数时候利润，他一定要保留土地产物的较大份额或这一较大份额的价格（二者是一回事），因此而他没办法不对地主少付地租。明显，在这样的场合，上调工资的最终支付，还有垫支这一上调工资的农场主的额外利润，全落在地主身上。在一切的场合，对劳动工资的直接征收赋税，比征收一种和该税收益同等的其他的税，在长时期中会让土地地租有较大的减少，令制造品价格有较大的提高，其中一部分落在土地地租上，一部分落在消费品上。

假如对劳动工资的直接征收赋税没有造成工资的比例上调，那是因为它通常造成了对劳动需求的非常大的下降。这样的赋税的效果通常是产业的凋零，穷人就业的减少，全国土地和劳动年产物的下降。然而，因为这样的赋税，劳动价格必定总是比在没有这样的税的场合依照实际需求情况有的价格高一点；这样的价格的提高，还有垫支赋税的人的利润，最终必定总是由地主和消费者支付。

对乡村劳动工资的征收赋税而且不按赋税的比例提高土地天然产物的价格，其理由和对农场主利润的征收赋税而且不按比例提高那种价格一样。

然而，这样的赋税尽管不合理和具有破坏性，却在非常多国家实行征收的。在法国，贡税中对乡村劳动者和日工的劳动征收的部分，能够正当地说就是这样的税。他们的工资是按他们居住地区的大多数时候工资率计算的，他们一定要尽量少付超额的部分，他们每一年的收益是按每一年不多于二百个工作日计算的。任何一个人所纳税额依不同的情况而各个年份不同，这样的情况由省长指定来帮助他的收税员或委员来判定。在波希米亚，因为从1748年开始的财政制度的改革，对手工业者的劳动征收非常重的税。他们分为四个等级。最高一级每一年缴税100佛洛林，按每佛洛林折合5便士计算，共达9镑7先令6便士。第二级每一年缴税70佛洛林，第三级50佛洛林，第四级包括村庄的手工业者，还有城市最低一级的手工业者，每一年缴税25佛洛林。

我在第一编已经想要表明，优秀艺术家和自由职业者的报酬必定和下级行业的报酬保持一定的比例。对这样的报酬的征收赋税，除了让这样的报酬提到比税额略高之外，没有其他的效果。假如报酬不按这样的方式提高，优秀艺术和自由职业因为不再和其他行业处在同一水平，就会被人抛弃，导致不久又会回到那个水平。

官员的报酬，和各行业和职业的报酬不同，不是由市场的自由竞争决定的，因此并没有保持这样的职业的性质所要求的恰当比例。在大多数的国家，它比正当比例所要求的要高一点；管理政府的人通常倾向于对自己和自己的直接下属给予比充分限度略高的报偿。所以，官吏的报酬在大多数场合非常可能承担征收赋税。除此之外，享受到公职的人，尤其是待遇较好的公职的人，在一切的国家通常都是嫉妒的对象；对他们的报酬征收赋税，即便比对其他各种收益的征收赋税略高，也总是非常受到人欢迎的赋税。举例来说在英格兰，当土地税对每一种其他的收益被认定为按每磅4先令征收，然而对年薪100镑以上的官职（对皇室新成家者的年金、对海陆军军官的报酬、还有对少数其他不太受到人妒忌的官职的报酬除外）每磅征收赋税5先令6便士却是非常受到人欢迎的。在英格兰，对劳动工资没有其他的直接征收赋税。

第四项　目的在不加区分地落在一切各种收益上的税

目的在不加区分地落在每一种收益上面的赋税，有人头税和对消费品的征收赋税。这样的税一定要不加区别地由纳税人任何一种收益支付，也就是说，从他们土地的地租、从他们资本的利润、从他们劳动的工资支付。

人头税

人头税，假如试图让它和任何一个纳税人的财产或收益成比例，那就会变得完完全全是武断的。一个人的财产状况是逐日变动的，不经过比任何赋税令人更难忍受到的调查，而且至少每一年修正一次，就只可以靠推测。所以，对他的估税在大多数场合就依存于他的估税员的善意或恶意，因而完完全全是武断的和不确定的。

人头税假如不和推定的财产成比例，而是和任何一个人的身份成比例，就会变得完完全全是不平等的，在社会等级同样的人中，财产的等级完完全全是不平等的。

所以，这样的税假如试图让它平等，它就变得完完全全是武断的和不确定的；假如试图让它确定和不武断，它就变得是完完全全不平等的。不管赋税是重是轻，不确定总是一个巨大的苦难。对于轻税，非常大的不平等经常还能够忍受；在重税，它就完完全全不可忍受。

威廉三世在位时实行的各种人头税，对大多数纳税人是依照他们的社会等级来估税的，如侯爵、伯爵、公爵、男爵、子爵、绅士、贵族、贵族的长子和末子等。一切家产300镑以上的店主和商人，也就是说，他们中的处境较好的人，按同样的方法征收赋税，不管他们财产的大小。他们的身份比他们的财产受到更多的思考。在第一次人头税中依照推定财产征收赋税的人，有一点后来改为依照身份征收赋税。在皇家法庭具有特权的高级律师、事务律师和王室的诉讼监督在第一次人头税中是按他的推定收益每磅3先令征收赋税的，后来改为按绅士的身份征收赋税。在对一项不很重的赋税的评估中，很大程度的不平等觉得比任何程度的不确定较易接受。

法国自本世纪初以来没有间断地征收的人头税，对最高阶级的人民是按他们的身份征收赋税的，税率不变；对于较低阶级的人民是按照他们的推定财产征收赋税的，估税每年不同。国王宫廷的官吏、高等法院的审判官与其他的官员、部队的军官等按第一种方式征收赋税。各省的较低阶级人民按第二种方式征收赋税。在法国，大人物非常容易接受税收上的非常大的不平等，这样的税收对于他对他们的影响来说，并不是非常重要的；然而他们没法忍受省长的随意评估。在该国下层阶级的人民一定要耐心忍受他们的上级觉得适合给予他们的待遇。

在英格兰，各种人头税从没有收足预期从它们会得到的税额，或者说，假如严格征收，它们被觉得可能收到的税额。在法国，人头税总是可以收足预期的税额。英国的温和政府在对不同阶级的人民估征人头税时，满足于估征所得来的金额，不去要求补偿国家因人民没法缴税、不情愿缴税（这样的人非常多）所受到的损失；因为执行法律的宽大，而且不强迫这些人纳税。法国的比较严峻的政府对每个征收赋税区估征必定的税额，省长一定要尽可能地去收足。假如任何一省抱怨估税太高，在下年的评估中，能够得到和头一年的超征成比例的减免。然而在当年一定要缴纳。省长为了确定可以收足对他的征收赋税区所估定的税额，有权评估较大的税额，让某些人的拒绝缴纳或没有力量交税能够从对余下的人的超征得到补偿；在1765年以前，这样的超征评估完完全全由省长自行决定。在这一年枢密院把这样的权力据为己有。在各省的人头税方面，有关法国征收记录的消息非常灵通的作者说，落在贵族身上和落在有特权豁免缴纳贡税的人身上的比例，是最轻的。最大的比例落在缴纳贡税的人身上，他们按应纳贡税数额每磅征收人头税若干。

人头税，就它向较低等级的人民征收来说，是对劳动工资的直接征收赋税，具有直接赋税的一切不方便。

人头税征收时花费非常小。在它严格征取的地方，对国家可以带来非常确定的收益。因为这个原因，在下等人民的安逸、舒适和安全不受到注意的国家，人头税非常普通。所以，通常说来，一个大帝国从人头税所征收的只不过公共收益的一小部分，不仅这样，这样的税所带的最大金额，也能够用某种对人民更加方便的方法去筹措。

消费品税

不可能按收益的比例用人头税去向人民征收赋税，仿佛加快发明了对消费品的征收赋税。国家不明白怎样直接地、成比例地去向它的国民的收益征收赋税，因此想要对他们的支出间接征收赋税，觉得在大多数场合，他们的支出和收益大体上是成比例的。对他们的支出征收赋税，就是对支出的目的，也就是消费品征收赋税。

消费品或为必需品，或为奢侈品。

我所说的必需品，不只是维持生活所必不可少的商品，还包括国家的风尚让它成为维持值得称赞的人的体面、甚至是最低阶级人民的体面所不能够缺少的东西。举例来说，亚麻布衬衫严格说来并不算是生活必需品。我觉得，希腊人和罗马人尽管没有麻布衬衣，也生活得非常舒适。然而在现今，在欧洲的大多数地区，一个受到人尊敬的日工没有一件麻布衬衫，就不敢在大庭广众中露面，没有这样的衬衫会被觉得表明贫穷到可耻的地步，要不是做了非常大的坏事，没有人会落到这样的地步。

风尚在英格兰，同样使得皮鞋成为生活必需品。最值得称赞的男人和女人，没有一双皮鞋也不敢在公众中露面。在苏格兰，风尚令皮鞋在最低阶级的男人中成为生活必需品，然而在同一阶级的妇女中却不然，她们能够赤脚行走，没有什么体面不体面的。在法国，皮鞋不管对男人或女人都不是必需品，最低阶级的男人和妇女穿着木屐有的时候还赤脚公然行走，毫不失体面。所以，我所说的必需品不仅包括很容易让之成为最低阶级人民所必要的东西，而且包括已经建立的有关体面的却让之成为他们所必要的那些东西。一切其他的东西我称之为奢侈品，这个名称不包含对适度利用它们有丝毫的谴责之意。举例来说，我称在大不列颠饮用的啤酒和麦酒，还有也就是说，即便在生产国所饮用的葡萄酒为奢侈品。一个任何阶级的人能够完完全全不用这样的饮料而不受到谴责。大很容易没有让之成为维持生活所不可缺少的东西；任何地方的风尚也没有让之成为保持体面所不可缺少的东西。

因为劳动工资在各个地方部分地是由对劳动的需求、部分地是由生活必需品的平均价格决定的，所以凡是提高这样的平均价格的事情必定会提高这样的工资，方便于让劳动者依过去的能够买到依照对劳动的需求状况（不管他为增加、停滞或减少）他所应该享有那种必需品数量。对这样的物品征收赋税，必定让它们的价格增加得比这样的税额略高，因为垫支这样的税的商人通常一定要把它收回，而且附带利润。所以，这样的税必定造成劳动工资的上调和价格的上调成比例。

所以，对生活必需品的征收赋税，所起的作用完完全全和对劳动工资的直接征收赋税相同。劳动者尽管可能亲手缴税，然而至少在长时期内，甚至没法合适地说是由他垫支的。在很长的一段时期内，一定要在他的提高的工资率中，由他的直接雇主垫支给他。他的雇主，假如他是一个制造业者，必定把提高的工资还有利润加在货物的价格上面；所以赋税的最终支付，还有这个多余数额，都落在消费者身上。假如他的雇主是农场主，就将会落在地主的地租上面。

对我所称的奢侈品征收赋税，也就是说，即便是由穷人消费的，也没有这样的效果。征收赋税商品价格的提高，不一定会造成劳动工资的上调。举例来说，对烟草征收赋税，尽管这是穷人和富人的奢侈品，不可能提高工资。尽管在英格兰，税额为烟草原价的3倍、在法国为原价的15倍，这样的高税对劳动工资仿佛毫无影响。对茶和食糖征收赋税，也能够与此这样来说，二者在英格兰和荷兰已成为最低阶级人民的奢侈品；对巧克力的征收赋税也是这样，据了解它在西班牙也已变成这样。大不列颠在本世纪中对火酒征收的各种税，对劳动工资没有影响。黑啤酒价格的上调是由对每桶啤酒征收3先令附加税引起的，没有在伦敦引起大多数时候劳动工资的上调。这样的工资在征收赋税以前大概为每天18便士和20便士，现在也没有增多。

这样的商品的价格没有必定降低卑微阶级人民养育有用子女的力量。对质朴勤劳的穷人来说，对这类商品的征收赋税起着取缔奢侈的法律的作用，让他们少用或完完全全不用这样的不再可以容易购买的奢侈品。因为这样的被迫的节俭，他们养育子女的力量不仅没有减少，反而可能经常因征收赋税而增加了。正是质朴勤劳的穷人通常养育了人数众多的子女，主要供给对有用劳动的需求。

必需品平均价格的任何一点上涨，除非由劳动工资的比例上调得到补偿，不然必定会在一定程度上降低穷人养育子女而供应有用劳动需求的力量，不管需求的状况如何，是增加、停滞或减少；或者是要求人口增加、停滞或减少。

对奢侈品征收赋税，除被征收赋税商品的价格之外，没有提高任何其他商品的价格的倾向。对必需品征收赋税，由于提高劳动工资，必定有提高一切制造品价格从而减少制造品的销售和消费范围的倾向。对奢侈品的征收赋税最终由征收赋税商品的消费者支付，得不到任何补偿。这样的税毫无区别地落在每一种收入，也就是说，落在劳动工资、资本利润和土地地租上。对必需品的征收赋税，就它对劳动穷人的影响来说，最终部分地由地主支付，他们土地的地租减少了；部分由富有的消费者支付，不管是地主或其他的人，制造品的价格提高了；支付时总是带着一个极其大的额外数量。就像真正的生活必需品而且是用来供穷人消费的这样的制造品（如粗毛织物）的价格的提高，一定要用工资的进一步提高对穷人做出补偿。

中等和上等阶级的人民，假如他们了解他们自身的利益，应该永远反对对生活必需品征收一切赋税，还有对劳动工资的直接征收赋税。两类赋税的最终支付完完全全落在他们自己身上，而且总是带着一个非常大的额外数量。它们落在地主身上最重，地主总是通过双重身份来支缴税款：作为地主，可以通过自己地租的减少；作为富有的消费者，就可以通过他们支出的增加。根据马修·德克尔爵士的观察，觉得某些赋税在某些货物的价格中重复和积累四五次，这就对生活必需品征收的赋税来说是完完全全正确的。举例来说，在皮革的价格中，你不仅一定要按照你自己的鞋所用皮革缴税，不仅这样，一定要按照制鞋匠和制革匠的鞋所用皮革缴税。你还一定要就这些工人在为你服务时所利用的盐、肥皂和蜡烛缴税，一定要按照制肥皂人、制盐人、制蜡烛人在工作期间所消费的皮革缴税。

在大不列颠，对生活必需品征收的主要赋税就是上面提到的对四种商品的征收赋税：盐、皮革、肥皂和蜡烛。

盐是一种非常古老和非常广泛的征收赋税对象。罗马人征收盐税，我相信现今欧洲每个地区也是这样。任何一个人每一年消费的盐的数量非常小，能够渐渐购买，仿佛觉得，哪怕对它征收赋税非常重，也没有人会非常明显地感觉到。在英格兰，盐每蒲式耳征收赋税3先令4便士，大概为原价的三倍。在某些其他国家，征收赋税更高。皮革是一种真正的生活必需品。亚麻布的利用使肥皂也变成这样。在冬夜非常长的国家，蜡烛是一种必须的生产工具。在大不列颠，皮革和肥皂每磅征收赋税1个半便士，蜡烛1便士，赋税对商品原价来说，皮革大概为8%或10%，肥皂大概为20%或 25%，蜡烛大概为14%或15%，这些税尽管比对盐的征收赋税略轻，然而依过去的非常重。一切这四种商品都是真正的生活必需品，对它们征收的这样的重税必定会稍微增加质朴勤劳的穷人的开支，从而必定会在一定程度上提高他们的劳动工资。

就像在大不列颠那样冬季非常寒冷的国家，在那个季节，从这个词的最严格的意义来说，燃料是一种生活必需品，一方面是为了烹调食物，还是为了在室内工作的非常多种工人的舒适生活。然而煤炭是一切燃料中最便宜的。燃料价格对劳动价格的影响非常巨大，所以全大不列颠的制造业仅限于产煤地区；在其他的地区，因为这一必需品的价格高昂，没法低廉地运作。除此之外，在某些制造业中，煤炭是一种必要的生产工具；如在玻璃、铁和一切的其他金属制造业中。假如在任何情况下发放奖金是合理的话，那么对把煤炭从富饶地区运往缺乏地区发给奖金可能就是合理的。然而立法机关不仅不发给奖金，反而对煤炭的沿海岸运输每吨征收赋税3先令3便士，按照大多数种类的煤炭来说，占矿井原价的60%以上；陆地运输或内陆航运的煤炭不征收赋税。在煤价很容易低廉的地方，煤炭的消费不征收赋税；在煤价很容易昂贵的地方，对煤炭征收重税。

这样的赋税尽管提高生活资料的价格，从而提高劳动的工资，然而它们为政府带来非常大的收益，这是政府用其他方式不容易找到的。所以，有非常好的理由要持续征收下去。对谷物输出的奖金，就他在实际耕作状态下会提高那种必需品的价格来说，会产生一切同样的坏影响，然而它不仅不可能带来任何收入，反而会造成政府的非常大的开支。对外国谷物进口征收高税，这在大多数丰收年份等因此不允许进口；在法律的大多数时候状态下绝对不允许活牲畜或腌制食物进口，这在现时对爱尔兰和不列颠殖民地已在限定时间内停止执行：这一切规定全都产生了对生活必需品征收赋税的坏影响，然而又没有为政府带来任何收益。要废除这一类规定不需要别的什么，只要让人民相信它们因此建立的那种体系是徒劳无益的就够了。

在非常多其他国家对生活必需品的征收赋税比在大不列颠更高。许多国家对正在磨坊研磨的面粉和粗粉，对正在火炉上烘烤的面包征收赋税。在荷兰，城市消费的面包的货币价格被觉得因这样的税而提高一倍。为了替代这样的赋税的一部分，住在乡村的人民每人每一年缴税如果觉得他所消费的面包种类来定。消费小麦面包的，要支付3盾15斯泰弗，大概合6先令9个半便士。这些还有同一种类的某些其他赋税，通过提高劳动的价格，据了解破坏了荷兰的大多数制造业。与此同样的税，尽管不是那样重，也在以下各国征收：米兰公国，热那亚各州，摩德拉公国，帕马、普拉森舍和瓜斯塔拉公国还有教皇领地。一个颇有名望的法国作家提议改革他的国家的财政，用这样的最具破坏性的赋税去替代大多数的其他赋税。西塞罗说，哪怕是最荒谬的事，有的时候也有一点儿哲学家主张。

对家畜肉的征收赋税比对面包的征收赋税更多。诚然能够怀疑，家畜肉是不是为生活必需品。谷类和其他蔬菜，辅之通过牛奶、干酪、黄油或酥油（在没有黄油的地方），我们凭经验得知，没有家畜肉，也可以带来最丰富、最卫生、最营养、最可以增长精神的饭食。在任何地方，为了维持体面也不要求任何人一定要吃家畜肉，就像在大多数地方要求他一定要穿麻布衬衫或皮鞋那样。

对消费品能够用两种方法征收赋税。由消费者对利用或消费的一定种类的消费品每一年支付若干税额；或对留在商人手中尚没有交付消费者以前的货物征收赋税。在完完全全被消费掉以前可以维持一个长时期的消费品，最适合用前一种方法征收赋税。也就是说，或比较迅速地被消费掉的消费品最适合用后一种方法征收赋税。马车税和金银器皿税是前一种征收方法的例子，大多数其他赋税如货物税和关税是第二种征收方法的例子。

马车只要管理得好，能够用十年或十二年。在它离开马车制造人之手时，能够对它一次征收赋税。然而对买主来说，为了所有马车的特权每一年缴税4镑，必然比对马车制造人一次付给40镑或48镑的额外加价，或利用马车期间应缴税额的总数更为方便。与此同样金银器皿能够利用100年以上。对每100盎司重的器皿每一年缴税5先令，大概为它的价值的1%，对消费者必然会比一次付出等同于25年或30年税额的总数更为容易，后者会让价格至少提高25%或30%。涉及住宅的各种赋税每一年支付不大的数量，必然比在房屋最开始建筑或卖出征收和各个年份税额同等的重税更为方便。

马修·德克尔爵士的著名的提议，就是一切的商品，也就是说，即便他消费的是当时的或非常迅速的商品，也应该用这样的方式来征收赋税；商人不垫支什么，然而消费者每一年支付一定的数额，领取消费某种货物的执照。他的方案的目的是为了促进对外贸易的各个部门，尤其是贩运贸易；取消对进出口征收的一切赋税，从而让商人可以运用他的一切资本和信用去购买商品和支付船运，两者不转用于垫支赋税。然而，用这样的方式去对即时消费或迅速消费的货物征收赋税的方案，仿佛受到以下四种非常重要的反对。

第一，比起依照大多数时候征收赋税的方式来，这样的税会更不平等，或者说不是非常好地和不同纳税人的支出和消费成比例。对麦酒、葡萄酒和火酒征收的税由商人垫支，最终由不同的消费者准确地按他们各自的消费比例支付。然而假如这样的税通过购买一张饮用这些酒类的执照来支付，节饮的人依照他的消费比例，会比好酒的消费者纳税较重。一个大宴宾客的家庭会比款待客人较少的家庭纳税轻得多。

第二，这样的征收赋税方式，也就是说，购买一年的、半年的或一季度的消费某种货物的执照，会很大程度降低对迅速消费货物征收赋税的主要方便之一，也就是说，陆续支付。现在每瓶黑啤酒的价格是3个半便士，其中对麦芽、酒花、啤酒征收的各种税还有酿酒人对垫支税款的非常利润共计为1个半便士。假如一个工人可以方便地拿出这3个半便士，他就购买1瓶黑啤酒。假如他没法，他就满足于购买一品特；因为节约1便士就可以得到1便士，这样他就由节制而得到了1（farthing）。他陆陆续续地缴税，愿付就付，何时可以付就何时付；每一次缴税都是完完全全自愿的，他想要不付就能够不付。

第三，这样的税所起的取缔奢侈法律的作用变小了。一旦购买执照以后，不管购买者饮多饮少，他缴纳的税总是相同。

第四，假如一个工人每一年、每半年或每个季度一次支付的等于他在这个时期所饮用的黑啤酒瓶数和品特数税额的总和，这个总额可能经常给他造成非常大的困难。非常明显，这样的征收赋税方式假如没有最严重的压迫，就没法得到和用现行的没有任何压迫的方式征收赋税所得到的接近同等的收益。然而在几个国家，对及时或非常迅速地消费的货物就是用这样的方式征收赋税。在荷兰，每人付出若干来购买饮茶的执照。我已经得到对面包的征收赋税，就农场和乡村消费的面包来说，就是用这样的方式征收的。

消费税主要是向国内消费的国产货物征收。这样的税只对少数几种最通用的货物征收。有关应该纳税的货物，有关每种货物应纳的税，均不可能有任何怀疑。这样的税完完全全落在我所称的奢侈品上面，只有上面所说的四种对盐、肥皂、皮革和蜡烛征收的税还有可能还有对大多数时候玻璃征收的税是例外。

关税比货物税更为古老。这样的税之所以称为关税，仿佛是在表明自从遥远的古代以来习惯做出的支付。这样的税仿佛最开始被觉得是对商人利润征收的。在封建无政府状态的野蛮时代，商人也就像城市的一切其他居民那样，看起来不比解放的奴隶更好，他们的人身受到轻视，他们的利益受到妒忌。大贵族既已同意国王向他们自己佃农的利润征收贡税，所以乐于同意对他们不想保护的这个阶级的人民征收与此同样的贡税。在这样的愚昧的时代，而且不懂得商人利润是没法直接征收赋税的，或者说一切这样的税的最终支付必定落在消费者身上，还带着一个颇大的多余数额。

外国商人的利比英格兰商人的利更容易受到嫉妒。所以，对前者的征收赋税很容易会比对后者更重。这样的对外国商人和对英格兰商人征收赋税的区别起源于愚蠢，又由垄断精神让之持续，也就是说，为了让我们自己的商人在自己国家市场和外国市场上能够享有优势。

除了上面所说的区别之外，古代的关税向一切各种货物平等征收，不管为必需品或奢侈品，也不管为出口货物或进口货物。仿佛觉得，为什么一种货物的商人要比另一种货物的商人能够受到更多的优待呢？或者说为什么出口商人要比进口商人可以受到更多的优待呢？

古代的关税分为三个部分。第一部分，可能是一切关税中最古老的，是向羊毛和皮革征收的税。这仿佛主要是或完完全全是一种出口税。当毛织业首先在英格兰建立时，为了让国王不致因呢绒出口而失去他对羊毛征收的关税，所以对呢绒也征收同样的税。其他两个部分是：第一，对葡萄酒的征收赋税，每吨纳税若干，所以称为吨税；第二，对一切其他货物的征收赋税，按它们的推定价值每磅纳税若干，所以称为磅税。

在爱德华三世第47年，对一切进出口货物价值每磅征收赋税6便士，只有羊毛、带毛的羊皮、皮革和葡萄酒除外，对它们征收非常的税。在理查德二世第14年，这样的税提高到每磅1先令；三年以后又降到6便士。亨利四世第2年提高到8便士，同一国王的第4年提高到1先令。从这个时候起到威廉三世第9年这样的税持续为每磅1先令。吨税和磅税通常由同一议会法律拨给国王，称为吨税和磅税补助税。磅税补助税在长时期内持续为每磅1先令，或5%；在关税的语言中，补助税表示通常这样的5%的税。这样的补助税现在称为过去的补助税，依过去的依照查理二世第12年规定的税率表持续征收。用税率表来确定应税货物价值的方法，据了解，比詹姆斯一世的时代更早。

①威廉三世第9、10年征收的新补助税是在大多数货物上额外征收5%；

②1/3和2/3补助税；

③合起来又组成另一个5%；

④1747年的补助税对大多数货物征收第四个5%的税；

⑤1759年的补助税对某些特定货物征收第五个5%的税。

除了这五种补助税之外，对于某些种类的货物有的时候征收各种各样的其他赋税，有的时候是为了缓解国家的紧急需要，有的时候是依照重商主义体系的原则，为了调节国家的贸易。

重商主义体系渐渐变得越来越流行。过去的补助税是对出口和进口不加区别地征收的。四种后来的补助税，还有嗣后向特种货物有的时候征收的其他赋税，完完全全落在进口上面，只有少数几个例外。大多数在古代向国产货物和制造品出口征收的赋税，或是减轻，或是被完完全全取消。在大多数场合，它们都被取消。甚至对其中的一点货物的出口还发给奖金。进口时已经纳税的外国货物，在出口时有时一切退税，在大多数场合退还一部分税。过去的补助税对进口征收的税在出口时只退还一半，然而缴纳由后来的补助税所征收的进口税还有其他的进口税的货物，在出口时大多数都退还一切税款。这样的连续加剧的偏重出口和抑制进口只有少数的例外，主要涉及某些制造业的原料。我们的商人和制造业者愿意这些原料对自己价格尽可能低廉，对他们的外国敌手和竞争者尽可能昂贵。所以之故，有的时候让外国原料免税进口，举例来说西班牙羊毛、大麻、粗亚麻纱。国产原料和我国殖民地特产原料的出口有的时候不允许，有的时候征收重税。英格兰羊毛的出口不允许。海狸皮、海狸毛和茅香树脂的出口征收重税，大不列颠因为征服了加拿大和塞内加尔，差不多得到了对这些商品的垄断权。

我在本书第四编已经表明，重商主义体系对人民大众的收益、对国家土地和劳动的年产物不是非常有利的。对君主的收益仿佛也不有利，至少君主收益依存于关税来说是这样。

因为这样的体系，有几种货物的进口被完完全全不允许。这样的禁令在某些情况下完完全全阻止了、在此情况下很大程度地减少了这些商品的进口，让进口人没办法不私运。它彻底阻止了外国毛织物的进口，很大程度减少了外国丝和丝绒的进口。在两种场合，它可能让这样的进口征收的关税收益完完全全落空。

向很多种外国货物进口征收重税，方便于阻止它们在大不列颠的消费，在非常多场合只不过鼓励了走私，在一切的场合让关税收益低于征收轻税时可能得到的收益。斯威夫特博士说，在关税的算术中，二加二不是等于四，有的时候只不过等于一，就这样的重税来说，这句话完完全全正确，假如不是因为重商主义体系在很多场合告诉我们要利用征收赋税作为垄断的工具而不是作为收益的工具，是绝不可能征收那种重税的。

对自己国家产品和制造品出口有的时候发放的奖金，还有对大多数外国货物再出口实行的退税，产生了非常多欺诈行为，和一种对国家收益最具破坏性的走私。众所周知，为了得到奖金和退税，有的时候把货物装船出海，然而随后不久又从国家的某个其他地方重新秘密登陆。因为奖金和退税（之中大多数是通过欺诈得来的）使关税的收益损失巨大。截至1755年1月5日为止的一年中，关税的总收入为5068000镑。从这一收入中付出的奖金（尽管在这一年对谷物没有奖金），共计167 800镑。凭退税单与其他证明付出的退税，为2156800镑。奖金和退税共计 2324600镑。因为这些扣除，关税收益只有2743400镑；从中再扣除薪俸与其他开支等管理费用287900镑，这一年的海关净收益为2455500镑。这样而来，管理费用为关税总收益的5%至6%，为扣除奖金和退税以后关税收益的10%以上。

因为对差不多一切进口货物征收重税，我国进口商人尽可能地实行走私，尽可能地少报关税。反过来，我国出口商人登记的数量比他们实际出口的多，有的时候是出于虚荣，假装是大商人，货物出口不纳税；有的时候是为了得到奖金或退税。因为这种舞弊行为，在海关册上我国的出口很大程度多于了我国的进口，按他们所说的贸易差额来衡量国家繁荣程度的那些政客们感到说不出的舒服。

一切进口货物除特殊免税的以外，均须缴纳某种关税，这样的免税是不很多的。假如有任何没有在税率表中提到的货物进口，就依照进口人的宣誓，按价值每20先令征收4先令9便士，也就是说，和五种补助税或五种磅税大体上差不多。税率表十分详尽，列举了非常多种货物，其中非常多是很少利用的，所以不为人所熟知。因为这样的原因，经常没法确定某种货物应归哪一类，因而应纳多少税。这样的错误有的时候会让海关官员受到毁灭，经常给进口人造成非常多的麻烦、开支和苦恼。所以，就明了、准确和清楚点儿来说，关税远远比不上消费税。

为了让任何社会的大多数成员可以按他们各自支出的比例对公共收益做出贡献，没有必要对这样的支出的每个项目都去征收赋税。由货物税征收的收益被觉得和由关税征收的收益平等地落在纳税人身上，然而货物税只对少数几种最通用的和消费最多的货物征收。很多人的看法是，关税也能够与此同样仅限于少数几种货物，不可能给国家收益造成任何损失，然而对外贸易却有巨大好处。

外国货物，在大不列颠是通用的，也是消费最多的，在现时仿佛主要是外国葡萄酒和白兰地酒，还有一点美洲的西印度群岛的产物，如烟草、糖、甜酒、可可豆等，还有一点东印度群岛的产物，如茶、瓷器、各种香料、咖啡、几种纺织物等。这些货物在现时可能带来了关税收益的大多数。现时对外国制造品征收的税，假如你把少数上面列举的制造品除外，大多数不是为收入征收的，而是为垄断而征收的，也就是说，为了让我国商人在自己国家市场上得到好处。通过取消一切的禁令，对外国制造品只对从经验得知的各种可以为国家带来最大收益的物品征收轻税，我们自己的工人在自己国家市场上依过去的有非常大的好处，非常多物品可能带来非常大的收益。

重税，有的时候因为减少征收赋税商品的消费，有的时候因为鼓励走私，为政府带来的收入经常比征收较轻的税所可以得到的收益少。

当收益减少是消费减少的结果时，唯一的补救方法就是降低税率。

当因为鼓励走私的结果而让收益减少时，有两种补救方法：减少对走私的引诱，或增加走私的困难。对走私的引诱只可以由降低关税去减少，走私的困难只可以由建立一种最适合防止走私的管理制度去增加。

从经验来看，我相信，消费税法律仿佛比关税法律更可以有效地阻止和挫败走私人的活动。在两种不同赋税的性质所允许的范围内，在关税中引进一种类似货物税的管理制度，走私的困难可能会大为增加。很多人觉得，要做出这样的改变是非常容易的。

已经提到过，应纳关税商品的进口人能够自行选择，把货物存在他自己的私人仓库中，或者是存在由他自己出钱或者是由国家出钱设立的仓库中，后者的钥匙由海关官员保存，当他不在时没法打开。假如商人把货物存在自己的私人仓库中，一定要很快缴税，以后再不退还；这样的仓库随时均可由海关官员巡视和检查，方便于确定存货数量和所缴税额是不是相符。如果把货物存入公共仓库中，直到把货物取出供国内消费时才缴税。假如取出后出口，完完全全免税；然而一定要带来一定出口的保证。经营这样的批发或零售的特殊商品的商人随时可由海关官员访问与检查，而且须就在商店或仓库中保存的一切货物带来已经缴税的合适证明书。现时对进口甜酒征收的所谓货物税就是按这样的方式征收的，同样的管理制度可能推广应用于对一切进口货物的征收赋税，只要这样的税也就像货物税相同，仅限于向最通用的和消费最多的几种货物征收。假如赋税推广到差不多一切的商品，就像现在这样，容量足够的公共仓库可能不易带来；然而具有非常脆弱性质的商品，或要求非常小心和注意才可以保存的商品，商人没法放心托付给除自己的仓库之外的任何仓库。

假如因为采用这样的一种行政制度，哪怕在非常重的征收赋税下，走私也可以在非常大的程度上给予制止；假如每一种税可以时而提高，时而降低，在提高可以为国家带来最大收益的时候就提高，在降低可以为国家带来最大收益的时候就降低；征收赋税永远用作收益的工具，然而不用作垄断的工具；那样，至少和现在的关税净收益同等的一种收益能够从对少数几种最通用的和消费最多的货物输入的征收赋税得来，仿佛不是不可能的；这样而来，关税就能够和货物税相同，达到同等程度的简单、确定和准确。现在国家因为外国货物再出口在退税以后又重新登陆而且在国内消费所损失的收益，在这样的制度下能够完完全全免除。单是这样的免除就会数量非常大，假如再加上取消对国产货物出口的一切奖金（这些奖金事实上没有一种是以前所付的货物税的退税），那么，在做出这样的改变以后，关税净收益可能完完全全和改变以前的同等，那是不容置疑的。

假如说这样的一种改变不可能让国家收益受到任何损失，它必然会让国家的商业和制造业得到非常大的好处。现在不征收赋税的商品（占绝大多数）的贸易会完完全全自由，能够在全世界一切地区非常有利地运进运出。在这些商品中包括一切的生活必需品，还有一切的制造原料。因为生活必需品的自由进入会降低它们在国内市场上的平均货币价格，所以也就会降低劳动的货币价格，然而又不在任何方面减少劳动的实际报酬。货币的价值是和它所可以购买的生活必需品的数量成比例的。然而生活必需品的数量却和它们所可以换得的货币数量完完全全无关。

劳动货币价格的降低必定伴有自己国家制造品货币价格的成比

例的降低，从而可以让这样的制造品在一切外国市场上得到某种优势。因为原料的自由输入，某些制造品价格降低的比例会更大。假如生丝可以从中国和印度斯坦免税进口，那样的话，英格兰的丝织品就会比法兰西和意大利的丝织品售价要便宜得多。完全没有必要去不允许外国丝和丝绒的进口。自己国家货物的售价低廉，不仅会让我们自己的工人拥有自己国家市场，不仅这样，还可以非常大地调节外国市场。就算是征收赋税商品的贸易，也会比现在实行得有更多利益。假如这样的商品从公共仓库中提出向外国出口，此时完完全全免税，它们的贸易会是完完全全自由的。在这样的制度下一切各种商品的贩运贸易会享受到一切可能的好处。假如这些商品的交付是供给国内的消费之用，进口的人在有机会向某个商人或某个消费者卖出自己的货物以前没有必要垫支税款，那他就会比在进口时一定要垫支税款的情况下售价较为低廉。在同样的税率下，国外消费贸易，就算是在征收赋税商品，用这样的方式实行也可能比现在得到更多的好处。

罗伯特·沃波尔爵士的著名的消费税计划的目的，就葡萄酒和烟草来说，就是要建立一种和这里所提议的非常相似的制度。当时向议会提出的法案尽管只包含这两种商品，然而广泛觉得，这只不过是一种更广泛的计划的序幕。党派斗争，还有走私商人的利益，对这项法案掀起了激烈的然而是不公正的反对浪潮，所以这位首相觉得最好是把它放弃；因为担忧激起同样的反对，他的继任者没有人敢于重提这个计划。

对进口供国内消费的外国奢侈品的征收赋税，尽管有的时候也落在穷人身上，然而主要是落在中等或中等以上的有产者身上。举例来说，对外国葡萄酒、咖啡、可可、茶、糖等等的征收赋税。

对供国内消费的国产的比较低廉的奢侈品的征收赋税，非常平等地落在一切各个阶级的人身上，依照他们各自的支出比例。穷人对于他们自己消费的酒花、麦芽、啤酒和麦酒缴税，富人要对他们自己和他们仆人所消费的这些商品缴税。

一定要指出，在任何一个国家，下层阶级人民或中等阶级以下人民的一切消费，不管在数量上还是在价值上，都比中等阶级与中等以上阶级人民的一切消费要大得多。下层阶级的支出总是要比上层阶级的支出大得多。第一，任何一个国家的差不多一切资本，每一年都作为生产性劳动的工资，在下层阶级人民间实行分配。第二，大多数来自土地地租和资本利润的收益，每一年都在下层阶级人民间，作为家庭仆人和其他非生产性劳动者的工资和维持费实行分配。第三，一部分资本利润是属于下层阶级的人民，作为利用他们的小额资本产生的利润。小店主、小商人和各种零售商每一年得到的利润数额非常大，构成年产物的非常大一部分。第四，也是最后一点，甚至有一部分土地地租也属于下层阶级；非常大一部分属于比中等阶级略低的人，一小部分属于最低的阶级；大多数时候劳动者有的时候拥有一两英亩土地的财产。所以，这些下层阶级人民的支出个别看上去尽管非常小，集体看上去，他一切总是占社会一切支出的绝大多数，剩下来的供上层阶级消费的国家土地和劳动年产物，不管在数量上和价值上，总是要小得多。所以，主要落在上层阶级人民支出上或者是落在年产物较小部分上的税带来的收益，比起不加区别地落在一切阶级支出上的税、甚至主要是落在下层阶级人民支出上的税或者说没有区别地落在一切年产物或主要落在大多数年产物上的税所带来的收益要小得多；所以，对国产发酵和酒精饮料的原料和制成品就支出征收的一切各种消费税带来的收益最多；这一部分消费税大多数或主要落在大多数时候人民的支出上。在1775年7月5日截止的一年中，这部分货物税的总收入为3341837镑9先令9便士。

在一切的场合，这样的税或是会提高劳动的工资，或是会降低对劳动的需求。不把这样的税的最终支付转到上层阶级人民身上，就不可能提高劳动的工资；不减少国家土地和劳动的年产物——一切赋税最终要支付的资源，就不可能减少对劳动的需求。不管这样的税让对劳动的需求落到什么状况，它必定会让工资超过在那种状态下原本会有的水平，这样的工资提高额最终一定要由上层阶级人民支付。

酿造的发酵饮料和蒸馏的酒精饮料，不是卖出而是供自用的，在大不列颠不纳任何货物税。这样的豁免的目的是在让私人家庭不会受到收税人员的令人讨厌的访问和检查，它让这样的税的负担落在富人身上比落在穷人身上较轻。诚然，供给私人利用的蒸馏不是非常广泛，尽管有的时候也这样来做。然而在乡村，非常多中等家庭、差不多一切的富裕大家庭都自己酿造啤酒。所以，他们的浓啤酒的价值每桶比大多数时候酿酒商的少8先令，后者一定要得到垫支税款与一切其他垫支的利润。所以，这样的家庭饮用的啤酒比大多数时候家庭所可以饮用的同一质量的啤酒每桶必定要少付9先令或10先令，后者总是通过一点一点地向酿酒厂或酒店购买啤酒较为方便。

与此同样，供私人家庭利用制造的麦芽，也不受收税人员的访问和调查，然而在此场合家庭须按每人7先令6便士缴纳货物税。7先令6便士等于10蒲式耳麦芽的货物税，这个数量完完全全等于任何节饮家庭的一切成员——男人、妇女和儿童平均可能消费的。然而在富裕的大家庭，经常在乡间款待宾客，家庭成员所消费的麦芽的饮料只构成家庭消费的非常小一部分。然而，或者是因为这样的征收赋税，或者是因为其他原因，供私人利用的制造麦芽不与酿造大多数时候相等。非常难想象，这样的供私人利用的酿造或蒸馏不征收同一种税究竟有什么正当的理由。

经常有人说，对麦芽征收较轻的税，能够得到比现时对麦芽、啤酒和麦酒征收的各种重税更大的收益；在酿酒厂比在麦芽制造场瞒骗税收的机会更大；为自己消费而酿造的人，免纳一切税，然而为自己消费而制造麦芽的人却没法免税。

在伦敦的黑啤酒酿造厂，一夸脱麦芽大多数时候酿造两桶半以上，有的时候酿造三桶黑啤酒。向麦芽征收的各种税为每夸脱6先令；向黑啤酒和麦酒征收的各种税为每桶8先令。所以，在黑啤酒酿造厂，向麦芽、啤酒和麦酒征收的税为每夸脱麦芽产物26至30先令。在供大多数时候乡村销售的乡村酿造厂，一夸脱麦芽所酿造的非常少低于两桶浓啤酒和一桶淡啤酒，经常为两桶半啤酒。对淡啤酒征收的各种税为每桶1先令4便士。显然，在乡村酿造厂，对麦芽、啤酒和麦酒征收的各种税，就每夸脱麦芽的产物来说，非常少低于23先令4便士，经常为26先令。整个王国平均计算，对麦芽、啤酒和麦酒征收赋税总额，就每夸脱麦芽的产物来说，估计不少于24或25先令。然而，通过取消对啤酒和麦酒征收的各种税，通过把麦芽税增至三倍，也就是说，每夸脱麦芽从征收赋税6先令提高到18先令，有人说，从这样的单一税可能得到比现时从一切那些重税所得到的更多的收益。

的确，在过去的麦芽税中，包含了每半桶苹果酒4先令和强烈每桶啤酒10先令的税。1774年，苹果酒税的收益只有3083镑6先令8便士。这个数量可能比它的大多数时候数量略少，这一年对苹果酒征收的各种税都比平常收益少。对强烈啤酒的征收赋税尽管比较重，然而收益更少，因为对这样的酒类消费较少。然而为了弥补这两种税在平时可能有的数额，在所谓地方货物税中包括了，第一，每半桶苹果酒征收过去的货物税6先令8便士；第二，每半桶酸果汁酒征收过去的货物税6先令8便士；第三，每半桶醋征收过去的货物税8先令9便士；最终，每加仑蜜蜂酒征收过去的货物税11便士。一切这些税的收益可能能够抵偿所谓对苹果酒和强烈啤酒每一年征收的麦芽税而有余。

麦芽不仅可以用来酿造啤酒和麦酒，而且可以用来制造下等火酒和酒精。假如麦芽税提高到每夸脱18先令，那就一定要降低对以麦芽作为部分原料的各种下等火酒和酒精所征收的货物税。在所谓麦芽酒精中，麦芽大多数时候只占原料的1/3，余下的2/3为大麦，或1/3大麦和1/3小麦。在麦芽酒精的蒸馏厂中，比在酿造厂或麦芽制造场走私的机会和引诱都要大得多。

这样的机会是因为酒精的容积小而价值大产生的；这样的引诱是因为税率较重产生的，计每加仑酒精征收赋税3先令10便士。增加对麦芽的征收赋税，降低对蒸馏的征收赋税，走私的机会和引诱都会减少，这可能让国家收益进一步增加。

在过去的一段时候，大不列颠的政策是抑制火酒的消费，因为觉得它有损害大多数时候人民的健康和腐化他们的道德的倾向。依照这样的政策，对蒸馏的减税没法太大，方便于不致在任何方面降低这样的酒类的价格。火酒能够依过去的就像过去同样贵，同时啤酒和麦酒这样的卫生的、振奋精神的酒类的价格能够很大程度降低。这样而来，人民能够解除他们现时最为抱怨的负担之一，同时国家的收益能够大为增加。

戴夫南博士反对对现行货物税制度做出这样的改变的看法，仿佛是没有依照的。这些反对看法是：这样的税不就像现时这样来划分，平等地落在麦芽制造人的利润、酿酒商的利润和零售商的利润上；就它的影响利润来说，会完完全全落在麦芽制造人的利润上；麦芽制造人非常不容易在他的麦芽提价中收回他付出的税额，就像酿造人和零售商在他们酒类的提价中那样；不仅这样，对麦芽征收的这样重的税可能会减少大麦耕地的地租和利润。

任何赋税都没法在长时期内降低任何一个行业的利润率，后者必定总是和靠近的其他行业保持它的水平。现行对麦芽、啤酒和麦酒的征收赋税并不影响经营这些商品的商人的利润，他们几乎全都是从自己商品的提高价格中收回垫支的税，还有额外的利润。诚然，税收会让征收赋税商品的价格高昂，以致减少对它的消费。然而麦芽的消费是在麦芽酒中，对一夸脱麦芽征收18先令的税不可能让这样的酒的价格比在征收其他的税（现时为24或25先令）时更高。反过来，这样的酒可能变得更便宜些，它的消费非常可能是增加而不是减少。

非常不容易理解，为什么麦芽制造人要在他的麦芽的提高价格中收回18先令，有的时候会比现时酿酒商在他们酒类的提高价格中收回24、25、30先令更难。没错，麦芽制造人在每夸脱麦芽上现在要垫支的税不是6先令，而是18先令。然而酿酒人现在要垫支的税是每夸脱他酿造所用的麦芽24、25先令，有的时候是30先令。麦芽制造人垫支不太多的税，比起现时酿酒商垫支比较多的税来，不可能更不方便。麦芽制造人在他的仓库中所储存的在长时期将要利用的麦芽，不可能比酿酒人在他的酒窖里时常保存的啤酒和麦酒更多。所以，前者也可以和后者相同快地收回他的货币。然而，不论垫支较重的税可能会给麦芽制造人带来多么大的不方便，能够通过给予他比现时大多数时候给予酿酒商的信用较长的信用去补偿。

假如对大麦的需求没有降低。大麦耕地的地租和利润也就不可能减少。然而制度的改变，将对酿成啤酒和麦酒的麦芽征收赋税从每夸脱24和25先令降到18先令，非常可能增加而不是减少对大麦的需求。除此之外，大麦耕地的地租和利润总是会和其他同等肥沃和同等耕种良好的土地的地租和利润接近相等。假如少些，一部分大麦耕地不久就会转到某种其他的用途；假如多些，更多的土地就会转用于种植大麦。当土地的任何一种产物的大多数时候价格能够称为垄断价格时，对它征收赋税必定会减少栽种土地的地租和利润。当葡萄酒远远落后于有效需求，以致它的价格总是超过和其他同等肥沃、耕种良好的土地的产物的比例时，对葡萄酒这样的贵重的产物的征收赋税，必定会降低这些葡萄园的地租和利润。

葡萄酒的价格已经达到大多数时候送往市场的数量所可以得到的最高价格，不减少这样的数量就不可能把他价格提高；不承担更大的损失就不可能减少那种数量，因为土地没法转用于种植任何其他具有同等价值的产物。所以，赋税的一切重量会落在地租和利润上，准确地说是落在葡萄园的地租上。当有人提议对食糖征收新税时，我们的食糖种植人经常抱怨，这样的税的一切重量不是落在消费者身上，而是落在生产者身上，生产者绝没法把他们纳税以后的食糖价格提得比以前更高。

在纳税前的价格仿佛是垄断价格，用来表明食糖不是恰当的征收赋税对象的论据，可能正好证明它是恰当的征收赋税对象，垄断者的利益，当他们可以得到这样的利益时，必然是最恰当的征收赋税对象。然而大麦的大多数时候价格从来不是垄断价格，大麦耕地的地租和利润从来没有多于和其他同等肥沃、耕种良好土地产物的比例。对麦芽、啤酒和麦酒征收的各种税从来没有降低大麦的价格，从来没有减少大麦耕地所需要的地租和利润。对酿造人来说，麦芽的价格时常和对它征收的税额成比例地上调，这样的税，还有对啤酒和麦酒征收的各种税，时常提高价格，或降低这样的商品的质量。这样的税的最终支付时常落在消费者身上，而不是落在生产者身上。

因为这里所提出的制度改革，唯一可能受害的人是为自己私用的目的而酿造的人。然而这一上层阶级的人民现时享有的豁免支付贫苦劳工和所缴纳的非常重的税必然是最不公正、最不平等的，也就是说，就算上面所说的改革永不实行，也应该给予废止。然而可能是这一上层阶级人民的利益，迄今阻止了这一必然会增加国家收益和救济人民的制度改革。

除了上面所说的关税和货物税这样的赋税之外，还有几种其他赋税对价格会产生更不平等和更间接的影响。其中有法国的所谓通行税，这在古老的撒克逊时代称为Duties of Passage（通行税），他最开始的目的仿佛和我们的关卡税或我们的运河和通航河道通行税一样，是为了维持道路或航行。这样的税当应用于这个目的时，最恰当的征收方法是依照货物的体积和重量。因为最开始这是一种地方的和省的税，应用于地方的和省的目的，所以它们的管理在大多数场合委托给征收的市、教区或庄园，这样的社团觉得是依这样的或那种方式对它们的利用负责的。君主是完完全全不负责任的，然而在非常多国家却自己掌握了这样的税收的管理权；尽管他在大多数场合很大程度加重了这样的征收赋税，在非常多场合却完完全全忽视了它的应用。

假如大不列颠的关卡税变成了政府收益来源之一的话，通过非常多其他国家的实例，能够明白它的可能结果是什么。这样的通行税无疑地最终落在消费者身上，然而消费者不是依照他缴税时的支出比例纳税的，不是依照他所消费的东西的价值，而是依照消费物的体积和重量。当这样的税不是按体积或重量而是按货物的推定价值征收时，它就会变成一种内地关税或货物税，很大程度阻碍一个举足轻重的贸易部门，也就是国家的内地贸易。

有些小国家，对在陆地或水上从一国运往他国的过境货物征收一种类似通行税的税。在有些国家，这样的税称为过境税。有些意大利小邦，位于波河与他支流之上，从这样的税得到一点收益，完完全全由外国人支付，这可能是一个国家可以向外国国民征收而不在任何方面妨碍自己的工商业的唯一的税。世界上举足轻重的过境税是丹麦国王向一切通过波罗的海峡的商船征收的。

作为关税和货物税的大多数的是对奢侈品征收赋税，尽管它不加区别地落在每一种收益上面，最终或没有报偿地是由征收赋税商品的消费者支付的，然而它不是平等地或成比例地落在任何一个人的收益上。因为每个人的心情规定他的消费程度，任何一个人做出贡献是依照他的心情而不是和他的收益成比例的，浪费者比他们的应有比例贡献得多，节俭者却比他们的应有比例贡献得少。在一个拥有巨大财富的人的幼年时期，他从国家的保护得到非常大收益，然而他由消费而对国家做出贡献，大多数时候非常少。住在另一个国家的人对自己收益来源所在国的政府的维持，并不通过自己的消费做出任何贡献。假如在这样的国家不征收土地税、对不动产或动产的转移不征收任何重税，就像在爱尔兰那样，这样的不动产业主可能从一个政府得到非常大的保护，然而对它的维持不贡献一个先令。在政府在某些方面附属或依存于另一国家政府的国家，这样的不平等可能是最大的。

在附属国拥有最大限度的财产的人在这样的情况下通常选择住在统治国。爱尔兰正是处在这样的情况下，所以对不动产业主征收赋税的提议在该国受到非常大的欢迎是不足为奇的。要确定何种住在国内或多久住在国内时一个人才可以作为不动产业主而受到征收赋税，或征收赋税应该在什么时候开始或终止，可能有些困难。然而，假如你把这样的非常特殊的情况除外，因为这样的税收而产生的个人所做的贡献的任何不平，可能由造成这样的不平的情况本身得到补偿，这样的情况是，任何一个人的贡献都是完完全全自愿做出的，他完完全全有权力去消费或不消费这样的征收赋税商品。所以，当这样的税是合适地估征而且对合适商品估征的，缴纳这样的税就比缴纳其他的税更少有人发牢骚。当税收由商人或制造业者垫付时，最终做出支付的消费者最终就把它和商品价格混同起来，差不多忘记了他们是在缴税。

这样的税是或能够是完完全全确定的，能够这样来评估，让有关付多少或在何时应该付也就是说，有关缴税的数量和缴税的时间，不留下任何疑点。不论在不列颠的关税中或在其他国家的同一种税收中有的时候发生什么不确定的情形，从这样的税的性质却不可能产生不确定，除了因为征收这样的税的法律措辞有不准确或不灵活的地方。

对奢侈品的征收赋税通常是而且总是能够零星支付，依照纳税人需要购买征收赋税商品的比例来定。在缴税时间和方式上，它是或可能是一切税收中最方便的。所以，整个说来，这样的税和其他税相同，是符合有关征收赋税四原则中的前三个原则的。它在任何一个方面都违反第四个准则。

这样的税，按它对国库带来的收益的比例来说，总是比差不多任何其他的税从人民口袋中取出的多或让人民没法得到的多。它按照可能有的四种不同情况造成这样的结果。

第一，这样的税的征收，就算用最恰当的方式实行，也要求有大量的关税和货物税人员，他们的薪俸和津贴是对人民的真正征收赋税，不为国库带来任何东西。然而，一定要承认，这样的支出在大不列颠比在大多数其他国家要少。在1775年7月5日截止以前的一年中，在英格兰消费税委员管理下的各种赋税的总收入为5507308镑18先令80便士，这是花了5.5%的费用来征集到的。然而，在这个总数中一定要扣除征税货物出口的奖金和退税，让净收益降到500万镑以下。盐税是一种消费税，然而由不同的管理部门征收，征收费用更大。关税净收益不是250万镑，官员的薪俸与其他开支占10%以上。然而海关官员的津贴在各个地方都多于他们的薪俸，在某些港口为薪俸的二倍至三倍。所以，假如官吏的薪俸与其他支出为关税净收益的10%以上，那么征收该项收益的开支、薪俸和津贴加在一起，就可能达到 20%或30%以上。消费税官员非常少或根本没有津贴，这一部分收益的行政机构是新近建立的，通常不像关税行政机构那样腐败，时间的长度尚没有引进和允许非常多流弊。假如对麦芽征收现在对麦芽和麦芽酒用各种税所征收的一切收益，通常觉得可节约每一年货物税支出5万镑以上。把关税仅限于少数几种货物，依照货物税法来征收这样的关税，从每一年关税支出可能可能得到更大的节约。

第二，这样的税对某些产业部门必定会造成某种阻碍或抑制。因为它们总是提高征收赋税商品的价格，所以它们会抑制该商品的消费，因此也会抑制它的生产。假如那是一种自己国家生产的商品或制造品，就会利用较少的劳动去生产或制造它。假如那是一种外国商品，这样的赋税让价格提高，自己国家制造的同一种商品，没错，能够因此在自己国家市场上得到某种好处，较大数量的自己国家劳动能够因此转向制造它们。然而这样的外国商品的价格提高尽管能够鼓励某一部门的自己国家产业，却必定会差不多在任何一个其他部门抑制这样的产业。伯明翰的制造商购买他的外国葡萄酒越贵，他就一定要越便宜地卖出他的用来购买外国葡萄的那部分五金器具或让这样的五金器具的价格越便宜（二者是一回事）。所以，那部分五金器具因为对他价值较小，他制造这样的器具的激励也就越小。一国消费者对另一国剩余产物付出的价值越大，他售出用来购买它们的那一部分自己的剩余产物或它的价格（二者是一回事）就越便宜。他们自己的那部分剩余产物就变得对他们价值很小，他们就较少激励要去增加它的产量。很明显，一切向消费品征收的税均有一种倾向：如他为自己国家商品，就会让制造征收赋税商品中所利用的生产性劳动的数量降到自然会有的水平下面；如他为外国商品，就会让制造用来购买征收赋税外国商品的自己国家商品所利用的生产性劳动的数量降到很容易会有的水平下面。这样的税也会在一定程度上改变国民产业的自然方向，让之转入一种和它自己会采用的方向不同的、通常也不是有利的方向。

第三，希望通过走私来逃避纳税经常招致没收财产与其他处罚，让走私人完完全全破产。一个人尽管因为违犯自己国家的法律而无疑是特别应受到惩罚的，然而他经常设法违犯自然正义的法律，假如他的国家的法律从来没有把大自然不觉得是罪行的事定为罪行，他在任何一个方面就会是一个极好的公民。在至少通常怀疑有做出非常多没有必要的开支与很大程度地乱用公共收益的腐败政府，用来保障国家收益的法律非常少受到尊敬。当不用伪证就可以找到容易的和安全的走私机会时，还对走私有所顾虑的人是不可能很多的。假装对购买走私货物有所顾虑（购买走私货物尽管是对违犯收益法和差不多总是和它相伴的伪证的鼓励），在大多数国家都会被觉得是伪善的一种表现，不仅没法得到任何人称赞，反而会让假装这样来做的人被怀疑为是比他的大多数邻人更大的骗子。因为公众这样的纵容，走私人经常被鼓励去持续从事一种他这样然而被教导去看作在某种程度上是无辜的行业；当收益法的严峻惩罚正要落到他头上时，他经常要用暴力去捍卫他习惯地看成是自己的正当财产的东西。从最开始可能是因为轻率而不是因为想要犯罪，最终他经常成为社会法律的最固执的最坚决的破坏者之一。因为走私人的破产，他的资本以前是用来维持生产性劳动的，现在却被吸收到国家收益或税收官员的收入中，用来维持非生产性劳动，让社会的资本总量减少，让原本会得到维持的有用劳动减少。

第四，这样的税至少让经营征收赋税商品的商人要经常受到税收人员的访问和令人讨厌的检查，无疑地有的时候让他们受到某种程度的压迫，总是让他们受到非常多的麻烦和苦恼；尽管就像已经提到过的，严格说来苦恼并不是支出，却必然是等于一个人愿意用来让自己免除这样的苦恼的支出。消费税法律，尽管就制定这样的法律的目的来说更有效力，却比关税法律更加容易令人苦恼。当商人进口了应征收某种关税的货物时，在缴纳关税并且把货物存入自己的仓库以后，他在大多数情况下就不可能受到海关官员的进一步的麻烦和苦恼。应征收货物税的货物却不是这样。商人没有方法中止货物税官员的连续访问和检查。所以，消费税比关税更加不受到人欢迎，征收货物税的官员也是这样。有人说，这些官员尽管通常可能也完完全全就像海关官员同样好地履行他们的职责，然而因为这样的职责迫使他们经常要去找他们的一点邻人的麻烦，所以他们大多数时候养成了一种他人经常不具有的冷酷性格。然而，这样的说法可能仅仅只是舞弊商人的看法，他们的走私因为货物税官员的勤勉而受到阻止或者被发现。

对消费品的征收赋税和因为他在某种程度上产生的不可分离的那种不方便，落在大不列颠人民身上也和落在政府费用差不多相同浩繁的其他国家人民的身上那样轻。我们的状况不是十全十美的，是还有待于改善的，然而和我们的大多数邻国的情况同样好，可能比他们的情况还要好一点。

因为对消费品征收赋税就是对商人利润征收赋税的思想，这样的税在有些国家对货物的每一次卖出都一再征收。假如对进口商和制造商的利润征收赋税，却也应对介乎他们之一和消费者之间的一切中间买主仿佛征收与此同样赋税。西班牙的著名的Aleavala（消费税）仿佛就是依照这个准则建立的。它在每一种财产——不管是动产或不动产——卖出时征收，起初为10%，后来为14%，现在仅为6%；在财产每次卖出时均重复征收。像这样的税的征收要求有足够多的税收官员，去监视不仅是从一省到另一省，而且是从一个商店到另一个商店的货物运输。它不仅让某些种货物买卖，而且，还让一切各种货物的买卖人——任何一个农场主，任何一个制造商、任何一个商人和店主都受到税收人员的连续访问和调查。在建立这样的税的国家的大多数地区，没法生产出供在远方销售的东西。国家每个地区的产物，必定会和靠近的消费成比例。所以，乌兹塔里茨把西班牙的制造业的毁灭归因于这样的消费税。他能够把农业的衰落与此同样归因于它，它不仅是向制造品征收的，而且也向土地的天然产物征收。

在那不勒斯王国有一种类似的税，按一切契约价值的3%征收，因此也向一切销售契约的价值征收。它比西班牙的税要少一些，并且在大多数的城市和教区能够支付一种补偿金去替代。它们能够用自己所喜欢的方式去征取这样的补偿金，通常是用不干扰当地的内地贸易的方式。所以，那不勒斯的税就不像西班牙的税那样具有破坏性。

大不列颠联合王国一切地区的征收赋税划一制度（只有少数无关紧要的例外），让国家的内地贸易，也就是说，内陆和沿海岸贸易，差不多是完完全全自由的。内陆贸易差不多完完全全自由，大多数货物能够从王国的一端运往另一端，不要求有任何的允许证或通行证；也不受到税收人员的盘诘、询问或检查。有少数例外，然而并不干扰国家内地贸易的任何重要部门。沿海岸运输的货物要求有证明单或海关放行证。然而，假如你把煤炭除外，余下的货物差不多全是免税的。这样的内地贸易的自由是征收赋税制度划一的结果，它可能是大不列颠繁荣的主要原因之一；任何一个大国必定是它自己产业的大多数产物的最好的和最大限度的市场。假如因为同样的划一所产生的同样的自由可以推广到爱尔兰和各殖民地，国家的伟大程度和帝国的每个地区的繁荣可能会比现在的更大。

在法国，各省分别实行不同的税法，要求有众多的税收人员驻扎在王国边境，还有差不多任何一个省的边境，通过阻止某些货物的输入，或对输入征收某种税，让国家的内地贸易受到非常大的干扰。有些省能够缴纳赔偿金去替代盐税（gabelles）。其他的省完完全全免征盐税。有些省完完全全免除烟草专卖，在王国的大多数地区却由总包税人享有烟草专卖权。Aids（货物税）和英格兰的货物税差不多，在不同的省非常不同。有些省完完全全免纳这样的税，然而支付一种赔偿金或同等的东西。在实行这样的税而且实行包税的地方，有非常多种地方税只在某个市或某个区征收。Traites（关税）和我们的关税差不多，把王国分为三大多数：第一，实行1664年关税的省，包括皮卡第、诺曼底和王国的大多数内陆省份，称为五大包税区的省；第二，实行1667年关税的省，包括大多数的边境省份，称为外疆各省；第三，据了解是当作外国对待的各省，或者说，因为它们被允许和外国实行自由贸易，在它们和法国其他省份实行贸易时，征收对其他外国同样的税。这些省份是亚尔萨斯、麦茨·图尔和凡尔登三个主教管区，还有敦刻尔克、贝允和马赛三个市。在五大包税区（这样来称呼是因为古代把关税分成五大部门，每一部门最开始都是一个特殊包税区的对象，尽管现在已经合为一个）各省，还有在外疆各省，有非常多地方税只在某一个市或区实行。在被当作外国对待的各省，尤其是在马赛市，也有一点这样的地方税。不需要说明，这样而来会对国家的内地商业造成多么大的限制，还有需要有多少税收官员来驻守这些不同省份和地区的边界，它们都是实行这样的不同的征收赋税制度的。

除了因为复杂的税法制度所引起的通常限制之外，除谷物之外可能是法国的举足轻重产物的葡萄酒的贸易在大多数的省受到非常的限制，这是因为对某些省份和地区的葡萄园比对其他葡萄园给予的特殊优惠引起的。我相信，能够发现，葡萄酒最著名的省份是葡萄酒贸易受到这样的限制最少的省份。这样的省份所享有的广泛市场，鼓励在它们的葡萄园栽培和随后在它们的葡萄酒酿造两方面都得到良好的管理。

这样的不同的和复杂的税法不是法国所独有的。米兰这个小公国划分为六省，每省对几种不同的消费品有不同的征收赋税制度。领土更小的帕马公国划分为三个或四个省，每省也同样有它自己的制度。在这样的荒谬的管理下，只有土地非常肥沃和气候的不适宜才让这些国家免于不久就会陷入极端贫穷和极端野蛮的状态。

消费税能够用两种方法征收：一是设立官员由政府任命而且向政府直接负责的行政机构去征收，他的收益必定每年不同，依照税收不时的变动而异；二是按必定的税额包出，包税人能够任命他自己的官员，这些人尽管一定要按法律所规定的方式征税，然而处在总包税人的直接监督之下，向他直接负责。包税绝没法成为最好的最节约的征税方法。除了为支付大概定税额、官员的薪俸和一切行政开支所必要的以外，包税人一定要从税收中得到必定的利润，至少和他所做出的垫支、他所承担的风险、他所经历的麻烦和他为管理一项这样复杂的事业所一定要具备的知识和技能成比例。政府在自己的直接监督下建立一种和包税人所建立的同样的管理机构，至少能够省去这样的利润，这样的利润差不多总是大得可怕的。要承包公共收益的任何巨大部门，要求有巨大的资本或巨大的信用，单是这样的情况就会让对这样一种事业的竞争限制在极少数人中间。在少数具有这样的资本或信用的人中，只有更少数的人才具有必要的知识和经验，这样的情况进一步限制了竞争。能够成为竞争者的非常少数的人，觉得联合起来更符合自己的利益，他们成为合作者而不是竞争者，在包税投标时，他们所出的标价很大程度低于实际的价值。在公共收益实行包收的国家，包税人通常是最富有的人。单是他们的财富就激起了公众的愤怒，然而差不多总是伴随着这样的暴发财富的虚荣，还有他们大多数时候夸耀这样的财富的愚蠢的夸张，更进一步地激起那种愤怒。

公共收益的包税人从来不觉得法律过于严厉，这样的法律惩处任何逃税的试图。他们对纳税人毫无怜悯之心，这些人并不是他们的臣民，如果他在他们包税期满后的那一天广泛破产，也不影响他们的利益。在国家处在最紧急状态之时，君主对自己收益的准确支付的渴望必定是最大的，此时包税人总是要抱怨说，假如没有比现行法律更严峻的法律，即便是最大多数时候的税额他们也没法付出。在这样的国家困难的时刻，他们的要求是没有方法反驳的。所以，税法渐渐变得越来越严厉。在大多数公共收益均实行包税的国家；税法总是最严酷的。在君主直接监督下征税的国家，税法是最温和的。也就是说，就算是最差劲的君主，也会对他的人民感到更多的同情，这是没法期望于他的包税人的。他明白，他的家族的伟大依存于他的人民的繁荣，他绝不可能为了他自己的任何暂时的利益去有意地破坏这样的繁荣。对他的包税人来说就不是这样的，这些人的伟大不是人民繁荣的结果，而是破坏这样的繁荣的结果。

有的时候一种税不仅通过必定的税额包出，除此之外，还给予包税人对征收赋税商品的垄断权。在法国，烟草税和盐税就是用这样的方式征收的。在这样的场合，包税人从人民索取的不是一种而是两种过度的利润：包税人的利润，垄断者的更加过度的利润。烟草是一种奢侈品，任何一个人都有买或不买的自由。然而盐是一种必需品，任何一个人都一定要向包税人购买一定的数量；因为假如他不向包税人购买这个数量，通常觉得他就会向走私者购买。对两种商品所征收的税是非常重的。所以对非常多人来说走私的诱惑是不可抵挡的，同时法律的严峻和包税人的官员的警觉使屈服于这样的诱惑的人差不多必然会倾家荡产。盐和烟草的走私每一年把几百人送进监狱，除此之外还有非常多的人被送上断头台。用这样的方式征收的这些税为政府带来非常大的收益。1767年烟草包税额全年为22541278利佛。盐税的包税额全年一共是36492404利佛。两种情况的包税都是从1768年开始，持续六年。把人民的鲜血看成和国王收益比一钱不值的人，可能会赞成这样的征收赋税方法。在非常多其他国家也建立了同样的盐和烟草的税收和垄断，尤其是在奥地利和普鲁士领土内还有意大利的大多数城邦。

在法国，王室的大多数实际收益是从八个来源得到的：贡税、二十取一的税、人头税、关税、盐税、货物税、官有财产和烟草包税。后五者在大多数的省都实行包征。前三者在各个地方都是由政府直接监督和指引的行政机关征收的，广泛承认，依照它们从人民口袋中取出的钱的比例，送入国库的比其他五种多，后者的管理是更为浪费的没有意义的。

法国的财政在现时状态下仿佛能够实行三种非常明显的改革。第一，废除贡税和人头税，同时增加二十取一税，让它增加的收入等于前两者的金额，这样而来就让王室的收益能够保持，征收费用能够很大程度地减少，贡税和人头税所造成的下层阶级人民的苦恼能够完完全全防止，上层阶级的负担也能够不致比现在更重。我已经指出过，二十取一的税是一种和所谓英格兰土地税非常近似的税。大家都会承认，贡税的负担最终落在土地拥有人身上；大多数的人头税是按应纳贡税每磅若干的比率估征的，它的大多数的最终支付也必定与此同样落在同样阶级的人身上。所以，二十取一的税尽管有所增加，方便于得到和贡税、人头税数额同等的额外收益，然而上层阶级人民的负担，依过去的能够不致比现在更重。因为贡税大多数时候向各个人的地产和租户征收中的巨大不平等，改革后非常多个人的负担无疑会加重。这样的享有特惠者的利益和反对，最可能阻止这样的或任何其他类似的改革。第二，使盐税、货物税、关税、烟草税也就是说，一切关税和货物税在王国的一切地区划一起来，这些税的征收费用能够大为节省，然而王国的内地贸易也能够变得和英格兰的相同的自由。第三也是最终，把一切这些税交由一个由政府直接监督和指引的机关管理，总包税人的过度利润能够纳入国家收益。因为个人的私人利益所产生的反对，也非常可能阻止后两种改革计划的实现，就像阻止第一种改革计划的实现。

法国征收赋税制度在任何一个方面仿佛均劣于不列颠制度。在大不列颠，每一年对于不足800万人民征取到1000万镑，不可能说有任何一个阶级受到压迫。依照埃克斯皮里神父搜集的资料，与《谷物法和谷物贸易论》作者的观察，情况可能是：法国，包括洛林和巴尔在内，大概有2300万或2400万人，为大不列颠可能拥有的人口的三倍。法国的土壤和气候比大不列颠优越。法国土地的改良和耕种远在大不列颠之先，所以，凡是需要长时期来建造或是积累的事物，法国都比大不列颠多，如大城市还有城市和乡村中方便的和建筑良好的房屋。有了这些优势，能够希望在法国可以征收到3000万镑的收益去支持国家，就像在大不列颠征收1000万镑那样容易。依照我所可以得到的最好的估计（尽管我承认是非常不完完全全的估计），1765年和1766年，归入法国国库的一切收益，大多数时候在308至325百万利佛之间；也就是说，不足1500万镑，就没有达到预期的半数，假如法国人民也依照大不列颠人民的同一比例纳税的话。然而通常都承认，法国人民受到赋税的压迫比大不列颠人民重。然而法国必然是欧洲的一个大帝国，除大不列颠帝国之外，享受到着最宽容最温和的政府。

在荷兰，对生活必需品征收重税据了解破坏了他们的主要制造业，甚至可能渐渐地阻碍他们的渔业和造船业。大不列颠对生活必需品的征收赋税是无足轻重的，迄今没有任何制造业受到征收赋税的摧毁。不列颠制造业负担最重的税只有一点原料进口税，尤其是对生丝的进口。然而荷兰中央政府和各市的收益据了解达525万英镑以上，因为荷兰人口多于大不列颠人口的三分之一，所以依照人口的比例，他们必定被征收较重赋税。

在一切恰当的征收赋税对象均已征收赋税后，假如国家的紧急状况依过去的持续要求新税，那就一定要向不恰当的对象征收。所以，对生活必需品征收赋税可能不是因为荷兰共和国的愚昧，它为了得到和维持自己的独立，尽管做出了巨大的节约，还是被卷入了耗费巨大的战争，导致没办法不大量举债。除此之外，荷兰和新西兰这样的特殊国家为了维持本身的存在，或者防止国土被大海吞没，没办法不做出巨大的开支，这必定让这两个地区的赋税负担大为增加：政府的共和形式仿佛是荷兰今日伟大的主要支柱。大资本拥有人、大商业家族通常或是直接参加了这个政府的行政管理工作，或者是具有某种间接的影响。为了他们从这样的情况得到的尊敬和权威，他们愿意住在这样的一个国家：在这个国家里，如果自己运用他们的资本，会带来较小的利润，如借给他人，会带来较小的利息；在这个国家里，他们可以这样得到的不大的收入，可以购买的生活必需品和便利品比在欧洲任何其他地方少。这样的富有人民的定居，尽管有一些的不方便，也必定会让国家的产业在某种程度上活跃起来。一旦国家发生任何的灾难，让政府的共和形式受到摧毁，让一切行政落入贵族和军人之手，让这些富有商人的重要性化为乌有，那样，他们就不可能高兴地住在一个自己不再受到多大尊敬的国家。他们会把自己的住所和自己的资本移往某个其他国家，然而荷兰的工业和商业用不了多久也就会跟着支持它们的资本迁移出去了。

第三章　国债

我在前面章节已经充分阐明，在商业没有得到发展和制造业没有得到改良以前的没有开发的社会状态下，人们对于只有商业和制造业可以给人们带来的那些昂贵的奢侈品还是全然一无所知时，一个拥有大量收益的人能够花费或享受到那笔收益的唯一途径就是尽他所能地赡养多少人，就赡养多少人。能够说一大笔收益在任何时候都意味着可以调节大量的生活必需品。

在那种没有开化的状态下，收益大多数时候都是用大量的生活必需品，也就是说，大多数时候的食品和粗布，谷物和牲畜，羊毛和生皮来实现的。当时既没有商业又没有制造业能够把一个人消费之外剩余的东西实行加工让他可以交换更多一点的东西，他就只有用自己的剩余物资供养（他能够供养得起的）人们。这样的没有奢侈的款待和没有夸耀的慷慨在那种情况下就是富人和显贵们的主要开销。然而这些开销，我在本书第三篇也已与此同样说明，不易于让他们破产。可能再没有什么自私的享乐会是这样的轻浮，追求这样的享乐有的时候是毁灭不了一个睿智人的。然而热衷于斗鸡却毁灭了非常多人。尽管奢侈的款待和夸耀的慷慨也毁灭了一部分人，然而我相信被上面所谓的那种款待或慷慨而毁灭的人数量不可能非常多。

在我们封建的祖先中一个家庭经常是长时间持有着大片的地

产，这一点就充分说明人们大多数时候还是习惯于量入为出的生活。尽管一些大地主时常举行乡村式的款待，在我们现在看上去仿佛和前面讲的那种生活方式不相符合，因为我们一贯觉得那种方式是和节俭分不开的，然而我们也一定要承认他们至少还是尽量节俭的，大多数时候并没有把他们的一切收益都花费掉。他们部分的羊毛和生皮大多数时候有机会变卖成钱。可能部分的钱他们在购买当时所可以带来的少数虚荣和奢侈的物品时花费掉了。然而有一部分他们大多数时候则贮藏了起来。的确，他们再没有别的任何途径能够处置它们，没办法不把他节省出来的钱存起来。做生意对于一个绅士来说是十分有失体面的，把钱放债在当时被看成是放高利贷，不仅为法律所不允许，那将会更为不体面。再说，在那种极端动乱的时代，把钱存在手上也方便，一旦有一天他们被赶出自己的家园，他们能够把一点值钱的东西随身带到某个安全的地方去。极端的动乱让他们感到把钱储存起来最方便，把储存的钱隐瞒起来也与此同样方便。人们经常发现的一点无主的宝藏或财宝充分证明在那些年代储存和藏匿财宝是多么常见的事。被挖掘的宝藏在那时被看成是君主收益的一个重要部分。然而在今天就是把王国里一切被挖掘的宝藏归在一起可能还没法构成一个拥有非常大的庄园的乡绅的收益的一个重要部分。

这样的节省和储存的喜好在君主和臣民中与此同样盛行。在那些没有多少商业和制造业的国家里，我在本书的第四篇中已提到过君主所处的境地，自然而然让他倾向于节俭以求积累。处在那个境地的君主的费用都没法由他们的虚荣心来调节。他喜欢有一个装饰华丽的宫廷，然而时代的愚昧，所可以给宫廷的华丽装饰带来的也仅仅是几件小玩意儿。当时不需要任何常备军队，所以甚至君主的费用都像一个大的领主，仅限于对他佃户的奖金和对家臣的款待。然而奖金和款待很少会导致浪费，尽管虚荣心总是会导致浪费。所以欧洲的一切君主都有财宝，这一点前面已经谈到过了。据了解，现在任何一个鞑靼首领都还有财宝。

在商业国家里各个地方充斥着各种各样的昂贵的奢侈品，君主就像他的疆土上绝大多数的大领主那样很容易要花费他的收益中的大多数购买那些奢侈品。他自己的国家与他的邻国供应的种类繁多价格昂贵的小玩意儿，构成了宫廷辉煌然而又毫无意义的华丽；为了追求与此相同的华丽，他的贵族们辞退了他们的家臣，让他们的佃户自己独立，自己也渐渐地变得就像他的领地里大多数的自由民那样无足轻重。影响着他们行为举止的那种轻浮的激情与此同样也影响着君主的行为举止。怎么可以设想他应该成为他的疆土上对这样的享乐能够无动于衷的唯一的富人呢？假如他不是，那么他可能做的就是把他的收益中的大多数花费在那些享乐上，导致非常大地削弱了国家的防卫力量，我们没法期望他不把维持国防力量所必须的资金之外的一切资金都花费在那些享乐上。他的日常费用变成了和他的日常收益同等，假如开销不时常多于收益，就算是好的了。再也不可能期望积累财富，当遇到特殊事件需要特殊费用时，他就一定要号召他的臣民做特殊的捐助。已故的和现在的普鲁士国王是欧洲自从法国国王亨利四世1610年死后，仅有的两个积累了一点财富的伟大王子。导致积累的节俭在共和政体的政府和君主政体的政府里差不多与此同样变得都十分少见。意大利的共和国，荷兰的联省全都已经负债。伯尔尼州是欧洲唯一的一个积累有财富的共和国。瑞士的其他共和国全都没有。对于某种华丽壮观的建筑的喜爱，至少对其他的公共装饰的喜爱经常是在一个小小的共和国里似乎严肃的元老院的会议室里和最大的国王的放荡的宫廷里同样盛行。

和平时期缺少节俭就一定让战争时期要借债。当战争来临时，国库里除了用于和平编制的日常费用外就再没有其他的钱财。战争时期国防的必须费用是和平时期编制的三四倍，因而收益也须多于和平时期收益的三四倍。也就是说，就算君主有（他大多数时候非常少有）依照费用的增加立即增加收入的方法，然而等到构成增加收益的税款进到国库可能要在开始增收的10或12个月以后了。然而在战争开始的时刻，或者眼看就要开始的时刻，军队一定要扩大，舰队一定要做好准备，驻防的城镇一定要进入防御状态。这些军队、这些舰队、这些驻防的城镇都一定要配备武器；军火和给养。

在那危急的时刻就急需一大笔费用，它是不可能去等待新征税收渐渐进入国库的。在这样的紧急关头政府没有别的方法，只有借款。

正是社会所处的那个商业状态通过道德因素的作用让政府一定要用这样的方式借债，同时在臣民中也产生了贷款的力量和意向。假如说社会所处的商业状态带来了借债的必要性，那么它与此同样也带来了借债的方便。

在一个充满了商人和制造业主的国家里必定有一批人，他们的手中不仅掌握着他们自己的资金，也掌握着贷款给他们的钱，或者是委托给他们经销的货物，这些资金通过他们的手比通过一个没有经营商业单靠收益过生活的人的手在社会上流通必定要频繁得多。个人的收益常规地通过他的手一年只有一次。然而一个经营商业的商人的一切资金和信贷，则周转得迅速，有的时候一年可能周转三四次。因此，一个充满商人和制造业主的国家必定有一大批人，他们在任何时候都有力量垫付一个非常大数量的金钱给政府，假如他们愿意这样来做的话。这就是商业国家的臣民中蕴藏的贷款力量。

商业和制造业在任何一个社会内不可能长期繁荣，假如那个社会没有正规的司法行政制度，人民就会对自己的私有财产没有安全感，对合同的履行也会得不到法律的保护，国家的权威没法常规地用于迫使一切有力量偿还债务的人偿还债务。简单来说，假如在一个国家里人民对政府的公正没有一定程度的信心，商业和制造业就不可能繁荣。正是这个信心在日常生活中让大商人和大制造业主乐意把他们的财产托付给政府保护，在非常时期让他们愿把他们的财产托付给政府利用。他们通过借钱给政府，丝毫也没有削弱他们实行商业和生产的力量。与此相反的是，他们大多数时候还扩大了他们经营商业和生产的力量。在大多数的场合，国家的需要使得政府愿意通过极端优惠的条件出借人贷款。政府给予原债权人的担保品能够自由转让，不仅这样，出于对政府的公正的广泛信任，担保品大多数时候在市场上出卖时价钱还远比原价要高很多。商人或有钱人通过贷款给政府能够赚钱。因此不但没有削弱，反而增加了他的经营资本。因此，当行政当局允许他参与首先购买新的公债时，他大多数时候把它看成一种优惠。所以在商业国家的臣民中也就产生了一种贷款给国家的意向和愿望。

这样的国家的政府在非常时刻倾向于把一切寄托在他臣民的借贷力量和愿望上。它预见得到借款的容易，因此它也就不实行储蓄。

在社会的原始阶段，没有什么大的商业或制造业资金。人们把自己能够储蓄的一点钱储存起来，然而把储存的又隐藏起来。他们之所以这样来做完完全全是出于对政府公正的怀疑，出于一种恐惧，害怕别人明白他们储存了财物，害怕一旦储存的财物被发现，迅速就会被掠夺干净。处在这样一种状态，没有人有力量，也没有人愿意在紧要关头把钱借给国家。君主预见到要想借款是完完全全不可能的，因此感到他一定要储蓄来防备急需。这个预见更加加强了他储蓄的天然习性。

现今不仅压迫着，而且最终将会让欧洲一切大国毁灭的巨大债务的积累过程在欧洲一切大国全然同样地存在着。国家就像个人一样，开始是用所谓的个人的信用贷款，无需指定或抵押任何特殊基金作为偿还债务的担保，当这个方法行不通的时候，他们才指定或抵押某种特殊基金。

不列颠的所谓没有担保国债就是通过上面所说的两种方式中的前一种方式借人的。它包括两个组成部分：一部分是没有或者假定没有利息的借债，它就像私人记账的债务；一部分是有利息的，它就像私人用票据或期票做抵押然而借人的借债。对于特殊服务所欠的债务，或者对于那些没有带来或者带来了然而尚没有给予报酬的各种服务所欠的债务，或者是陆、海军和军械方面的特殊开支当中的一部分，对外国王补助的欠款、海员工资的欠款等大多数时候组成了前一类债务。有的时候为了支付部分这样的债务还有的时候为了其他目的而发行的海军证券和财政部证券组成了后一类债务。财政部发行的证券从发行之日起开始计息，然而海军证券却要在发行后6个月才开始计息。英格兰银行通过对它们的流通价值自愿打折扣，或者通过和政府合作对财政部证券的流通给予一定的照顾，也就是通过和票面价值同等的价值接受它们，支付到期的利息，保持它们的价值，方便它们的流通，因此让政府经常能够借到巨额的一种国债。由于法国没有银行，国家的证券有的时候没办法不打折通过60%和70%在市场上卖出。在威廉王时代重新铸币时，当英格兰银行觉得应该停止普通交易时，据了解财政部证券在市场上通过票面价值的25%到60%打折卖出。毫无疑问部分地是因为对革命后新成立的政府的稳定性表示怀疑，部分地是因为缺少英格兰银行的支持。

当这个来源逐渐枯竭的时候，为了筹资就必须指定或抵押国家收益的某些部门通过偿还债务。在不同的场合，政府有两种不同方式能够选择。有的时候政府能够只指定或抵押一个短时期，比方说一年或几年；有的时候能够是永久。在前一种场合，据推想抵押的收益在限定期间内把足够支付所借货币的本金和利息。在后一种场合，据推想抵押的收益足够支付利息或等于利息的永久年金。在还清所借的本金后，政府可在任何时候偿清这个年金。用前一种方法筹措的资金，叫作通过预支法筹措的资金，用后一种方法筹措的资金，叫作通过永久付息法，或简称息债法筹措的资金。

不列颠每一年征收的土地税和麦芽税时常是通过在征收税款的法令中加进一个借款条款而被挪用。英格兰银行大多数时候却通过一定的利息（这个利息革命后由8%降到3%）垫付这些税款。只要税款能够陆续收益国库，也就能够陆续归还。假如仍有不足，然而不足又是常有的事，就由来年的剩余来支付。国家收益中尚没有抵押出去的唯一的收益极其可观的部门也就时常是这样在收归国库之前就被花掉了。国家就像一个处在不允许他等待常规收益到手的紧迫情况下的不顾未来的挥霍者，长期处在向他代理商和代理人借款的境地，长期为利用自己的资金而支付利息。

在威廉王统治时期，还有安尼女王统治的大多数时间里，在我们对永久付息的贷款方式变得就像现在这么熟悉以前，大多数的新税都是只征收一个短的时期（仅4年、6年或7年），然而每一年大多数的国库支出却由对这些税收的预期所发行的贷款来开支。税收常常不足够支付限定期内所借货币的本息，因此产生了短缺，为了弥补这个短缺就没办法不延长征税年限。

依照1697年威廉三世8年第2号法令几种税收的缺少部分由当时称作第一次总抵押，也就是说，一个由延期到1706年8月1日的几种短期内，把期满的赋税还有由那些税收积累而成的通用基金所组成的基金承担。这个基金承担的缺额是5160459镑14便士又1/4便士。

1701年，这些税随同某些其他的赋税为了与此相同的目的都进一步延长到了1710年8月1日，而且称作第六次总抵押或基金。这次基金所负担的不足额计达2055999镑7先令11便士又1/2便士。

1707年，那些税收作为发行新公债的基金又继续延长到1712年8月1日，而且被叫作第三次总抵押或基金。依照这次抵押借人的资金数额为983254镑11先令9便士又1/4便士。

1708年，全部的这些税作为一种新的国债的基金又延长到1714年11月1日，而且叫作第四次总抵押或基金。依照这次抵押借人的资金数额为925176镑9先令2便士又1/4便士。然而对吨税和磅税的过去的补助金除外，它们的一半组成这个基金的一部分，还有就是依照联合条款取消了对苏格兰亚麻的进口税。

1709年，这些税除去现已完完全全脱离了这个基金的对吨税和磅税的过去的补助。为了与此相同目的又延长到1716年8月1日，而且被叫作第五次总抵押或基金。依照这次抵押借入资金达922029镑6先令。

1710年，这些税又再次被延长到1720年8月1日，而且叫作第二交总抵押或基金。这次通过抵押借人金额为1296552镑9先令11便士又3/4便士。

1711年，这些税（这个时候已需支付四种不同的预支的本息）和其他几种税一起持续延长，而且组成一个基金支付南海公司的资金的利息，因为南海公司在那年曾经预付给政府9177967镑15先令4便士，用通过偿还与弥补税收的不足。这是当时曾经有过的最大的一次借款。

据我所可以观察到的，在这个时期以前，主要的也是唯一的为支付债务利息而永久征收的税是为支付英格兰银行和东印度公司还有规划中的土地银行所规划的，然而事实上没有实现。这个时候英格兰银行贷和政府的金额已达3375027镑17先令10便士又1/2便士；年息为206501镑13先令5便士。这时东印度公司的贷款为320万镑，年息为16万镑。而此时英格兰银行贷款的年利息为6%，东印度公司的贷款年利息为5%。

1715年，依照乔治一世元年12年号法令，那些由于支付英格兰银行的年息而被抵押了的各种税还有由这次法令与此同样定为永久征收的其他几种税合成一个叫作集合基金的共同基金。这个基金不仅要承担支付英格兰银行的年金，而且，还要承担支付其他几种年金和其他债务。后来乔治一世3年第8号法令还有乔治一世5年第3号法令又把这个基金给扩大，而且把当时附加在这个基金上的一部分不同的赋税与此同样也定为了永久性的赋税。

1717年，乔治一世第3年第7号法令把其他几种税收也定为永久税，而且合成另一共同基金叫做“通常基金”。通过支付某些年金，他的总额共达724849镑6先令10便士又1/2便士。

因为这些法令的结果，以前大多数仅为短期预支的各种税现在都已经变成了永久性的作为单纯支付连续由预支方法借入款项的利息的基金（不支付本金）。

假如只用了预支的方法筹措款项，却只要政府注意在这期间让基金在限定的期间内负担的债务不多于他支付力量，而且在第一次预支偿清前不实行第二次预支，经过几年国家收益就能够从债务中解脱出来。然而大多数的欧洲政府却连这一点都无能力做到。他们时常是在第一次预支后就让基金超负荷运行，假如还没有超负荷，他们大多数时候就让它超负荷，也就是说，在第一次预支偿清前又实行第二次和第三次预支。这样而来，基金就不足够支付所借货币的本息，因此基金变得仅够支付利息，或者接近于利息的永久性年金，如还不知节俭，持续预支必定会导致采用更具毁灭性的永久付息法。尽管这个后果必定会让国家收益从债务中的解脱从一个固定的期限推迟到一个不确定的可能永远达不到的期限。然而不论怎样通过这样的新的方法能够比过去的预支方法筹集到更多的款项，当人们一旦对这样的新的方法熟悉以后，在国家处在极端危急的时刻，人们就会广泛地宁愿采用新的方法，而不用过去的方法。解救国家的燃眉之急总是那些直接和国家行政事务有关的人们主要注意的对象。然而国家收益的进一步解脱，他们就只有留待后人去关心了。

在安尼女王统治的一段时期，市场的利息曾经率由6%降到了5%，在她在位的第12年，被宣布为私人抵押贷款的最高合法利息率。在不列颠大多数暂行税转变成永久的而且在分别拨归到总基金、南海基金和通用基金后不久，国家的债权人就像私人债权人一样都被说服接受5%作为贷款利息。这样而来让由短期国债转变为长期国债的大多数借款产生了1%的节约，换句话说，上面所说的三大基金所应支付的大多数年金节省了1/6。这一节合并成上面所说的基金的各税在支付现在所承担的年金后留下的一笔极其可观的剩余为现今所叫作的偿债基金奠定了基础。1717年，这项剩余达到了323 434镑7先令7便士又1/2便士。1727年，大多数国债的利息进一步下调，降到4%，1753与1757又由3.5%降到3%。这个降息让偿债基金又得到了进一步的扩大。

尽管偿债基金是为偿还过去的债而设立的，却很大程度方便了新债的筹集。它是手边随时能够利用的一个辅助基金，在国家危急时刻可用它抵押来协助其他任何基金筹集资金。至于不列颠的偿债基金是常用于偿还过去的债还是用来筹集新债，接下来就明显分晓。

除了预支和永久付息这两种贷款方法以外，还有两个方法能够举债，它们处在上面所说的两种方法之间。这两种方法就是有期年金贷款和终生年金贷款。

在威廉王和安尼女王统治时期，大数额的贷款经常是用有期年金的方法筹集的。它们有的时间长一些，有的时间短一些。1693通过了一道法案，通过14%的年金，也就是说，一年14万镑年金，为期16年借款100万镑。1691年，议会曾经通过了一道法案用终生年金借款100万镑，这个条件在今天看上去非常有利。然而筹集的款额并没有满。第二年这个缺空就通过14%的终生年金借款补足，也就是说，通过7年稍多一点便可收回本金的条件的借款补足了。1695年购买了这些年金的人能够每百镑向财政部再交纳63镑后换取96年为期的年金；终生年金的14%和96年年金的14%之间的差价就通过63镑或差不多等于4年半的年金卖出了。然而担忧政府的不稳定，也就是说，就算条件这样优惠购买者仍寥寥无几，在安尼女王统治时期，借款在不同场合是通过两种不同条件，也就是通过终生年金和通过32年，89年，98年还有99年为期的有期年金实行的。1719年，32年期的年金拥有者又被说服通过他一切年金换取等于1年半年金的金额的南海证券，对于当年到期欠款也发给了相应的证券。1720年，其他长短期的年金的大多数都捐给了同一基金。那时一年应付的长期年金达666821镑8先令3便士又1/2便士。1775年1月5日，他的剩余部分，也就是说，当时没有被认购的仅136453镑12先令8便士。

在1739和1755年开始的两次战争时期，通过有期年金或终生年金借入的款项极少。然而98年期或99年期的年金货币价值差不多和永久性年金同等。所以，人们可能觉得它们作为一种基金应该能够借入差不多与此同样多的款项。然而那些想治家立业而且为长远着想的人，在认购国债时，绝不可能去买价值连续贬值的那种国债；而这样的人又组成国债所有者和购买者中一个极其可观的比例。所以，尽管长期年金的固有的价值可能和永久性年金的价值非常相近，然而却远没有那样多的购买者。新国债的认购者大多数时候都是计划尽可能快地卖出他们手中的国债，他们都愿意认购可由议会赎回的永久性年金，而不情愿认购同等数额的没法赎回的长期年金。前者的价值能够如果是终年不变，或者差不多不变，因此，它让前者成为比后者更便于转让的债券。

在上面提到过的两次战争期间，不管是有期年金抑或终生年金都是作为一种奖酬而授予新公债的认购者的，它们是在可换成现款的年金或组成国债的贷款的利息之外的。这样的授予不是作为偿还所借货币的专门基金，而是作为一种附加鼓励授予出借人的。

终生年金的授予有的时候也采用两种不同方法：对独自的个人终生授予或者对一群人终生授予。后一种方法在法国叫作顿建法，名称来自发明人的名字。当年金是授予独自的个人终生时，受领年金者一旦死亡，公共收益就减轻了和他的年金有关的这一部分负担。当年金是用顿建法授予时，公共收益要到组成这一群体的一切成员死亡后才可以从这负担中解脱出来。然而这一群体有的时候可能有二三十人，之中有人死了，生者可享有一切死去的人的年金，最终一个生者可享有整个群体的一切年金。假如通过同一收益抵押借款，顿建法总是比独自个人终生年金法可以筹集到更多的资金。因为生者有了继承权顿建法实实在在要比同等数额的独自个人终生年金的价值大得多，不仅这样，因为每个人天然地对自己会有好运气的信心（这是一切彩票买卖成功的依照），这样的年金大多数时候所售的价格要超过他本身价值。在政府时常采用授予年金的方法筹集资金的国家，正是因为上面所说的原因顿建法大多数时候受到比独自个人终生年金更多的青睐。政府也差不多总是愿意采用能够筹集到最多资金的应急措施，然而不情愿采用可能把公共收益从年金负担中最快解脱出来的方法。

法国由终生年金组成的国债比英国由终生年金组成的国债的比率要大得多。依照波尔多议会在1764年向国王提出的备忘录，法国的一切国债估计为 24亿利弗，之中通过终生年金借人的大概为3亿利弗占国债总额的1/8。这一项年金本身一年达3000万利弗，差不多等于一切国债的利息12000万利弗的1/4。我深知这两个估计不准确，然而它们是这样来一个受到人尊敬的机构所提出来的，我想它们是能够被看成接近真实的。法国和英国两国政府之所以采取不同的借贷模式，不是因为他们对公共收益从负债中解脱出来的焦虑的程度不同，然而完完全全是因为借债人的观点和利益的不同。

英国政府所在地是世界上最大的商业都市，商人大多数时候是向政府带来贷款的人。他们贷款给政府，不是为了减少他们的资金，与此相反，是为了增加长期商业资本。除非他们觉得可以通过卖出新债从而得到某些利润，不然他们是绝不可能认购的。然而假如他们通过贷出款项所要购买的不是永久性年金，然而仅是终身年金，却不管这些终身年金是他们自己的，还是别人的，他们大多数时候都非常难在卖出时得到什么利润。卖出用自己生命为基准的年金，他们大多数时候都是要亏本的；因为没有人会愿通过与此同样的价格去购买通过别人生命为基准的年金，尽管那个人的年龄和健康状况和自己的十分相近。没错，一个通过第三者的生命为基准的年金无疑的对于购买者和卖出者来说具有同等的价值；然而他真正的价值从他被授予的那一刻起就开始减少，不仅这样，只要它存在一天就会持续减少。所以终身年金永远也不可能变得一种就像永久性年金那样方便的可转让资财，尽管他真正的价值能够想象得是相同或者差不多相同。

法国政府所在地不是一个大的商业城市，商人在向政府带来贷款的人中不组成一个比例。和资金有关的人，也就是说，税收总承包人、非承包的赋税征收人员、宫廷银行家等，他们组成了在国家紧急关头向政府带来贷款人中的绝大多数。这些人大多数出身卑微，然而拥有大量财富，不仅这样，大多数时候具有非常大的自尊心。非常骄傲，不情愿和他们门户同样的妇人结婚，然而地位高的人又不与他们结为夫妇。所以，他们大多数时候决心过单身汉的生活，他们没有属于自己的家庭，也不关心他们的亲戚，他们甚至还不情愿承认那些亲戚，他们只想在自己有生之年过着十分豪华的生活，把他们的财富在有生之年全部用光。除此之外，这些不情愿结婚或者他的生活条件又让他们不适合或不便于结婚的富人人数在法国远远多于英国。这些人不大关心甚至完全不关心传宗接代的问题，对他们来讲最理想的莫过于把他们的资本转换成一种收益，然而这个收益又可以总是持续到他们所希望的时间。

在和平时期现代大多数国家的政府的日常开支同等于或者接近于他们的日常收益。战争来临时，他们既不情愿也没法把他们的收益按开支的增加而成比例地增长。他们之所以不情愿，是因为害怕突然要增加这样巨额的税收而激怒人民，人民会迅速厌恶战争。他们之所以没法；是因为不清楚要加征什么样的税才足够得到所需的收益，借款却轻而易举地让他们免除了这样的恐怖和所可能引起的尴尬境地。通过借款他们只要恰当地增加一点税收，他们就可年复一年地筹集足够的资金把战争实行下去，而且，借助永久性基金再尽可能加收非常小一点点税收，每一年就可筹集到最大限度的资金。在大的帝国里，生活在首都和远离战场地区的人大多根本就没办法感觉到战争给他们带来的任何不便。与此相反的是，他们反而能够悠闲地通过阅读报纸上他们国家海陆军的战绩而自娱。这样的欢快就足够补偿了他们比和平时所多支付的税款。他们通常还不愿意恢复和平，因为和平了也就结束了他们的那种欢乐，结束了战争持续时间再长一点所能带给他们的征服别国和国家荣誉的千万种臆想。

确实，恢复和平而且没法把他们从战争时期所加征的大多数税收中解脱出来。因为那些税收都为了持续借款，然而作为欠债的利息而抵押出去了。假如这个过去的收益在支付那个利息和政府的日常开支外还有剩余，那样的话，它和新税一起就可产生某些剩余的收益，它可能转化为偿还债务的偿债基金。然而首先，这个偿债基金，也就是说，就算不用于其他别的用途，在一个和平能够希望持续的时间内大多数时候也全然不足够支付战争期间所欠的一切债款；其次，这个基金差不多总是被挪作他用。

加征新税的唯一目的就是支付通过它们为担保的贷款的利息。假如它们还有所剩余，那剩余通常也是既没有安排，也没有曾期望过的，因此也是十分有限。偿债基金大多数时候产生于应付利息的随后的减少，然而非常少产生于所得税收多于应付的利息或年金的剩余。1655年荷兰的偿债基金还有1685年教士联邦的偿债基金就都是这样建立起来的。这也就是为什么这样的偿债基金大多数时候不足够偿还债务的原因所在。

在和平时期，假如发生了一点事件需要一笔非常开支，政府总是觉得挪用偿债基金比加征新税更为方便。加征任何一种新税人民迅速在一定程度上就会有所感觉。它总是会引起一点怨言，受到某些反对。赋税增加得越多，每一种税收征收的越重，人民对于各种新税的抱怨也就越多，政府总是要想加征新税或者提高过去的税就会变得更加困难。然而一时中止偿还债务人民却不可能迅速感觉出来，也不可能引起怨言或抱怨。所以借用偿债基金总是摆脱眼前困境的一个简而易行的应急措施。国债积累得越多，就越需要研究如何去减少它们，然而滥用偿债基金的任意部分就越危险，毁灭性也就越大。国债越是不可能减少到一个极其小的程度，然而滥用偿债基金来解决和平时期产生的一切特殊费用就越加可能，越加必然无疑。当一个国家的赋税已经过重时，就必定需要战争；就只有国民报仇雪耻的仇恨，或对国家安全的担忧才可以让人民用容忍的耐心接受一种新加的赋税，这就是为什么偿债基金大多数时候被滥用的原因所在。

不列颠自从第一次求助于具有毁灭性的应急措施永久息债法以来，和平时期国债的减少从来就没有和在1688年开始，1697年通过里斯韦克条约而结束的战争时期国债的积累成过比例。不列颠现今巨大的国债的基础最开始就是那次战争中奠定的。

1697年12月31日的不列颠的国债，包括长期和短期一起达21515742镑13先令8便士又1/2便士。其中大多数协定由短期预支，一部分却通过终身年金借入。所以在1701年12月31日以前，在不到4年的时间里，一部分就已经完全偿清了，一部分却转入了国库，他数额达5121041镑12先令3/4便士。在这样短促的时期内让国债减少了绝大多数，这是前所未有的。所以，剩下的国债就只有16394701镑1先令7便士又1/4便士。

1702年开始，通过马特勒克条约的签订而告终的战争积累的国债更要多一些。1714年12月31日，国债已经达到53681076镑5先令6便士又1/12便士。对南海基金认缴的短期和长期年金都在一定程度上增加了国债的数额，导致到1714年12月31日国债就已经达到了55 282 978镑1先令3又5/6便士。从1723年起国债开始减少，然而减少得非常慢。直至1739年12月31日，在长达17年的太平时期里偿还的总额还不多于8328354镑17先令11便士又3/12便士。所余国债在那年还有46954623镑3先令4便士又7/12便士。

1739年开始的和西班牙的战争还有随后爆发的和法兰西的战争引起了国债的进一步增长；1748年12月31日在签订埃·拉·查帕尔条约时，国债已经达到了78293313镑1先令10便士又1/4便士。然而持续17年的太平日子偿还的国债却不到8328 354镑17先令11便士又

3/12便士。然而不到7年的战争增加了31338689镑18先令6便士又1/6便士。

在佩兰先生执政的时间里，国债的利息降低了，或者说，至少是采取了一定的降息措施，从4甲降到3甲。因此偿债基金增长了，偿清了一部分国债。1755年上次战争爆发之前，不列颠所拥有的长期国债金额为72289673镑。等到1763年1月5日缔结合约时，长期国债已经达到122603360镑8先令2便士又1/4便士。无担保国债已经宣布的是13927589镑2先令2便士。然而战争引起的费用并没有因为缔结合约而终止；所以，在1764年1月5日长期国债尽管已增加到129586789镑10先令1便士又3/4便士。（之中部分是因为发行新的国债，部分却是因为无担保国债改为长期国债）；然而（依照一位消息非常灵通的作者对不列颠的商业和财政的考察）还有一笔长期国债是应该被列入该年和次年的。这笔国债的数目是9975017镑12先令2便士又15/44便士。所以，不列颠的长期国债和无担保国债加在一起，依照那个作者的统计，是139516807镑2先令4便士。授给新国债认购者作为奖金的终身年金在1757年按14年年金估计，价值大概为 472500镑；与此同样，作为授予1761年和1762年国债认购者奖金的长期年金按照27年半的年金估计，价值大概为600826875镑。在大概持续7年的和平岁月里，谨慎然而真诚的爱国者佩兰先生的政府还无力偿还600万镑的过去的债。然而在差不多同样时间的一个战争里，所举的新债却多于7500万。

1775年1月5日，不列颠的长期国债是124996086镑l先令6便士又1/4便士。无担保国债除去议会批给皇室的年俸债务那部分以后，为4250236镑3先令 11便士又1/8便士。两部分加在一起共计129146322镑5先令6便士。依照这个统计在11年的太平岁月里一切偿还的债务仅为10415474镑16先令9便士又7/8便士。然而，即便是国债中减少的这个小小数量都不全是由国家的时常收益中节约出来的。偿还债务的有几笔款项是完完全全和国家的时常收益无关的外来款项。在这些额外款项中我们能够推算出来的有连续三年对每磅土地税所附加的1先令的附加税；东印度公司向国库缴纳的200万镑还有银行为更新特许状然而缴纳的11万镑作为对土地的补偿，除此之外，还有几笔数额也需要算入那些外来款项之列。因为它们是上次战争中产生的，可能应该看成从开支中减去的项目。主要如下：

款项	镑	先令	便士
对法战争战利品的收益	690449	18	9
法国战俘赔偿金	670000	0	0
出售割让岛屿所得	95500	0	0
合计	1455949	18	9

假如我们把查特姆伯爵和克尔克拉先生的账目上的余额还有同类的其他军费的节余和从银行、东印度公司所得款项以及每磅土地税中所附加的1先令全部都加在这个金额上，他总额必定要很大程度多于500万镑。所以，自从缔结和大概以来从国家日常收益的节余所偿还的债务，平均一年还不到50万镑。毫无疑问的是，和平恢复后因为债务的偿还利息从4%减到3%，还有部分终身年金到期，偿债基金很大程度地增加了。假如和平还会持续下去，可能每一年可节省出100万来偿还国债。所以，在去年的1年内就偿还了100万。然而，与此同时，还有一大笔皇室债务仍没有偿还。然而我们现在又投入了一场新的战争。战争的进展可能证明和过去有过的任何战争同样耗资巨大。在下一战役结束以前可能就要举借新债，它的数额可能接近于国家由日常收益中节省出来所偿还的一切过去的债。所以期望从目前国家日常收益中所节省出来的钱一切偿清国债，简直是一种臆想。

有一个作者曾经把欧洲不同债务国的国债，特别是英格兰的国债，描述为附加在国家另一大资本上积累的一个大资本。通过它，国家的商业得到了扩张，国家的制造业得到成倍地发展，国家的土地得到耕种和改良，这些发展和改良单是凭借那另一个资本是远远没办法办到的。然而那个作者没有思考到贷款给政府的首批债权人贷给政府的资本，从他们贷款的那一时刻起，他们就是把由资本功能转化为了收益功能，从维持生产性的劳动者转化为维持非生产性人手；大多数时候政府在借人资本的当年就把它消费和浪费掉了，没有任何再生产的希望。作为一种回报，贷出资金的债权人在大多数情况下的确得到了多于他原有价值的国债年金。这个年金毫无疑问偿还了他们的资本，而且让他们能够实行和过去同样规模的商业和贸易，或是更大规模的商业和贸易。也就是说，他们或者能够用这个年金担保对此外的一个人借贷新的资金，或者通过卖出那个年金从此外的一个人那里得到一笔同等于甚或还多于他们贷给政府的资金的新的资金。然而，他们用这样的方法购买或向别人借入的新的资金一定要是以前就存在于国内的，而且一定要就像一切资金一样总是用于维持生产劳动。当它进入那些曾经贷款给政府的人的手中时，尽管在某些方面它对他们来讲是一笔新资本。然而它对国家却不是什么新的资本，不仅这样，然而是从某些用途中抽回的方便于归还此外的人的资金罢了。尽管它对于他们来说是偿还了他们借贷给政府的资本，然而对国家来说，它是没有偿还。假如他们不把那笔资金借给政府，然而国家就把有两笔资金，两份而不是一份用于维持生产性劳动的年产物。为了支付开支政府从当年没有用作抵押的赋税来筹集收益时，私人收益的必定部分只不过是从维持一种非生产性劳动转移到维持另一种非生产性劳动而已。在那些税收中人民所支付的某些部分无疑地可能积累成了资本，后来也投入了维持生产性劳动；然而绝大多数可能是用掉了，投入了维持非生产性劳动。然而，用这样的方法开支的国家费用无疑地多少要妨碍新资本的进一步积累，不一定会引起对任何现存资本的破坏。

当国家费用是由举债开支时，那样的话，它的开支必定对国内原有的某些资本一年要组成一点破坏。具体地说，把原本定为维持生产性劳动的年产物的某些部分转为维持非生产性劳动。假如政府在当年可以筹集起足够支付国家费用的收益，却在这样的场合，赋税将要比它们原本应有的轻些，这个时候国民的个人收入的负担尽管较小，因此他们通过节省收益中的某些部分而积累成资本的力量所受到的损害也要小得多。假如说举债的方法对过去的资本的破坏要多些，那么它和用当年的税收开支当年的国家费用的方法相比，对新资本的积累或得到的妨碍也要小些。在举债的体制下，人民个人的节约和勤劳能够非常容易地修补政府的浪费和奢侈可能有的时候对社会总资本所造成的破坏。

然而，只有在战争持续的期间，举债体制才比其他体制具有这样的优越性。假如战争的费用总是可以通过当年筹集的收益来支付，却不大多数时候收益所依赖的税收也就不可能持续到那一年以后。私人积累的力量尽管在战争期间要小些，然而在和平时期就会要比在举债体制下要大得多。战争不一定引起对任何过去的资本的破坏，然而和平却必定会促使新资本更多的积累。战争大多数时候会比较快地结束，不可能不负责任地实行下去。在战争持续期间，人民感到战争的负担，迅速就会对它感到厌倦，然而政府为了迁就人民也会尽可能地在能够结束时就结束它。在没有切实然而可靠的利益可图时，想到战争沉重而不可避免的负担，人民也不可能不负责任地要求战争。这样一来，让私人积累力量多少受到损害的时期更为少见，不仅这样，为时也会更短。反过来，让私人积累力量达到最大限度的时期将会比在举债体制下要持续长久得多。

除此之外，当举债获取必定进展，举债所带来的赋税的加重有的时候在和平时期和上面所说的征税制度在战争时期相同，与此同样会损害个人积累的力量。不列颠的和平年月的收益在现在是一年多于10万镑。假如这个收益没有用作抵押，管理恰当，无需发行一先令的新债，就足够实行最激烈的战争了。假如不列颠没有采用那个弊害无穷的举债制度，不列颠现今在和平时期受到债务拖累的个人收益的积累力量就不可能受到和耗资最大的战争时期与此同样大的损害了。

有人提到过，支付国债的利息是把钱由右手转给左手。货币并没有流到国外去。它只不过一部分居民把他们的部分收益转手给了另一部分居民。国家一分钱也没有减少。这个辩解完完全全是建筑在商业体系的诡辩上，经过我对这个体系的详细研讨，可能没有必要再在这里作进一步的讨论了。除此之外，这个辩解的如果是一切国债都是出自一国的居民，这一点恰巧又不正确。荷兰和其他几个国家，在我国的国债中都拥有极其大的份额。也就是说，哪怕一切国债是出自一国的居民，它也并不能够弊病少些。

土地和资本是个人和国家一切收益的两个来源。资本支付农业，制造业或者是商业所雇佣的生产性劳动的工资。收益的这两个来源的管理分属于两类不同的人民：土地的拥有者和资本的所有者或利用者。

土地的拥有者为了他自己的收益关心的是尽可能让他的产业处在良好状态，修建和修葺佃户的住屋，修建和维护必要的排水管道和围栏还有其他应由地主实行的昂贵的改良的费用。然而因为不同的土地税的征收，地主的收益可能会很大程度地减少；同时因为对生活必需品和便利品征收了各种不同程度的税，那份已被减少了的收益可能所具有的真正价值已非常微小，导致他可能感到他已全然无力来实行或维持那些费用昂贵的改良。当地主停止尽自己的责任时，他的佃户更是全然没有力量去持续他的工作。随着地主的贫穷的加剧，国家的农业必定衰退。

当对生活必需品和便利加征各种赋税时，资本拥有者和利用者就会发现他们从资本所得的收入在某一特定的国家购买不到在其他任何一个国家同等的收益所可以购买的同量的生活必需品和便利品，这个时候他们把倾向于迁往其他某个国家。同时，当为了征收那些税收，一切或者绝大多数巨额资本的利用者把连续地受到税收人员令人感到压抑和烦恼的造访时，这个时候迁移的倾向迅速就会变成真正的搬迁。伴随着支撑它的资本的流走，国家的工业必定衰退，因此随着农业衰退将会是商业和制造业的毁灭。

假如把从土地和资本两者所产生的收益的绝大多数从这两大收益来源的拥有者，从直接对保有每一块土地的良好状态和每一笔资本管理的良好状态怀有浓厚兴趣的一批人手中转移到此外一批人（国债的债权人，他们并没有这样的兴趣）手中，从长远来看，必定要引起对土地的疏忽和对资本的转移或浪费。国债的债权人毫无疑问对国家农业、制造业和商业的繁荣有着广泛的兴趣；因此也对土地处在良好状态、资本处在良好的管理感兴趣。假如农业、制造业和商业中的任何一个出现了一点衰退，各种税收的收益就会不再足够支付他所应得的年金或利息。然而国债的债权人单作为一个债权人来说，他对任何一片土地的良好状态或任何资本的良好管理并没有任何兴趣。作为一个国债债权人他对这样的特定土地或特定资本都没有任何了解。他没有调查过什么。他也能够不关心它。在某些情况下土地的荒芜和产业的破产他可能全然不明白，不仅这样，它们对他也无直接影响。

举债的实施渐渐地削弱了任何一个采取了举债措施的国家。它似乎是意大利各共和国首先采取的。热那亚和威尼斯——这仅有的两个残存的能够说是独立的国家也都被它削弱了。西班牙似乎都是从意大利各共和国学习了这个措施（不仅这样，它的税制可能比他们的还更缺乏明智），和他的国家的天然实力相比西班牙削弱得更多一些。西班牙的债务有非常长的历史。在16世纪末，大概是英格兰没有欠1先令的债之前的100年，它就深陷一团债务之中了。法兰西，尽管有非常多的天然资源，在与此同样的债务的重压下渐渐凋萎。荷兰共和国也就像热那亚或威尼斯相同受到了很大程度的削弱。曾让其他各国都得到了削弱或荒废的举债措施难道在不列颠就能够是全然无害的吗?

能够说，这些不同国家所建立的税收制度都比不过英格兰的税收制度。我相信这是事实。然而应该记住当一个最明智的政府把一切可以征收赋税的对象都已征收赋税时，在急需的时刻；它必定要求助于不宜征收赋税的对象。明智的荷兰共和国在有的场合也被迫像西班牙那样求助于对大多数不便于征收赋税的税收。假如在国家收入尚没有得到一定程度的解脱之前，新的战争又爆发了。在战争的进程中这次战争就像上次战争一样耗资巨大，非常可能出于没有方法抵挡的需要，不列颠的税收制度也会变成荷兰、甚至西班牙税收制度那样让人民感到不堪重负。的确，要感谢我国现在使用的税收制度，到目前为止还没有给工业造成什么大的困难，甚至在耗资最大的战争中我国人民的节俭和良好的品行通过节约和积累可以修补因为政府的浪费和奢侈在社会总资本中造成的漏洞。在不列颠所实行过的耗资最大的上次战争结束时，不列颠的农业依然就像以前那样繁荣，制造业者雇佣了同以前一样多的劳动力，商业就像以前那样连续扩展。因此，支撑工业不同部门的资本必定也和以前曾经有过的一样。和平恢复后，农业得到了进一步的改良，国内城乡的房租都有所提高，这是人民财富和收益增长的一个证据，过去的税的大多数年收益，特别是国内税和关税的主要部门收益的持续增长是消费连续增长还有唯一可以支持消费增长的生产增长的又一明证。不列颠看上去非常轻松地就支撑了半个世纪以前没有人相信它所可以支撑的负担。然而，我们也不要因此就匆忙地做出结论它现在能够支撑任何负担。也不应过于自信，它可以没有什么困难地支撑一个比以前曾经承担过的更重一点的负担。

当国债一旦积累到一定程度，我相信，就不可能有完完全全偿清的时刻。假如说利用国家收益解脱国债的事例曾经有过，那也总是通过破产解除的。只不过有的时候是公开承认的破产，有的时候是一种假设而不是真正的破产。

提高硬币的名义价值是最常用的应急措施，通过这个措施把真正的国债的破产披上一件偿还的外衣。举例来说，一个6便士的硬币通过议会或者通过皇室宣布把他名义价值提高到1先令，然而26便士提高到1镑的名义价值。一个在过去的制度下借了20先令或者接近4盎司白银的人在新的体制下就只需归还26便士，或者不到两盎司的白银。12800万镑的国债大概极其于不列颠长期和短期国债的总是和。假如通过这样的方式偿还，就只需偿还现今的货币6400万镑。这是一个地道的假偿还，国债的债权人把实实在在地在该欠他们的债务中1镑被骗走了10先令。这个灾难所涉及的还远不过国债的债权人，然而任何一个私人的债权人也把受到相应的损失，不仅这样，对任何人没有任何好处。在大多数场合对于国债的债权人还有一个非常大的附加损失。那就是假如国债的债权人确实是欠了别人非常多的债务，然而他们能够在某种程度上通过国家支付给他们的同一硬币来支付他们的债权人通过弥补他们的损失。然而在大多数国家，通过货币贷和国家的人绝大多数是富人，他们对于他们的其他同胞大多是处在一种债权人的地位，而不是处在一种债务人的地位。所以，这样的虚假的偿还在大多数场合并没有减轻国债债权人的损失，只不过加重了他们的损失。不仅这样对国家也没有任何好处，反而使灾难殃及到更多的无辜群众。它对私人财产造成最广泛然而又最严重的破坏；在大多数场合它让懒惰然而挥霍的债务人反而通过勤劳然而节俭的债权人为代价发富起来，而且把国家大多数资本从本可让他增值的人的手中转移到非常可能把他挥霍和毁掉的人的手中。当一个国家需要宣布破产时，就像一个人需要宣布破产时，一个公平、光明正大和公开承认的破产不管对债务人的名誉和对债权人的利益都将会是一个损失最小的措施。为了掩盖真正破产的羞耻，而求助于这样一种极易识破、同时又极端有害的窜改戏法，国家的荣誉必然也是难保的。

然而，差不多一切的国家，不管古代的和现代的，当滑到了一定要采用这样的手段的地步时，有的时候也都玩弄这样的窜改戏法。在第一次古罗马和迦太基战争结束时，罗马人降低了阿斯（当时罗马人计算一切其他硬币的价值标准）的价值，从1阿斯的含铜量由12盎司减到2盎司。也就是说，他们把2盎司的铜提高到过去总是表示12盎司的名义价值。通过这样的方法，共和国就能够用实际应偿还债务的1/6来偿还原有的巨额的债务了。这样突然和巨大的破产，今天我们必定认为会引起群众极度强烈的不满。然而，它却没有引起任何不满。因为执行这个贬值的法律就像其他一切和硬币相关的法律那样，是由护民官通过人民大会的议会来实行的，可能还是一个极受到群众欢迎的法律。

在罗马就像在古代其他一切共和国那样，穷人总是欠了富人的债，然而上流社会的人为了保全他们在每一年选举中的选票常通过极高的利息贷款给穷人。这些钱从来没有得到过偿还，迅速积累成了一个巨大的数量，债务人还不起，其他任何人也为他偿还不起。债务人为害怕强制偿还，因此被迫不需要再给任何好处投给债权人推荐的候选人的票。尽管一切法律反对行贿和收买，然而候选人所给的馈赠，还有元老院有的时候发放的谷物就成为罗马共和国后期比较贫穷的公民所倚赖生存的主要资源。为了从对他们债权人的服从中彻底解脱出来，这些比较贫穷的公民连续地要求废除一切债务或者要求通过他们所叫作的新法。也就是要求一种法律，让他们在支付他们所欠债务的一定比例后就能够取消一切债务。具体地说就是把一切硬币降低到他的原有价值1/6的法律，因为它要求他们只需要支付他们实际欠债的1/6。这个法律是对他们最为有利的新法。为了能够满足人民的要求，富人和上流社会的人在非常多不同的场合被迫同意废除过去的债和实行新法。他们之所以同意这个新法，部分是因为上面所说的理由，部分是因为通过把国家收益从债务中解放出来，可以让政府恢复元气，因为那个政府是他们自己占有主要领导地位的政府。这样而来，通过一个措施12800万镑的债务很快就可缩减为21333333镑6先令8便士。在第二次罗马和迦太基的战争期间阿斯又进一步贬值。首先由2盎司铜降到1盎司，这以后又由1盎司降到半盎司；也就是说降到它的原有价值的1/24。把罗马硬币的三次贬值加在一起折合我们现在使用的货币12800万的债务，通过这样的方法一下子就缩减到了5333333镑16先令8便士。.甚至不列颠的巨额债务用这样的方法也可迅速偿清。

我相信通过这样的应急措施各国的硬币都总是在连续贬值，越来越低于它的原有价值，同一名义金额渐渐变得所含银量越来越小。

各国有的时候为了同一目的在硬币的标准成色中会掺假，也就是说，在硬币中掺入了大量的合金。举例来说，假如在我国1磅重的银币中掺入的不是18本尼威特的合金，而是依照现在的标准掺入了8盎司的合金；1英镑或20先令的这样的硬币将会和我们现今货币的6先令8便士差不多。我们现今货币6先令8便士所含的银量将会因此就提高得和1磅的名义价值非常相近。成色标准的掺假和法国的所谓的增大价值或者是直接提高硬币的名义价值具有同样的效果。

硬币的增大价值或直接提高它的名义价值总是不仅从本质上来说也必定是一个公开宣布的措施。通过这样的措施重量较小、体积较小的硬币获取了过去重量较大、体积较大的硬币的同一名称。与此相反的是，成色标准的掺假却总是一个隐蔽的行动。通过这样的行动铸币厂发出的同一名义价值的硬币设计得尽量让它和过去流通的价值较大的硬币同样重，有同样的大小，有同样的外观。当法国国王约翰为了还清他的债务，在他的硬币中掺假时，铸币厂的一切官员都郑重宣誓保密。这两种行为都是非常不正当的。然而简单的增大价值是一个公开而粗暴的不公正，而掺假是一个谎言性的不公正。因此，后一行为一旦被揭露（它不可能长期被隐瞒），它总是要引发比前一行为更大得多的愤懑。硬币经过任何的增大价值然后非常少有可以恢复到过去的重量的；然而在经受到了最大的一次掺假后，硬币却差不多总是恢复到他原有的成色。所以也就没有发生过由于群众的愤懑和愤怒而没有方法平息的事。

在亨利八世统治的末期还有爱德华六世当政之初，英格兰的硬币不但名义价值提高了，而且成色标准也掺了假。在詹姆斯六世没有成年的时候，苏格兰也发生过类似的骗术行为。这样的骗术行为在其他大多数国家有的时候也发生过。

当国家的收益在支付平时编制每一年的费用后的剩余和超出部分非常无足轻重时，不列颠的国家收益要想可以完完全全从债务中解脱出来，或者可以向彻底解脱迈出一大步看上去全然是妄想。非常明显假如国家收益没有极其大的增加或者国家费用没有与之相应的非常大的缩减，要想偿清一切债务是永远不可能的。

实施相比来说更为平等的土地税，对房租征收更加平等的房租税还有对现行的关税和国内货物税实行如前一章所提到过的一点改革可能在不增加大多数人民的负担，然而只不过把它比较平等地分配在全民身上的情况下，能够很大程度地增加国家收益。然而，也就是说，即使最乐观的设计师也不敢自认为这样的增加将会足够让人们有理由期望在和平时期把国家收益从债务中完完全全解脱出来或者向解脱迈出一大步，方便于在下次战争中阻止国债的进一步积累或补偿进一步积累的国债。

将不列颠的税收制度推广到帝国中居住有不列颠和欧洲血统人民的各个属地，国家收益就可期望非常大的增加。然而，依照不列颠的税法，假如没有被接纳入不列颠议会，这一点可能就非常难做到。假如我们想要这样来做的话，就一定要依照公平平等的代表权准则，依照各个属地人口的比例接纳他们的代表参加议会。因为不列颠的一切税收是由不列颠议会的一切成员共同承担的。然而非常多有权势的人的个人利益还有大多数人所具有的偏见在现今是反对这样一个大的变革的，这些障碍可能非常巨大，可能根本就不可能克服。然而，没有必要去判断这样的统一是现实的还是不现实的，在这样的理论著作里研究一下不列颠税制到底能够在多大的程度上运用到帝国的各个不同属地，可能不是不合时宜的。假如将不列颠税制运用到了各个不同属地，又可以期望有多大的收益呢？一个统一税制对帝国内不同属地的幸福和繁荣又可以有什么影响呢？这样的推测在最差劲的情况下可能也只仅仅是一个新的，不仅这样，而且必然是趣味不多的乌托邦，然而比过去的乌托邦来说，它却是比较有用和更切实际的一个。

土地税、印花税还有关税和国内货物税等组成了不列颠税收的四大支柱。

爱尔兰必然有力量，然而我们的美洲和西印度的殖民地却比不列颠更有力量支付土地税。在地主既不要缴纳什一税又不要缴纳济贫税的地方，他必定要比那些要缴纳这两种税的地方更有力量交付土地税。在没有实行什一税交纳现金的地方还有在通过实物替代什一税的地方，什一税比1镑征收5先令的土地税要更大程度地减少地主的地租。这样而来，一个什一税在大多数场合将多于土地实际地租的1/4，或者将要达到在完完全全偿还农场主的资本还有合理利润后所剩余的1/4。假如把一切折合现金的什一税和由俗人保管的教会财产都去掉不算，不列颠和爱尔兰的一切教会什一税将会不少于600或700万镑。假如在不列颠或爱尔兰没有什一税，地主就能够多缴600或700万镑的土地税，然而不可能加重他们中绝大多数人目前的负担。美洲没有什一税，所以它可以承担土地税。没错，美洲和西印度的土地总的来说既没有租佃也没有出借给农场主。所以土地没法依照任何地租簿来定税。然而在威廉和玛丽四年不列颠的土地也没法依照任何地租簿来定税。美洲的土地既能够通过上面所说的同样的方式来定税，又能够就像近来在米兰公园还有奥地利、普鲁士和沙廷尼亚等国的领地所做的那样。通过一个准确的调查依照一个公平的估价来定税。

尽管，在法律诉讼形式和不动产还有动产的转让契约形式相同或差不多相同的各国，印花税的征收能够采取与此同样的方式。

假如伴随贸易自由的扩张（为了公平起见这是完完全全应该的）把不列颠的关税法推广到爱尔兰和各殖民地却对双方都是最有利的了。那时一切现行抑制爱尔兰贸易的令人反感的限制，还有对美洲商品所设立的列举和非列举的区分就能够完完全全取消了。菲尼斯特尔海角北面的国家就能够像菲尼斯特尔海角南面的国家现在对美洲产品的部分开放那样对美洲的一切产品开放。不列颠帝国部分间的商贸将会因为关税法的这一统一而就像现今不列颠沿海商贸相同的自由。不列颠帝国将会因而为内部各不同属地的各种产品带来一个无限广阔的内部市场。这样扩大的一个市场迅速就可补偿爱尔兰和殖民地可能因为关税的增加而受到的损失。

国内货物税是不列颠税收中仅有的一个在帝国不同属地运用时，需要依照各种情况实行更改的税收。然而它能够运用到爱尔兰而不需要做任何更改，因为王国的产品和消费和不列颠的产品和消费性质完完全全相同。然而在运用到美洲和西印度各地时，因为它们的产品和消费和不列颠的产品和消费极端不同，就像把它运用到英格兰生产苹果酒和啤酒的各县郡相同，可能就一定要做某些修改。

举例来说，叫作啤酒的是一种发酵饮料，因为它是用蜜糖制作的，所以和我们的啤酒有很大区别。它占美洲人民大多数时候饮料中的一大部分。这样的饮料它只可以存放几天，因此没法像我们的啤酒那样能够在大酿造厂里制作、储存方便，易于卖出。每个家庭都一定要像做饭那样私自酿制作为家用，然而要求每个家庭就像酒店老板和酿酒师那样连续地接受税收人员令人讨厌的查访和调查，却把和人民的自由权利全然不符。假如说为了平等，一定要对这样的饮料征收赋税的话，能够在制作的地方对制作的原料征收赋税。

假如酿酒商的环境不适宜于征收这样的国内货物税，却可对消费该产品的殖民地征收进口税。除了由不列颠议会对美洲进口的每加仑蜜糖征收1便士的税外，还对其他殖民地的船只对马萨诸塞海湾输入的一大桶蜜糖征收8便士的州税。此外从北方殖民地输入南卡罗林那的蜜糖每加仑征收5便士。假如这两种方法都觉得不方便，每个家庭为了解决这样的饮料的消费问题能够实行互让，也就是说，依据家庭的人数就像英格兰每个家庭为解决麦芽税而实行的互让相同；或者就像荷兰依据家庭成员不同年龄和性别征收不同的税；或者就像马修·戴克先生建议的对一切消费品应该在英格兰征税。前面已经提到过这样的征税模式如用于迅速消费的商品，是一种极不方便的模式。然而，在没有更好的方法时，也还是能够采用。

砂糖、甜酒和烟草在任何地方都不是生活必需品，然而它们却又差不多成了大多数时候的消费品，所以它们是非常适合征收赋税的商品。假如和各殖民地的联合实现了，这些商品却可在制造者或种植者出手之前征收赋税；假如这个征税模式不适合那些人的情况，然而这些商品能够存放在制造地的公共仓库里还有随后它们可能运往的帝国的各个不同港口，在拥有者和税收官员的共同监护下贮放在那里，一直等到它们发送给顾客为家庭消费的零售商或出口商时再征税。当它们是用于出口时，却可以免税；在可靠的保证下，它们一定要是真正从帝国输出。这些可能是在和各殖民地联合时一定要对目前不列颠税制作些重大改革的主要商品。

当这样的税制扩展到帝国一切各地时所可以产生的税额到底有多少，毫无疑问，那是全然不可能准确估计出来的。通过这样的税制，不列颠每一年对不到800万人民征了税，收到了千万以上的收益。爱尔兰有200多万的人民，然而依照对议会提出的统计美洲12个州有300多万人民。然而，可能是为了鼓励它们自己的人民，或者为了恐吓我国人民，这些统计数字可能被夸大了。所以如果我们的北美洲和西印度殖民地加在一起不多于300万。或者说整个不列颠帝国，包括欧洲和美洲拥有不到1300万居民。假如在不到800万的居民的身上这个税制能够筹集到1000万镑以上的收益，却在1300万居民的身上就应该可筹集到1625万镑以上的收益。假如这个税制能够筹集到这个数额，当然从中一定要除去爱尔兰和殖民地大多数时候为开支他们各自政府的费用而筹集的收益，还有爱尔兰的行政费用和军事费用还有应付的国债的利息，通过1775年3月以前的两年平均计算达到了一年75万镑略少一点。

依照一个极端精确的统计，美洲和西印度几个主要殖民地的收益在目前这次骚乱开始以前达到了141800镑。然而，在这个统计中马里兰、北卡罗来纳还有最近在美洲大陆和西印度群岛所得到的土地的收益没有被列入，它可能有3万到4万镑。所以为了得到一个整的数字，我们能够如果维持爱尔兰和各殖民地政府所需的收益可能达到100万镑。却还剩下15250万镑可用来支付帝国的总的费用还有支付国债利息。然而假如从不列颠目前和平时期的收益中可以节省出100万镑支付国债，那么非常容易就可从这个增加了的收入中节余出625万镑。这个偿债基金也能够从过去一年已偿清了的国债的利息中一年年很大程度地增大，不仅这样，用这样的方式还可能增长得非常迅速，以致只要几年工夫就足够偿清一切债务，从而完完全全恢复目前帝国被削弱了的威力。同时人民能够从某些最重的赋税的重压下解脱出来，从对于生活必需品或制造品的原料所征的税收中解脱出来。

穷苦的劳动大众能够生活得更好，劳动价格也会更便宜，他们也能够把他们的商品更便宜地送到市场中去。他们的商品便宜了也就会增加对他们商品的需求，进一步增加对生产这些商品的劳动的需求。对劳动需求的增加有可能既增加贫苦劳动人民的数量，同时又会改良他们生活的环境。他们的消费也会随之增加，随之对他们消费的一切用品能够征税的税收所产生的收益也必定会增加。

然而，从这个税制所产生的收益可能没办法迅速和相关的人口的增长成比例。对于帝国的有些属地因为他们以前没有纳过税，不习惯于这样的重负，开始一段时期还需给予大的优惠，即便各处尽可能征收与此同样的税，各处产生的收益也不可能都和各地的人口成比例。在一个贫穷的国家里主要的消费品所缴纳的关税和国内货物税都会很少；在一个人口稀少的国家走私的机会非常多。在苏格兰的下层人民中消费的麦芽饮料非常少，然而对麦芽、啤酒和淡色啤酒所征的国内货物税的收益按照人数和税率比例来说苏格兰要少于英格兰；这是因为一种被很多人相信的质量上的差异，两地对麦芽所征的税率不同。我理解在国内货物税的这些特殊部门两国的漏税情况几乎差不多。对酒厂征收的税还有大多数的海关税，两国分别依照人口的比例计算苏格兰要比英格兰稍微少些，这不仅是因为征税商品的消费量小些，同时还因为走私也容易得多。

爱尔兰下层人民比苏格兰的下层人民更贫穷，国内的非常多地方差不多无人居住。所以在爱尔兰征税商品的消费量按人口比例来算比苏格兰更小，然而走私却差不多与此同样容易。在美洲和西印度甚至连最下层的白人所处的环境都要比在英格兰的同一阶层的白人的处境好得多，他们大多数时候纵情享受到的奢侈品的消费量可能也要大得多。的确，组成美洲大陆南部殖民地和西印度群岛的居民的黑人因为他们绝大多数处在奴隶的境地，无疑地比苏格兰和爱尔兰的最贫穷的人民所处条件更差。然而，我们切不能够想象他们吃不饱，或者认为他们对征收中等关税的商品的消费甚至可能要比英格兰最下层的人民消费的还少。为了让他们可以非常好地干活，这是他们主人的利益所在，他们都吃得非常好，不仅这样，心情也非常好，就像主人想让他的耕畜吃得好长得健壮一样，这是他的利益所在。因此黑人就像白人仆人那样，差不多各个地方都有配给他们的罗姆酒，糖蜜与针枞酒。也就是说，就算对这些商品要征收中等的税金，这个配给也可能不取消。因此，对征税商品的消费按居民人数的比例计算美洲和西印度可能和不列颠帝国的任何部分同样大。的确，漏税的机会也多得多，因为美洲如按他的国家土地的比例计算，在那里居住的人口比苏格兰或爱尔兰稀少得多。然而，假如现今通过对麦芽和麦芽饮料征收的不同的税收所筹集的收益用单一麦芽税替代，然而国内货物税的这个举足轻重的部门的漏税机会就会差不多被消除了。同时，假如海关税不是对一切进口商品都加以征收，而是只限于几种最常用最常消费的商品，假如对它们也依照国内货物税法征收，走私的机会即便不可能一切被消除，也在很大程度地减少。尽管，只要实行上面所说的两种简单而易行的改革，海关税和国内货物税依照消费的比例产生的收益非常可能就算在人口最稀少的州也会和现在人口最稠密的州产生同样多的收益。

前面已经提到过，没错，美洲人现在全都没有金币或银币，美洲内部的商业是通过纸币实行的。有的时候出现的一点金币和银币也全部都送回了不列颠用来支付他们从我们这里得到的商品。再说，没有金币和银币也就没有了交税的可能。我们已经把他们一切的金币和银币弄回来了。我们又怎么可能向他们索取他们所没有的东西呢？

目前美洲金银稀缺并不是那个国家贫穷的结果，也不是因为那里人民没有力量购买这些金属。在一个劳动工资比英格兰要高很多，食品价格却比英格兰要低很多的国家，那里的绝大多数人民必定有东西能够购买更大量的金银，假如他们需要或者购买方便的话。所以金银的稀缺必定只不过是选择的结果，然而不是需要的结果。

金币和银币之所以需要或方便，完完全全是为了实行国内外贸易的需要。

我在本书的第二篇中已经指出过，任何一个国家的国内商业，至少在和平时期能够通过纸币实行，它的方便差不多和利用金币和银币那样。这样而来对美洲人非常方便，因为他们总是能够把比他们所可以容易得到的多得多的资本投入土地改良中，从而获取利润；尽可能节省就像金银那样昂贵的商业媒介上的费用，把他们原本需用于购买这些金属的剩余产品的大多数用于购买行业工具，衣料、家具还有修建和扩大他们居住和种植园所必须的铁制品。不购买固定资财然、而购买活的生产性资财。

殖民地政府觉得向人民带来尽量充足的纸币和比他们实行国内商业所需要的大多数时候还更充足一点的纸币，是符合他们利益的。有些政府特别是宾夕法尼亚政府通过用百分之几的利息贷款纸币给他的臣民从中获取收益。其他政府如马萨诸塞海湾的政府在紧急时刻发行这样的纸币通过支付公共开支，随后殖民地政府在觉得方便的时候，再通过贬值的价值（因为它渐渐跌价）赎回。1747年该殖民地通过这样的方式来偿还大多数的国债。节省下来用于国内贸易中的金银币的费用对于殖民者来说也是一种方便；殖民地政府供给人民一种媒介，这样的媒介尽管伴随有某些非常大的不利，然而却可让他们节省了费用；这对殖民地政府来说也是一种方便，纸币大量必定要把金银从殖民地的国内交易中驱逐出去；与此同样的理由，这些金属已被从苏格兰的大多数国内贸易活动中驱逐了出去；在这两个国家里面，不是贫穷，而是人民的企业和计划精神引起了纸币的过剩。他们要想把他们所可以得到的资金用作活的生产性的资财。

在各殖民地和不列颠实行的贸易中在一定程度上利用了金银，它们的数量完完全全是依照需要的多少。在不需要这些金属的地方，它们就不太可能出现。在需要它们的地方，通常也都可以找到它们。

在不列颠和生产烟草的殖民地之间的贸易中，不列颠的商品大多数时候都是事先赊给殖民者，不仅这样，赊期特别的长，随后他们通过必定价值的烟草偿还。对于殖民者来说，通过烟草偿还比用金银偿还要方便很多。对于任何一个商人来说用他所经营的某种商品偿还向他带来货物的货主，比用货币更为方便。这样而来商人就不可能让他资金的任何部分闲置，没有必要把他的资金的任何部分变为现金来应对不时之需。任何时候，他都能够拥有大量的商品贮放在自己的店铺或仓库里，把生意做得更大。然而对于一切卖出给他商品而收到的却是某种他们从来都不经营的商品的货主来说，却是非常大的不便。到弗吉尼亚和马里兰实行贸易的不列颠商人成为一群十分独特的货主，对于他们来说使用烟草作为他们向那些殖民地卖出的商品的贷款比收受到金银更为方便。因为他们期望从卖出烟草中获取利润。然而他们从卖出金银中却得不到任何东西。因此，在不列颠和烟草殖民地的贸易中很少可能出现金银。马里兰和弗吉尼亚在他们的对外贸易中就像他们的国内贸易一样非常少需要这些金属。因此，据了解他们拥有的金银币比美洲其他任何殖民地都少。然而，谁都明白他们和他们的任何一个邻邦同样繁荣、富裕。

在北部的殖民地纽约、新泽西、宾夕法尼亚、新英格兰四个州，他们的不列颠的产品的价值和他们进口的为自己消费的制造品还有为其他某些殖民地（他们是那些殖民地的送货人）消费的制造品的价值并不同等。所以，这个差额就一定要用金银来支付给母国，然而他们大多数时候能够满足这个差额。

从生产砂糖的殖民地每一年向不列颠出口的产品的价值要比从不列颠进口的一切商品的价值高出非常多。假如每一年送往母国的砂糖和罗姆酒一定要支付给这些殖民地，不列颠每一年就一定要支出一大笔货币；然而和西印度的贸易据某种政治家的看法，那就被看成是极端不利的了。然而事情却是这样的：砂糖种植园的非常多的大园主都居住在不列颠。他们的地租都是用砂糖和罗姆酒——他们庄园的产品来支付的。西印度商人在这些殖民地为他们自己购买的砂糖和罗马酒也和他们每一年在那里所卖出的商品的价值不一样。这个差额因此也一定要用金银支付给他们，然而这个差额大多数时候也都能够得到满足。

不同的殖民地在支付不列颠货款中的困难和拖延并不总是和它们各自所欠数额的大小成比例。通常来说北部殖民地比生产烟草的殖民地的支付情况较稳定，北部殖民地大多数时候用货币支付一笔极其大的差额，然而生产烟草的殖民地却没有任何差额需要支付，或者差额非常小。我们从不生产砂糖的殖民收取货款的困难的大小也并不完完全全和它们分别所欠的差额的大小成比例，然而是和他们所拥有的没有开垦的土地面积的大小成比例。也就是说和殖民者从事多于他本身资金的贸易或从事开发和种植多于他们资金的荒地的面积的诱惑力的大小成比例。牙买加是一个现在仍有非常多没有开垦的土地的大岛，所以，从它那里收回货款就比从巴巴多斯，安提瓜还有圣克里斯托福这些已经完完全全开垦了多年的比较小的岛屿（正因为这样，它们对殖民者带来的冒险空间就较小）更加不固定和更加不确定。新近获取的格林纳达、托巴戈、圣·文逊和多米尼加对这类冒险活动又揭开了一个新的领域，然而最近从这些岛屿收回货款的情况和从牙买加大岛的收回货款的情况与此同样不固定和不确定。

所以并不是贫穷导致了殖民地中绝大多数缺少金银币的情况。因为他们对活的资金和生产性资金需求非常大，他们觉得拥有尽可能少的死的资财对他们更为方便；不仅这样，基于上一原因让他们能够满足用一种比金银便宜然而利用起来也没有那样方便的交易媒介。他们所以能够把那部分金银的价值转换成商业手段，转换成家具，转换成衣料，转换成修建和扩张定居点和种植园所一定要的铁制品。在那些没有金银币就没法贸易的部门，看上去他们也总是可以找到必须数量的金银。假如他们时常找不到必要的金银，他们的这个失败大多数时候也不是他们贫穷的必定结果，而是他们过度的和没有必要的事业心的结果。他们的偿还没法按时和确定，也不是因为他们贫穷，而是因为他们要成为非常大的富翁的心情过于迫切。也就是说，就算殖民地的一切税收在他们支付政府编制和军事编制的费用后所剩余的部分都一定要以金银形式上缴不列颠，殖民地仍有足够的东西去购买所需要的金银。在这样的场合他们确实没办法不把他们现在用通过购买活的和生产性资财的部分剩余的产品去交换死的资财。在实行国内贸易中他们把没办法不运用价格昂贵的交易媒介替代便宜的交易媒介；购买这样昂贵的媒介的费用可能多少要挫伤他们在改良土地上的过度的事业心和热情。然而，也可能没有必要把美洲收益的一切部分都通过金银送交不列颠。它也能够用汇票汇出，然而由委托代售美洲部分剩余产品的特定不列颠的个别商人或公司开出他们承兑的汇票。在他们自己收到等价商品后通过货币的形式交付国库。不仅这样，整个贸易过程时常能够是不需要从美洲出口一盎司的金银。

爱尔兰和美洲都应对不列颠国债的偿还做出贡献，这一点并没有违反公平。因为那些国债是为了支持革命建立的政府才发行的，爱尔兰的新教徒不但应归功这个政府，让他们在国内可以享有现在享有的所有权力，而且还应归功这个政府，让他们的自由、他们的财产和他们的宗教得到了保障；美洲非常多殖民地都应感激这个政府才有了他们现今的宪章，还有他们现今的宪法；美洲的一切殖民地所享有的自由、安全还有他们从没有享有过的财产权都应该归功于这些宪章和宪法。发行的国债也不仅是为了保卫不列颠，而是为了保卫帝国的各个属地；特别是在上次战争中举借的巨大国债，还有战前举借的国债的大多数全都是为了保卫美洲而发行的。

通过和不列颠联合，爱尔兰除了得到了贸易自由，还得到了其他一点更重要的好处。这些好处把远远多于因为联合而可能引起的任何税收的增加的补偿。通过和英格兰的联合苏格兰的中下层人民从以前总是压迫他们的贵族统治下得到了彻底的解放。通过和不列颠的联合，爱尔兰各个阶层中的大多数人民同样从一个压迫更加厉害的贵族统治下得到彻底的解放；这个贵族统治的压迫之所以更加厉害，是因为它不像苏格兰的贵族统治那样，不是在于出身和财富这些天然的和可敬的区别上，然而是建筑在最可憎的宗教和政治偏见上，这样的区分比任何其他区分更易激活压迫者的傲慢和被压迫者的仇恨和厌恶。它大多数时候让同一国家的人民比不同国家的人民互相之间更加敌视。假如没有和不列颠的联合，爱尔兰的居民可能再过几百年也不可能把他们自己看成同一个国家的人民。

在这些殖民地却从来没有过压迫人的贵族统治。然而，就幸福和安定来说，他们通过和不列颠的联合也得到了非常多的好处。至少让这些殖民地从与小民主政治有着不可分割的联系的充满仇恨的和那种致命的派系斗争中解脱了出来。然而那些派系斗争用他们非常接近民主的形式是这样时常地分割人民的感情，打乱他们政府的安宁。假如完完全全和不列颠分离（然而这样的分离假如不是有这样的联合的阻止看上去是非常可能发生的），那时这些派系斗争将会比过去的还要恶毒十倍。在当今的这次骚乱开始之前，母国的强制力总是有力量把这些派系斗争遏制住，让它没有爆发出比粗暴和动武更坏的事情。假如强制力完完全全被取消了，派系斗争可能迅速就会爆发成公开的暴力和流血。

在一切联合在一个统一的政府下的一切大国里，党派精神在偏远的州大多数时候要比在帝国的中心表现得弱一点。这些州地和首都的距离、派系斗争和野心疯狂争夺的主要位置的距离让这些州地受到的竞争政党的观点的影响较少，就让他们能够成为对一切这些争夺行为的比较冷漠和比较公正的旁观者。党派精神在苏格兰就没有像在英格兰那样盛行。就联合王国来说，党派精神在爱尔兰又比苏格兰还要盛行些。殖民地不久可能就能够享受到目前不列颠帝国各地都还从来没有过的和谐。爱尔兰和一切殖民地当然要负担比他们现在所交纳的更重的税款。然而，因为勤恳而忠实地运用国家收益偿还国债，这些赋税中的大多数可能不会征收很久，不列颠的国家收益不久也就能够减少到维持一个温和的和平编制所必须的数额。

东印度公司得到的领土是王国政府的无可怀疑的权利，也就是说是不列颠国家和人民的无可怀疑的权利，能够成为又一收益的来源，可能是比一切已经提到过的还要更富有的来源。那些地方据了解更加肥沃、更加辽阔，按他们的幅员来说，比不列颠要更大、更加富有、人口更多。为了从它们那里提取一大笔收益，可能不需再向它们引进任何新的税制，因为向它们所征收的赋税已经足够了，甚至还有点太多。可能减轻一点那些不幸的国家的负担比增加还要更适宜，不仅这样，要想从他们那里获取一大笔收益，也不应是加征新税，然而应是防止他们已经收缴的大多数税款被盗用和滥用。

假如觉得不列颠要从上面提到过的任何来源中获取极其大的一笔收益是不切实际的，那样对她来说剩下的唯一的来源就是减少她的开支。在国家收益的征收模式上和花费模式上可能也都还有改进的余地。看上去不列颠至少是像他的邻邦那样节俭。他在和平时期为了国防所维持的军事编制比起欧洲任何一个在足够的钱或武力上可和别人相竞争的国家来说还是比较适中的。所以，对这些项目看上去都不可能再实行非常大的缩减。殖民地的和平编制的费用在这次骚乱开始以前是极其可观的。所以假如没法从殖民地得到任何新的收益，那个费用是能够而且必然应该节省的。和平时期的这项日常性开支尽管非常大，然而和战争时期为保卫殖民地我们所花费的相比却是无足轻重的。最近的战争完完全全是因为殖民地而实行的，前面已经提到过耗费了不列颠9000万镑以上。

1739年的西班牙战争准则上也是为殖民地而实行的。在那次战争，还有完完全全是由它而引起的和法国的战争中不列颠耗费了

4000万镑以上，在这两次战争中殖民地所消耗的费用是不列颠在第一次战争开始前所欠国债的两倍以上。假如没有这两次战争，国债可能到现今为止已一切偿清。并且假如不是为了殖民地，这两次战争中的前一次可能不会发生，而后一次战争就必然不可能发生。正是因为殖民地被假想为不列颠帝国的州省，所以才为它们在两次战争中投入了这些费用。然而既没带来足够的钱，也没有带来军队支持帝国的地区变成州省。它们可能会看成附属物，就像帝国的豪华艳丽的马车和扈从。然而假如帝国不再有可以支持保持这个马车和扈从的费用，帝国必然就应该把它放弃。不仅这样，假如帝国没法和他支出的费用成比例地增加收益，帝国至少应让他的费用和他的收益相吻合。假如殖民地尽管拒绝向不列颠纳税，却依过去的被看成是不列颠帝国的州省，却在将来某个时候的战争中他们的防备可能又要耗费不列颠在任何前一次战争中所耗费的同样大的费用。

不列颠的统治者一个多世纪以来总是通过它在大西洋两岸拥有一个巨大的帝国的形象而让人民感到快慰。然而，这个帝国迄今为止仍只不过存在于想象之中。它迄今为止还不是一个帝国，而是一个帝国的方案；不是一个金矿，而是一个金矿的方案。它持续要花钱，不仅这样，假如遵循着迄今为止的这条道路走下去可能还要耗费巨大的金钱，然而不可能带来任何利润。就像已经指出过的，对殖民地商业的垄断对于拥有人民来说只不过是一种亏损，而没有利润。确实现在已经是我们的统治者实现他们长期沉迷的，可能与此同样也是我们人民所沉迷的那个黄金梦的时候了，要不然他们就应从那个梦想中清醒过来，并且努力唤醒人民。假如那个假设没法实现，就应该放弃。

假如不列颠的任何一个州省没法对整个帝国做出贡献，不列颠就毫无疑问应该把自己从在战争时期为保卫那些州省但是在平时又为维持他们的行政和军事编制的沉重费用中解脱出来，同时也应该努力让自己对将来的看法和设想和现实中一切普通的条件相适应起来。